WOW!

DORLING KINDERSLEY
London, New York, Melbourne, München und Delhi

Lektorat Julie Ferris, **Francesca** Baines, Hazel Beynon
Bildlektorat Stefan Podhorodecki, Katie Knutton, Hoa Luc, Smiljka Surla, Nihal Yesil
Redaktion Steven Carton, Jenny Finch, Niki Foreman, Fran Jones, Andrea Mills
Gestaltung Jim Green, Spencer Holbrook, Phil Letsu, Johnny Pau, Marilou Prokopiou, Jacqui Swan
Cheflektorat Linda Esposito
Chefbildlektorat Diane Thistlethwaite
Fotos Dave King
Bildbearbeitung Steve Willis
Bildrecherche Nic Dean

Projektleitung Andrew Macintyre
Programmleitung Laura Buller
DK Picture Library Lucy Claxton, Rose Horridge
Herstellung Pip Tinsley, Andy Hilliard
Umschlaggestaltung Jacqui Swan, Akiko Kato, Mariza O'Keefe
Gestaltung Sophia M Tampakopoulos Turner, Natasha Rees, Yumiko Tahata

Für die deutsche Ausgabe:
Programmleitung Monika Schlitzer
Projektbetreuung Martina Glöde
Herstellungsleitung Dorothee Whittaker
Herstellung Anna Strommer

Bibliografische Information Der Deutschen Bibliothek
Die Deutsche Bibliothek verzeichnet diese Publikation in der Deutschen Nationalbibliografie; detaillierte bibliografische Daten sind im Internet über http://dnb.ddb.de abrufbar.

Titel der englischen Originalausgabe:
Wow! The visual encyclopedia of everything

Übersetzung Karin Fellner, Gerd Hintermaier-Erhard, Martin Kliche
Lektorat Hans Kaiser

ISBN 978-3-8310-1429-3

Printed and bound in China by Hung Hing

Besuchen Sie uns im Internet
www.dk.com

Beiträge und Beratung:
Kim Bryan, Laura Buller, Peter Chrisp, Mike Goodman,
Andrea Mills, Carole Stott, Richard Walker, Claire Watts,
Jon Woodcock, John Woodward

1

2

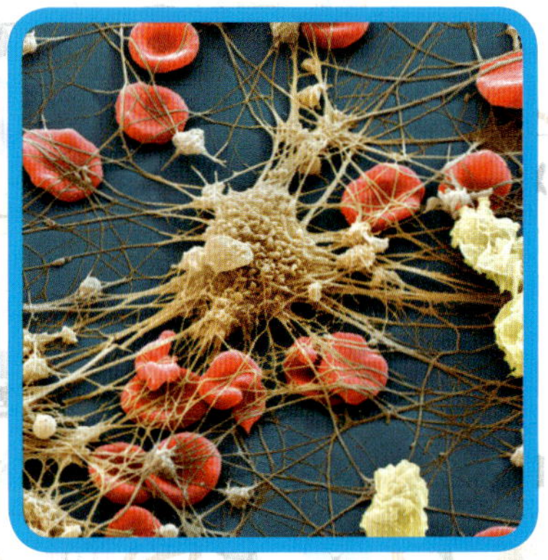

3

4

5

6

7 

8 

ALBATROS-KOLONIE
Jedes Jahr kehren die Schwarzbrauen-Albatrosse zu den Falkland-Inseln im Südatlantik zurück, um zu brüten. Diese Albatros-Kolonie ist mit 500 000 Vögeln die größte der Erde. Jedes Weibchen legt nur ein Ei.

Natur

PFLANZEN

Alle Grünpflanzen erzeugen mithilfe von Sonnenlicht, Wasser, Nährstoffen und Kohlendioxid ihre eigenen Baustoffe aus Kohlenhydraten. Sie bevorzugen deshalb helle und feuchte Standorte. Aus den Kohlehydraten machen sie Zucker und Stärke zum Wachsen, aber auch Zellulose und Holz, aus denen ihre stabilen Bauteile wie Stämme, Stängel, Blätter oder Blüten bestehen.

❶ KEIMUNG
Jede neue Bohne wächst aus einem Samen, dem zwei Keimblätter entspringen. Während der ersten warmen Frühlingstage saugt der Samen Wasser durch eine winzige Öffnung der Samenschale. Er schwillt an und nach drei Tagen wächst eine Wurzel nach unten und ein Spross nach oben. Dieses Wachstum heißt Keimung.

❷ WURZELN
Sie saugen Wasser und die darin gelösten Nährstoffe, die sie zum Wachsen brauchen, aus dem Boden. Die wichtigsten sind Kalium, Phosphat und Nitrat.

❸ STAMM UND STÄNGEL
Stamm und Stängel tragen alle anderen Pflanzenbestandteile, z. B. Blätter. Sie sind durchzogen von einem feinen Röhrengeflecht, den Leitbündeln. In ihnen transportiert die Pflanze das aufgenommene Wasser mit den Nährstoffen in alle Pflanzenteile, von der Wurzel bis zum Blatt. Auch der in den Blättern erzeugte Zucker wird so verteilt.

❹ BLÄTTER
Die Blätter sind die „Kraftwerke" der Pflanzen. Sie funktionieren ähnlich wie Solarzellen, indem sie mithilfe des grünen Blattfarbstoffs Chlorophyll Sonnenlicht aufnehmen, um damit mit dem Wasser aus den Wurzeln und dem Kohlendioxid der Luft Glukose, also Zucker, herzustellen. Der dabei entstehende, für alle atmenden Lebewesen lebenswichtige Sauerstoff wird in die Luft abgegeben.

❺ TRANSPIRATION
Wenn Sonnenlicht die Pflanze erwärmt, verdunstet Wasser in den Blättern durch deren Spaltöffnungen ins Freie. Der dadurch entstehende Unterdruck in den Leitbündeln setzt sich bis in die Wurzeln fort und saugt Bodenwasser mitsamt seinen Nährstoffen in die Pflanze empor.

Neue Blätter sprießen aus Blattachseln, die sich an den Spitzen der Triebe bilden.
Grünes Chlorophyll nimmt Sonnenenergie auf, die für die Fotosynthese benötigt wird.
5
4
Der Wachstumspunkt bei Bohnen befindet sich an der Spitze des Hauptstängels zwischen den Blattstielen.
Die Blätter erzeugen Zucker, der als Zuckerlösung zu allen anderen Pflanzenteilen gepumpt wird.
Zuerst festigt der innere Wasserdruck den Stängel, später übernehmen das die Zellulosefasern.
Die Keimblätter enthalten Stoffe, die das erste Wachstum fördern. Sie fallen mit Erscheinen der ersten Blätter ab.
3
Das Wurzelwerk verankert die Pflanze fest im Boden. Gleichzeitig versorgt es sie mit Wasser und Nährstoffen.
Der Boden dient als Standort für das pflanzliche Wurzelwerk und stellt der Pflanze Wasser und Nährstoffe bereit.

BÄUME

Bäume sind die höchsten, schwersten und ältesten Lebewesen auf der Erde. Der kalifornische Riesenmammutbaum namens „General Sherman“ wiegt etwa 6000 Tonnen, das ist 30-mal so viel wie das größte Tier, der Blauwal. Eine kalifornische Grannenkiefer ist mit etwa 5000 Jahren die älteste Pflanze der Erde. Selbst so alte Bäume produzieren immer noch Samen, um sich zu vermehren.

BLÄTTER

Wie alle Grünpflanzen wandeln auch Bäume in ihren Blättern (und Nadeln) Wasser und Kohlendioxid mithilfe des Sonnenlichts in Zucker um. Sie sind die Kraftwerke der Bäume.

NADELN UND SCHUPPEN

Dünne Nadeln erzeugen reichlich Nährstoffe, vertragen aber keine Hitze oder Frost. Bäume heißer oder kalter Regionen haben deshalb dickere, festere Nadeln oder Schuppen.

ZUSAMMENGESETZTE BLÄTTER

Viele Bäume haben einfache Blätter mit verschiedenen Formen; andere haben zusammengesetzte Blätter aus vielen Blättchen. Sie sind entweder gefiedert, hand- oder fußförmig.

FRÜCHTE

Aus den Blüten mancher Bäume reifen Früchte mit Samen. Vögel, die sie fressen, verschlucken den Samen und verbreiten ihn in der nahen Umgebung mit ihrem Kot.

BLÜTEN

Alle Bäume treiben Blüten aus, viele davon sind unscheinbar, andere dagegen farbenprächtig. Apfel- oder Kirschbäume blühen in voller Pracht, um Bestäuberinsekten anzulocken.

BAUMRINGE

Jedes Jahr wird ein Baumstamm ein Stück dicker. An einer Baumscheibe kann man das Wachstum anhand des Frühholz- (hell) und des Spätholz-Zuwachses (dunkel) als Ringe ablesen. Die Anzahl der Ringpaare ist das Baumalter.

ZAPFEN

Nadelbäume wie etwa die Fichten verstecken ihre Samen in holzigen Zapfen. Wenn sich die Schuppen öffnen, fallen die Samen heraus und verteilen sich über den Boden.

SAMEN UND NÜSSE

Viele Bäume produzieren kleine Samen, manche aber große, die wir Nüsse nennen. Tiere, die sie sammeln, vergessen oft die Verstecke. Aus den Samen wachsen dann neue Bäume.

LAUBBÄUME

Viele Bäume werfen im Herbst ihre Blätter ab, um im folgenden Frühjahr neu auszutreiben. Vor dem Laubfall verfärben sich die grünen Blätter gelb, rot oder braun.

BLÜTEN

Viele Pflanzen schmücken sich mit wohlriechenden und herrlich gefärbten Blüten. Diese kompliziert aufgebauten Gebilde enthalten das Fortpflanzungssystem der Pflanzen und zielen darauf ab, Insekten und Vögel zum Kosten ihres süßen Nektars zu verführen. Dabei bleibt an den Tieren Pollen kleben, der an den Staubgefäßen der Blüte haftet und den männlichen Samen enthält. Auf der nächsten besuchten Blüte gelangt der verschleppte Pollen an die klebrige Narbe – das nennt man Bestäubung. Nun dringt der Samen durch eine Röhre zu einer weiblichen Zelle vor und befruchtet sie. Weil viele Gräser und Baumarten dem Wind die Verteilung ihrer Pollen anvertrauen, verzichten sie auf aufwendige Blütenformen und -farben, da sie keine Tiere anlocken müssen. Diese Methode ist aber weniger zuverlässig, weshalb sie große Mengen an Pollen produzieren. An Allergie leidende Menschen bekommen davon leicht Heuschnupfen.

❶ BAU DER BLÜTE

Eine typische Blüte sitzt mit dem Blütenboden auf dem Ende des Stängels. Geöffnet zeigt sie einen Ring von Kronblättern, an deren Basis Nektar ausgeschieden wird. Im Zentrum der Blüte befinden sich die männlichen Staubblätter, die den Pollen (Samen) tragen. Sie umgeben die weiblichen Fruchtblätter, welche die Eizellen enthalten. Ein äußerer Ring aus grünen Kelchblättern schützt die gesamte Blüte, wenn sie sich schließt.

❷ FRUCHTBLÄTTER

Das weibliche Fruchtblatt besteht aus Narbe, Griffel und Fruchtknoten. Der Fruchtknoten ist der Behälter für die Eizellen. Er geht nach oben in den stabförmigen Griffel über, der mit der klebrigen Narbe abschließt. Manche Pflanzen besitzen zahlreiche Fruchtblätter mit je einem Griffel – diese Lilie rechts hat aber nur ein Fruchtblatt.

❸ STAUBBLÄTTER

Die winzigen, staubartigen Pollen mit ihren männlichen Samenzellen werden von den Staubblättern produziert. Sie formen gewöhnlich einen Ring um das zentrale Fruchtblatt. Ein Staubblatt setzt sich aus dem stabförmigen Staubfaden und dem aufsitzenden Staubbeutel zusammen. Dieser enthält den Pollen.

❹ ÜBERTRAGUNG DES POLLENS

Insekten wie manche Schmetterlinge bevorzugen bestimmte Blütenpflanzen als Nektarquelle. Auch bestimmte Kolibris bevorzugen solche Blüten, die zu ihrer Schnabellänge passen. Beide suchen jeweils immer dieselben Blüten auf und sind damit ideale Bestäuber.

❺ BEFRUCHTUNG

Wenn ein Kolibri an dieser Lilie Nektar nascht, nimmt er Pollen mit seinem Brustgefieder auf. Schlüpft er dann in eine andere Lilienblüte, bleibt etwas Pollen an der klebrigen Narbe hängen. Jeder Pollen entwickelt einen Pollenschlauch, der zum Fruchtknoten hinwächst, um dort schließlich eine Eizelle zu erreichen. Eine männliche Zelle folgt dem Schlauch und befruchtet die Eizelle, aus der sich pflanzlicher Samen entwickelt.

FRÜCHTE

Alle Pflanzen bringen Früchte hervor, die ihre Samen umhüllen. Das reicht von harten, ungenießbaren Schoten bis zu süßem, schmackhaftem Obst. Die Früchte sollen vor allem Tiere dazu bringen, sie samt Samen zu fressen. Die durch Schalen geschützten Samen werden dabei nicht verdaut, sondern passieren den Darm und gelangen mit dem Kot an die verschiedensten Orte, wo neue Pflanzen aufgehen. Die hier gezeigten Früchte sind Zuchtsorten, die sich durch besondere Größe und Schmackhaftigkeit auszeichnen.

❶ ORANGEN

Orangen haben ein leicht saures, in Segmente eingeteiltes Fruchtfleisch unter einer festen Schale. Jedes Segment enthält gewöhnlich einen Kern mit Samen. Orangen sind eigentlich Beerenfrüchte, die im Winter aus einer befruchteten Orangenblüte heranwachsen.

❷ BANANEN

Die in den Tropen gezüchteten Bananen sind samenlose Sorten. Im Gegensatz dazu sind die Wildbananen Südostasiens kleiner und enthalten viele harte Samenkerne. Bananen wachsen als große Stauden mit riesigen Blättern, die gerade aus dem Boden heraussprießen.

❸ NÜSSE

Die meisten Nüsse sind große Samen, die einen sehr nahrhaften Kern enthalten. Er garantiert, dass der Sämling (Jungpflanze) einen guten Start ins Leben hat. Den Kern umgibt eine harte Schale. Sie ist die eigentliche Frucht, die aber hart und ungenießbar ist.

❹ DURIAN

Zum Anlocken von Tieren sind viele Früchte wohlriechend. Die südostasiatische Durianfrucht riecht frisch sehr streng. Manche Menschen mögen sie, die meisten allerdings nicht. Dafür wird sie von Wildschweinen und Orang-Utans umso lieber gefressen.

❺ WEINTRAUBEN

Manche Früchte wie die Weintrauben wachsen als Verband von weichen, dünnhäutigen Beeren in Form einer Rispe. Jede Traube enthält Kerne mit Samen, außer bei den kernlosen Zuchtformen. Beeren sind häufig lebhaft gefärbt, um Vögel anzulocken.

❻ PFIRSICHE

Das saftige Fruchtfleisch der Pfirsiche, Pflaumen und Kirschen umschließt einen großen harten Kern. Diese Früchte heißen deshalb „Steinobst". Das Fleisch schmeckt köstlich – das finden auch viele Tiere und verbreiten fleißig die Samen.

❼ ACKERBOHNEN

Der essbare Teil der Bohnen sind die Samen, das Fruchtfleisch ist gleichsam die Schale. Wildbohnen fanden deshalb nur wenige Liebhaber unter den Tieren. Deren Schale trocknet so lange aus, bis sie plötzlich explosionsartig aufplatzt und die Samen im Inneren auf die Erde fallen.

❽ TOMATEN

Nicht alle Früchte sind essbar. Einige der vielen wilden Verwandten der Tomate sind extrem giftig. Sie enthalten giftige Alkaloide, die auf Menschen tödlich wirken können, auf manche Tiere aber nicht. Tomaten sind Nachtschattengewächse und verwandt mit Peperoni, Kartoffeln und Tabak.

PILZE

Waldpilze, die bei feuchtwarmem Wetter „aus dem Boden schießen“, sind keine Pflanzen. Sie bilden eine völlig eigene Gruppe von Organismen, die auf abgestorbenen oder auch lebenden Pflanzen und Tieren wachsen. Jeder Pilz gehört zu einem oft verborgenen Geflecht aus Pilzwurzelfäden, dem Myzel. Als Pilz nehmen wir nur den oberirdischen Teil des Pilzes, den Fruchtkörper, wahr. Er enthält die der Vermehrung dienenden Pilzsporen, aus denen neue Pilze wachsen.

❶ ANHÄNGSELRÖHRLING

Lamellenpilze tragen an der Schirmunterseite strahlenförmig angeordnete Lamellen, die Millionen von Sporen produzieren. Andere, wie dieser Anhängselröhrling, haben ein mit Röhren durchsetztes Schwammgebilde, aus denen die Sporen ausschwärmen. Korallen haben verästelte Fruchtkörper.

❷ SCHMETTERLINGSTRAMETE

Pilze sind ökologisch sehr wichtig, weil sie tote Organismen zersetzen. Die Schmetterlingstramete lebt auf Totholz, zersetzt es und macht auf diese Weise die im Holz gebundenen Nährstoffe für andere Pflanzen verfügbar.

❸ GRÜNER KNOLLENBLÄTTERPILZ

Der Schrecken aller Pilzsammler ist extrem giftig und für über 90 Prozent aller tödlichen Pilzvergiftungen verantwortlich.

❹ ECHTER REIZKER

Viele Pilze pflegen einen engen Nährstoffaustausch (Symbiose) mit bestimmten Pflanzenwurzeln. Der Echte oder Edelreizker wächst beispielsweise bevorzugt in Kiefernwäldern.

❺ PARASOL

Viele Pilze wie der Steinpilz und der Parasol sind hervorragende Speisepilze. Pilzesammeln verlangt jedoch genaues Expertenwissen, denn erwischt man nur einen gefährlichen Giftpilz, kann das tödlich enden.

❻ FLIEGENPILZ

Der leuchtend rote Fliegenpilz ist einer der bekanntesten Giftpilze. Die weißen Schüppchen auf der Huthaut sind Reste des Schleiers, der den jugendlichen Pilz einhüllt und beim Wachsen zerreißt.

❼ STEINPILZ

Die wurzelartigen Fasern am Stiel des Steinpilzes sind ein kleiner Teil seines unterirdischen Pilzmyzels, das eine große Fläche einnehmen kann. Das Myzel eines einzigen Hallimasch kann über 150 000 m^2 groß sein.

❽ BIRNENSTÄUBLING

Stäublinge heißen so, weil die Pilze im reifen Zustand Wolken von Sporen aus ihrem Fruchtkörper ausstoßen, wenn man auf sie tritt. Große Stäublinge können bis zu 7 Billionen Sporen enthalten.

TIERWELT

Lebewesen unterteilt man in Bakterien, Einzeller, Pilze, Pflanzen und Tiere. Die Tierwelt besteht aus vielen Gruppen wirbelloser Tiere (das sind Tiere ohne Wirbelsäule, z. B. Insekten) sowie aus wenigen Gruppen von Wirbeltieren wie z. B. Säugetiere. Sie alle besitzen die Fähigkeit, beweglich zu sein, ihre Umgebung wahrzunehmen und Nahrung aktiv aufzunehmen.

❶ INSEKTEN
Diese meist kleinen Tiere haben ein hartes Außenskelett (Panzer), sechs Beine und häufig Flügel. Zu ihnen zählen Schmetterlinge, Fliegen, Wespen, Bienen und Käfer. Viele sehen sehr hübsch aus, manche aber stechen oder beißen oder sind sehr giftig.

Dieser Kaisermantel, ein Edelfalter, hat am Hinterflügel einen Silberstreifen.

❷ WÜRMER
Es gibt viele Wurmtypen – Bandwürmer, die saugend im Darm anderer Tiere leben, Plattwürmer oder Ringelwürmer mit Segmenten. Zu ihnen zählt der Regenwurm, der im Boden lebt, der Wattwurm, der im Sand des Watts lebt, und der Blutegel, ein Parasit.

Blutegel saugen das Blut von Tieren und Menschen.

❸ AMPHIBIEN
Frösche und Kröten mit ihrer weichen Haut brauchen ein feuchtes Lebensumfeld, weil sie sehr schnell austrocknen können – am liebsten ist ihnen ein Teich. Auch ihre Eier legen sie im Wasser ab, aus denen im Frühling Massen an Kaulquappen schlüpfen.

Saugnäpfe an den Zehenenden sorgen für gute Haftung.

❹ VÖGEL
Die hoch spezialisierten, gleichwarmen Wirbeltiere sind hervorragend ausgestattet, um durch die Lüfte zu gleiten. Manche verbringen fast ihr ganzes Leben im Fliegen. Sie sind die einzigen Tiere mit Federkleid, das die Temperatur ausgleicht, das Fliegen ermöglicht und oft mit herrlichen Farben glänzt.

❺ SÄUGETIERE
Als gleichwarme Tiere, wie die Vögel auch, können sie ihre Körperwärme regulieren. Die Jungen werden mit Muttermilch gesäugt. Die meisten fressen Pflanzen, deutlich weniger jagen und fressen, wie etwa die Löwen, andere Tiere. Auch der Mensch zählt zu den Säugetieren.

❻ SPINNENTIERE
Die wirbellosen Spinnen, Skorpione, Zecken und ihre Verwandten besitzen acht Gliederbeine, ein hartes Außenskelett und keine Flügel. Spinnen töten ihre Beute mit Giftfängen. Skorpione haben einen Giftstachel am Schwanz, der auch Menschen gefährlich werden kann.

Die Rotknie-Vogelspinne hat acht Beine zum Laufen und zwei giftige Kieferklauen zum Packen der Beute.

❼ WEICHTIERE
Die meisten Weichtiere wie Muscheln und Austern leben im Wasser und haben einen weichen Körper, der häufig von einer Schale geschützt wird. Auch Schnecken gehören zu dieser Tiergruppe, allerdings leben viele Arten davon an Land. Kraken und Tintenfische sind Weichtiere mit komplexen Augen und erstaunlicher Intelligenz.

Die Löwenpranke hat weiche Ballen zum leisen Anschleichen und scharfe, einziehbare Krallen zum Zugreifen.

Die vielen Saugnäpfe des Kraken erleichtern die Fortbewegung und das Packen der Beute.

❽ KRUSTENTIERE
Wie die Insekten haben auch die Krustentiere ein hartes, gegliedertes Außenskelett sowie kräftige Gliederbeinchen. Zu ihnen zählen gepanzerte Tiere wie die Krabben und Hummer, aber auch feingliedrigere wie Garnelen und Wasserflöhe.

Mit den gewaltigen Scheren ergreift und zerteilt der Hummer seine Beute.

❿ FISCHE
Die ersten Wirbeltiere waren die Fische. Sie sind Vorläufer aller Amphibien, Reptilien, Vögel und Säugetiere. Sie sind perfekt an das Wasser angepasst, in dem sie sich fortbewegen und von dem sie ihren Sauerstoff beziehen. Zwei große Gruppen von Fischen gibt es: die älteren Knorpelfische mit Haien und Rochen und die Knochenfische mit Forellen, Karpfen und Goldfischen.

⓬ REPTILIEN
Sie sind wie die Amphibien wechselwarm und haben, wie z. B. Schlangen und Echsen, eine feuchtigkeitsregulierende schuppige Haut, die sogar ein Leben in der Wüste erlaubt. Viele Reptilien jagen und verfügen über starke Gifte, die sie zur Jagd und zur Verteidigung einsetzen.

❾ TAUSENDFÜSSER
Diese Tiere haben einen gegliederten Körper mit jeweils zwei Paar Beinchen an jedem Körpersegment. Hundertfüßer haben nur ein Paar Beinchen an jedem Segment. Einige Tausendfüßer haben mehr als 90 Segmente, also über 180 Paar Beinchen. Tausendfüßer sind großteils Aasfresser. Hundertfüßer sehr flinke Räuber.

Der Tausendfüßer läuft mithilfe einer Wellenbewegung des Körpers.

⓫ STACHELHÄUTER
Seeigel, Seesterne, Seelilien, Haarsterne und Seegurken bilden die Gruppe der Stachelhäuter. Ihre Körper sind meist symmetrisch. Haarsterne filtern mit ihren Armen Nahrung aus dem Meer. Andere suchen am Meeresboden nach Essbarem.

Wie alle Reptilien haben Schlangen eine schuppige Haut.

PLANKTON

Die lichtdurchflutete oberste Schicht der Meere ist voller Leben, vor allem von Mikroorganismen, die mit der Strömung dahintreiben. Diese ganze Lebensgemeinschaft nennt man Plankton. Es gibt zwei große Gruppen – das Phytoplankton, das aus Wasser, Kohlendioxid und Sonnenlicht Energie und Nahrung gewinnt (Fotosynthese), sowie das Zooplankton, das sich von Phytoplankton und anderen Mikroorganismen ernährt. Auf der Doppelseite sieht man das Plankton eines Meerwassertropfens, 25-fach vergrößert.

Dieses Cyanobakterium ist eine Spirale aufgereihter Zellen und stellt Nahrung aus Wasser und gelöstem Gas her.

CYANOBAKTERIEN

Ihr früherer Name war „Blaugrünalgen". Sie gehörten zu den ersten primitiven Lebewesen, die sich vor über 3,5 Milliarden Jahren auf der Erde entwickelten. Seither bevölkern sie alle Meere und produzieren wie die Diatomeen Kohlenhydrate aus Wasser und Kohlendioxid.

DIATOMEEN

Zum Phytoplankton zählen Mikroorganismen wie die Diatomeen und Cyanobakterien. Diatomeen haben ein hartes Kieselsäuregehäuse, das aussieht wie ein kleiner Behälter mit Deckel. Sie zeigen eine hohe Artenvielfalt und leben in kalten Meeren, denen sie eine graugrüne Farbe verleihen – besonders wenn es zu einer explosionsartigen Algenblüte kommt, die man sogar vom All aus sehen kann.

Das durchsichtige Gehäuse dieser Diatomee lässt die grünen Bestandteile erkennen, mit denen sie Fotosynthese betreibt.

KRABBENLARVE

Zum Zooplankton gehören die Eier und Larven vieler Meerestiere in den vielfältigsten Formen. Darunter sind Eier der Korallen, junge Fische, Krebse, Muscheln und Krabben wie diese hier (links). Im Driftstrom finden sie genügend Nahrung und erobern neue Lebensräume in den Weiten der Ozeane.

Diese Krabbenlarve hat Reiskorngröße und ist leicht genug, um an der Meeresoberfläche dahinzudriften.

RUDERFUSSKREBSE

Das Zooplankton besteht aus einer großen Schar unterschiedlichster Mikroorganismen, u. a. den winzigen, krabbenartigen Ruderfußkrebsen. Sie treten in riesigen Massen auf und dienen großen Fischschwärmen und Bartenwalen als Grundnahrung.

Dieser zarte Organismus ist ein Appendicularium – ein in einem weichen Schleimbläschen driftendes Tierchen.

Pfeilwürmer sind mit kräftig zupackenden Greifhaken ausgerüstet, mit denen sie Ruderfußkrebse erbeuten.

Das Zooplankton enthält große Mengen an Fischeiern, aus denen bald winzige Fischlarven schlüpfen.

Ruderfußkrebse haben lange Antennen, die beim Absinken wie Bremsfallschirme wirken.

PFEILWÜRMER

Diese langen, fast durchsichtigen Tierchen machen Jagd auf andere Kreaturen des Zooplanktons, z. B. auf Ruderfußkrebse. Ihr Name verrät, dass sie wie ein Pfeil auf ihre Opfer zuschießen und sie ergreifen.

Dieses borstige Geschöpf ist eine Wurmlarve. Ausgewachsen wird sie als Wurm im Meeresboden wühlen.

INSEKTEN

Insekten sind die erfolgreichsten Lebewesen auf der Erde. Allein die Käfer stellen nahezu ein Drittel aller Tierarten. Die meisten Insekten sind klein, manche aber groß genug, dass wir mit bloßem Auge ihren komplizierten Körperbau erkennen können. Einige stechen oder beißen, andere sind sehr schädlich, aber die meisten sind harmlos und – faszinierend schön.

SCHMETTERLINGE

Ihr Leben beginnt als blattfressende Raupe, die sich bald verpuppt und in der Puppenruhe eine Verwandlung zum Schmetterling macht, der aus Blüten Nektar saugt.

NACHTFALTER

Diese Falter sind Schmetterlinge, die nur nachts herumschwärmen. Die meisten haben braune Tarnfarben, nur wenige fallen farblich auf.

FLIEGEN

Fliegen sind Zweiflügler, haben also nur zwei Flügel im Gegensatz zu vielen anderen Insekten. Manche sind beißende Blutsauger, andere gefährliche Krankheitsüberträger. Schwebfliegen sind dagegen harmlos.

BIENEN UND WESPEN

Trotz ihrer gelegentlichen Stiche sind Bienen und Wespen als nützlich anzusehen. Bienen sind die wichtigsten Bestäuber und Wespen jagen Schadinsekten.

AMEISEN

Alle Ameisen leben in riesigen Kolonien, den Staaten, die von einer einzigen Königin „regiert“ werden. Nur sie legt alle Eier. Die „Arbeiter“ bauen das Nest und versorgen die Brut. „Soldaten“ verteidigen es.

KÄFER

Die meisten Käfer erkennt man an ihren bunt schillernden Deckflügeln, welche die zarten Flügel schützen. Besonders die Männchen haben häufig große Rüssel, Hörner oder Kiefer, mit denen sie kämpfen.

DER INSEKTENKÖRPER

Viele Insekten beginnen ihr Leben als weiche Raupe oder Larve, um sich schon bald in das eigentliche Insekt mit hartem Körperpanzer und sechs Beinen zu verwandeln. Dieser Panzer wirkt, als wäre er aus Hartplastik. Er ist mit Chitin verstärkt und bildet das Außenskelett. Häufig schillert er glänzend, kann aber auch schuppig oder pelzig sein. Die meisten Insekten tragen Flügel aus Lagen von Chitin, die von kräftigen Muskeln angetrieben werden.

❸ AUGEN

Wie viele andere Insekten hat auch die Wespe ein Paar riesige Komplexaugen. Jedes besteht aus Hunderten von winzigen Einzelaugen, die im Gehirn ein komplexes Mosaikbild der Umgebung abbilden. Zwischen den Komplexaugen hat die Wespe drei Punktaugen.

❶ ANTENNEN

Die Kopffühler der Insekten, die Antennen, dienen dem Tasten, aber auch dem Riechen. Ihre empfindlichen Nervenpunkte erfassen kleinste chemische Spuren. Die Antennen mancher Falter „riechen" Düfte über mehrere Kilometer Entfernung.

❷ KOPF

Der Insektenkopf enthält das Gehirn und die meisten Sinnesorgane. Seine Mundwerkzeuge sind an die verschiedensten Anforderungen angepasst. So haben Stechmücken spitze Mundwerkzeuge, um Blut zu saugen, Wespen dagegen kräftige Beißkiefer, mit denen sie erlegte Insekten zerkauen.

❹ THORAX (BRUST)

Beine und Flügel sind bei Insekten am vorderen Teil des Körpers befestigt, dem Thorax. Kräftige Brustmuskeln treiben die Flügel an, vergleichbar den kräftigen Armen eines Ruderers beim Rudern. Hier ist auch der Kropf untergebracht, der Nahrung zwischenspeichert.

❻ FLÜGEL

Die Flügel der Insekten bestehen aus dünnen, durchsichtigen Chitinplatten. Schmetterlingsflügel sind ähnlich, aber mit farbigen Schuppen bedeckt. Die meisten Insekten fliegen mit zwei Paar Flügeln, die Fliegen mit nur einem Paar.

❼ STACHEL

Die meisten Insekten sind harmlos. Ein geringer Teil jedoch sticht oder beißt. Wespen spritzen mit ihrem Stachel ein giftiges Sekret in die Wunde. Damit verteidigen sie sich und ihr Nest oder töten ihre Beute.

❺ ABDOMEN

Im Innern des weichen Abdomens sind lebenswichtige Organe untergebracht, z. B. das Verdauungssystem. Ein feines Röhrensystem, die Tracheen, leitet Atemluft zu den Organen und Muskeln. Die gelb-schwarze Warnfarbe bedeutet für andere Tiere: Vorsicht, Giftstachelträgerin!

❽ BEINE

Alle ausgewachsenen Insekten gehen auf sechs Beinen. Beim Krabbeln sind immer drei Beine am Boden, drei bewegen sich – so kommt die Wespe nie ins Wanken. Jedes Bein setzt sich aus mehreren steifen, miteinander verbundenen Röhrchen zusammen, die von innen liegenden Muskeln gesteuert werden.

FISCHE

Fische waren die ersten Wirbeltiere, die vor etwa 500 Millionen Jahren erstmals auf der Erde vorkamen. Seither haben sie sich zu einer wunderbaren Artenvielfalt fortentwickelt – von den großen Haien bis zu den zierlichen Seepferdchen stellen die Fische mehr als die Hälfte aller Wirbeltierarten. Die meisten Fische sind Meeresbewohner, wie die Exemplare auf dieser Seite. Viele leben aber auch im Süßwasser von Bächen, Flüssen und Seen (Seite gegenüber). Aal und Lachs leben in Meeren und Flüssen.

❶ ROCHEN
Rochen sind flach gebaute Verwandte der Haie mit einem Knorpelskelett und schwimmen mithilfe ihrer seitlichen Flossen wie mit Flügeln. Sie jagen am Meeresboden nach Muscheln und kleinen Fischen.

❷ KOFFERFISCH
Der Körper dieses Riffbewohners ist komplett von einer Art Panzer aus Schuppen geschützt. Weil er dadurch ziemlich unbeweglich ist, muss sich der Fisch mithilfe seiner kleinen Brustflossen vorwärtsfächeln.

❸ PINZETTFISCH
Dieser Riffbewohner des Indischen und Pazifischen Ozeans hat eine sehr spitze Schnauze mit einer winzig kleinen Mundöffnung. Damit „pickt“ er Kleinlebewesen aus den Riffspalten oder zwischen den Stacheln der Seeigel heraus.

❹ SEEPFERDCHEN
Nichts erinnert bei diesem Tier an einen Fisch, der – daher sein Name – mehr einem kleinen Pferdekopf ähnelt. Mit dem Schwanz klammert er sich an Pflanzen fest. Das Männchen hütet die Eier des Weibchens in einer Bauchfalte.

❺ KUGELFISCH
Bei Gefahr können sich Kugelfische mit Wasser oder Luft kugelrund aufblähen, sodass sie von Fressfeinden nicht geschluckt werden können. Igelfische haben Stacheln, die zusätzlich abschrecken. Bestimmte Organe sind stark giftig.

6 LACHS

Die großen kräftigen Lachse verbringen die meiste Zeit im Meer. Gegen Ende des Lebens wandern sie zu den Flüssen, in denen sie geboren wurden, um zu laichen. Besondere Anpassungen erlauben ihnen, vom Salz- zum Süßwasser zu wechseln.

7 KARPFEN

Diese Süßwasserfische bevorzugen warme, stehende Gewässer und kommen mit wenig Sauerstoff aus. Mit ihrem vorstülpbaren Maul weiden sie den Teichgrund nach fressbaren Pflanzenteilen und Kleinlebewesen ab.

8 PFAUENAUGEN-BUNTBARSCH

Die Buntbarsche umfassen etwa 650 Arten, von denen die meisten in den Tropen leben. Die Pfauenaugen-Buntbarsche stammen aus dem südamerikanischen Amazonas. Im Schlick des Flussbetts suchen sie nach Kleinkrebsen und Würmern.

9 STICHLING

Dieser Fisch hat seinen Namen von den scharfen Stacheln auf seinem Rücken. Er lebt in Teichen, Seen und Flüssen bis hinein ins Brackwasser. Im Frühling baut das Männchen ein Nest aus Pflanzenteilen und übernimmt die Aufzucht der Jungen.

10 HECHT

Dieser große Raubfisch lebt in Seen und langsam fließenden Flüssen der gesamten Nordhalbkugel. Hechte lauern versteckt zwischen Wasserpflanzen auf Fische und Wasservögel, schießen plötzlich hervor und schnappen zu.

11 PIRANHA

Gefürchtet sind ihre messerscharfen Zähne und plötzlichen Schwarmattacken auf Tiere, die ihr Jagdrevier betreten. Sie leben in vielen Flüssen Südamerikas. Ein Schwarm Piranhas kann eine Kuh binnen weniger Minuten komplett kahl fressen.

NAHRUNG

Alle Tiere ernähren sich entweder von Pflanzen, anderen Tieren, Bakterien oder Pilzen. Gras, Wurzeln und Laub sind zwar fast überall zu finden, sind aber schwer verdaulich. Tiere sind dagegen schwerer aufzuspüren und zu erlegen, dafür aber leicht verdaulich und von hohem Nährwert. Tiere haben im Lauf der Zeit viele Methoden entwickelt, um an ihre Nahrung zu kommen. Einige sind wesentlich stärker spezialisiert als die anderen und stehen an der Spitze der Nahrungsketten.

Die in Reihen stehenden Kiemenbögen filtern Plankton aus dem einströmenden Wasser.

Papageien gebrauchen häufig ihre Greiffüße zum Halten der Nahrung, um sie leichter verspeisen zu können.

Saugnäpfe umschließen den Mund mit den scharfen Zähnchen.

❶ RIESENHAI
Der gewaltige Riesenhai besitzt nur sehr kleine Zähne. Er ernährt sich, indem er mit offenem Maul durch Wolken von Plankton schwimmt und sie mithilfe seiner siebartigen Kiemen herausfiltert. Die meisten Wale filtern die Kleinlebewesen dagegen mit Barten, Flamingos mit ihrem Schnabel.

❷ GIRAFFE
Mit ihrem extrem langen Hals erreicht die Giraffe hoch wachsende Blätter, wo andere Tiere nicht hinkommen. Wie viele Blatt- und Grasfresser haben auch Giraffen Bakterien im Darm, die diese schwer verdauliche Nahrung aufschließen.

❸ BLUTEGEL
Diese Parasiten befallen ein Tier, beißen sich in der Haut fest und saugen sein Blut. Manche Blutegel können das 5-Fache ihres Gewichts an Blut saugen. Dieses „Mahl“ reicht für fast ein ganzes Jahr.

❹ PAPAGEI
Vögel fressen stets hochwertige Nahrung, um ihr Fluggewicht klein zu halten – also Fleisch, Insekten, Früchte oder Samen. Papageien lieben auch Nüsse, die sie mit dem kräftigen Schnabel knacken. Manche haben eine pinselförmige Zunge, mit der sie Blütennektar lecken.

❺ LÖWE
Die Jagd auf große Tiere ist gefährlich und kraftraubend. Löwen benutzen ihre starken Pranken und Fangzähne, um ihr Opfer zu überwältigen. Mit ihren scharfen Backenzähnen „schneiden“ sie Fleischstücke heraus, die sie als Ganzes schlucken, denn Fleisch ist leicht verdaulich.

❻ GROSSER AMEISENBÄR
Von Insekten ernähren sich viele Tiere, aber so spezialisiert darauf wie der Ameisenbär sind nur wenige. Seine lange, dünne, klebrige Zunge züngelt bis zu 150-mal in der Minute aus der langen Schnauze heraus, um die Ameisen in ihrem Bau zu fangen.

❼ BANDWURM
Dieser Parasit lebt im Darm anderer Tiere – aber auch der Menschen. Da er inmitten vorverdauter Nahrung lebt, braucht er selbst kein Verdauungssystem, ja nicht einmal ein Maul. Nährstoffe nimmt er über seine Haut auf.

Stubenfliegen können auf Nahrungsmitteln Erreger hinterlassen.

❽ SCHMUTZGEIER
Unter den Tieren gibt es viele Aasfresser, zu denen auch die Schmutzgeier zählen. Sie leben vor allem in Afrika und gelten als „Gesundheitspolizei" der Savanne. Ohne Geier würde mehr Aas herumliegen und die Gefahr von Seuchen drohen.

❾ STUBENFLIEGE
Viele Insekten wie die Fliegen können nur flüssige Nahrung aufnehmen. Manche saugen Blut, andere Nektar oder Pflanzensäfte. Die Stubenfliege kann auch Feststoffe wie Zucker mit Speichel verflüssigen und mit ihrem stempelartigen Tupfrüssel aufsaugen.

❿ BRAUNBÄR
Braunbären sind Allesfresser – ihr Speisezettel reicht von Beeren über Honig, Wurzeln bis zum Fleisch von erbeuteten Tieren. So können sie je nach Jahreszeit und Angebot ihre Vorlieben ausrichten. Auch Menschen sind im Grunde solche „Allesesser".

KREBSTIERE

Kennzeichen der artenreichen Gruppe wirbelloser Tiere – es gibt mehr als 40 000 Arten – ist das harte Außenskelett, das ihren weichen Körper schützt. Die meisten Krebstiere leben in Seen, Flüssen und v. a. im Meer. Nur Asseln leben an Land. Die Tiere haben mindestens vier Paar Gliederbeine, Kiemen und Antennen, mit denen sie ihre Umgebung ertasten und riechen können.

❶ KRABBEN

Der dicke Panzer und die kräftigen Scheren verraten, dass Krabben ihr Leben maßgeblich zwischen Angriff und Verteidigung verbringen. Die Vorwärtsbewegung ist weitaus langsamer als die seitliche, mit der sie sich bei Gefahr sehr flink in Sicherheit bringen.

❷ SEEPOCKEN

Junge Seepocken treiben frei im Meerwasser. Als Erwachsene suchen sie sich eine feste Unterlage, etwa Felsen, Hafenmolen oder auch große Krebse, wo sie dann haften bleiben. Mit ihren gefiederten Fangarmen fischen sie Plankton aus der Strömung.

❸ NORWEGISCHER HUMMER

Diese Krebstiere kommen an den Küsten der Nordsee und des Nordatlantiks vor. Sie sind nachtaktiv und verlassen abends ihre Verstecke, um Würmer und Kleinkrebse zu jagen. Ihr Hinterleib wird in Restaurants als „Scampi" serviert.

❹ HUMMER

Wegen ihres schweren Gewichts kriechen Hummer meist auf dem Meeresboden. Bei Gefahr können sie mit heftigen Schwanzschlägen auch rückwärtsschwimmen. Wie alle Krebstiere müssen sich Hummer während des Wachstums mehrmals häuten.

❺ LANDASSELN

Sie sind die einzigen Krebstiere, die an Land leben, allerdings an feuchten, dunklen Orten. Sie laufen auf sieben Paar Beinen. Einige Arten rollen sich bei Gefahr zu einer Kugel zusammen. Ihre Kiemen sitzen auf dem hinteren Beinpaar.

❻ GARNELEN

Viele Garnelen und Shrimps schwimmen oder driften im Wasser, andere krabbeln zeitlebens auf dem Meeresboden herum. Putzergarnelen haben sich auf blutsaugende Parasiten auf Rifffischen spezialisiert, die sie von der Plage befreien.

AMPHIBIEN

Trotz ihrer Nähe zu den Reptilien können Amphibien nicht in Trockengebieten leben – dort würden sie austrocknen. Viele sind deshalb nur nachtaktiv. Ihre Eier legen sie im Wasser ab, wo die Jungtiere als Kaulquappen aufwachsen.

1 GRASFROSCH
Alle Amphibien jagen lebende Beutetiere. Der Frosch links im Bild hat es im Sprung auf den Marienkäfer abgesehen, den er schnappen und lebend verschlucken wird.

4 GEBURTSHELFERKRÖTE
Fast alle Frösche und Kröten laichen am Wasser ab, ausgenommen die Geburtshelferkröte. Die Männchen wickeln sich die Laichschnüre um die Hinterbeine, um die Entwicklung der Brut zu überwachen.

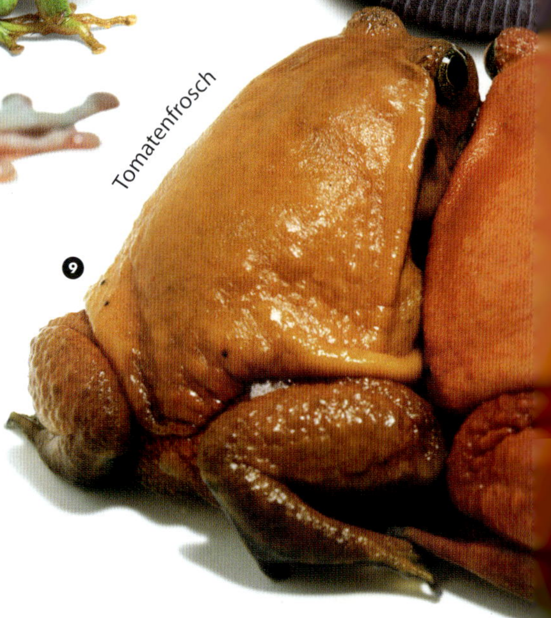

6 PFEILGIFTFROSCH
Die kleinen Frösche der amerikanischen Regenwälder schützen sich mit einer hochgiftigen Haut. Eingeborene Indianer präparieren mit dem Gift ihre Jagdpfeile.

7 MANDARIN-SALAMANDER
Salamander und Molche ähneln Fröschen, nur haben sie einen langen Schwanz. Einige wie der Mandarin-Salamander sind auffällig gefärbt. Damit will das Tier Fressfeinden seine Giftigkeit signalisieren.

8 KORALLENFINGER
Laubfrösche wie dieser haben Zehen mit Saugnäpfen, die gut auf feuchten Blättern haften. Auch sie legen ihren Laich an Teichen ab.

9 TOMATENFROSCH
Viele Kröten und Frösche, auch dieser Tomatenfrosch, blähen sich bei Gefahr gewaltig auf, um Fressfeinde zu beeindrucken.

❷ KAULQUAPPEN

Nahezu alle Frösche beginnen ihr Leben im Wasser als Kaulquappen – mit Schwanz, aber ohne Beine. Die wachsen erst allmählich. Später hüpfen sie ohne Schwanz aus dem Wasser.

❸ AFRIKANISCHER OCHSENFROSCH

Dieser Ochsenfrosch gönnt sich gerade eine Maus. Er frisst alles, was läuft und kleiner ist als er.

❺ RAUHÄUTIGER BAUMFROSCH

Diese Froschart laicht hoch im Geäst von Bäumen, wo sie die Eier in einem Nest aus Schaum feucht hält.

❿ SCHLEICHENLURCH

Der fast blinde, wurmartige und beinlose Schleichenlurch bohrt sich mit dem harten Kopfteil voran durch den Boden des Regenwalds.

⓫ VIERAUGENFROSCH

Dieser Frosch hat am Rücken ein Paar riesige augenähnliche Flecken. Wenn er sich aufbläht, verwechseln ihn Fressfeinde mit einem bedrohlichen Tiergesicht.

⓬ FEUERSALAMANDER

Große gelbe Flecken warnen davor, dass der Lurch bis zu 4 m weit giftiges, augenschädliches Sekret spritzen kann.

LEBENSZYKLEN

Während des Heranwachsens durchlebt jedes Tier verschiedene Lebensabschnitte. Den ersten Abschnitt bildet die Geburt, der Beginn neuen Lebens. Den letzten Abschnitt stellt für viele Tiere die Fortpflanzung und Aufzucht der Jungen dar. Bei Säugetieren sind sich die einzelnen Phasen recht ähnlich, bei Insekten dagegen sind sie sehr verschieden – besonders die Umwandlung während der Verpuppung.

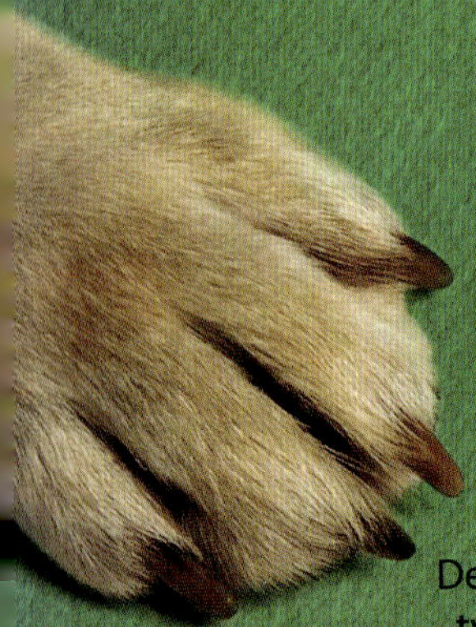

HUND ▸

Der Lebenszyklus eines Hundes ist typisch für viele Säugetiere, denn er beginnt als „kleine Ausgabe" des erwachsenen Tiers. Er wächst heran, seine Organe entwickeln sich, bald frisst er Erwachsenennahrung und pflanzt sich schließlich selbst fort.

1 Als blinde, hilflose Welpen vertragen sie zur Ernährung ausschließlich Muttermilch.

2 Auch die nächsten zwei Wochen sind die Augen noch geschlossen.

3 Zwei weitere Wochen später kann der Kleine sehen, trinkt aber noch Muttermilch.

4 Der junge Hund lernt allmählich, dass auch feste Nahrung gut schmeckt. Er erwirbt spielerisch erste Fertigkeiten.

5 Der junge Hund lernt, selbst nach Nahrung zu suchen. Er ist noch sehr verspielt.

6 Der junge, ausgewachsene Hund interessiert sich für Hündinnen und wird bald eigene Junge haben.

◂ FROSCH

Die meisten Amphibien, so auch die Frösche, haben einen komplizierten Lebenszyklus. Sie laichen am Wasser ab und aus den Eiern schlüpfen Kaulquappen. Diesen wachsen Lungen und Beine, bis sie als Jungfrösche das Wasser verlassen und zu großen Fröschen heranwachsen.

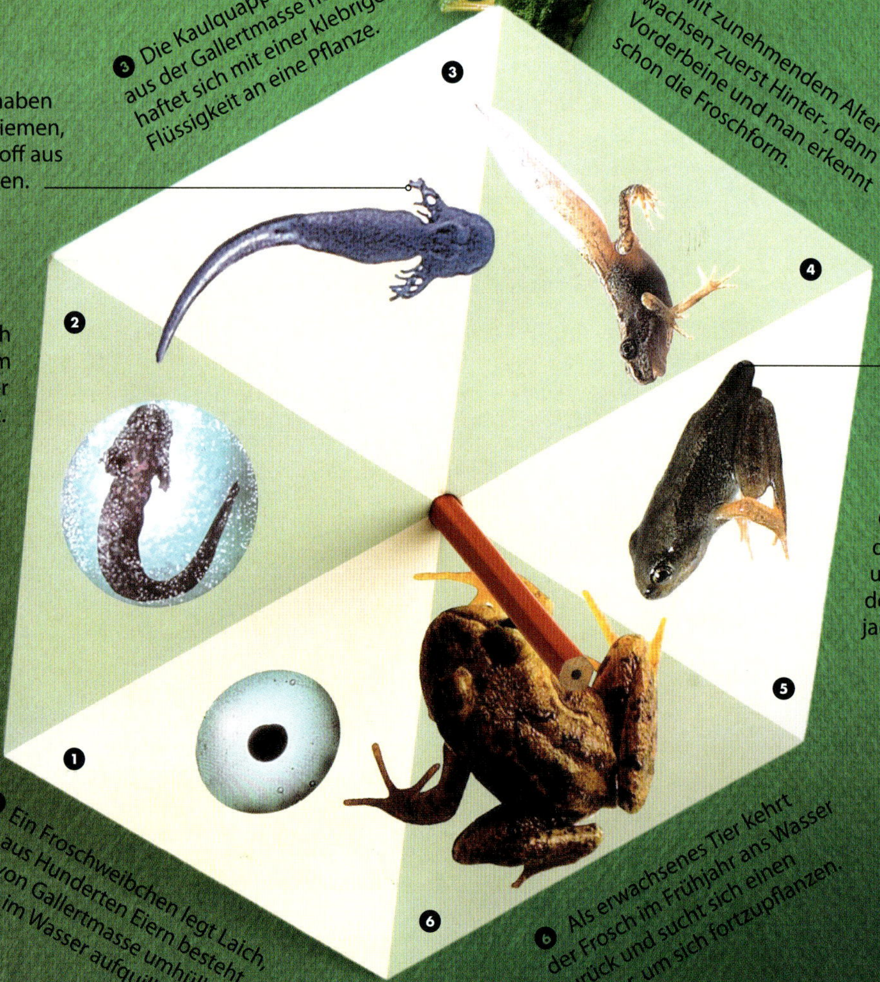

1 Ein Froschweibchen legt Laich, der aus Hunderten Eiern besteht und von Gallertmasse umhüllt ist, die im Wasser aufquillt.

2 Im Ei entwickelt sich ein Embryo, der sich vom Dotter ernährt, größer wird und sich bewegt.

Junge Kaulquappen haben drei Paar gefiederte Kiemen, mit denen sie Sauerstoff aus dem Wasser aufnehmen.

3 Die Kaulquappe windet sich aus der Gallertmasse heraus und haftet sich mit einer klebrigen Flüssigkeit an eine Pflanze.

4 Mit zunehmendem Alter wachsen zuerst Hinter-, dann Vorderbeine und man erkennt schon die Froschform.

Der Schwanz schrumpft zu einem Stummel, und der Kleine lernt, mit den Beinchen zu schwimmen und zu hüpfen.

5 Lungen entwickeln sich, der Schwanz verschwindet und mit seinen Beinen hüpft der Jungfrosch an Land und jagt Kleingetier.

6 Als erwachsenes Tier kehrt der Frosch im Frühjahr ans Wasser zurück und sucht sich einen Partner, um sich fortzupflanzen.

❶ Ein Weibchen legt befruchtete Eier auf einer Pflanze ab. Aus den Eiern schlüpfen zahlreiche Raupen.

❷ Pausenloses Fressen lässt die kleine Raupe rasch wachsen, wobei sie sich mehrmals häuten muss.

❸ Die ausgewachsene Raupe hat sich mit energiereicher Nahrung fettgefressen, die sie für die kommende Umwandlung zum Insekt braucht.

Die Raupe spinnt sich mit einem Seidenfaden ein. Diese Hülle wird zur festen Puppe.

❹ Die Raupe stellt das Fressen ein und umspinnt sich mit einem Kokon, um sich zu verpuppen. In der Puppe verwandelt sich die Raupe zu einem Schmetterling.

Die Puppe bricht auf und ein zerknitterter Falter kriecht hervor.

❺ Die Puppe ruht für mehrere Wochen, in denen der Raupenkörper sich weitgehend auflöst. Aus vorhandenen Zellen entwickeln sich die neuen Organe des Falters.

❻ Nach dem Schlüpfen nimmt der Schmetterling nur noch Nektar auf. Er wächst nicht mehr, sondern kümmert sich nur noch darum, für Nachwuchs zu sorgen.

◄ SCHMETTERLING

Schmetterlinge beginnen, wie viele andere Insekten, ihren Lebenszyklus als Raupen, die wochenlang nur fressen und wachsen. Dann verpuppen sie sich und verwandeln sich in einen ausgewachsenen Schmetterling, der nur noch Nektar schlürft.

SCHILDKRÖTE ►

Die meisten Reptilien, also Schildkröten, Schlangen und Echsen, legen Eier. Die schlüpfenden Jungen sehen aus wie kleine Ausgaben der Eltern. Sie fressen dieselbe Nahrung und leben auch genauso wie sie.

❶ Die Eischale ist weich und biegsam und schützt vor Austrocknung.

❷ In den vergrabenen Eiern wachsen Embryos heran. Das Ausbrüten übernimmt stets die Sonnenwärme.

❸ Sofort nach dem Schlupf zieht es die Jungschildkröten zum Meer hin.

Das Jungtier hat schon perfekt entwickelte Paddelbeine.

❹ Das Junge ernährt sich genauso wie seine Eltern, es nimmt nur kleinere Portionen.

❺ Anders als Amphibien oder Insekten durchlaufen junge Schildkröten keinerlei Verwandlungen. Sie werden einfach ständig größer.

Mit ihren kräftigen Paddeln können sie große Meere auf der Suche nach Brutstränden durchschwimmen.

❻ Die erwachsenen Schildkröten paaren sich bald. Die Weibchen schwimmen an Land und vergraben an tropischen Stränden ihre Eier im warmen Sand.

ANGRIFF UND ABWEHR

Viele Tiere sind Raubtiere, die andere Tiere fressen. Da das Jagen und das Erlegen von Beute sehr schwierig sind, haben die Jäger im Lauf der Zeit besondere „Waffen“ und Jagdmethoden entwickelt. Aber auch die Gejagten haben sich mit Abwehrwaffen und Verteidigungstechniken gewappnet, die äußerst wirksam sind.

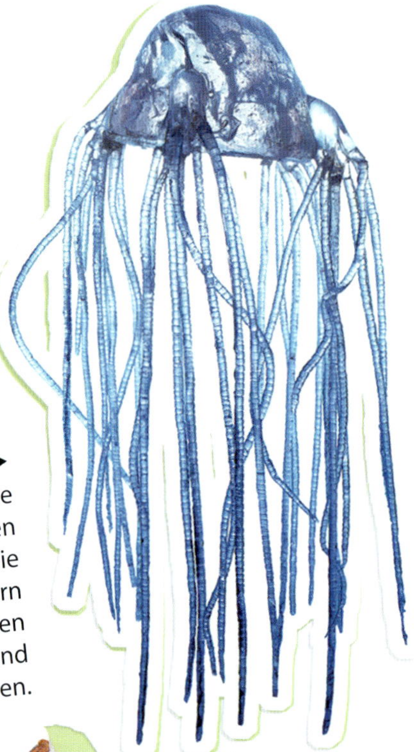

◂ NACHTJÄGER
Fledermäuse spüren fliegende Insekten in völliger Dunkelheit mit Ultraschall auf. Aus dem Echo ihrer Schreie können sie ein „Hörbild“ ihres Opfers im Gehirn anfertigen und es so zielsicher erjagen.

TODESFALLE ▸
Die langen Fangarme der Würfelqualle besitzen Tausende von Nesselzellen, die winzige Giftharpunen abfeuern können. Jedes Tier, das in den Bereich der Tentakel gelangt und sie berührt, stirbt nach Sekunden.

▴ ÜBERFALL
Bewegungslos lauert eine Gottesanbeterin auf einem Ast, bis ein Insekt in Reichweite kommt. Blitzschnell schießen ihre spitzen Fangbeine vor und packen das Opfer, das lebend gefressen wird.

◂ GIFTSTACHEL UND SCHEREN
Viele Gifttiere haben Giftzähne oder Giftstacheln zum Jagen und zur Verteidigung. Skorpione jagen mit ihren Scheren und stechen mit dem giftigen Schwanzstachel zu, wenn sie sich verteidigen.

◂ TEAMWORK
Dank starker Reißzähne und Pranken, vor allem aber wegen der Jagdweise im Rudel führen Löwen meist sehr erfolgreiche Raubzüge durch.

WÜRGER ▾
Ein Python umschlingt sein Opfer und drückt nach jedem Ausatmen ein wenig mehr zu, bis es nicht mehr einatmen kann und erstickt. Der vom Schädel lösbare Unterkiefer erlaubt das Verschlucken der Beute in einem Stück.

GIFTDRÜSEN ▸

Bei einem Angriff blähen sich Kröten stark auf und sondern ein Giftsekret aus Hautdrüsen ab. Fressfeinde wissen, dass die Beute dann ungenießbar ist, und verschwinden.

TARNKLEID ▾

Die beste Verteidigung ist, sich unsichtbar zu machen. Tarnfarben dienen dazu, sich der Umgebung möglichst anzupassen. Im Schnee ist der weiße Schneehase kaum zu entdecken.

STACHELN ▾

Tiere, die leicht zur Beute anderer werden, müssen sich schützen. Das Stachelschwein hat dazu ein unüberwindbares Stachelkleid. Jeder Angriff eines Raubtiers scheitert nicht nur, sondern ist für den Jäger sehr gefährlich.

TOT STELLEN ▾

Viele Raubtiere fressen nur Beute, die sie selbst geschlagen haben. Manche Tiere haben daraus gelernt und stellen sich, wie dieses Opossum, bei Gefahr tot. Es kann diese falsche Totenstarre bis zu sechs Stunden beibehalten!

GESTANK ▾

Stinktiere sind berüchtigt für ihre extrem stinkende Flüssigkeit, die sie mithilfe von Afterdrüsen bei Gefahr verspritzen. Sie zielen bevorzugt auf das Gesicht ihrer Angreifer. Werden Kleider getroffen, müssen sie verbrannt werden.

IM VERBAND ▸

Einzelne Tiere werden leichter zur Beute als Tiere, die sich zu Herden, Rotten oder Schwärmen zusammenfinden. Raubtiere meiden es, unter dicht aneinandergedrängte Tiere zu dringen, und drehen ab.

▲ PYTHONS
Diese Riesenschlangen zählen zu den größten der Erde. Sie sind nicht giftig, aber unglaublich stark. Ihr Opfer umschlingen sie so lange und so fest, bis es nicht mehr atmen kann.

Er ist viel kleiner als die meisten Pythons und gräbt sich in die Erde ein. Er jagt Nagetiere.

Mit dem Hinterteil, das einem Schlangenkopf ähnelt, täuscht er Angreifer.

NATTERN ▼
Drei von fünf Schlangen gehören zur Familie der Nattern. Die meisten sind harmlos, andere, wie die Mangroven-Nachtbaumnatter, haben Giftzähne im Kiefer.

Schlangen streifen mindestens einmal im Jahr ihre alte Haut ab. Die neue glänzt mehr und hat leuchtendere Farben.

LEGUANE ▼
Diese pflanzenfressenden Echsen haben vier Beine, einen langen Schwanz und eine Schuppenhaut. Die meisten Echsen vertilgen auch kleinere Tiere, aber dieser Grüne Leguan frisst nur Pflanzennahrung.

▼ GIFTECHSEN
Die Gila-Krustenechse ist eine von zwei giftigen Echsen, die im trockenen Südwesten der USA und in Mexiko leben.

CHAMÄLEONS ▶
Diese eigentümlichen Echsen können je nach Stimmungslage ihre Farbe ändern. Im Gegensatz zu ihrer blitzschnell vorschießenden klebrigen Zunge, mit der sie Insekten fangen, bewegen sich die Tiere langsam.

GECKOS ▼
Milliarden feinster Härchen zwischen den breiten Zehen sorgen für extrem große Haftung selbst auf senkrechten Glasscheiben oder kopfüber an Zimmerdecken.

REPTILIEN

Schuppenhaut, kriechende Fortbewegung, Giftzähne, starrer Blick – Reptilien wirken auf uns oft etwas unheimlich. Andererseits sind es faszinierende, häufig schön gefärbte Tiere mit glänzender Haut. Aufgrund ihres wechselwarmen Kreislaufs brauchen sie wenig Energie in Form von Nahrung. Krokodile können einige Monate, Schlangen sogar ein Jahr ohne Fressen überstehen.

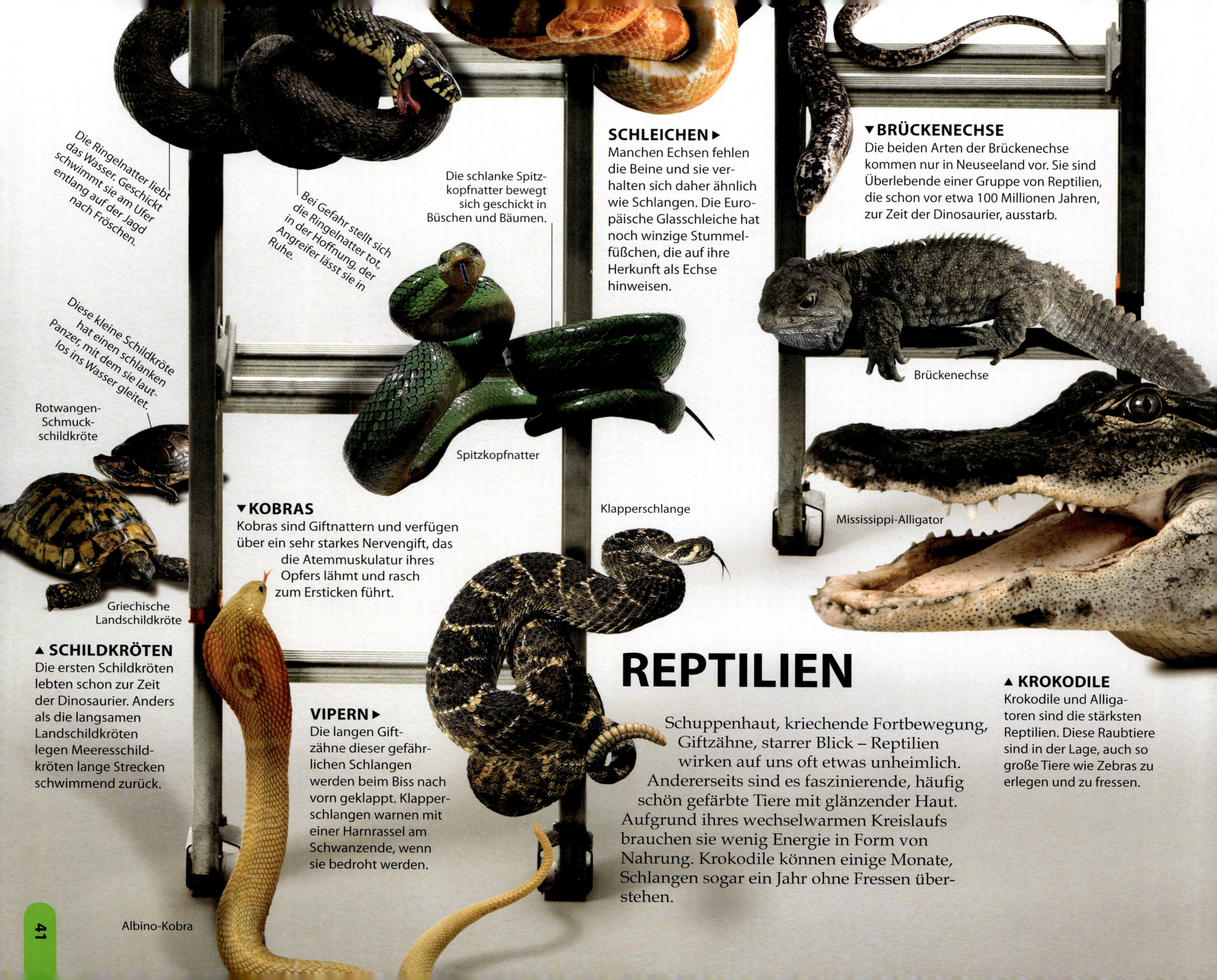

▼ BRÜCKENECHSE
Die beiden Arten der Brückenechse kommen nur in Neuseeland vor. Sie sind Überlebende einer Gruppe von Reptilien, die schon vor etwa 100 Millionen Jahren, zur Zeit der Dinosaurier, ausstarb.

SCHLEICHEN ▶
Manchen Echsen fehlen die Beine und sie verhalten sich daher ähnlich wie Schlangen. Die Europäische Glasschleiche hat noch winzige Stummelfüßchen, die auf ihre Herkunft als Echse hinweisen.

▼ KOBRAS
Kobras sind Giftnattern und verfügen über ein sehr starkes Nervengift, das die Atemmuskulatur ihres Opfers lähmt und rasch zum Ersticken führt.

▲ SCHILDKRÖTEN
Die ersten Schildkröten lebten schon zur Zeit der Dinosaurier. Anders als die langsamen Landschildkröten legen Meeresschildkröten lange Strecken schwimmend zurück.

VIPERN ▶
Die langen Giftzähne dieser gefährlichen Schlangen werden beim Biss nach vorn geklappt. Klapperschlangen warnen mit einer Harnrassel am Schwanzende, wenn sie bedroht werden.

▲ KROKODILE
Krokodile und Alligatoren sind die stärksten Reptilien. Diese Raubtiere sind in der Lage, auch so große Tiere wie Zebras zu erlegen und zu fressen.

WEICHTIERE

Schnecken, Muscheln und Austern sind Weichtiere. Häufig haben sie ein Gehäuse aus Kalk. Auch die schalenlosen Kraken und Kalmare zählen dazu. Viele Weichtiere leben im Meer oder Brackwasser. Während Schnecken und Kraken umherziehen, um Nahrung zu suchen, bleiben Muscheln meist an Ort und Stelle. Sie haben weder Kopf noch ausgeprägte Sinnesorgane und verstecken ihren Körper in zwei harten, verschließbaren Muschelklappen.

1 Schnecke Sie kriecht auf ihrem muskulösen Fuß und kann ihren weichen, biegsamen Körper in die Gehäusewindungen zurückziehen, wenn sie bedroht wird.

2 Echte Achatschnecke Diese Riesenschnecke aus Afrika kann 30 cm lang werden. Eine Drüse am Vorderfuß erzeugt Schleim, auf dem das Tier vorwärtsgleitet.

3 Riesenmuschel Das größte aller Weichtiere wird über 1 Meter groß. Im Jugendalter sucht sie sich einen idealen Platz im Riff, um dort lebenslang zu bleiben.

4 Kalmar Die schnellen Kalmare greifen sich mit den Fangarmen Fische, können die Farbe wechseln und stoßen sich mit einem scharfen Wasserstrahl ihres Siphos vorwärts.

5 Nacktschnecke Diese gehäuselosen Schnecken können mit weniger kalkhaltiger Kost auskommen als ihre Kalkgehäuse tragenden Verwandten.

6 Napfschnecke Mit ihrer extrem stabilen Schale saugen sich Napfschnecken an den Brandungsfelsen fest und trotzen den härtesten Wellenbrechern.

7 Krake So wie Sepien und Kalmare sind auch Kraken sehr intelligent und haben hoch komplexe Augen. Mithilfe der Saugnäpfe packen sie Beutetiere wie Krabben.

8 Wellhornschnecke Diese Meeresschnecke spürt mit ihrem feinen Geruchssinn tote Tiere im Meer auf, die sie frisst.

9 Jakobsmuscheln Wie die Miesmuscheln haben sie zwei Muschelklappen. Durch schnelles Zusammenklappen können sie bei Gefahr flott durchs Wasser „hüpfen".

10 Miesmuscheln Die ganze Kolonie heftet sich mittels Fäden an Felsen fest, um das Meerwasser nach Nährstoffen zu filtern.

11 Nacktkiemer Viele dieser giftigen Meeres-schnecken haben fiederartige Kiemen. Ihre grellen Farben warnen Fressfeinde davor, sie zu belästigen.

12 Sepia Anders als viele Weichtiere haben Sepien ein Innenskeletttteil, den Schulp. Er kann mit Luft befüllt werden, um das Tauchen leichter zu machen.

GEHÄUSE

Weichtiere tragen oft ein schützendes Gehäuse: viele Schnecken, Muscheln, Krebse, Krabben, Arm- und Kopffüßer – darunter Meer- und Süßwasserbewohner. Diese Tiere entnehmen dem Wasser Kalk, den sie zu ihren oft schön verzierten und farbenprächtigen Gehäusen verbauen. Meist schillert im Innern eine Schicht Perlmutt.

❶ PERLBOOT (NAUTILUS)
Dieser schalentragende Kopffüßer ist verwandt mit den Kraken. Er besitzt 90 Fangarme. Das Tier bewohnt nur den vorderen Teil. Die hinteren, mit Luft gefüllten Kammern dienen dem Auf- und Abtrieb.

❷ VENUSKAMMSCHNECKE
Bis zu 100 scharfe Spitzen bilden den Gehäusekamm dieser Meeresschnecke, die im Pazifischen und Indischen Ozean lebt. Mit ihm verteidigt sie sich gegen Angreifer, z. B. Rochen.

❸ PAPSTKRONE
Sie ist eine von etwa 500 Arten der Mitraschnecken, die alle die schlanke Spiralform der Kopfbedeckung des Papstes haben. Die Länge des Gehäuses kann 15 cm erreichen.

❹ KUBANISCHE BUNTSCHNECKE
Manche Landschnecken sind prachtvoll gefärbt, dennoch tarnen die Farben sie für den Lebensraum, der sie umgibt. Andernfalls würden die Schnecken zu sehr ihren Fressfeinden auffallen.

Das Gehäuse der Kaurischnecke ist dort, wo es von ihrem Mantel bedeckt wird, glatt und hochglänzend.

Das Perlboot kann auf- oder abtauchen, wenn es Wasser in die gasgefüllten Kammern hinein- oder hinauspumpt.

Aufgeschnittenes Gehäuse des Perlboots

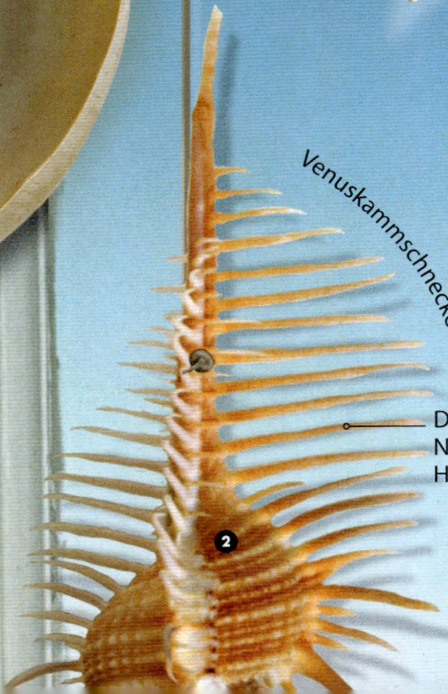

Venuskammschnecke

Die Stacheln sind spitz wie Nadeln und brechen in der Haut des Angreifers leicht ab.

Distorsio-Schnecken leben in tropischen Meeren.

Distorsio-Schnecke

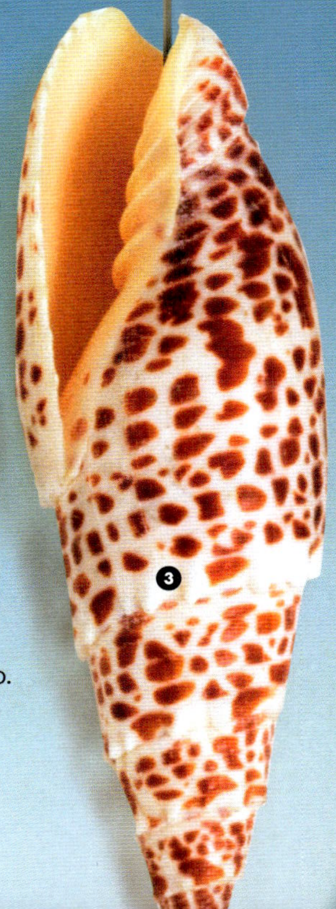

Papstkrone

Echte Wendeltreppe

5 AUSTERNSCHALE

Die meisten Austern haben Schalen, die außen rau, innen aber mit Perlmutt ausgekleidet sind. Sandkörnchen, die beim Filtern von Nährstoffen im Innern hängen bleiben, erhalten einen Perlmuttmantel und werden zu Perlen.

6 KALKSKELETT

Seeigel haben ein inneres Kalkskelett, das von einer Haut überzogen ist – also kein Gehäuse wie bei Muscheln. Es ist übersät mit zahlreichen Löchern und Warzen, auf denen beim lebenden Tier die Stacheln ansetzen.

7 STACHELIGE HERZMUSCHEL

Die Muscheln werden auch Bivalven genannt – das heißt „zwei Klappen". Herzmuscheln vergraben sich im sandigen Meeresboden, oft auch im bei Ebbe trocken fallenden Watt. Dann schließen sie die Klappen, um die Feuchte zu erhalten.

8 MANUS-BAUMSCHNECKE

Jede Schnecke hat ein spiralförmig gewachsenes Gehäuse. Es wächst von der Spitze ausgehend Schicht um Schicht, sodass die Mündung immer größer wird.

Felsentaube

VÖGEL

Weil sie die einzigen Tiere sind, die Federn tragen, erreichen Vögel alle Teile der Erde. Mit ihrer starken Brustmuskulatur können viele ihre großen Flügel schwingen. Ihr Artenreichtum ist spektakulär und reicht von vagabundierenden Albatrossen, bunten Pfauen, flugunfähigen Emus bis hin zu winzigen Kolibris.

▲ RAUBADLER

Adler sind kraftvolle Greifvögel. Hoch in der Luft kreisend halten sie Ausschau nach Beute, um plötzlich im Sturzflug ihr Opfer zu überraschen und mit den starken Krallen zu töten. Raubadler nehmen oft anderen Raubvögeln die Beute weg.

Adler versenken ihre scharfen langen Krallen tief in das Opfer.

ZEBRAFINK ▲

Die geselligen australischen Zebrafinken leben in großen Schwärmen, wo sie sich sicher fühlen. Der keilförmige Schnabel eignet sich gut zum Spalten von Samenkörnern, um an den leckeren Kern zu kommen.

▲ EMU

Der zweitgrößte Vogel nach dem Strauß ist der pflanzenfressende Emu. Er kann nicht fliegen und legt zu Fuß weite Strecken in den Halbwüsten Australiens zurück.

Die Flügel der Pinguine sind umgewandelte Paddel zum Schwimmen.

Königspinguine

Pfau

Der Pfauhahn kann die prächtigen Schwanzfedern zu einem Rad aufstellen.

Stundenlang putzen Vögel ihr Gefieder, um es sauber zu halten.

Hausente

▲ ALBATROS
Die überlangen Flügel des Albatros tragen ihn stundenlang durch die Meereswinde der Ozeane – ohne einen Flügelschlag. Er fängt mit dem Schnabel leichtsinnige Fische, die nahe der Oberfläche schwimmen.

SCHNEE-EULE ▶
Während die meisten Eulen nur nachts jagen, ist die Schnee-Eule im ständig hellen arktischen Sommer pausenlos auf Jagd. Ihr scharfes Gehör bemerkt sogar Mäuseschritte oder Lemminge, wenn sie unter der Schneedecke fressen.

◀ SPECHT
Spechte meißeln mit ihrem scharfen Schnabel Nisthöhlen in alte Bäume und trommeln dagegen, um Insekten aufzuscheuchen, die sie fressen. Der Grünspecht fängt mit seiner extrem langen Zunge Ameisen.

TUKAN ▶
Der gewaltige Schnabel des Riesentukans ist leichter, als man glaubt, weil das Hornmaterial aus großen Hohlräumen besteht. Der Schnabel dient zum Pflücken von Früchten und zum Imponieren.

FLAMINGO ▲
Große Flamingoschwärme stelzen durch warme Seen. Dabei tauchen die Flamingos den Kopf um 180 Grad verdreht ein und pressen mit der Zunge das Seewasser durch ihre lamellenbesetzten Schnabelränder. Alles Kleingetier bleibt im Schnabel hängen.

PFAU-HENNE ▶
Das Pfauenweibchen ist viel unauffälliger gefärbt als das Rad schlagende Männchen. Beide tragen aber eine Federkrone auf dem Kopf.

EIER

Alle Vogelweibchen legen Eier, die von den Eltern ausgebrütet werden. Beim Schlüpfen müssen die Jungen selbst die Schale durchbrechen. Für einen kleinen Strauß ist das nicht so schwer, aber viele andere Jungvögel sind beim Schlupf noch völlig nackt, blind und hilflos.

❶ RIESENALK
Dieses schöne Ei erzählt von einer längst ausgestorbenen Vogelart, dem flugunfähigen Riesenalk, der im Nordatlantik Fische jagte wie ein Pinguin. Das letzte Paar wurde 1844 getötet.

❷ STEINADLER
Das Adlerweibchen legt zwei Eier an verschiedenen Tagen, sodass die Jungen nacheinander schlüpfen. Nur das ältere überlebt, wenn es wenig Nahrung gibt.

❸ KÖNIGSPINGUIN
Diese Pinguine brüten in riesigen Kolonien an den stürmischen Küsten der Antarktis. Jedes Weibchen legt nur ein Ei. Beide Eltern legen sich abwechselnd das Ei auf ihre Füße, um es mit dem Bauch zu wärmen.

❹ STRAUSS
Der Strauß als größter Vogel legt auch das größte Vogelei. Ein Straußenei wiegt so viel wie 27 Hühnereier: 1,9 kg.

❺ WACHTEL
Die Wachtel legt ein großes Gelege von bis zu 18 Eiern, die Tarnfarben haben, in ein Bodennest. Erst beim letzten Ei beginnt die Henne das Brüten. Das bedeutet, dass sich alle Küken gleichzeitig entwickeln und zum Schlupf kommen. Kaum geschlüpft sind sie, wie junge Strauße, selbstständig.

❻ SPERBER
Seit 50 Jahren sind Greifvögel besonders gefährdet, weil Pflanzenschutzmittel ihre Eierschalen dünn machte und beim Brüten zerbrechen ließ. Diese Chemikalien sind heute verboten.

7 KUCKUCK

Kuckucke legen ihr Ei in ein fremdes Nest, wobei das Ei dem des getäuschten Vogels ähnelt. Sobald der Jungkuckuck geschlüpft ist, stößt er die anderen Eier und Jungen aus dem Nest und wird allein aufgezogen.

8 KIWI

Obwohl sich die Eier gleichen, sind Kiwis viel kleiner als Emus. Das Ei ist also riesig im Vergleich zum Kiwiweibchen und wiegt ein Viertel seines Körpergewichts. Das ist so, als würde ein Menschenbaby 15 kg wiegen.

9 FLUSSUFERLÄUFER

Diese Vögel sind Küstenbewohner. Das Nest ist eine Mulde in Ufernähe. Wegen ihrer schlanken Form brauchen die Eier nur wenig Platz. Sie tragen gefleckte Tarnfarben und sind daher nur schwer zu entdecken. Falls du dennoch einmal welche findest: Es ist verboten, Vogelnester zu berühren!

10 KOLIBRI

Kolibris legen die kleinsten Vogeleier. Das Ei des 7 cm kleinen Hummelkolibris ist nur erbsengroß. Das Ei des Rubinkehlkolibris ist etwas größer, aber klein im Vergleich zum Straußenei.

11 HÜHNEREI

Dieses Ei stammt von unserem Haushuhn. In Deutschland verbrauchen die Menschen im Jahr etwa 18 Milliarden Eier.

FORTBEWEGUNG

Ein wichtiges Merkmal, das Tiere von anderen Lebewesen unterscheidet, ist ihre Beweglichkeit. Manche bewegen sich kaum – eine Seeanemone zum Beispiel ist sesshaft und fängt mit ihren Fangarmen vorbeitreibende Lebewesen. Die meisten Tiere allerdings bewegen sich fort, um Beute zu machen, Partner zu suchen oder zu fliehen. Sie gleiten, kriechen, gehen, rennen, springen, tauchen, schwimmen oder fliegen, manche mit unglaublichem Tempo. Schlangen und Krabben können sogar seitwärtslaufen und Wasserläufer auf dem Wasser.

❶ GIBBON
Obwohl Gibbons gut zu Fuß sind, ziehen sie es vor, sich im Dschungel mit ihren starken Greifarmen von Ast zu Ast zu hangeln. Das machen sie sehr geschickt und mit erstaunlicher Eleganz und Geschwindigkeit.

❷ SCHLANGE
Die normale Fortbewegung der Schlangen ist das Umkurven von Hindernissen. Seitenwinder-Klapperschlangen besitzen eine Technik, bei der sie zwei Schlingen ihres Körpers seitlich über den Sand stemmen.

❸ KRAKE
Ein Krake gleitet häufig mithilfe seiner Fangarme über den Meeresboden. Bei Gefahr kann er allerdings Wasser durch einen Sipho so fest ausstoßen, dass er per Rückstoß ruckartig losschießt. Kalmare und Sepien können das auch.

❹ PINGUIN
Alle Pinguine sind ausgezeichnete Schwimmer, aber sehr schlecht zu Fuß. Ihre Paddel bewegen sie ein wenig wie Flügel, sodass sie unter Wasser zu fliegen scheinen. Schneehänge rutschen sie mit Vergnügen am Bauch hinunter.

❺ FISCH
Fast alle Fische haben sehr elastische Körper, die sie sehr vorteilhaft zur Vorwärtsbewegung einsetzen. Die Flossen kontrollieren die Richtung. Manche Fische wie die Thunfische erzeugen den Vortrieb allein mit ihrer starken Schwanzflosse.

❻ SEESTERN
Diese Stachelhäuter können ihre Arme bewegen, kriechen aber hauptsächlich auf Hunderten kleiner Saugfüßchen vorwärts. Jedes Füßchen kann mit Wasser vollgepumpt oder geleert werden, was den Vortrieb erzeugt.

❼ SCHNECKE
Der Kriechvorgang von Schnecken erfolgt durch rhythmisches Strecken und Verkürzen der Fußmuskeln. Drüsen am Fuß sondern Schleim ab, um den Weg gleitbar zu machen. Der Schleim bewahrt die Schnecke auch vor Schmutz.

❽ WASSERLÄUFER
Die Beine des Wasserläufers sind mit Tausenden kleiner Härchen besetzt, um ihre Oberfläche zu vergrößern. Dadurch sinken sie nicht ein, sondern bilden kleine Vertiefungen in den miteinander vernetzten Wassermolekülen.

❾ GEPARD
Mit 95 km/h ist der Gepard das schnellste Landtier der Erde. Lange Beine und ein elastischer Rücken, der sich bei jedem Sprung wie ein Bogen spannt und entspannt, ermöglichen diese Leistung. Er kann das Tempo aber nur etwa 40 Sekunden halten.

❿ SCHLEIEREULE
Vögel sind die Könige der Lüfte. Die Mehrzahl von ihnen, wie diese Schleiereule, bringt sich per Flügelschlag von Ort zu Ort. Einige aber nutzen perfekt die Luftströmungen und Aufwinde der Luft aus, um riesige Strecken zu überwinden.

⓫ KÄNGURU
Die elastischen Sehnen in den starken Hinterläufen der Kängurus wirken wie Sprungfedern. Bei jeder Landung werden sie wie Gummibänder gedehnt, um sich sofort wieder zusammenzuziehen und den Körper vorwärtszuschnellen.

LEBENSGEMEINSCHAFT

Tiere und Pflanzen tun sich oft zum gemeinsamen Vorteil zusammen, ob bei Nahrungssuche, Schutz oder Vermehrung. Diese Art der Partnerschaft nennt man Symbiose. Sie kann so eng sein, dass der eine Partner ohne den anderen nicht leben kann, oder sehr locker, sodass der eine auch ohne den anderen Partner überlebt, aber schlechter. Parasiten allerdings leben auf Kosten des anderen Partners – manchmal sogar auf Kosten seines Lebens.

1 Winzige Algen leben in Gemeinschaft mit Korallen und verleihen ihnen lebhafte Farben.

2 Diese lange schmale Blüte ist perfekt auf den langen dünnen Kolibrischnabel abgestimmt.

3 Ameisen beschützen diese Blattläuse vor Feinden und bekommen „als Lohn" süßen Honigtau.

4 Dieses Kuckucksküken füllt bereits das ganze Nest des Wirtsvogels aus und ist immer noch hungrig.

5 Die Würgefeige windet sich um Bäume herum. Der Baum geht dann an Licht- und Nährstoffmangel ein.

❻

Die Impala-Antilope schätzt die Dienste des Rotschnabel-Madenhackers, der sich um lästige Parasiten kümmert.

Schiffshalter haben am Kopf eine Saugplatte, mit der sie sich an Haien festheften.

❼

❶ KORALLEN
Korallen fangen Kleinlebewesen mit ihren Fangarmen. Reste dieser Nahrung reichen die Korallen an winzige Algen weiter, die in ihrem Gewebe leben. Die Algen stellen aus Wasser, Kohlendioxid und Sonnenlicht Zucker her, den sie den Korallen im Tausch anbieten.

❷ KOLIBRI
Diese kleinen Vögel sammeln Blütennektar und tragen dabei Pollen von Blüte zu Blüte. Manche Blüten haben sich so entwickelt, dass sie perfekt zum langen Schnabel der Kolibris passen. Damit ist eine optimale Verbreitung der Pollen sichergestellt.

❸ AMEISEN UND BLATTLÄUSE
Blattläuse sind kleine Insekten, die Pflanzensäfte saugen. Um genug Eiweiß zu erhalten, trinken sie viel von dem Saft und scheiden entsprechend viel aus – in Form von zuckerigem Honigtau. Weil Ameisen ganz wild auf diese Leckerei sind, beschützen sie die Insekten vor Fressfeinden.

❹ KUCKUCK
Kuckucke sind Brutparasiten: Sie legen ihre Eier in fremde Nester, um sie ausbrüten zu lassen. Der junge Kuckuck schlüpft sehr schnell und wirft Eier und Stiefgeschwister aus dem Nest, um allein durchgefüttert zu werden. Bald ist er sogar größer als seine Stiefeltern, die den Betrug offenbar nicht durchschauen.

❺ WÜRGEFEIGE
Einige Schlingpflanzen im Regenwald wie die Würgefeige winden sich um Bäume und nehmen ihnen immer mehr Nährstoffe weg. Das kann 150 Jahre dauern. Schließlich stirbt der Baum ab und die Würgefeige bleibt übrig.

❻ MADENHACKER
Großtiere der Savanne wie diese Impala-Antilope werden oft von lästigen Zecken geplagt, die sie selbst nicht entfernen können. Madenhacker verbringen den ganzen Tag auf diesen Tieren und picken die Parasiten auf. Sie sind willkommene Gäste.

❼ SCHIFFSHALTER
Haie sind Raubfische, die mit messerscharfem Gebiss ihre Beute zerschneiden. Dabei fällt mancher Bissen für ihre ständigen Begleiter, die Schiffshalter, ab. Die Haie scheint das nicht weiter zu stören.

SÄUGETIERE

Säugetiere sind gleichwarme Tiere, die ihre Jungen so lange mit Muttermilch säugen, bis sie feste Nahrung aufnehmen. Anders als die meisten Wirbeltiere tragen sie ein Fell oder Haare. Viele Säuger sind Pflanzenfresser, weitaus weniger fressen Fleisch oder beides – wie z. B. der Mensch.

AMEISENIGEL ▸
Ameisenigel und Schnabeltier sind die einzigen Eier legenden Säugetiere. Die geschlüpften Jungen saugen 6 Monate bei der Mutter. Die Eltern ernähren sich von Würmern und Kleingetier, die sie mit der Schnauze am Boden aufstöbern.

▴ MAUS
Fast die Hälfte aller Säugetierarten sind Nagetiere – dazu zählen Mäuse, Ratten, Hasen, Biber, Murmeltiere und Eichhörnchen. Die Hausmaus lebt als einer der wenigen Säuger auf allen Kontinenten.

◂ ELEFANT
Mit ihren empfindsamen Rüsseln rupfen die Elefanten Laub ab, das sie mit den Backenzähnen zermalmen. Sie sind die größten Landtiere und sehr intelligent.

▴ FLEDERMAUS
Die meisten dieser großohrigen fliegenden Säugetiere sind nachtaktiv und jagen Insekten. Im Flug stoßen sie schrille Töne aus. Das Beutetier wirft ein Echo zurück, das sie mit ihrem feinen Gehör wahrnehmen. So orten sie das Opfer.

KÄNGURU ▸
Beuteltiere wie die Kängurus gebären äußerst kleine, kaum entwickelte Babys. Das Neugeborene krabbelt in den Beutel der Mutter, wo es an Milchzitzen saugt und noch etwa ein Jahr lang heranwächst.

◂ **TIGER**

Zur Beute dieser kraftvollen Großraubtiere gehören Säugetiere, Reptilien und Vögel. Sie haben lange dolchartige Eckzähne zum Töten und scharfe Backenzähne zum Zerlegen der Beute.

▴ **MAULWURF**

Der Maulwurf ist an ein Leben im Untergrund perfekt angepasst. Die Vorderbeine sind zu Schaufeln umfunktioniert und die empfindlichen Schnurrhaare unterstützen seine mangelnde Sehschärfe.

▴ **SCHWERTWAL**

Diese größte Delfinart lebt in allen Ozeanen. Schwertwale müssen, wie die Wale auch, zum Atmen immer auftauchen, weil sie keine Fische sind.

◂ **GORILLA**

Die Menschenaffen, unsere nächsten Artverwandten, sind Pflanzenfresser wie dieser Berggorilla im Regenwald Afrikas.

FLUSSPFERD ▸

Flusspferde haben das größte Maul aller Landsäugetiere. Die dicken Pflanzenfresser verbringen träge viel Zeit in flachen Seen und Flüssen.

SCHLAF

Säugetiere brauchen den Schlaf, um Energie zu sparen, ihre Muskeln zu erholen und ihrem Gehirn zu ermöglichen, das tagsüber Erlebte gedanklich zu verarbeiten. Raubtiere schlafen oft mehr, weil sie sich am Tag nur wenige Stunden der Jagd widmen. Tiere, die leicht zur Beute werden, sind viel länger wach, weil sie sich ständig in Acht nehmen müssen.

Fledermäuse schlafen kopfüber, indem sie sich mit ihren Krallen an Ästen oder Felsvorsprüngen festhalten.

Robben schlafen häufig auf Felsen und Stränden – aber auch auf dem Rücken treibend im Meer.

❶ **Fledermäuse** schlafen etwa 20 Stunden am Tag, oft in großen Schwärmen.

❷ **Zweifingerfaultiere** sind pro Tag nur 4 Stunden wach. Wie die Fledermäuse hängen sie mit ihren Klauen kopfüber im Geäst und schlafen.

❸ **Gorillas** schlafen ungefähr 12 Stunden am Tag.

❹ **Pferde** brauchen wenig Schlaf: 3 Stunden am Tag.

❺ **Elefanten** verbringen von den 4 Stunden Schlaf pro Tag 2 im Stehen. In der Traumphase liegen sie, weil sie dann ihre Muskeln nicht mehr tragen können. Große Pflanzenfresser schlafen eher weniger als kleine, weil sie viel Zeit für Nahrungssuche und zum Fressen brauchen.

❻ **Robben** schlafen etwa 6 Stunden am Tag.

❼ **Wölfe** können bis zu 14 Stunden am Tag schlafen, besonders nach erfolgreicher Jagd und reichlicher Mahlzeit.

❽ **Schweine** schlafen 8 Stunden am Tag, also wie wir Menschen.

❾ **Bären** wachen ebenfalls nach 8 Stunden Schlaf auf.

❿ **Tiger** schlafen bis zu 16 Stunden am Stück, weil sie viel fressen und lange verdauen.

⓫ **Schafe** stammen vom Wildschaf ab. Wie ihre Vorfahren, die ständig auf der Hut sein mussten, schlafen sie weniger als 4 Stunden.

⓬ **Wickelbären** sind nachtaktive Kleinbären und schlafen tagsüber etwa 12 Stunden.

⓭ **Gürteltiere** schlafen 18 Stunden pro Tag zusammengerollt in ihrem Bau.

⓮ **Neugeborene** brauchen noch 15 Stunden Schlaf. Bis zum Erwachsenenalter nimmt der Bedarf auf 8 Stunden ab. Ältere Menschen schlafen nur noch 6 Stunden.

⓯ **Ameisenigel** schlafen etwa 14 Stunden am Tag. Biologen vermuten, dass sie, anders als andere Säugetiere, traumlos schlafen.

⓰ **Füchse** schlafen vorwiegend am Tag etwa 10 Stunden in ihrem Bau. Als nachtaktive Tiere sind sie nachts unterwegs, um Mäuse, Hasen oder Vögel zu jagen.

22 Chinchillas schlafen in Höhlen jeden Tag 13 Stunden. Sie leben in den südamerikanischen Anden.

23 Kaninchen schlafen rund 8 Stunden, meist tagsüber. Sie sind lieber nachts unterwegs, um ihren Feinden nicht zu begegnen.

24 Schimpansen schlafen normalerweise 10 Stunden am Tag, ihre Babys länger.

25 Gorillababys schlafen länger als die Eltern, etwa 10–15 Stunden.

26 Igel schlafen in der Regel 10 Stunden am Tag. Im November fallen sie in monatelangen Winterschlaf, um die harte Jahreszeit zu überstehen.

17 Koalas fressen harte und schwer verdauliche Eukalyptusblätter, zu deren Verdauung sie bis zu 20 Stunden am Tag schlafen und dösen.

18 Hunde schlafen 10 Stunden.

19 Der Kleine Panda ernährt sich von Bambusblättern und schläft etwa 11 Stunden am Stück.

20 Katzen verschlafen täglich etwa 15 Stunden. Wildkatzen sind nachts auf der Jagd.

21 Löwen schlafen tagsüber mindestens 13 Stunden. In dieser Zeit sind andere Tiere vor ihnen sicher, selbst in nächster Nähe.

KROKODIL ▲

Krokodile gehören zu den engsten, heute noch lebenden Verwandten der Dinosaurier. Sie haben lange Kiefer mit zahlreichen scharfen spitzen Zähnen zum Packen und Zerreißen der Beute. Der fischfressende Gavial aus Südostasien hat mehr als 100 Zähne.

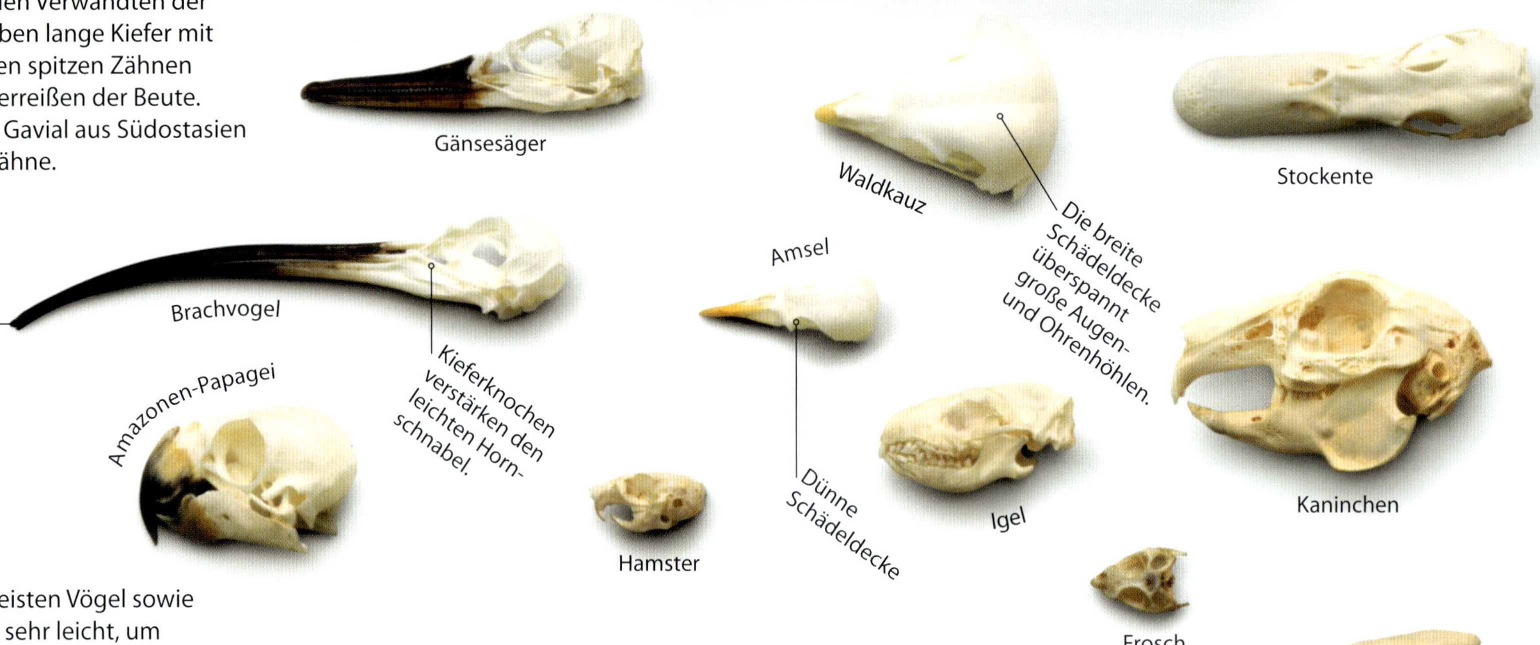

Mit seinem langen Schnabel kann der Brachvogel tief im Schlamm nach Würmern suchen.

PAPAGEI ▶

Die Schädel der meisten Vögel sowie ihre Schnäbel sind sehr leicht, um beim Fliegen nicht zu stören. Sie sind nicht ausgelegt, um zu kauen, dennoch können einige Papageien sogar harte Nüsse knacken.

FROSCH ▶

Der Schädel eines Froschs ist breit und bietet daher genügend Platz für seine großen Augen und das sehr große Maul. So kann er seine Beute als Ganzes verschlucken und braucht keine Zähne zum Kauen.

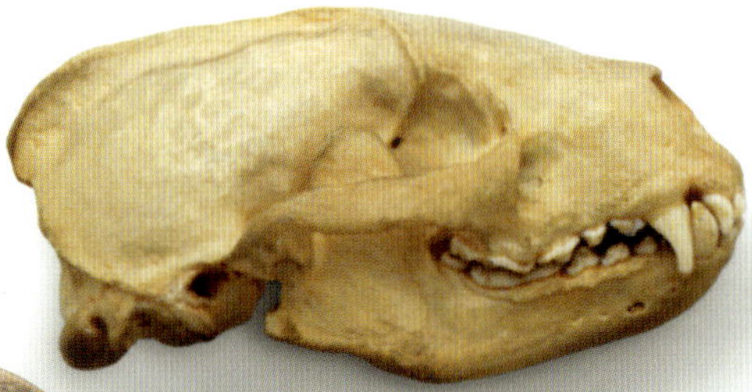

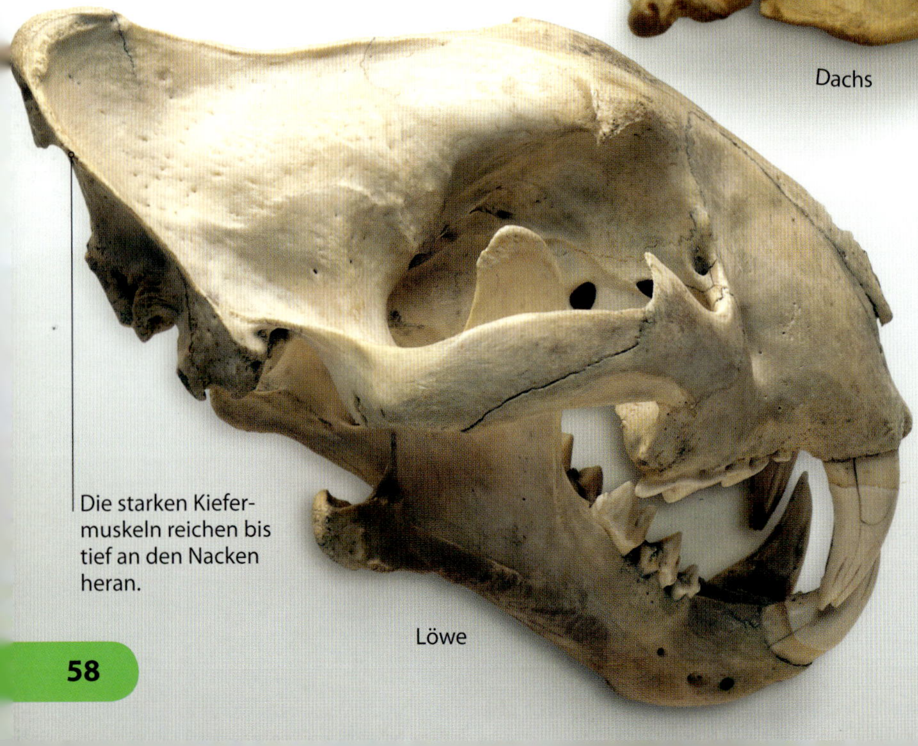

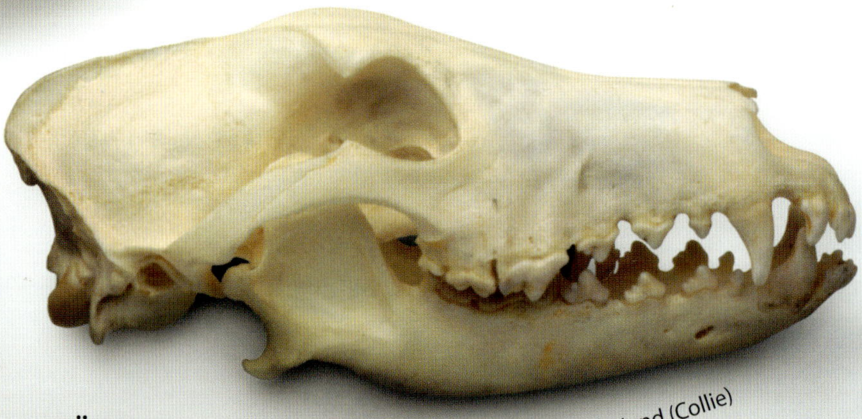

◀ LÖWE

Der Löwe ist ein geschickter Jäger wie alle Katzen. Er besitzt kurze kräftige Kiefer mit langen Eckzähnen zum Ergreifen der Beute und Reißzähnen, die sie zerkleinern.

SCHÄDEL

Die meisten Wirbeltiere verfügen über feste Knochenschädel. Oben spannt sich die Schädeldecke schützend über das Gehirn, seitlich sind Kieferknochen, die Zähne oder Schnabel tragen, und vorn die Gesichtsknochen mit Augen- und Nasenhöhlen. Der häufig schwere Schädel muss von starken Nackenmuskeln getragen werden.

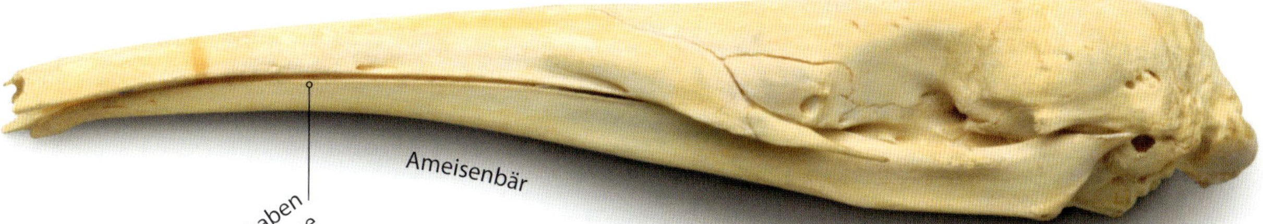

BARRAKUDA ▸
Bei Fischen sind einzelne Teile des Schädels nicht so fest miteinander verbunden wie bei Säugetieren. So sind die Kiefer oft nur lose befestigt, um sie beim Zuschnappen nach Beute leichter vorspringen zu lassen.

▾ ANTILOPE
Manche Tiere wie Rinder, Ziegen und Antilopen tragen kräftige Hörner, die sie zur Verteidigung, zum Imponieren der Weibchen und für Rivalenkämpfe gebrauchen. Bei Hirschen und Elchen sind es mächtige Geweihe, die jeden Winter abgeworfen werden, um wieder aufs Neue nachzuwachsen.

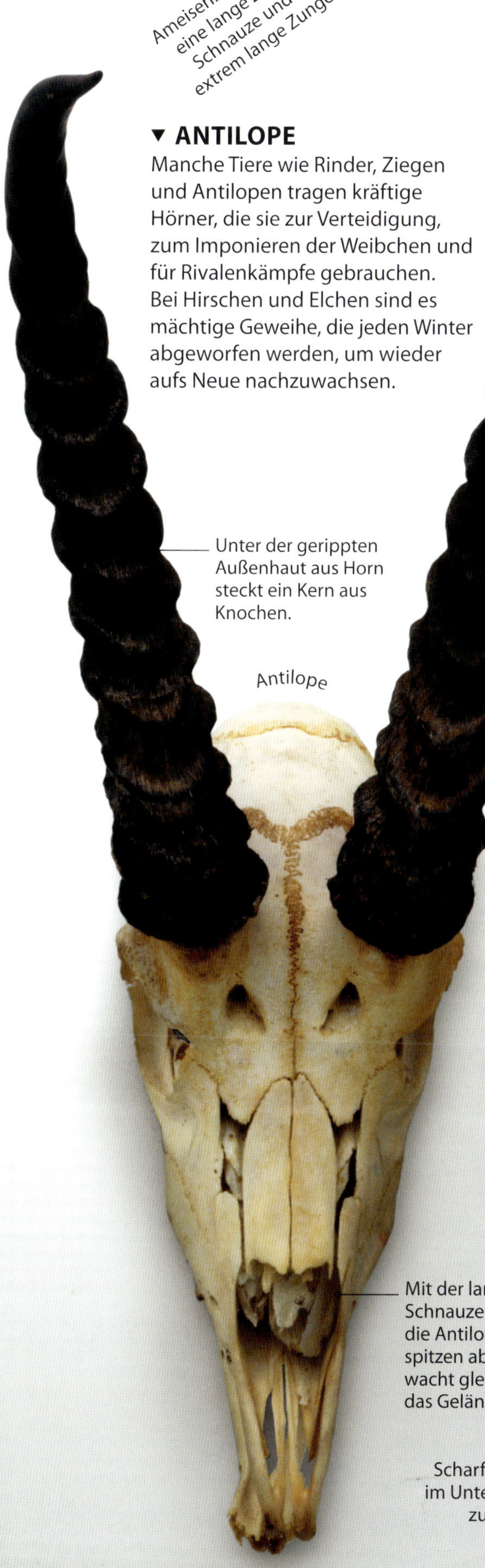

▾ PAVIAN
Die Kiefer des Pavianschädels sind länger und die Backenzähne sind größer als beim menschlichen Schädel. Als Pflanzenfresser kauen sie sehr viel. Auffällig sind ihre großen scharfen Eckzähne, mit denen sie kleine Tiere reißen und sich gegen Feinde verteidigen.

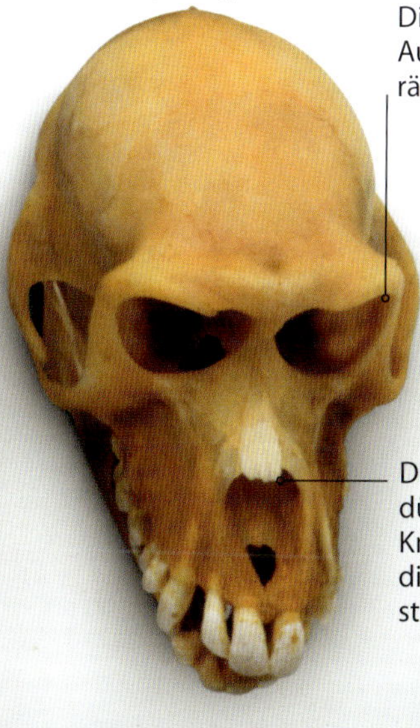

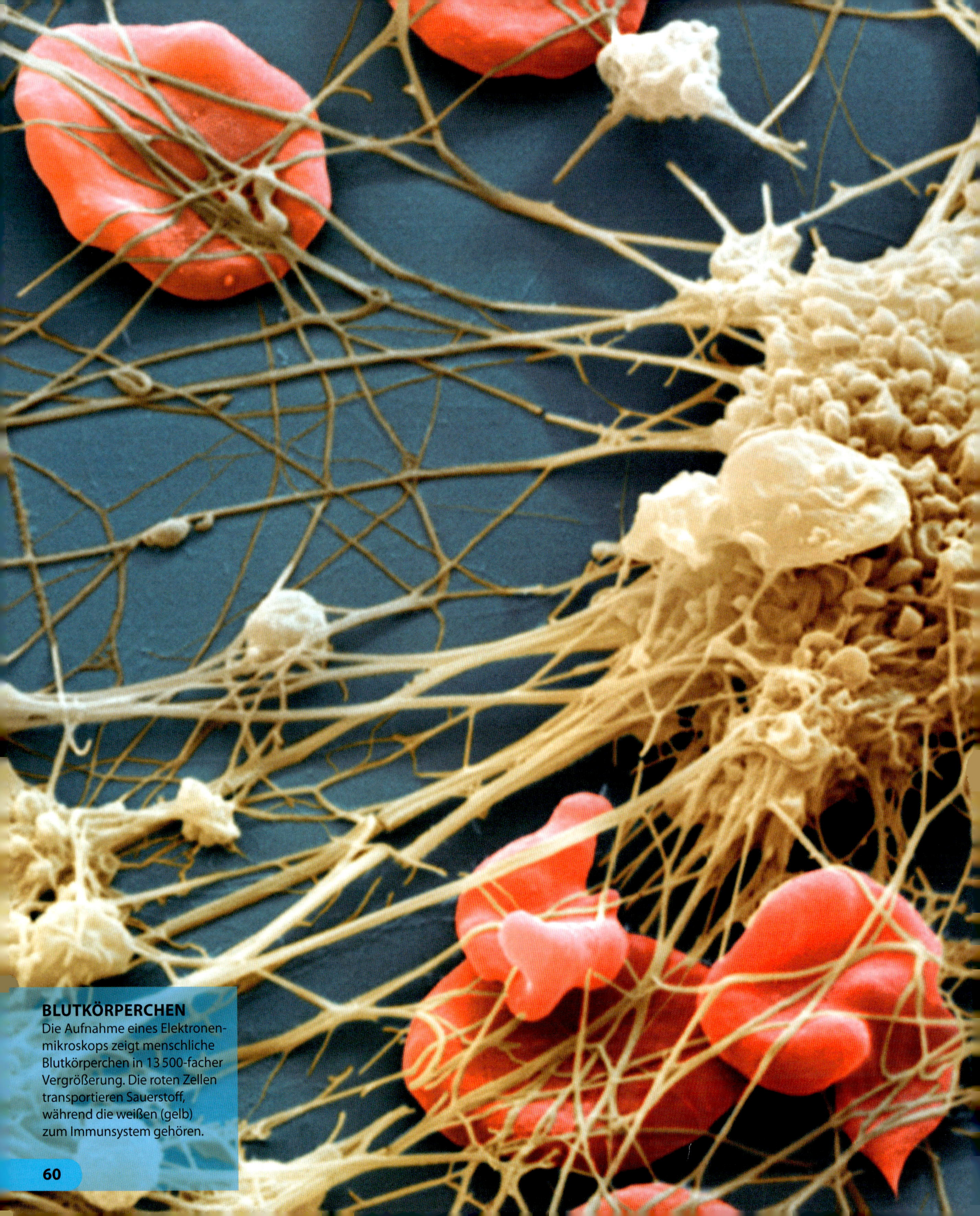

BLUTKÖRPERCHEN
Die Aufnahme eines Elektronenmikroskops zeigt menschliche Blutkörperchen in 13 500-facher Vergrößerung. Die roten Zellen transportieren Sauerstoff, während die weißen (gelb) zum Immunsystem gehören.

Menschlicher Körper

ZELLEN

Der menschliche Körper besteht aus Billionen winziger lebender Bausteine, den Zellen. Er setzt sich aus mehr als 200 verschiedenen Zellarten zusammen – jede besitzt ihr eigenes Aussehen und ihre eigene Größe und übernimmt eine bestimmte Aufgabe. Dabei arbeiten gleiche Zellen in größeren Einheiten zusammen: den Geweben. Jede Zelle ist von einer Membran umgeben, die Aufnahme und Abgabe der Nährstoffe und Abbauprodukte reguliert. Zellen vermehren sich durch Zellteilung, damit der Körper wachsen und beschädigte Zellen ersetzen kann.

Ein Makrophage greift eine Bakterie (blau) an und umhüllt sie, um sie anschließend zu verdauen.

Epithelzellen sitzen dicht nebeneinander und bilden die schützende Innenwand des Magens.

Die Osteozyten befinden sich in Hohlräumen des Knochenmarks.

Das Knochenmark besteht aus harten Kalziumsalzen und biegsamen Kollagenfasern.

Eine runde Fettzelle enthält hauptsächlich energiereiche Fetttröpfchen.

❶ NERVENZELLEN

Gehirn, Rückenmark und Nerven bestehen aus Nervenzellen oder Neuronen. Sie übertragen elektrische Signale – die Nervenimpulse. Diese Impulse steuern alle Körperprozesse und ermöglichen es, dass wir fühlen, denken und uns bewegen können.

❷ WEISSE BLUTKÖRPERCHEN

In einer klaren Flüssigkeit, der Lymphe, zirkulieren weiße Blutkörperchen und helfen, den Körper gegen Krankheiten zu verteidigen. Zu diesen Zellen zählen Makrophagen und Neutrophile, die Bakterien und andere Keime verdauen, sowie Lymphozyten, die Antikörper bereitstellen.

❸ EPITHELZELLEN

Diese Zellen sitzen dicht nebeneinander und bilden eine Barriere, um den Körper vor gefährlichen Substanzen und Keimen zu schützen. Sie bedecken als Haut den Körper und kleiden alle Hohlorgane wie Magen, Lungen und Harnblase aus.

❹ KNOCHENZELLEN

Die Knochen entstehen durch Osteoblasten. Sie bauen den Knochen auf und reifen zu Osteozyten heran. Diese Knochenzellen sitzen in Hohlräumen des schwammartigen Knochenmarks, das täglich auch Milliarden neuer Blutzellen bildet.

❺ LEBERZELLEN

Diese Zellen, die man auch Hepatozyten nennt, erfüllen Hunderte von Aufgaben, um die Blutzusammensetzung zu regulieren. Dazu verarbeiten und speichern sie Nährstoffe und entfernen giftige Substanzen aus dem Blut.

❻ FETTZELLEN

Diese Zellen sind die Spezialisten für die Fettspeicherung. Sie lagern sich zusammen und bilden das Fettgewebe, das als Energiespeicher, als Polster für Organe wie die Nieren oder als Wärmeschutz unter der Haut dient.

SKELETT

Das menschliche Skelett besitzt etwa 206 Knochen. Dieses stabile, aber sehr elastische Knochengerüst trägt und formt den Körper. Das Skelett schützt auch die weichen inneren Organe wie das Gehirn oder die Lungen. Die Knochen, die bis zu 20 Prozent des Körpergewichts ausmachen, sind über Gelenke miteinander verbunden und werden durch starke Gewebestreifen zusammengehalten, die man Bänder nennt.

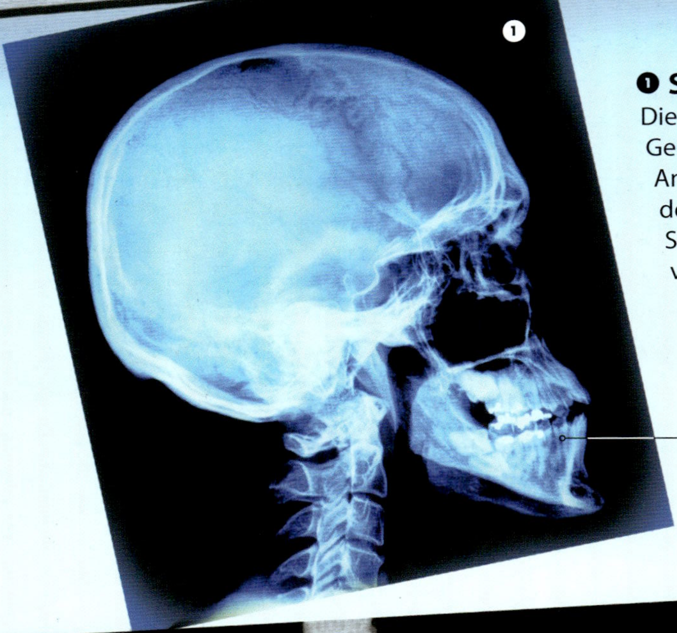

❶ SCHÄDEL

Die Schädelknochen schützen das Gehirn und formen das Gesicht. An ihnen sind auch die Muskeln der Gesichtsmimik verankert. Der Schädel besteht aus 22 Knochen, von denen 21 über starre Gelenke verbunden sind, die man Suturen (Nähte) nennt. Nur der Unterkiefer ist beweglich.

Der Unterkiefer (Mandibula) öffnet den Mund, damit wir essen, atmen und sprechen können.

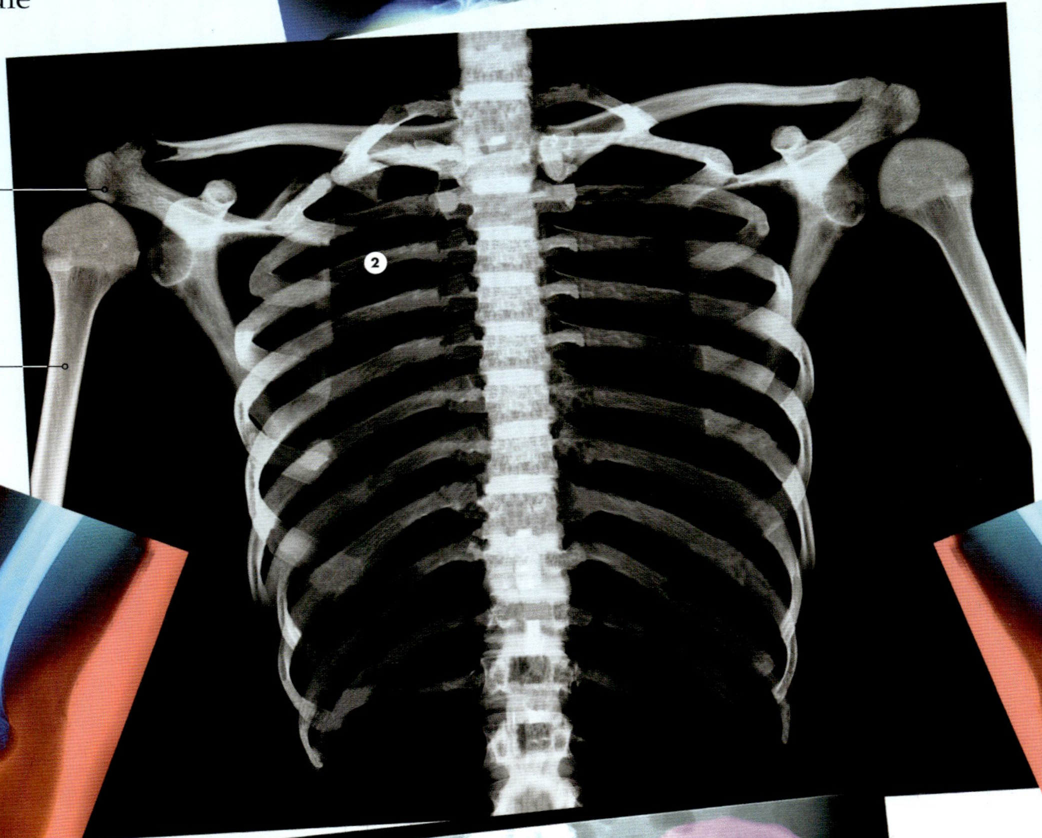

Die Schulter ist das beweglichste Gelenk.

Oberarmknochen (Humerus)

❷ BRUST

Zu den Knochen der Brust (Thorax) zählen das Brustbein (Sternum), die Rippen und Teile des Rückgrats. Sie bilden zusammen einen schützenden „Korb", der die Lungen und das Herz umgibt.

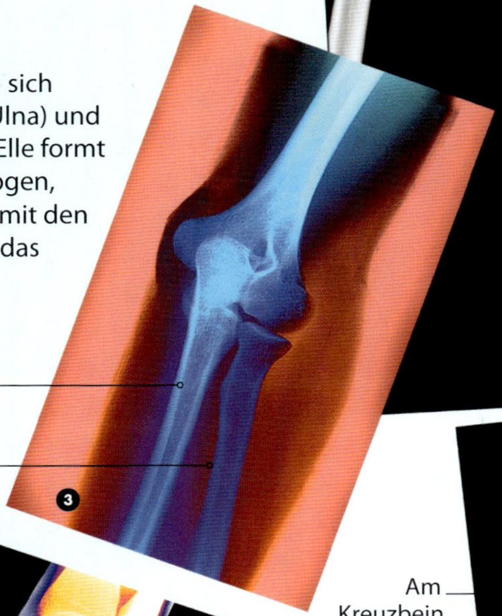

❸ UNTERARM

Im Unterarm befinden sich zwei Knochen – Elle (Ulna) und Speiche (Radius). Die Elle formt den knöchernen Ellbogen, während die Speiche mit den Handwurzelknochen das Handgelenk bildet.

Die Speiche ist der äußere Knochen.

Die Elle sitzt an der Innenseite.

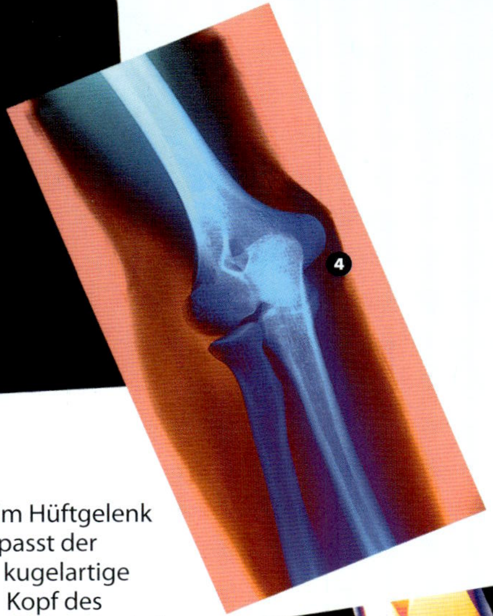

❹ ELLBOGEN

Die Knochen des Ober- und Unterarms treffen im Ellbogen aufeinander. Dieses Gelenk funktioniert wie ein Türscharnier und ermöglicht es uns, den Arm zu beugen und zu strecken. Die Unterarmknochen können sich im Ellbogen drehen, damit wir die Handfläche nach oben oder unten drehen können.

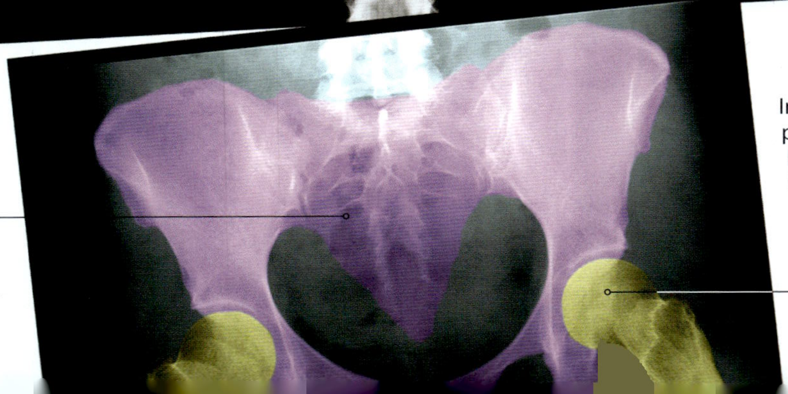

Am Kreuzbein (Sacrum) sitzt das Rückgrat.

Im Hüftgelenk passt der kugelartige Kopf des Oberschenkelknochens (Femur) genau in die Gelenkpfanne des Beckens.

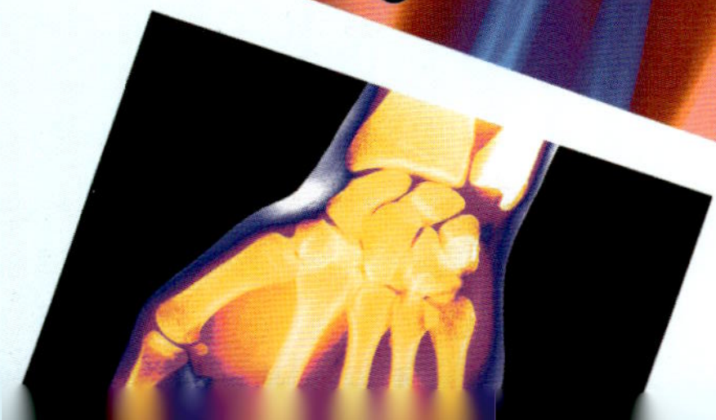

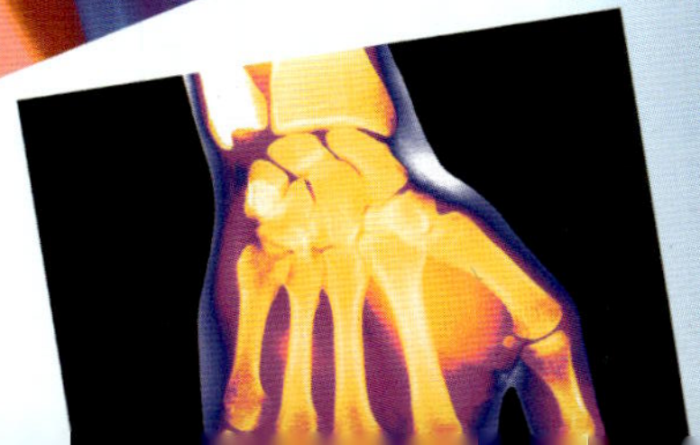

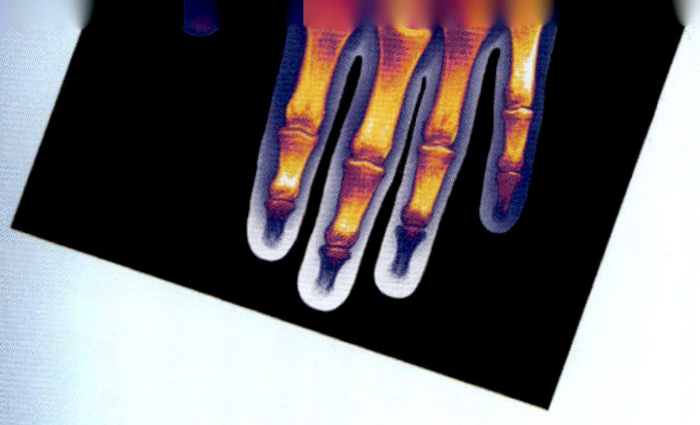

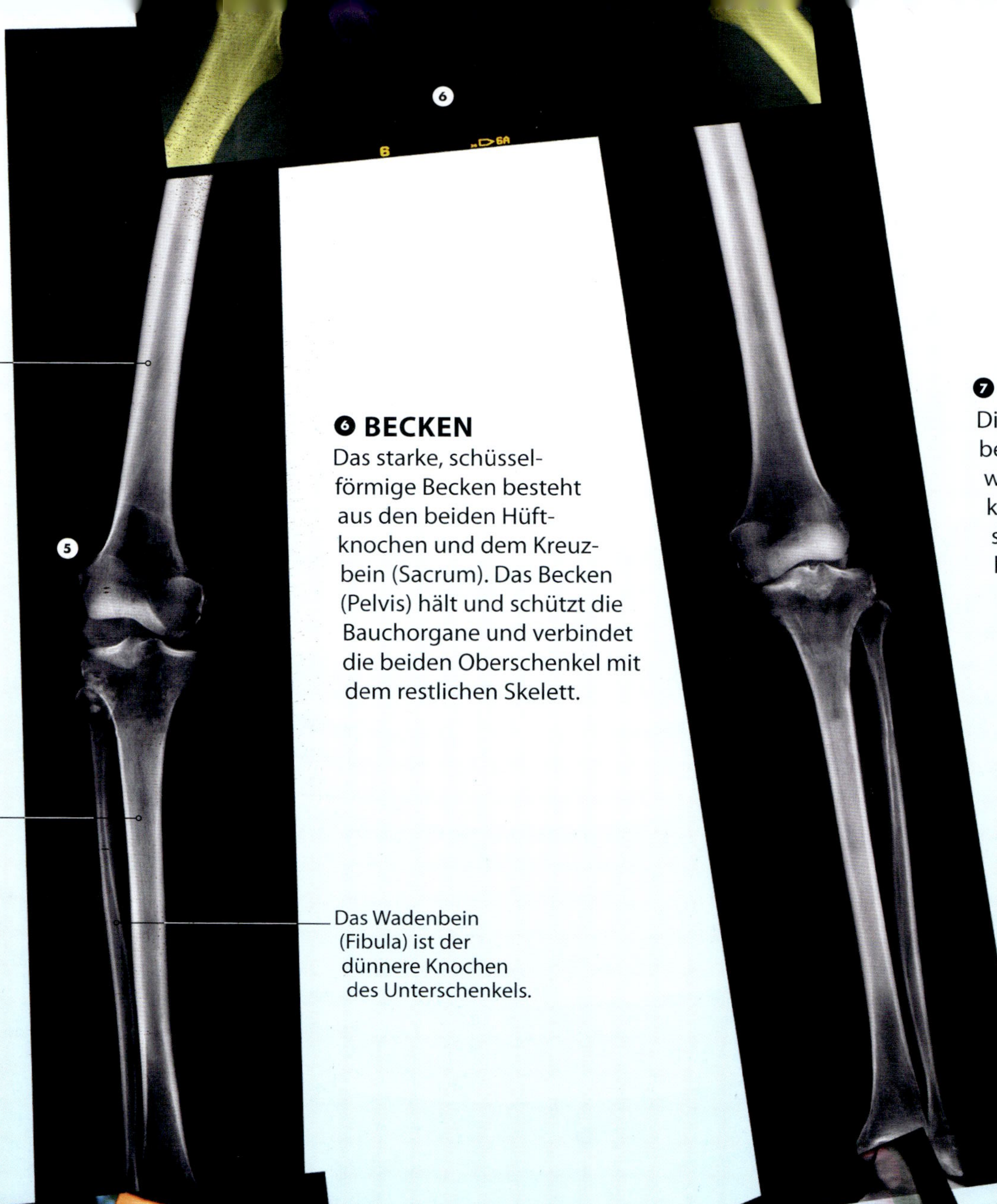

Der Oberschenkelknochen (Femur) ist der längste Knochen.

❺ KNIE

Das Kniegelenk zwischen dem Oberschenkelknochen (Femur) und dem Schienbein (Tibia) ist das stärkste und komplizierteste Gelenk. Dieses Scharniergelenk beugt oder streckt das Bein und trägt das Körpergewicht bei Aktivitäten wie Laufen oder Springen.

Das Schienbein (Tibia) bildet Gelenke mit dem Oberschenkel und dem Fuß.

Das Wadenbein (Fibula) ist der dünnere Knochen des Unterschenkels.

❻ BECKEN

Das starke, schüsselförmige Becken besteht aus den beiden Hüftknochen und dem Kreuzbein (Sacrum). Das Becken (Pelvis) hält und schützt die Bauchorgane und verbindet die beiden Oberschenkel mit dem restlichen Skelett.

❽ FUSS

Jeder Fuß besteht aus dem Fußgelenk mit den Fußwurzelknochen, dem Mittelfuß mit dem Fußgewölbe (Sohle) und den Zehen. Sie tragen und stützen das Körpergewicht und bilden eine elastische Basis, die den Körper beim Gehen unterstützt.

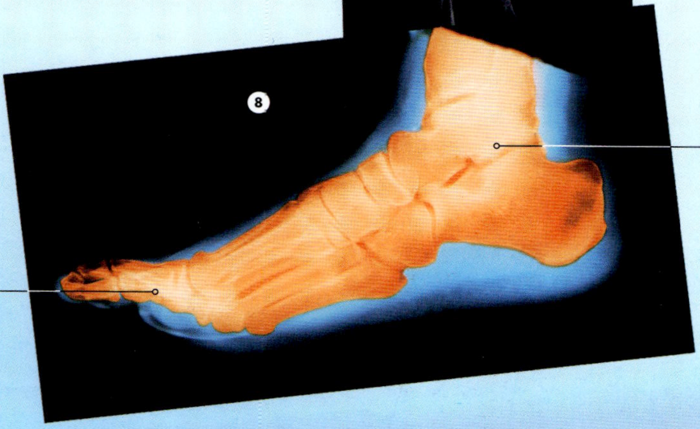

Die sieben Fußwurzelknochen (Tarsalia) bilden das Fußgelenk und die Ferse.

Die 14 schlanken Zehenknochen (Phalangen) bilden die Zehen.

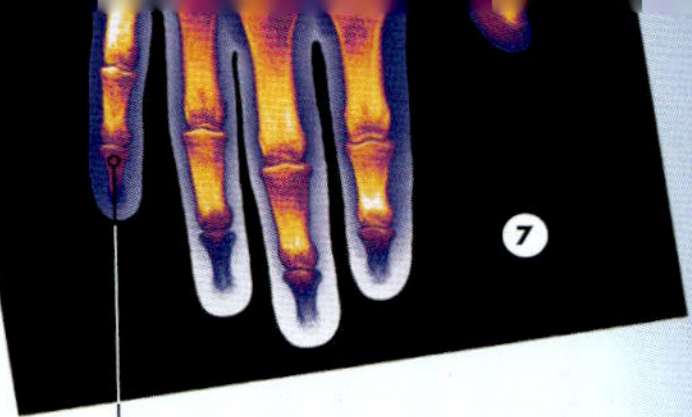

Finger und Daumen bestehen aus 14 Knochen, die man Phalangen nennt.

❼ HAND

Die Hand besitzt 27 Knochen und viele bewegliche Gelenke (Knöchel), sodass wir mit ihr viele Aufgaben erfüllen können. Der menschliche Daumen steht den Fingern gegenüber und kann gegen die Fingerspitzen gedrückt werden, weshalb wir sehr gut greifen können.

❾ ZEHEN

Die Röhrenknochen der Zehen, die man auch Phalangen nennt, sind kürzer und unbeweglicher als die der Finger. Sie machen es möglich, dass wir aufrecht oder auf den Zehenspitzen stehen können, und helfen uns bei Vorwärtsbewegungen.

Die langen Mittelfußknochen (Metatarsalia) verbinden die Zehen mit den Fußwurzelknochen.

MUSKELN

Jede Bewegung des Körpers, wie z. B. ein Sprung in die Luft, ein Zwinkern mit dem Auge oder auch der Herzschlag, wird von Muskeln erzeugt. Die quer gestreifte Skelettmuskulatur ist an den Knochen befestigt, damit wir uns bewegen können. Glatte Muskulatur gibt es in den Wänden der Hohlorgane und in der Herzwand die Herzmuskulatur. Alle Muskeln sind aus Muskelfasern aufgebaut, die sich zusammenziehen (kontrahieren) können.

❶ SKELETTMUSKELN

Lange zylindrische Muskelfasern verlaufen parallel und können bis zu 30 cm lang sein. Sie bündeln sich zu Muskeln zusammen, die über starke Sehnen an den Knochen verankert sind. Skelettmuskeln bewegen den Körper, wenn sie vom Nervensystem dazu angeregt werden.

❷ GLATTE MUSKELN

Die Muskelfasern der glatten Muskulatur liegen in Schichten dicht nebeneinander. Sie sitzen in den Wänden der Hohlorgane wie dem Dünndarm, der Nahrung weiterleitet, oder der Harnblase, die Urin speichert. Glatte Muskeln kontrahieren langsam und sind nicht bewusst kontrollierbar.

❸ HERZMUSKELN

Diese Muskeln gibt es nur in den Herzwänden, wo ihre Fasern ein verzweigtes Netzwerk bilden. Sie kontrahieren automatisch pausenlos, ohne zu ermüden, um Blut in den Körper zu pumpen. Auch diese Muskeln kann man nicht willentlich beeinflussen.

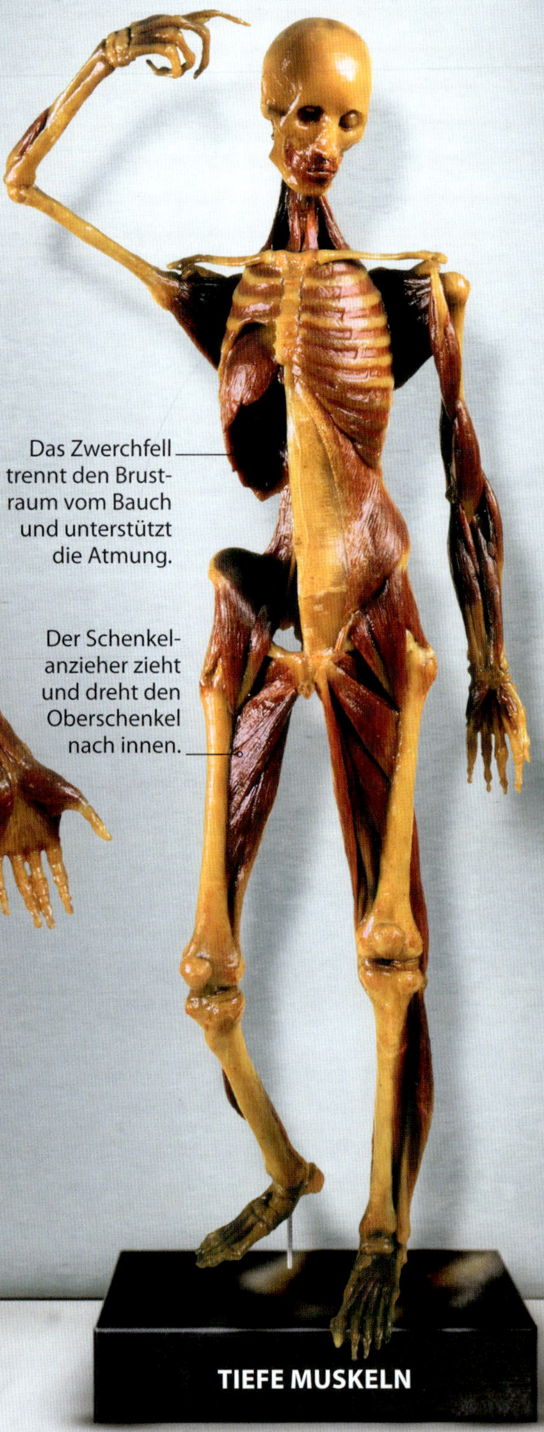

VORDERE MUSKELN

Die Skelettmuskeln sind in Schichten übereinandergelagert. Dabei verdecken die Oberflächenmuskeln die tiefen Muskeln. Die vorderen Muskeln erzeugen die Gesichtsmimik, bewegen den Kopf nach vorn und zur Seite, strecken die Arme aus und beugen sie im Ellbogengelenk, beugen den Körper nach vorn und zur Seite, beugen die Beine in der Hüfte, strecken die Knie und heben die Füße.

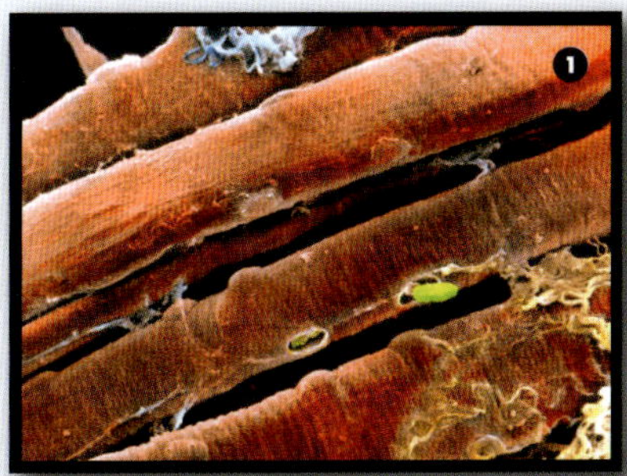

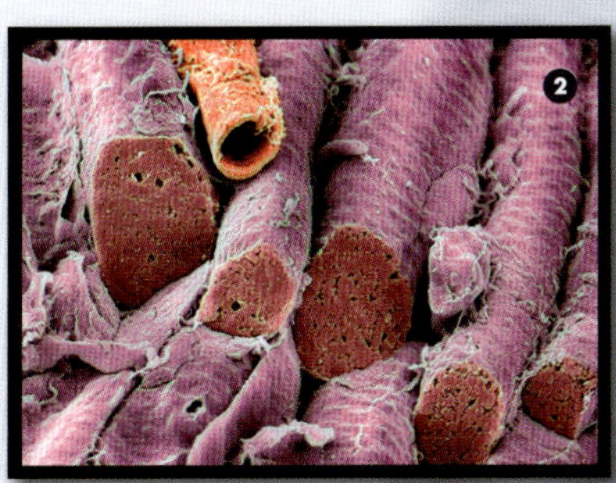

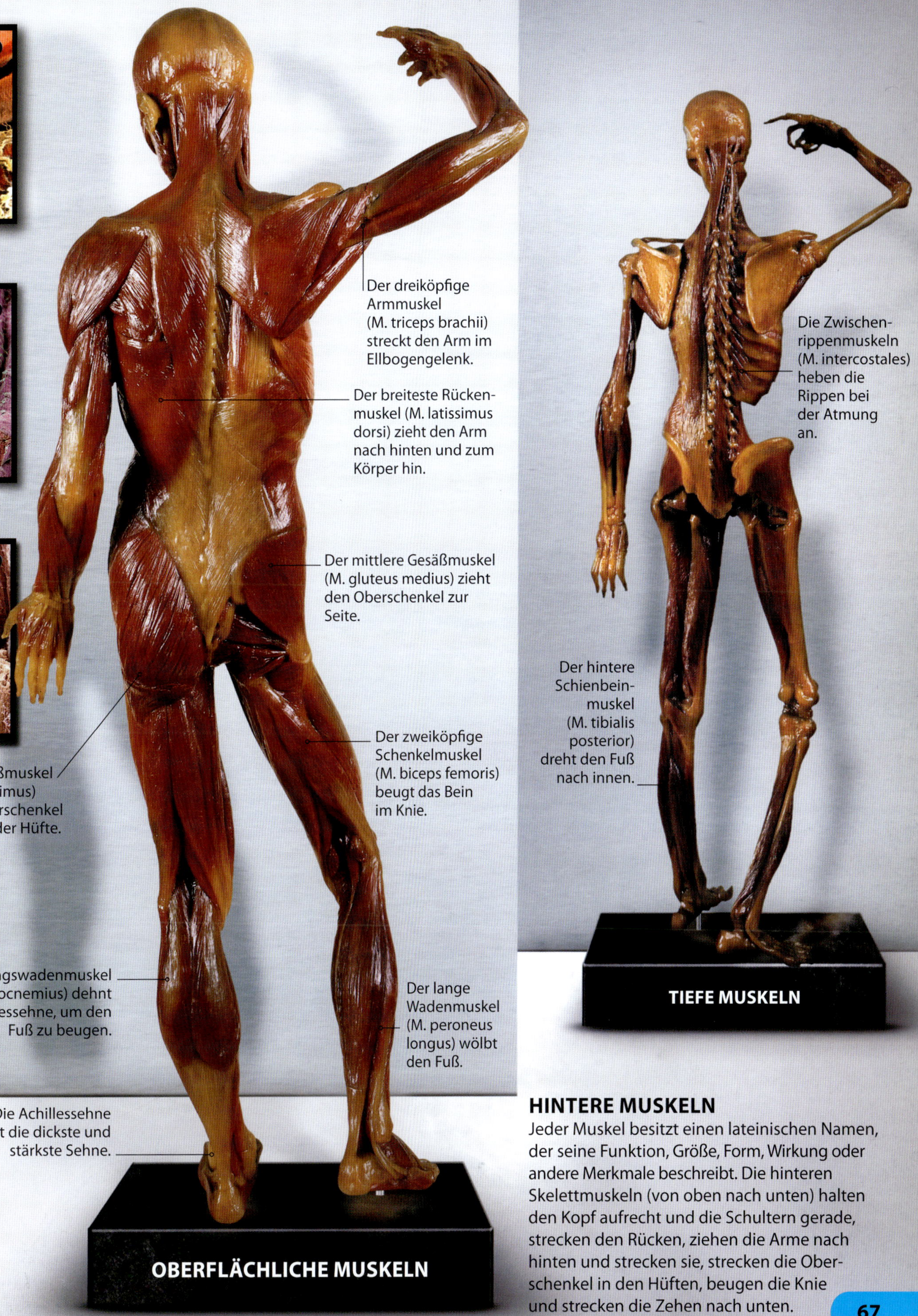

HINTERE MUSKELN

Jeder Muskel besitzt einen lateinischen Namen, der seine Funktion, Größe, Form, Wirkung oder andere Merkmale beschreibt. Die hinteren Skelettmuskeln (von oben nach unten) halten den Kopf aufrecht und die Schultern gerade, strecken den Rücken, ziehen die Arme nach hinten und strecken sie, strecken die Oberschenkel in den Hüften, beugen die Knie und strecken die Zehen nach unten.

KÖRPERSYSTEME

Die Billionen Zellen unseres Körpers sind gut organisiert. Gleiche Zellarten lagern sich zu Geweben zusammen. Jedes Organ besteht aus mehreren Gewebearten. Mehrere Organe bilden Körpersysteme, z. B. die Verdauung. Zwölf Körpersysteme arbeiten zusammen und beeinflussen sich gegenseitig, um den menschlichen Körper am Leben zu erhalten. Organe von sechs Körpersystemen werden hier vorgestellt. Die anderen Systeme sind Haut, Skelett, Muskulatur, endokrines System (Hormone), Immunsystem (körpereigene Abwehr) und Fortpflanzung.

Das Kleinhirn sitzt unter dem Großhirn und koordiniert Gleichgewicht und Bewegung.

◂GEHIRN
Das Gehirn ist das Zentrum des Nervensystems, das alle Körperaktivitäten steuert. Es wird beherrscht von dem gefalteten Großhirn (Cerebrum), mit dem wir fühlen, denken, uns erinnern und das den Körper bewegt. Andere Abschnitte sind das Kleinhirn (Cerebellum) unter dem Großhirn und der Hirnstamm, der Atmung und Herzschlag steuert und das Gehirn mit dem Rückenmark verbindet.

◂RÜCKENMARK
Als Verlängerung des Gehirns erstreckt sich das Rückenmark entlang dem Rückgrat und leitet Signale in den Spinalnerven zwischen Gehirn und Körper weiter. Es steuert auch viele automatische Reflexe wie z. B. das Zurückziehen der Hand, wenn sie etwas Heißes berührt. Das Gehirn, das Rückenmark und die Nerven bilden zusammen das Nervensystem.

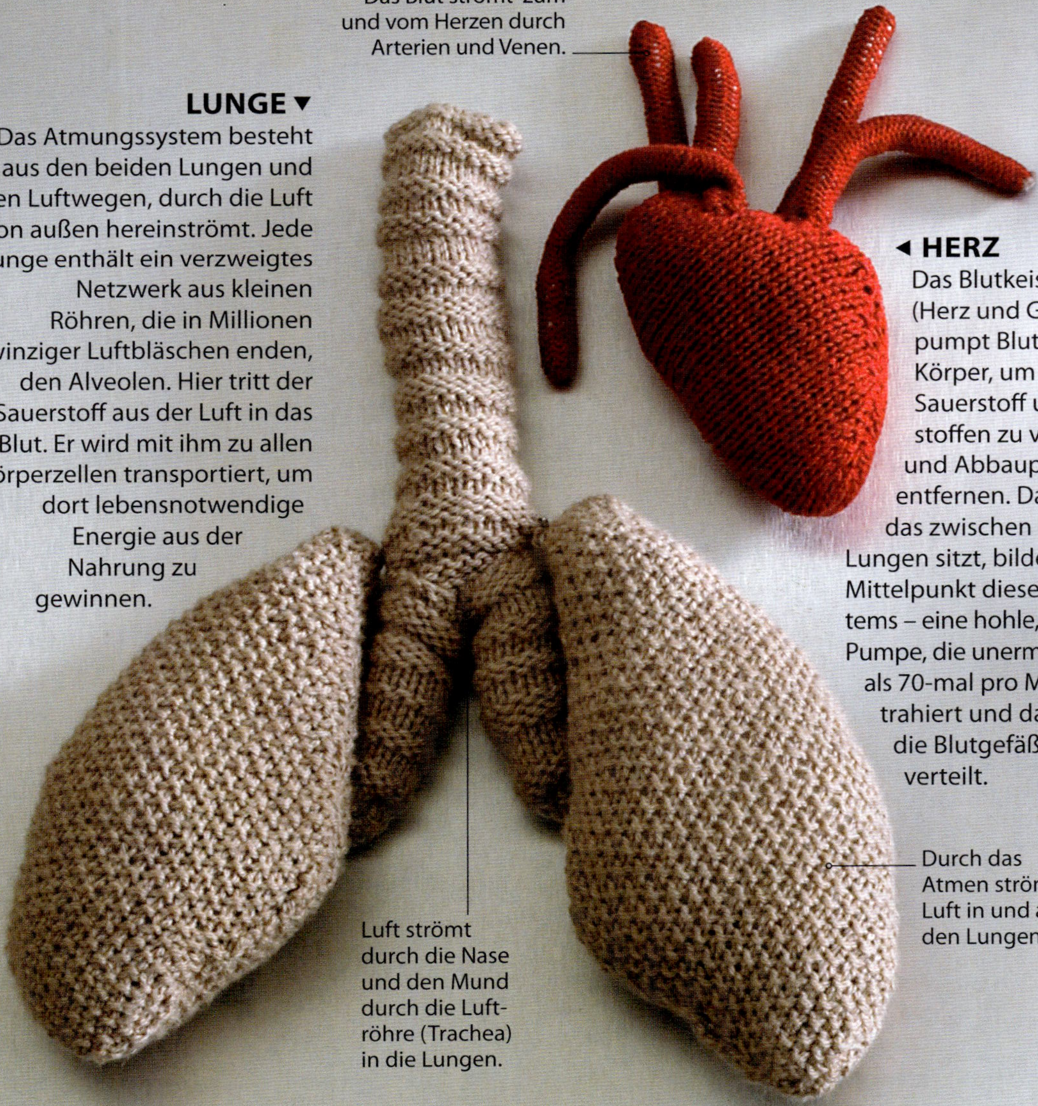

Das Blut strömt zum und vom Herzen durch Arterien und Venen.

◂ HERZ
Das Blutkeislaufsystem (Herz und Gefäße) pumpt Blut durch den Körper, um ihn mit Sauerstoff und Nährstoffen zu versorgen und Abbauprodukte zu entfernen. Das Herz, das zwischen den Lungen sitzt, bildet den Mittelpunkt dieses Systems – eine hohle, muskuläre Pumpe, die unermüdlich mehr als 70-mal pro Minute kontrahiert und das Blut über die Blutgefäße im Körper verteilt.

LUNGE ▾
Das Atmungssystem besteht aus den beiden Lungen und den Luftwegen, durch die Luft von außen hereinströmt. Jede Lunge enthält ein verzweigtes Netzwerk aus kleinen Röhren, die in Millionen winziger Luftbläschen enden, den Alveolen. Hier tritt der Sauerstoff aus der Luft in das Blut. Er wird mit ihm zu allen Körperzellen transportiert, um dort lebensnotwendige Energie aus der Nahrung zu gewinnen.

Luft strömt durch die Nase und den Mund durch die Luftröhre (Trachea) in die Lungen.

Durch das Atmen strömt Luft in und aus den Lungen.

◂MILZ
Die Milz gehört zum lymphatischen System, das überschüssige Flüssigkeit ableitet und filtert. Sie enthält weiße Blutkörperchen, die Entzündungen bekämpfen und auch alte rote Blutkörperchen aus dem Blutstrom entfernen.

▲ LEBER

Die Leber ist das größte innere Organ und überwacht die Zusammensetzung des Blutes. Sie verarbeitet Nährstoffe aus dem Dünndarm.

Die Leber speichert Eisen und andere Substanzen wie Zucker.

◀ MAGEN

Dieser Muskelsack dehnt sich, sobald er Nahrung erhält, die vorher gekaut und hinuntergeschluckt wurde. Dann walkt der Magen die Nahrung zu einem halb verdauten Brei, der in den Dünndarm abgegeben wird.

BAUCHSPEICHELDRÜSE ▶

Sie unterstützt mit Enzymen die Verdauung und gibt Hormone in das Blut ab, um die Konzentration des Zuckers zu regeln – der wichtigsten Energiequelle des Körpers.

Die Gallenblase speichert eine Flüssigkeit (Galle), um Fette zu verdauen.

Der Dickdarm wandelt die Nahrungsreste in Kot (Fäzes) um und drückt ihn aus dem Körper.

Im Dünndarm erfolgt der größte Teil der Verdauung und Nährstoffaufnahme (Absorption).

Jede Niere enthält Millionen winziger Filtereinheiten, die Glomeruli, die Blut zu Urin verarbeiten.

Der Harnleiter (Ureter) hat muskuläre Wände, die den Urin in die Harnblase pressen.

Milliarden harmloser Bakterien verdauen Nahrungsreste im Dickdarm.

HARNWEGSSYSTEM ▶

Dieses System besteht aus den Nieren, den Harnleitern, der Harnblase und der Harnröhre. Die Nieren filtern das Blut und entfernen überschüssiges Wasser und Salze. Der Urin fließt dann durch die Harnleiter in die Harnblase. Diese sammelt den Urin und lässt ihn durch eine Öffnung an ihrem Boden in die Harnröhre ab.

Die Harnblase ist ein Muskelschlauch, der Urin sammelt und durch die Harnröhre (Urethra) ablässt.

VERDAUUNGSSYSTEM ▶

Der Körper braucht Nährstoffe für Energie, zum Wachstum und zur Reparatur. Das Verdauungssystem zerkleinert Nahrung, um diese wichtigen Nährstoffe freizusetzen. Zu diesem System gehören der Mund, die Zähne, die Speiseröhre (Ösophagus), der Magen sowie der Dünndarm und der Dickdarm. Die Nahrung wird mechanisch durch Kauen und chemisch durch Enzyme zerkleinert. Die Nährstoffe gelangen in das Blut, das sie zu den Zellen transportiert.

ATMUNG

Die Billionen Körperzellen eines Menschen müssen ununterbrochen mit Sauerstoff versorgt werden, um die lebensnotwendige Energie zu erzeugen. Diese Versorgung sichert die Atmung (Respiration). Dazu wird Luft eingeatmet, die Sauerstoff enthält. Der Sauerstoff tritt in den Lungen in den Blutstrom über und wird zu den Zellen transportiert. Im Gegenzug wird Kohlendioxid von den Zellen zu den Lungen transportiert und ausgeatmet.

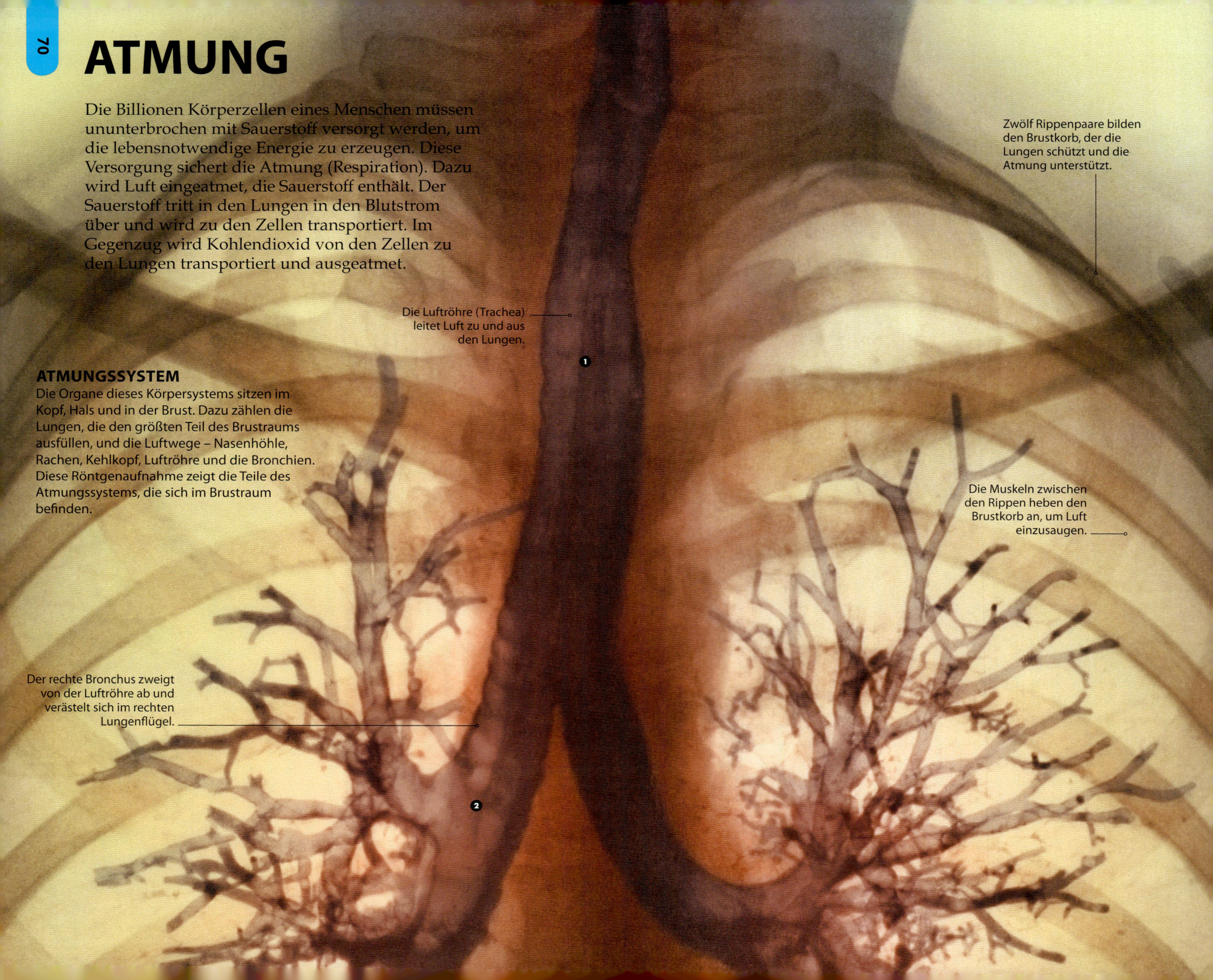

ATMUNGSSYSTEM

Die Organe dieses Körpersystems sitzen im Kopf, Hals und in der Brust. Dazu zählen die Lungen, die den größten Teil des Brustraums ausfüllen, und die Luftwege – Nasenhöhle, Rachen, Kehlkopf, Luftröhre und die Bronchien. Diese Röntgenaufnahme zeigt die Teile des Atmungssystems, die sich im Brustraum befinden.

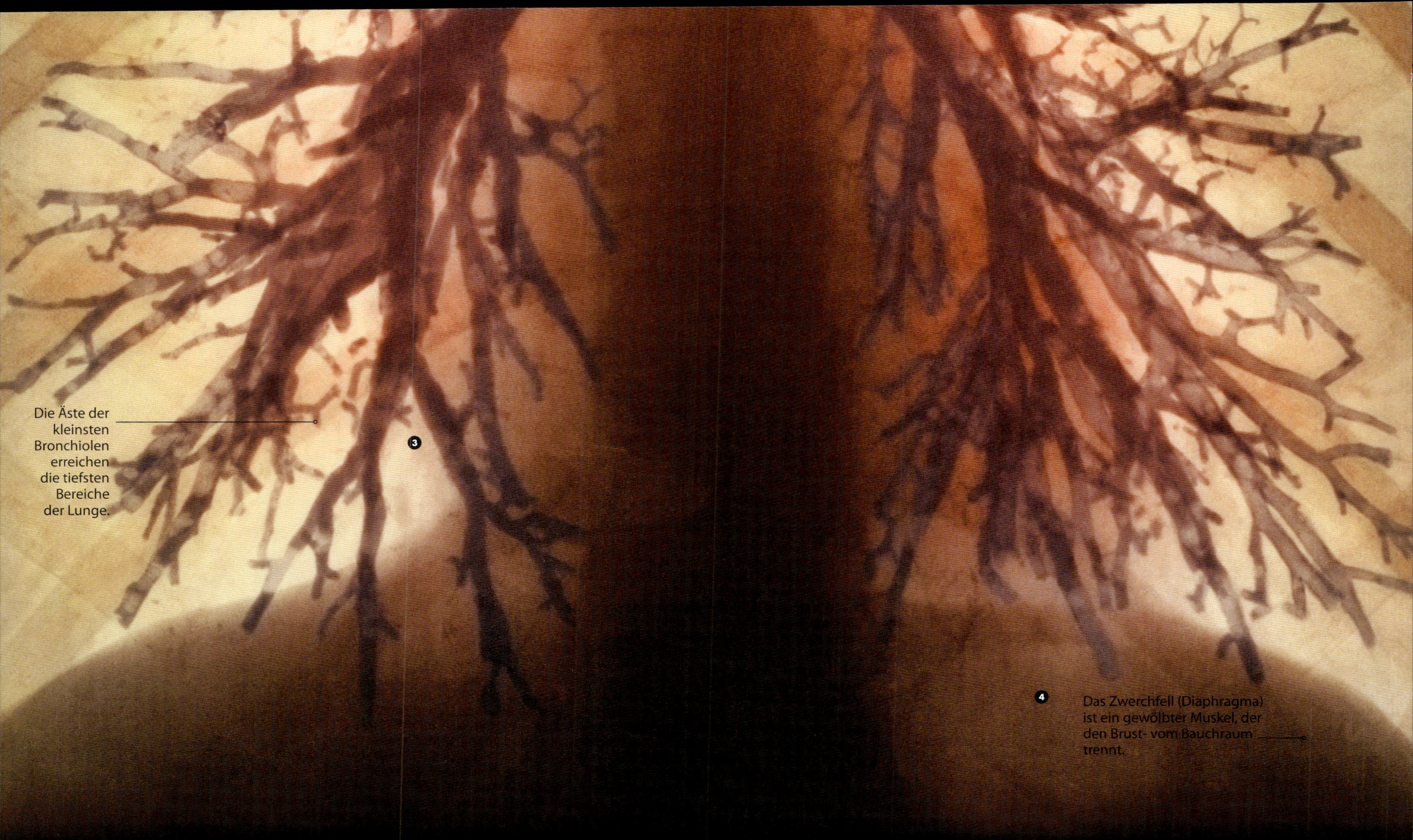

Die Äste der kleinsten Bronchiolen erreichen die tiefsten Bereiche der Lunge.

❹ Das Zwerchfell (Diaphragma) ist ein gewölbter Muskel, der den Brust- vom Bauchraum trennt.

❶ LUFTRÖHRE
Die Luftröhre (Trachea) leitet Luft vom Kehlkopf (Stimmbänder) am Grund des Rachens in die beiden Hauptäste (Bronchien), die an ihrem Ende entspringen. Bis zu 20 C-förmige Knorpelringe verhindern, dass sich die Luftröhre beim Atmen verschließt. Ihre Innenwände sind mit Schleim bedeckt, der Staub und Keime aus der einströmenden Luft entfernt. Die Reinigung der Luft beginnt bereits in der Nasenhöhle.

❷ VERÄSTELUNG
In der Lunge verzweigt sich jeder Hauptast (Bronchus) der Luftröhre in immer kleinere Äste. Auch diese teilen sich in noch viel kleinere auf, die man Bronchiolen nennt. Diese Verästelung bezeichnet man auch als „Bronchialbaum", weil sie wie ein Baum aussieht, der auf dem Kopf steht. Dabei bildet die Luftröhre den Baumstamm, während die Bronchien die Äste und die Bronchiolen die Zweiglein sind.

❸ LUNGENBLÄSCHEN
Die dünnsten Bronchiolen münden in etwa 300 Millionen winziger Lungenbläschen (Alveolen), die den größten Teil der Lungen einnehmen und von kleinen Blutgefäßen (Kapillaren) umgeben sind. Der Sauerstoff gelangt im Austausch gegen Kohlendioxid durch die Wände der Alveolen in den Blutstrom. Die Oberfläche aller Alveolen ist deshalb so groß, damit möglichst viel Gasaustausch gleichzeitig stattfinden kann.

❹ ZWERCHFELL
Unter den Lungen befindet sich das Zwerchfell (Diaphragma), das eine wichtige Aufgabe bei der Atmung übernimmt. Beim Einatmen zieht sich das Zwerchfell zusammen und wird flacher, wenn die Muskeln die Rippen nach oben und vorn heben. Dadurch vergrößert sich das Lungenvolumen, sodass Luft in die Lungen eingesaugt wird. Beim Ausatmen entspannt es sich und drückt die Lungen nach oben, um die Luft herauszupressen.

BLUT

Das Blut versorgt die Billionen Zellen unseres Körpers mit Nährstoffen, Sauerstoff und anderen notwendigen Substanzen und entfernt Abbauprodukte. Es verteilt auch die Wärme in unserem Körper und bekämpft Entzündungen. Blut besteht aus einer gelblichen Flüssigkeit, dem Plasma, in dem auch die Blutkörperchen schwimmen. Rote Blutkörperchen nehmen Sauerstoff in den Lungen auf und transportieren ihn zu den Körperzellen. Weiße Blutkörperchen bekämpfen Krankheitserreger. Im Blut befinden sich auch die Blutplättchen, die offene Wunden verschließen. Es gibt drei verschiedene Blutgefäße: Durch die Arterien pumpt das Herz das Blut zu den einzelnen Organen, während die Venen das Blut zum Herzen bringen. Winzige Kapillaren verbinden in den Geweben Arterien und Venen und versorgen die Zellen mit Blut.

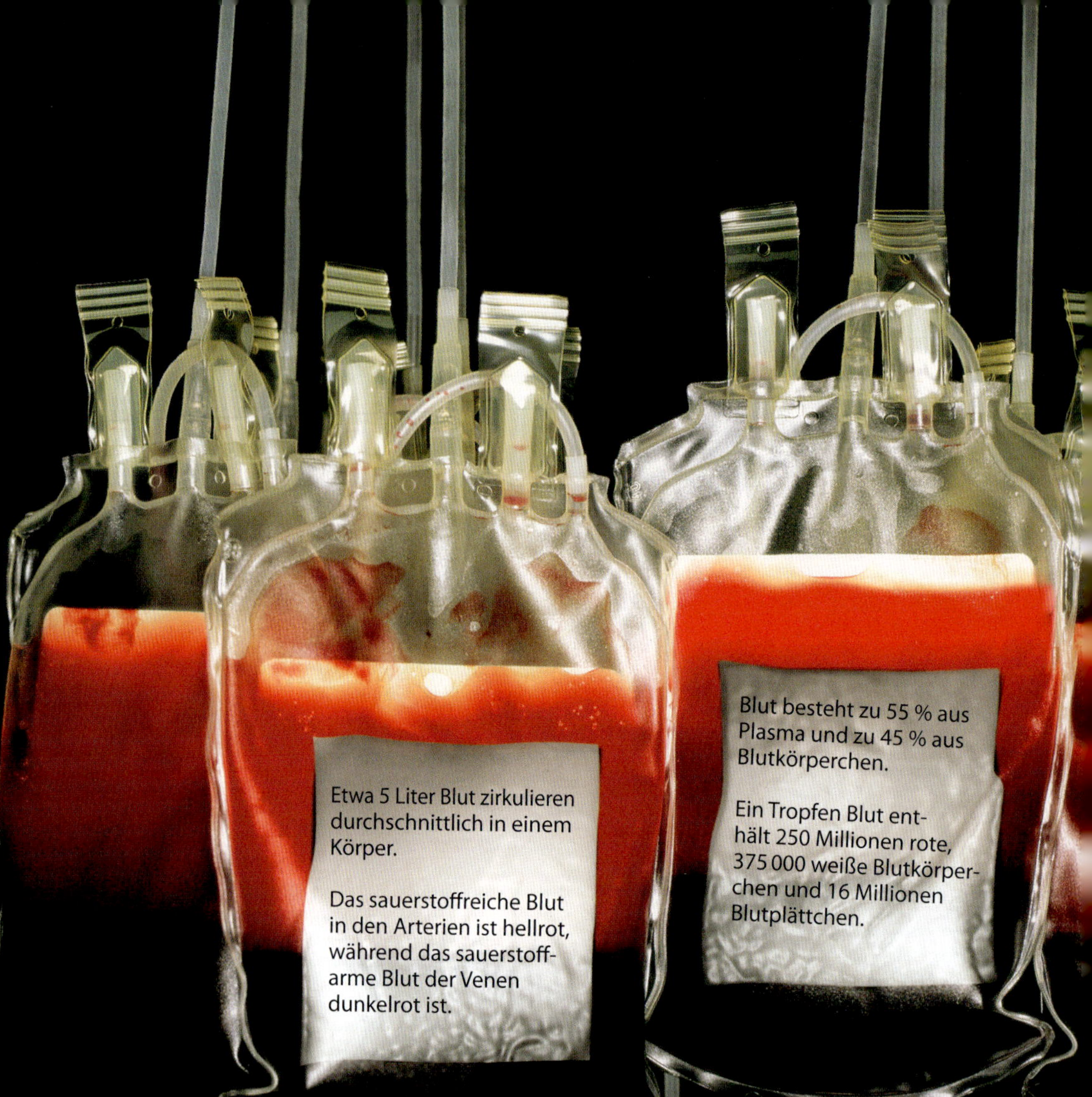

Etwa 5 Liter Blut zirkulieren durchschnittlich in einem Körper.

Das sauerstoffreiche Blut in den Arterien ist hellrot, während das sauerstoffarme Blut der Venen dunkelrot ist.

Blut besteht zu 55 % aus Plasma und zu 45 % aus Blutkörperchen.

Ein Tropfen Blut enthält 250 Millionen rote, 375 000 weiße Blutkörperchen und 16 Millionen Blutplättchen.

Plasma besteht zu 90 % aus Wasser und enthält mehr als 100 gelöste Substanzen wie Nährstoffe, Abbauprodukte, Hormone und Salze.

Einige weiße Blutkörperchen, die Neutrophilen und Makrophagen, verschlingen Keime, während Lymphozyten Antikörper freisetzen, um Bakterien und Keime zu bekämpfen.

Die Blutgefäße eines Erwachsenen würden aneinandergereiht zweimal um die Erde reichen. Der Anteil der Kapillaren an der gesamten Strecke betrüge bis zu 98 %.

Die größte Arterie und Vene (die Aorta und die Hohlvene) sind so dick wie ein Daumen und 2500-mal breiter als eine Kapillare, die nur ein Zehntel der Breite eines menschlichen Haars besitzt.

Die roten Blutkörperchen stellen bis zu 99 % aller Blutzellen.

In jeder Sekunde entstehen im schwammartigen roten Knochenmark 2 Millionen neue rote Blutkörperchen.

Während seiner Lebenszeit von 120 Tagen strömt ein rotes Blutkörperchen 170 000-mal durch den Körper – einmal pro Minute, bis es von der Milz und der Leber abgebaut und wiederverwertet wird.

Ein rotes Blutkörperchen besitzt 250 Millionen rote Hämoglobinmoleküle. Jedes Molekül bindet vier Sauerstoffmoleküle, sodass das Blutkörperchen 1 Milliarde Sauerstoffmoleküle transportiert.

Das Herz besteht zum größten Teil aus Herzmuskulatur, die nicht ermüdet.

Bei einer Lebenszeit von 70 Jahren schlägt das Herz 2,5 Milliarden Mal ohne Pause.

Das Herz schlägt normalerweise 70-mal in 1 Minute. Die Herzfrequenz kann sich beim Sport verdoppeln oder sogar verdreifachen, um die Muskeln mit zusätzlichem Sauerstoff zu versorgen.

Jeder Mensch besitzt eine der vier Blutgruppen – A, B, AB oder 0. Die Blutgruppen werden durch winzige Zuckermoleküle auf den roten Blutkörperchen bestimmt.

Mehr als 80 Millionen Blutbeutel werden jährlich weltweit gespendet. Bluttransfusionen ersetzen Blutverluste bei Operationen und dienen auch zur Behandlung bestimmter Krankheiten.

HAARE, HAUT UND NÄGEL

Die Haut ist ein Schutzmantel des Körpers und bildet eine Barriere zwischen den verletzlichen Geweben und den rauen, sich ändernden Bedingungen der Außenwelt. Sie verhindert, dass wir austrocknen oder Krankheitserreger eindringen. Außerdem repariert sie sich nach einer Verletzung selbst, hält uns warm und ermöglicht es, dass wir unsere Umgebung wahrnehmen. Die äußere Hautschicht besteht aus abgestorbenen Zellen, die mit der harten, wasserfesten Substanz Keratin gefüllt sind. Haare und Nägel enthalten ebenfalls tote, mit Keratin gefüllte Zellen.

❶ QUERSCHNITT DER HAUT
Die Oberhaut (Epidermis) bildet eine wasserdichte Barriere gegen Erreger und schützt uns auch vor gefährlichen Strahlen des Sonnenlichts. In der dickeren Lederhaut (Dermis) unter ihr befinden sich Blutgefäße, Rezeptoren und Schweißdrüsen.

❷ SCHWEISS
Diese salzige Flüssigkeit wird von den Schweißdrüsen in der Lederhaut produziert. Bei warmem Wetter sondern sie Schweiß auf die Haut ab. Dieser verdampft und kühlt so den Körper, um die Körpertemperatur bei 37 °C zu halten.

❸ HAUTFARBE
Besondere Zellen der Oberhaut bilden das braune Pigment Melanin, das gefährliche ultraviolette Strahlen der Sonne filtert, sodass diese die Haut nicht schädigen.

Fingernägel bilden sich aus Schichten abgestorbener, flacher Zellen der Oberhaut.

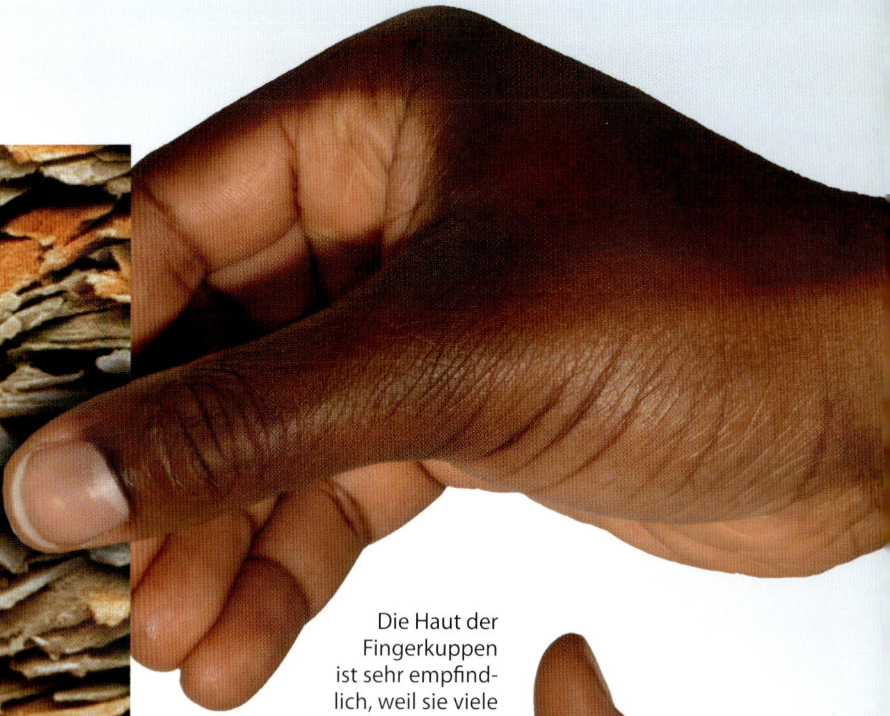

Die Haut der Fingerkuppen ist sehr empfindlich, weil sie viele Rezeptoren besitzt.

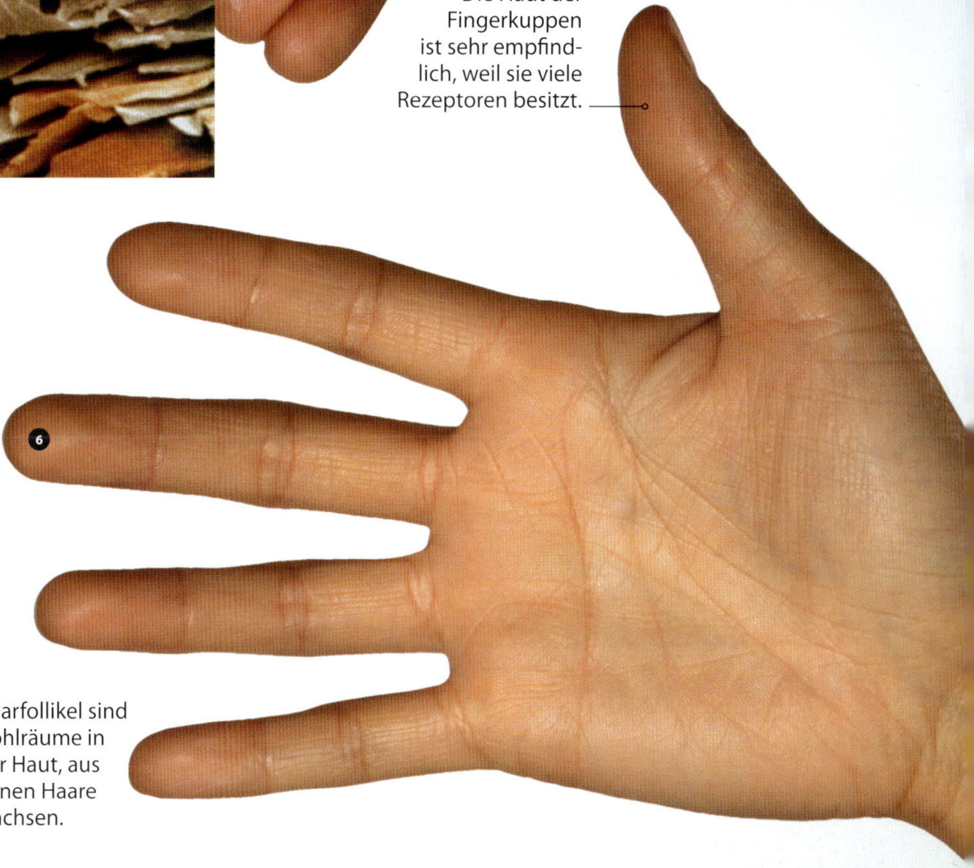

Der Haarschaft besteht aus toten Zellen, die Keratin enthalten. Er wird aus dem Haarbalg herausgedrückt.

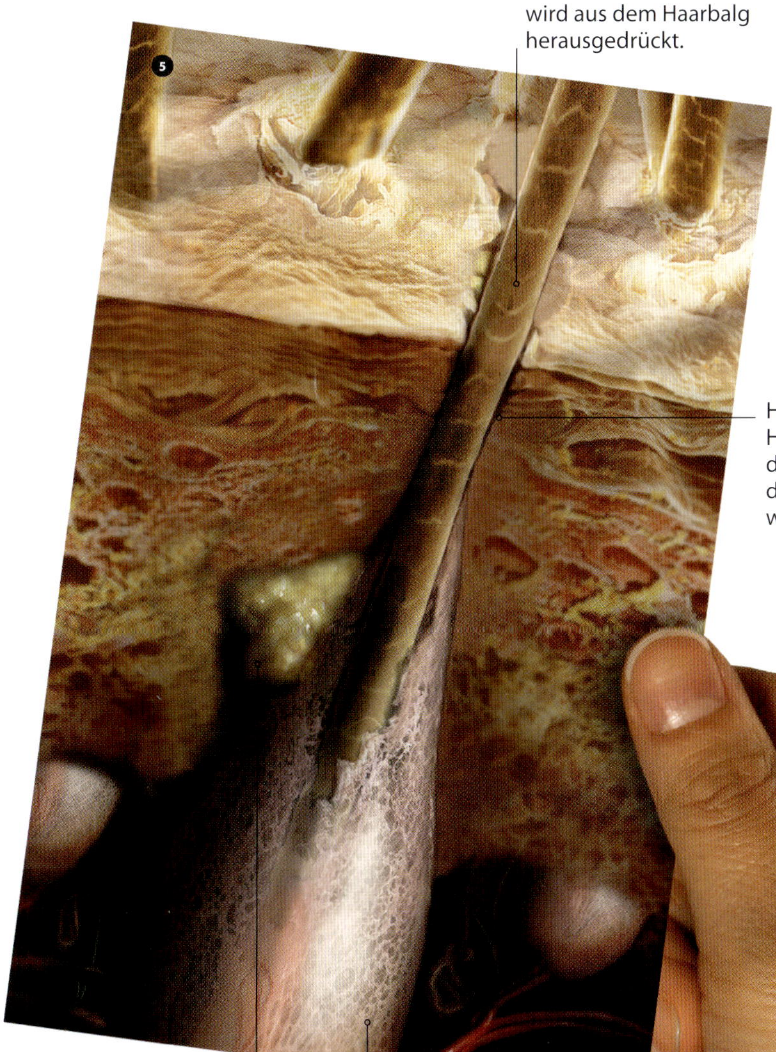

Haarfollikel sind Hohlräume in der Haut, aus denen Haare wachsen.

Talgdrüsen sondern öligen Talg ab, der Haut und Haare geschmeidig hält.

Der Haarbalg enthält lebende, sich teilende Haarzellen.

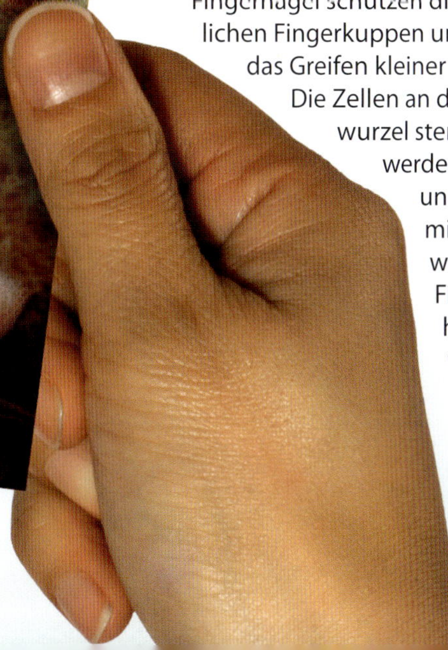

❹ FINGERNAGEL

Fingernägel schützen die empfindlichen Fingerkuppen und erleichtern das Greifen kleiner Gegenstände. Die Zellen an der Nagelwurzel sterben ab, werden flacher und füllen sich mit Keratin, während sie zur Fingerkuppe hingeschoben werden.

❺ HAAR

Millionen Haare bedecken den größten Teil unseres Körpers. Die Kopfhaare schützen vor Sonnenlicht und senken die Wärmeabgabe. Feinere, kürzere Körperhaare melden uns z. B. Insekten auf der Haut, bevor sie stechen.

❻ BERÜHRUNGSREZEPTOREN

Die Lederhaut enthält viele Rezeptoren, die auf sanfte Berührung, festen Druck und auf Schwingungen reagieren. Sie senden Signale an das Gehirn, damit wir unsere Umgebung wahrnehmen. Sie besitzt auch zahlreiche Rezeptoren, die auf Schmerz, Wärme und Kälte reagieren.

GEHIRN

Das Gehirn (Cerebrum) liegt geschützt innerhalb der Schädelknochen und macht es möglich, dass wir fühlen, denken, lernen, erinnern und uns bewegen. Es reguliert selbstständig auch viele lebenswichtige Funktionen wie z. B. die Atmung. Das Großhirn, der wichtigste Teil des Gehirns, teilt sich in zwei Hälften oder Hemisphären. Die linke Hemisphäre steuert die rechte Körperseite und ist für die Sprache, Berechnungen und Problemlösungen verantwortlich, während die rechte Hemisphäre die linke Körperhälfte kontrolliert und Kreativität, Musik und Kunst steuert. Die vielen Aufgaben des Gehirns werden in der Gehirnrinde (Kortex) ausgeführt. Sie ist in mehrere Felder aufgeteilt, die bestimmte Bereiche übernehmen. Motorische Rindenfelder lösen Bewegungen aus, sensorische kontrollieren Empfindungen, während assoziative Rindenfelder Informationen deuten.

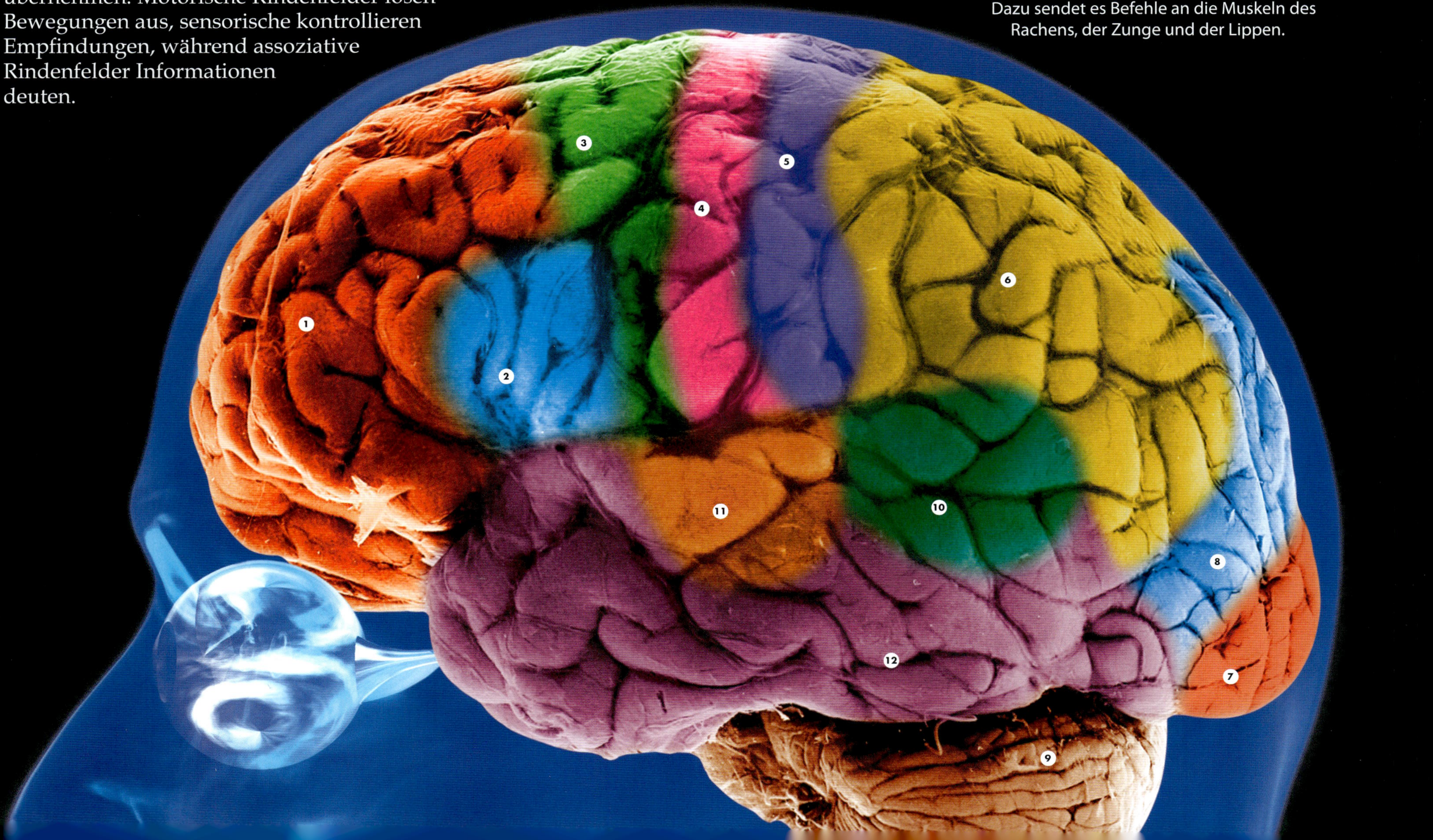

1 STIRNLAPPEN

Das vordere Rindenfeld, der präfrontale Kortex, bestimmt unsere Persönlichkeit und unser Denkvermögen, sodass wir auch komplexe Sachverhalte durchschauen, planen, schaffen oder erlernen können, und es prägt unser Gewissen.

2 BROCA-SPRACHZENTRUM

Dieses Zentrum wurde nach Paul Broca benannt, einem Arzt des 19. Jahrhunderts, der es entdeckte. Das Broca-Sprachzentrum befindet sich gewöhnlich in der linken Großhirnhälfte. Es steuert und regelt das Sprechen. Dazu sendet es Befehle an die Muskeln des Rachens, der Zunge und der Lippen.

❸ BEWEGUNGSRINDE
Erlernte Fähigkeiten wie z. B. Tennisspielen werden in diesem Rindenfeld gesteuert und koordiniert. Es regt bestimmte Muskeln über den primären motorischen Kortex an, einige jedoch auch direkt.

❹ BEWEGUNGSZENTRUM
Die meisten Bewegungen, die unser Körper ausführt, werden durch den primären motorischen Kortex gesteuert. Er erhält Signale des Kleinhirns und anderer Hirnregionen und sendet seine Anweisungen an die Skelettmuskeln, die kontrahieren und den Körper bewegen.

❺ PRIMÄRES GEFÜHLSZENTRUM
Hautrezeptoren für Berührung, Druck, Schwingungen, Wärme und Kälte sowie Schmerz senden Signale an diese Region, damit wir Gefühle empfinden. Unsere Lippen und Fingerkuppen besitzen besonders viele dieser Rezeptoren und sind deshalb sehr empfindlich.

❻ GEFÜHLSZENTRUM
Wesentliche Informationen der Hautempfindungen wie z. B. Berührungen werden von dem primären sensorischen Kortex an dieses Rindenfeld geleitet. Diese werden hier untersucht, gespeichert und mit früheren Erfahrungen verglichen, damit wir Objekte durch Berührungen erkennen.

❼ PRIMÄRES SEHZENTRUM
Wenn Licht auf die Netzhaut im Auge fällt, senden ihre Lichtrezeptoren Signale an dieses Rindenfeld, den primären visuellen Kortex. Diese Region deutet die Signale als Formen, Farben und Bewegungen und leitet sie an den visuellen assoziativen Kortex weiter.

❽ SEHZENTRUM
Dieses Rindenfeld, der visuelle assoziative Kortex, verarbeitet Informationen des primären visuellen Kortex der gesehenen Objekte und vergleicht sie mit früheren Erfahrungen. Der visuelle assoziative Kortex identifiziert Objekte und ihre Position, damit wir „sehen“ können.

❾ KLEINHIRN
Das Kleinhirn (Cerebellum) ist für weiche, abgestimmte Bewegungen verantwortlich. Es prüft Informationen über die Position und Bewegung des Körpers und sendet Signale an den primären motorischen Kortex, um die Körperbewegungen genau abzustimmen.

❿ WERNICKE-ZENTRUM
Diese Region sitzt gewöhnlich in der linken Hemisphäre. Das Wernicke-Zentrum wurde nach dem deutschen Arzt Karl Wernicke benannt und ist für das Verstehen der Sprache verantwortlich. Es besitzt eine direkte Verbindung zum Broca-Sprachzentrum.

⓫ PRIMÄRES HÖRZENTRUM
Wenn unsere Ohren Schallwellen aufnehmen, senden sie Signale an den primären auditiven Kortex. Er untersucht den Schall auf Lautstärke, Tonhöhe und Rhythmus. Diese Informationen leitet das Rindenfeld an das Hörzentrum weiter.

⓬ HÖRZENTRUM
Der auditive assoziative Kortex verarbeitet Schall, damit wir „hören“. Dazu setzt es die Informationen des primären Hörzentrums zu einem vollständigen Klangbild zusammen und vergleicht es mit früheren Klangmustern, um Musik, Sprache oder Geräusche zu erkennen.

SINNESORGANE

Mit unseren Sinnesorganen nehmen wir die Umwelt wahr. Die Augen reagieren auf Lichtwellen und die Ohren auf Schallwellen, sodass wir sehen und hören können. Zunge und Nase entdecken gelöste Substanzen, sodass wir schmecken und riechen. Mit der Haut fühlen wir die Struktur und Wärme von Gegenständen.

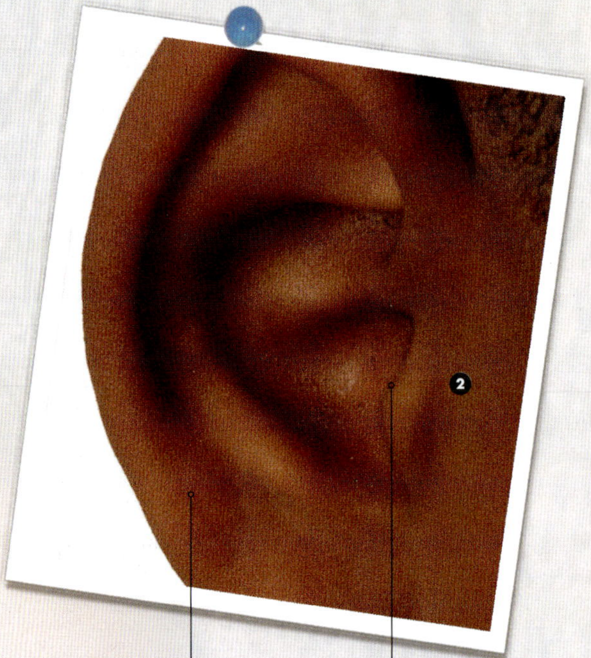

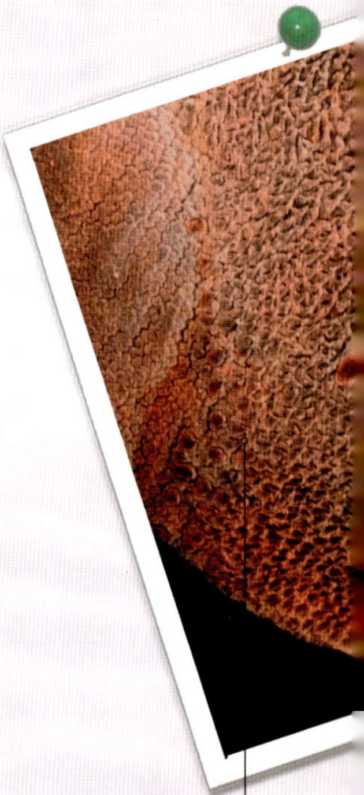

❶ SEHEN

Das Sehen ist unser wichtigster Sinn, weil es das Gehirn mit enorm vielen Informationen über unsere Umgebung versorgt. Licht, von Objekten reflektiert oder erzeugt, wird automatisch auf Lichtrezeptoren in den Augen gebündelt. Diese Rezeptoren senden Signale an das Sehzentrum im Gehirn. Dort werden die Signale verarbeitet, sodass wir erkennen, welches Objekt wir sehen und wo es sich befindet. Durch diesen Prozess können wir bewegte, dreidimensionale und farbige Bilder sehen.

❷ GEHÖR

Die Ohren empfangen Druckwellen, den Schall, die sich in der Luft ausbreiten. Schallwellen entstehen durch Objekte, die Schwingungen erzeugen, z. B. ein Handy, das klingelt, oder eine Glocke, die läutet. Die Wellen erreichen das Innenohr, dessen Rezeptoren die Wellen in Signale umwandeln. Die Signale werden zum Hörzentrum weitergeleitet, das Tonhöhe, Lautstärke und Richtung bestimmt, aus der der Schall kommt.

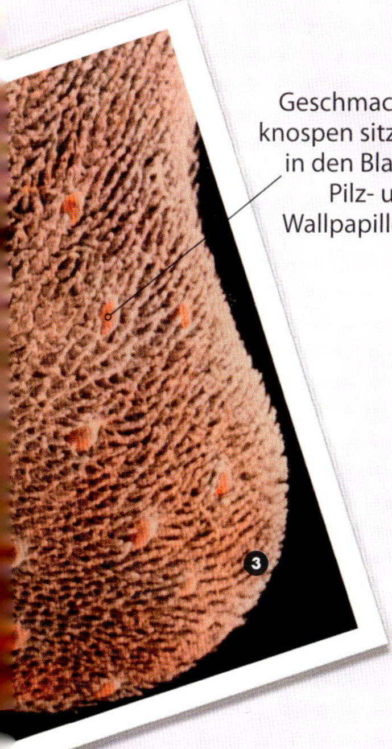

❸ GESCHMACK

In kleinen Ausstülpungen auf der Zunge, den Papillen, befinden sich Geschmacksknospen. Nahrungsmoleküle lösen sich im Speichel und gelangen an die Geschmacksknospen. Diese unterscheiden fünf Grundrichtungen – sauer, süß, salzig, bitter und umami (herzhaft). Der Geschmackssinn warnt uns auch vor giftigen Stoffen.

Federn fühlen sich weich an und kitzeln.

Mit den Hautrillen der Fingerkuppen greifen wir Gegenstände besser.

Ein Kaktusstachel, der in die Haut sticht, erregt Schmerzrezeptoren.

Zitrusfrüchte

Zitronen und die meisten anderen Zitrusfrüchte schmecken sauer.

Einige Käsesorten riechen sehr streng.

Frische Blumen

❹ TASTSINN

Die Haut wirkt wie ein Sinnesorgan. Sie besitzt viele verschiedene Rezeptoren, mit denen sie unsere Umgebung „fühlt". Die meisten reagieren auf Berührungen und senden Signale an das Gehirn, wenn ein Objekt die Haut berührt. Einige reagieren auf sanfte Berührungen, andere auf Druck und manche auf Schwingungen. Weitere Rezeptoren messen Temperaturänderungen oder empfinden Schmerz.

❺ GERUCH

Die Nase erkennt mehr als 10 000 verschiedene Düfte. Wenn wir Luft durch die Nase einatmen, lösen sich Geruchsmoleküle in der wässrigen Schleimhaut und werden von Riechzellen an der Oberseite der Nasenhöhle erkannt. Geruchs- und Geschmackssinn arbeiten eng zusammen. Mit einer verstopften Nase schmeckt uns das Essen nicht besonders, weil wir seinen Duft nicht mehr wahrnehmen können. Manche Gerüche (Rauch) warnen uns sogar vor Gefahren.

FORTPFLANZUNG

Lebewesen haben nur eine begrenzte Lebenszeit, aber sie können sich fortpflanzen. Die männlichen und weiblichen Fortpflanzungsorgane der Menschen produzieren besondere Geschlechtszellen – Spermien und Eizellen –, die bei der Befruchtung verschmelzen. Nach der Befruchtung wächst und entwickelt sich der Embryo, den man später als Fetus bezeichnet, während der Schwangerschaft neun Monate lang in der Gebärmutter (Uterus) der Mutter.

BEFRUCHTUNG ▲
In den Geschlechtsorganen der Frau versuchen die Spermien, durch die Hülle der Eizelle zu dringen. Wenn ein Spermium erfolgreich war, verliert es seinen Schwanz und sein Kopf verschmilzt mit dem Zellkern. Dabei vermischt sich auch das Erbmaterial (DNA).

Ein Spermium durchdringt die Hülle der Eizelle.

Die Eizelle ist kugelförmig und kann sich nicht selbst fortbewegen.

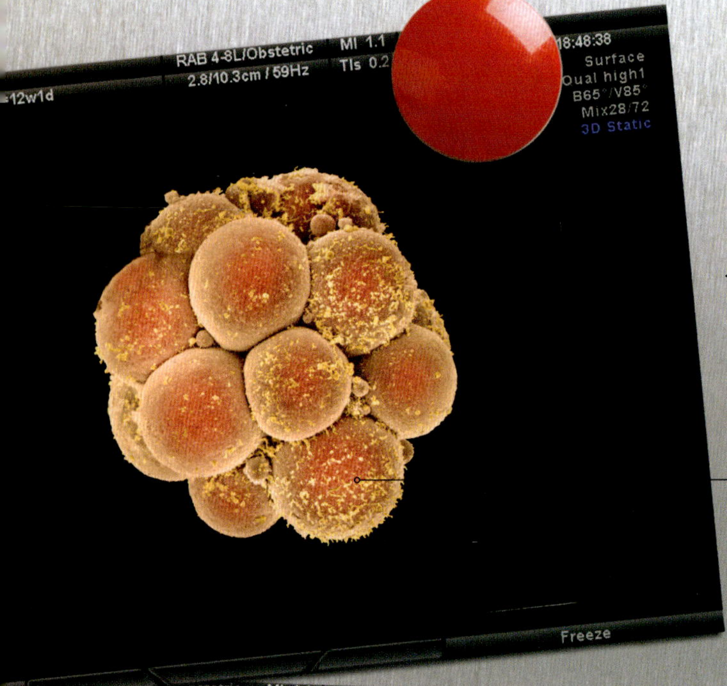

◄ ZELLTEILUNG
Nachdem die Eizelle befruchtet wurde, teilt sie sich ständig. Zuerst entstehen zwei Zellen, dann vier, acht und so weiter. Sechs Tage nach der Befruchtung nistet sie sich in die Gebärmutterschleimhaut ein.

Der Embryo befindet sich 72 Stunden nach der Befruchtung im 16-Zell-Stadium.

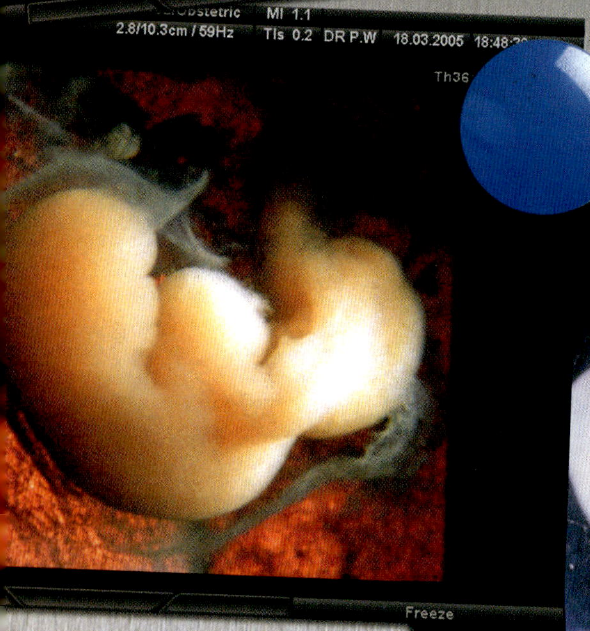

▲ 4 WOCHEN
Dieser erbsengroße, vierwöchige Embryo – sein Kopf ist links – wächst in der Gebärmutter heran. Das winzige Herz schlägt, während das Nervensystem und seine Organe entstehen.

Die dunkle Netzhaut des Auges ist bereits auf einer Seite des Köpfchens sichtbar.

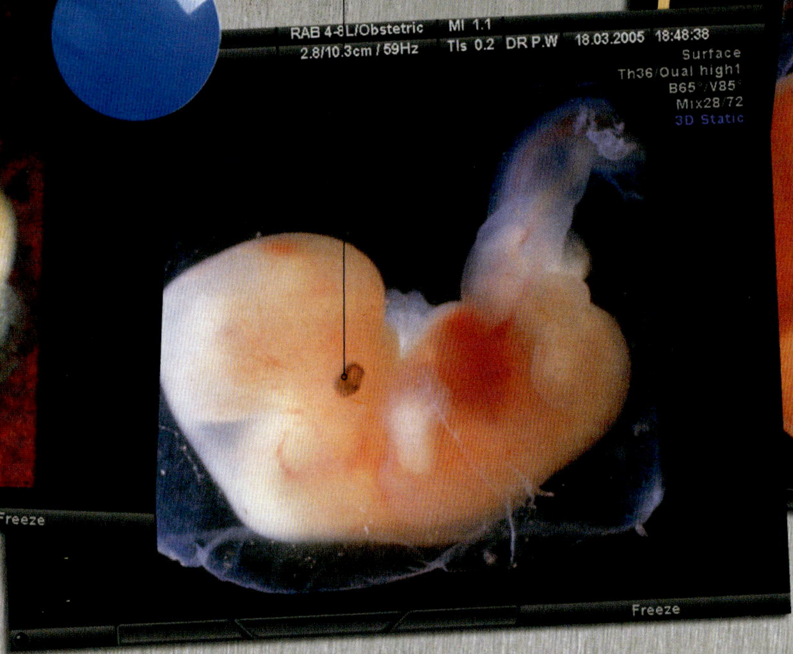

▲ 5 BIS 6 WOCHEN
Das Gehirn und andere Organe wie der Darmtrakt entwickeln sich weiter. Der Schädel und das Gesicht nehmen Gestalt an, die Beine beginnen zu wachsen und erscheinen als kleine Knospen. Der Embryo schwimmt in einer Blase mit schützender Flüssigkeit.

Der Kopf ist aufgerichtet und die Ohren mit den Gleichgewichtsorganen entwickeln sich.

Zunächst produziert die Leber die Blutkörperchen des Embryos und später das Knochenmark.

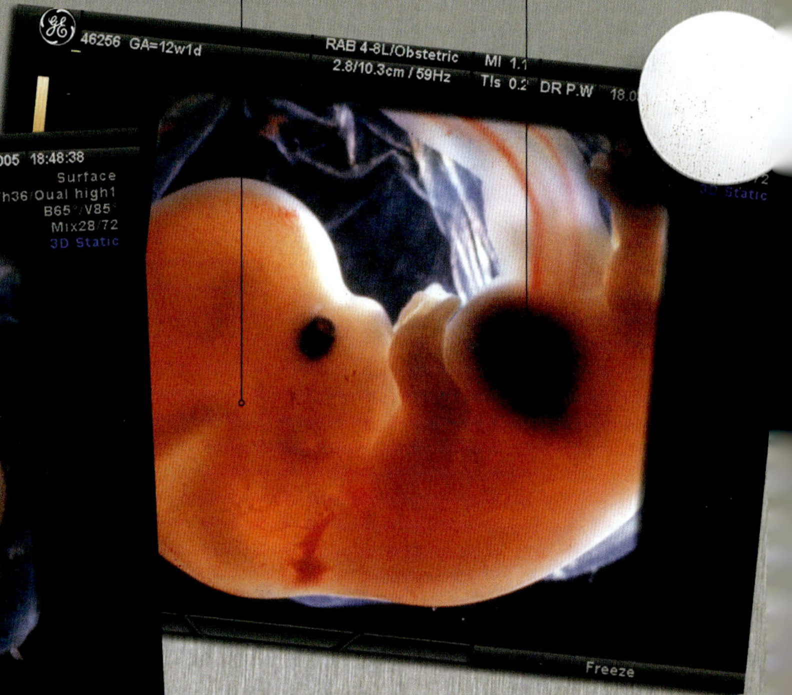

▲ 7 WOCHEN
Die Knochen des traubengroßen Embryos werden härter, seine Muskeln entwickeln sich und werden kräftiger. Hand- und Fußgelenke sind nun sichtbar, während sich Finger und Zehen erst noch bilden. Die Nieren beginnen bereits das Blut zu filtern und Urin herzustellen.

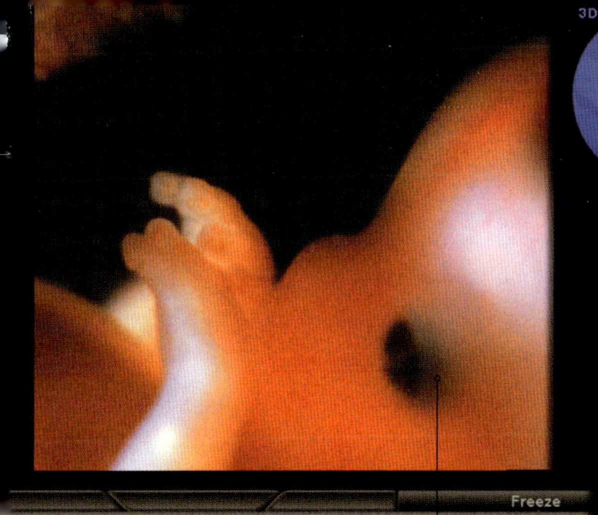

Die Augen sind von den Seiten nach vorn gewandert und die Augenlider entstehen.

▲ 10 WOCHEN

Der Fetus ist jetzt 500-mal größer als die befruchtete Eizelle und besteht aus Milliarden verschiedener Zellen. Seine wichtigsten Organe sind angelegt und er wächst zügig weiter. Der große Kopf bietet Platz für sein rasch wachsendes Gehirn. Seine Finger haben sich herausgebildet und die Fingernägel wachsen.

Plazenta

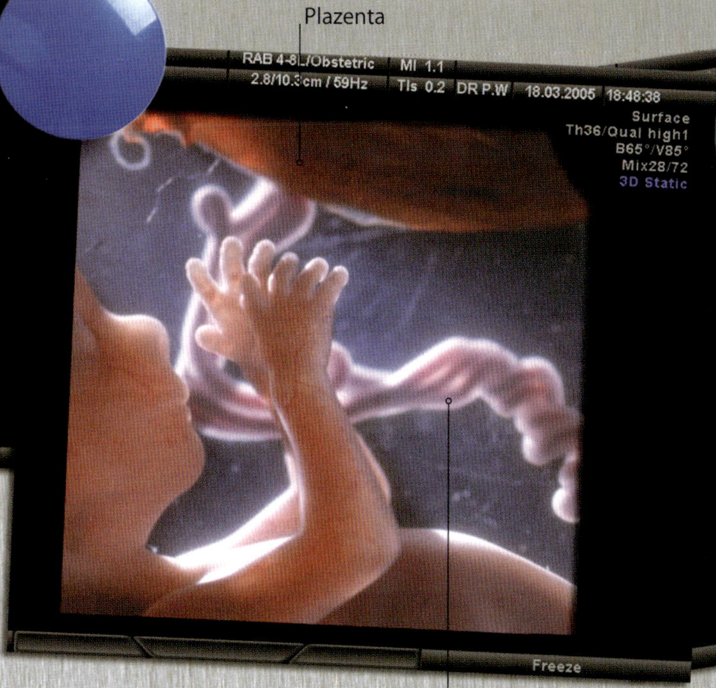

Der Fetus erhält Nahrung und Sauerstoff durch die Nabelschnur, die über ein Organ, das man Plazenta nennt, mit der Mutter verbunden ist.

▲ 12 WOCHEN

Seit der Einnistung haben sich die Zellen vermehrt und spezialisiert, sodass das winzige Lebewesen jetzt als Mensch erkennbar ist. Der Fetus besitzt bereits Gesichtszüge und die Finger und Zehen sind einzeln sichtbar. Die inneren Organe sind an ihrem Ort und das Herz schlägt.

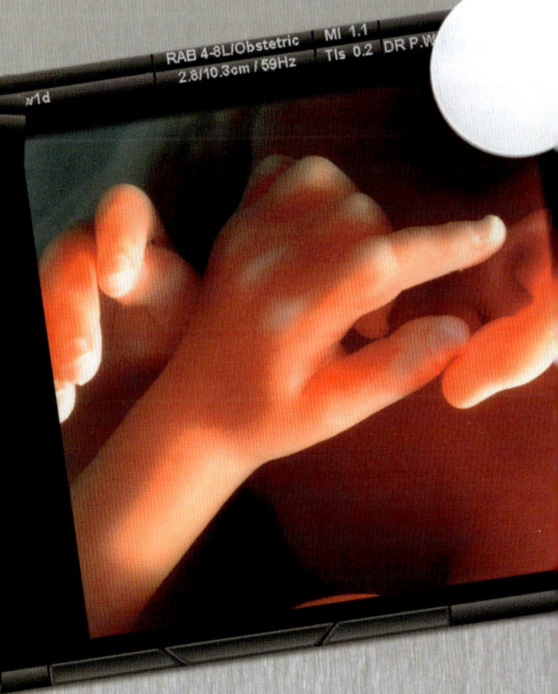

▲ 20 WOCHEN

Finger und Ohren sind deutlich zu erkennen und die Mutter spürt die Bewegungen des Fetus in ihrem Bauch. Der Fetus blinzelt, schluckt und folgt dem Tag-und-Nacht-Rhythmus. Die Rillen, die später den Fingerabdruck erzeugen, bilden sich an den Fingerkuppen.

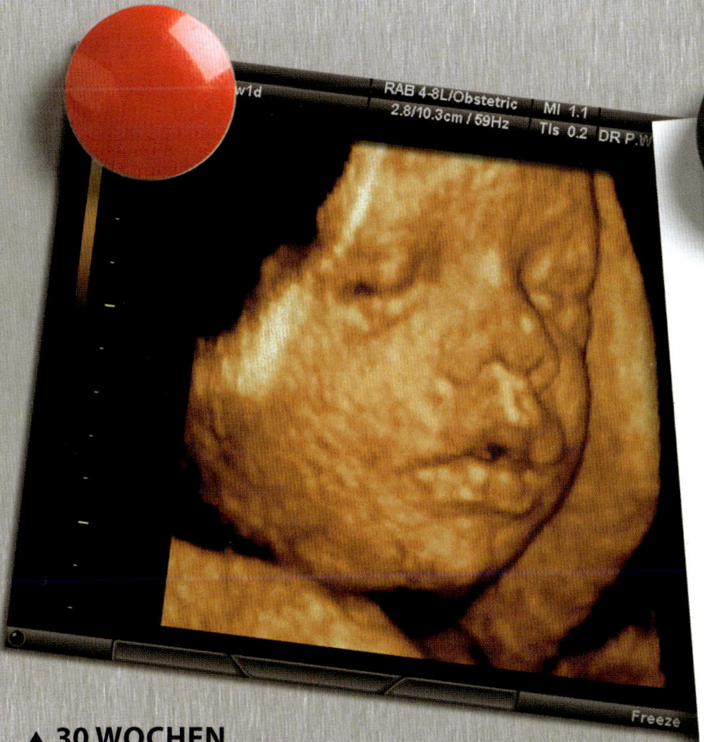

▲ 30 WOCHEN

Eine Ultraschalluntersuchung ist eine sichere Methode, um die Entwicklung des Fetus zu kontrollieren und sein Geschlecht festzustellen. In diesem Stadium entwickelt sich das Gehirn sehr schnell. Der Fetus kann bereits Töne hören und seine Augen reagieren auf Licht. Seine Lungen sind bereits so weit entwickelt, dass er atmen könnte.

NEUGEBOREN

Am Ende der Schwangerschaft zieht sich die Gebärmutter zusammen, um den reifen Fetus in die helle, laute Welt hinauszupressen. Das neugeborene Baby macht die ersten Atemzüge und die Nabelschnur wird durchtrennt. In den nächsten Stadien seines Wachstums und seiner Entwicklung ist das Baby im Hinblick auf Nahrung, Wärme und Schutz vollständig abhängig von seinen Eltern.

GENETIK

Obwohl sich alle Menschen nach dem gleichen Muster entwickeln, besitzt jeder (ausgenommen eineiige Zwillinge) einzigartige Merkmale wie z. B. die Augenfarbe, die sich von Mensch zu Mensch etwas unterscheidet. Sie wird durch die Erbanlagen bestimmt, die man Gene nennt. Die Genetik ist die Lehre der Vererbung von Anweisungen, die die Zellen enthalten und die bestimmen, wie sich der Körper entwickelt.

Kleine Änderungen bei bestimmten Genen führen zu unterschiedlichen Augenfarben.

❶ DNA

Fast alle Körperzellen enthalten DNA-Moleküle (Desoxyribonukleinsäure). Die Struktur der DNA erinnert an eine verdrehte Leiter. Ihre „Sprossen" bestehen aus vier verschiedenen Substanzen, den Basen (farbig dargestellt). Ihre jeweilige Reihenfolge (Sequenz) auf den DNA-Abschnitten – den Genen – bildet den genetischen Code.

❷ CHROMOSOMEN

Die DNA-Moleküle einer Zelle bilden 23 Chromosomenpaare, die sich im Zellkern befinden. Sie sind normalerweise fadenartig. Bei der Zellteilung (Mitose) jedoch verkürzen und verdoppeln sie sich und besitzen dann eine X-förmige Gestalt.

❸ VERERBUNG

Wir erhalten von jedem Elternteil jeweils eine Hälfte unserer Chromosomen. Die 23 Chromosomenpaare enthalten ungefähr 25 000 Gene. Mütterliche und väterliche Chromosomen tragen entsprechende Genpaare, z. B. für die Augenfarbe, die jedoch nicht unbedingt gleich sind. Bei unterschiedlichen Genen prägt häufig nur ein Gen – das dominante – das Aussehen.

❹ GENETISCHE ÄHNLICHKEIT

Geschwister ähneln sich im Gegensatz zu nicht verwandten Menschen sehr häufig, weil sie ihre Gene von denselben Eltern geerbt haben. Auch zweieiige Zwillinge sind sich ähnlich. Dagegen haben eineiige Zwillinge identische Gene geerbt, sodass sie gleich aussehen und dasselbe Geschlecht besitzen.

ERNÄHRUNG

Eine ausgewogene Ernährung ist sehr wichtig für die Erhaltung der Gesundheit. Mit der Nahrung erhält man Nährstoffe, die der Körper für das Wachstum, zur Reparatur und für die Energiegewinnung braucht. Hauptnährstoffe wie Zucker (Kohlenhydrate), Eiweiße (Proteine) und Fette (Lipide) machen den Großteil unserer Ernährung aus, doch geringe Mengen an Vitaminen und Mineralen sind ebenfalls lebensnotwendig. Wasser und Ballaststoffe sind weitere wichtige Bestandteile. Eine gesunde Ernährung basiert auf unterschiedlichen Nahrungsmitteln, die man nur in der jeweils benötigten Menge zu sich nimmt. Zucker, die Hauptenergiequelle unseres Körpers, kommt in zwei Arten vor – als Stärke und als süßer Zucker.

◂ZUCKER
Süßigkeiten, Kuchen und Kekse soll man nur in kleinen Mengen essen, weil sie sehr viel Zucker enthalten. Wenn man mehr Zucker als notwendig zu sich nimmt, baut der Körper die überschüssigen Zuckermoleküle zu Fetten um. Stärke eignet sich besser zur Energiegewinnung, weil diese im Körper langsamer abgebaut wird.

FETTE UND ÖLE▸
Obwohl Fette und Öle viele Vitamine und ungesättigte Fettsäuren enthalten, sollte man nicht zu viel davon verbrauchen. Pflanzenöle wie Olivenöl besitzen viele ungesättigte Fettsäuren (wie auch viele Fischarten), die sehr gesund sind. Dagegen können gesättigte Fettsäuren, die in vielen tierischen Produkten und verarbeiteten Lebensmitteln enthalten sind, Arterien verstopfen.

Olivenöl ist wie alle ungesättigten Fettsäuren bei Raumtemperatur flüssig.

Qualitätvolle Schokolade enthält einige nützliche Nährstoffe, sie beinhaltet jedoch auch viel Zucker und Fett.

EIWEISSE UND MILCHPRODUKTE▸
Wir benötigen ungefähr 15 % Eiweiße in unserer Nahrung. Zu den eiweißreichen Lebensmitteln zählen Nüsse, Bohnen, Eier, Fisch und Fleisch. Rotes Fleisch hat jedoch auch viele schädliche gesättigte Fettsäuren. Milchprodukte wie Joghurt und Käse versorgen uns mit Kalzium und Eiweißen, sie können jedoch auch viele Fette enthalten.

Walnüsse enthalten viele lebenswichtige Omega-3-Fettsäuren.

OBST UND GEMÜSE ▸
Obst enthält viel Wasser, Ballaststoffe, Vitamine und Fruchtzucker. Viele Früchte versorgen uns auch mit Antioxidanzien, die bestimmte Krankheiten verhindern. Auch im Gemüse findet man viele Vitamine, Minerale und Ballaststoffe. Zu einer gesunden Ernährung gehören täglich fünf Portionen Obst und Gemüse.

Orangen sowie rote und grüne Paprika sind reich an Vitamin A und C.

Brauner Reis besitzt viele B-Vitamine.

Vollkornbrot versorgt uns mit Eisen, Eiweißen und Ballaststoffen.

Kartoffeln enthalten neben den Vitaminen C und B_6 auch einige Minerale und viel Stärke.

Getreideflocken enthalten viele Ballaststoffe, die unsere Verdauung fördern.

Nudeln bestehen aus Weizenmehl und enthalten sehr viel Stärke.

▴ STÄRKE
Stärke ist das wichtigste gebundene Kohlenhydrat in unserer Ernährung. Zu den stärkehaltigen Lebensmitteln zählen Nudeln, Getreideflocken, Kartoffeln, Brot und Reis. Bei der Verdauung wird Stärke zu Glukose gespalten, unserem wichtigsten Energielieferanten. Die Hälfte unserer Ernährung sollte aus gebundenen Kohlenhydraten bestehen.

GESUNDHEIT

Ein gesunder Körper ist fit, stark und geschmeidig. Krankheiten oder Verletzungen verhindern, dass der Körper normal funktioniert. Auch wenn man Erkrankungen nicht immer vermeiden kann, sinkt durch eine gesunde Lebensweise, regelmäßigen Sport und eine ausgewogene Ernährung mit frischen Lebensmitteln das Risiko, krank zu werden. Wenn man trotzdem erkrankt, muss ein Arzt die Art der Erkrankung feststellen und sich für eine geeignete Therapie entscheiden. Dafür benutzt er Medikamente, Operationen oder andere Heilmethoden.

MEDIKAMENTE

Medikamente sind Substanzen, die in den Stoffwechsel des Körpers eingreifen, um Krankheiten zu bekämpfen oder ihnen vorzubeugen. Antibiotika, die schädliche Bakterien töten, und Analgetika (Schmerzmittel) zählen zu den Medikamenten. Man kann sie auf verschiedene Weise einnehmen: durch eine Spritze, als Pille und Saft, die man schluckt, oder als Dampf, den man inhaliert (einatmet).

ERSTE HILFE

Die erste Behandlung eines Erkrankten oder Verletzten nennt man Erste Hilfe. Oft müssen auch Menschen Erste Hilfe leisten, die keine medizinische Ausbildung besitzen, aber einen Erste-Hilfe-Kurs absolviert haben. Die Erste Hilfe kann einem Verletzten das Leben retten. Ein Erste-Hilfe-Kasten enthält wichtige Utensilien wie Einmalhandschuhe, Verbandsschere, elastische Verbände, Dreieckstücher, Pflaster und sterile Brandwundenverbände.

DIAGNOSE

Wenn man krank ist, muss ein Arzt die Ursache herausfinden und erstellt dazu eine Diagnose (Beurteilung). Er fragt nach den Symptomen (Erscheinungsmerkmale) der Krankheit und berücksichtigt auch die Krankengeschichte des Patienten. Danach sucht der Arzt nach bestimmten Anzeichen, um die Krankheit zu identifizieren: Er misst z. B. die Körpertemperatur mit einem Thermometer, untersucht das Blut oder macht Röntgenaufnahmen.

Sportschuhe eignen sich sehr gut zum Laufen und für andere Sportarten, welche die Fitness steigern.

Hantelgewicht

Hühnerfleisch besitzt viel Eiweiß (Protein), aber wenige schädliche Fettsäuren.

Orangen enthalten wie jedes Obst lebenswichtige Vitamine.

Fisch enthält ungesättigte Fettsäuren, die das Risiko einer Herzerkrankung mindern.

VORBEUGUNG

Regelmäßiger Sport wie Laufen, Walking oder Ballspiele verbessern die Fitness, weil das Herz und die Skelettmuskeln besser durchblutet werden. Eine ausgewogene Ernährung aus vielen verschiedenen Lebensmitteln – dazu gehören Nudeln und Reis, Obst und Gemüse, mageres Fleisch und magerer Fisch – sowie eine sparsame Verwendung von Salz, Zucker und ungesunden Fettsäuren sind ebenso wichtig. So vermeidet man nicht nur Übergewicht, sondern schützt sich auch vor mancher Krankheit.

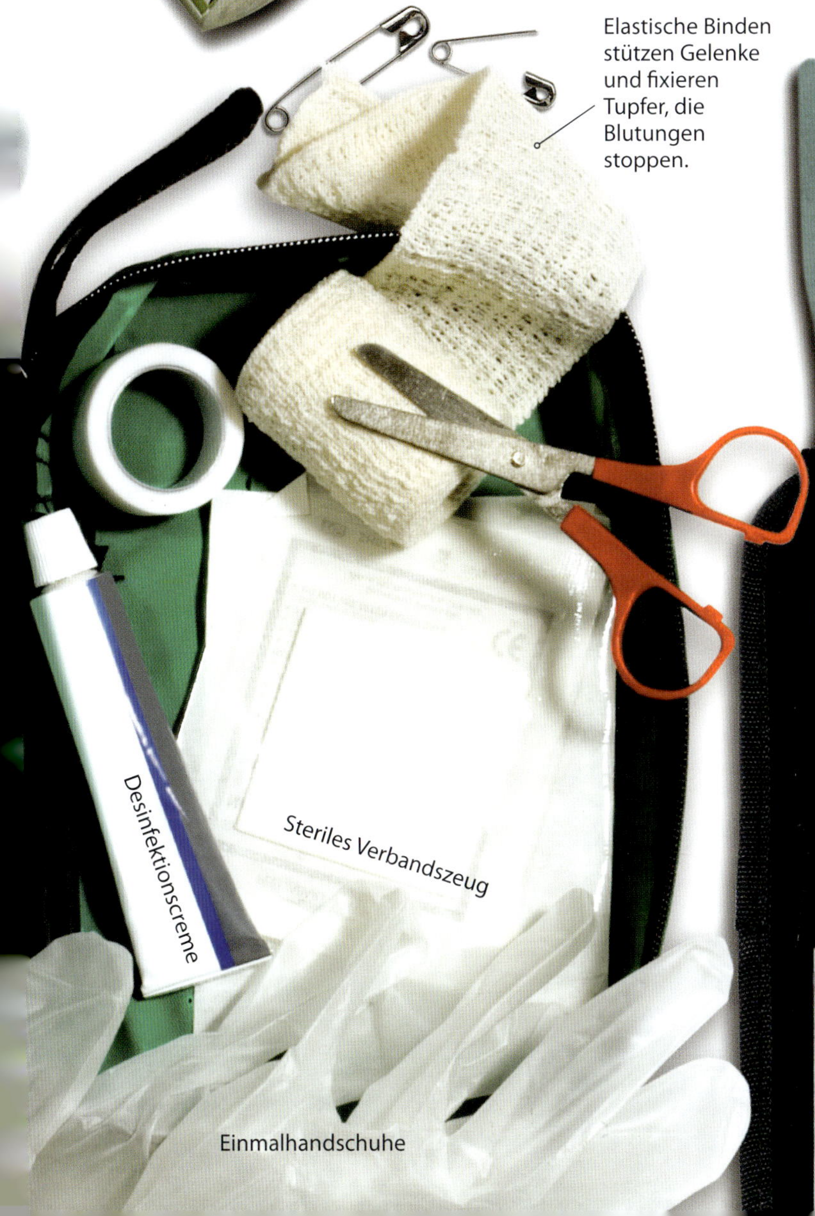

Elastische Binden stützen Gelenke und fixieren Tupfer, die Blutungen stoppen.

Desinfektionscreme

Steriles Verbandszeug

Einmalhandschuhe

CHIRURGIE

Bei einer Operation schneidet ein Arzt, der Chirurg, in den Körper des Patienten, um krankes Gewebe zu entfernen oder zu ersetzen. Die Chirurgie findet in einem Operationssaal statt. Um das Infektionsrisiko zu vermindern, trägt das Operationspersonal sterile (keimfreie) Kittel und Masken. Während der Operation erhält der Patient ein Schlafmittel (Anästhetikum) – ein Medikament oder ein Gas, das die Schmerzen unterdrückt.

Sterile Operationsinstrumente sind die „Werkzeuge" des Chirurgen, um Operationen auszuführen.

Chirurgische Pinzette

Kleine Schere

Große Schere

Ein Skalpell besitzt eine sehr scharfe Klinge, damit es Haut und anderes Gewebe durchschneidet.

Sonden

Mit einer Pinzette wird bei einer Operation Gewebe angehoben.

HAUPTPLATINE
Eine Hauptplatine gleicht einem Labyrinth aus Kupferleitungen zwischen Mikrochips und anderen Bauteilen. Sie verbindet alle Bauteile miteinander und leitet Daten unglaublich schnell weiter.

Forschung und Technik

ELEMENTE

Alles auf unserer Welt besteht aus Elementen – reine Substanzen, die man chemisch nicht in kleinere Einheiten zerlegen kann. Im Periodensystem sind alle Elemente nach ihrer Ähnlichkeit in Gruppen eingeteilt, z. B. nach ihrem Aussehen, ob sie Elektrizität leiten und wie sie mit anderen Elementen reagieren. Einige Gruppen haben sogar eigene Bezeichnungen.

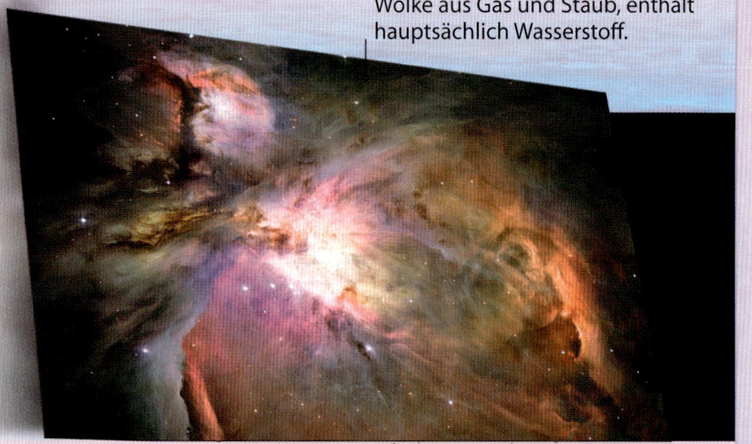

❶ Der Orionnebel, eine gewaltige Wolke aus Gas und Staub, enthält hauptsächlich Wasserstoff.

❷ Magnesium ist eine silberne Substanz, die mit weißer Flamme verbrennt.

❹ Kupfer leitet Elektrizität und Wärme sehr gut.

❸ Kalium ist ein Alkalimetall, das in der Erdkruste Salze bildet.

❺ Das Zeichen warnt vor Elementen, die radioaktive Strahlungen aussenden.

❶ WASSERSTOFF

Etwa 90 % aller Atome des Universums sind Wasserstoffatome. Reiner Wasserstoff ist ein unsichtbares Gas und gehört zur ersten Gruppe. Wasserstoffgas dient als Brennstoff der Kernreaktionen in Sternen. Auf der Erde kommt er nur in Verbindungen vor, z. B. in Wasser.

❷ ERDALKALIMETALLE

Die Elemente dieser Gruppe reagieren mit Wasser und sind Mineralien der Erdkruste. Sie besitzen ähnliche Eigenschaften wie die Alkalimetalle. Kalzium, das in Kalk, Milch und unseren Knochen vorkommt, gehört zu dieser Gruppe.

❸ ALKALIMETALLE

Natrium, das im Salz vorkommt, ist ein Alkalimetall. Als reine Elemente reagieren diese heftig, sobald sie mit Wasser in Kontakt kommen, und verbrennen sofort. Alkalimetalle kommen in der Natur nicht in reiner Form vor, sondern nur als Moleküle in Verbindungen.

❹ ÜBERGANGSMETALLE

Zu der größten Gruppe des Periodensystems zählen Eisen, Silber, Gold, Nickel, Platin und Titan. Übergangsmetalle sind typische Metalle – sie sind hart und glänzend, leiten Elektrizität und Wärme gut und besitzen hohe Schmelzpunkte.

❺ ACTINOIDE

Die Elemente dieser Gruppe sind radioaktive Metalle, die hauptsächlich in Kernreaktoren oder durch Kernexplosionen künstlich gewonnen werden. Sie haben instabile Atomkerne, die zerfallen und strahlen. Uran und Plutonium zählen zu den Actinoiden.

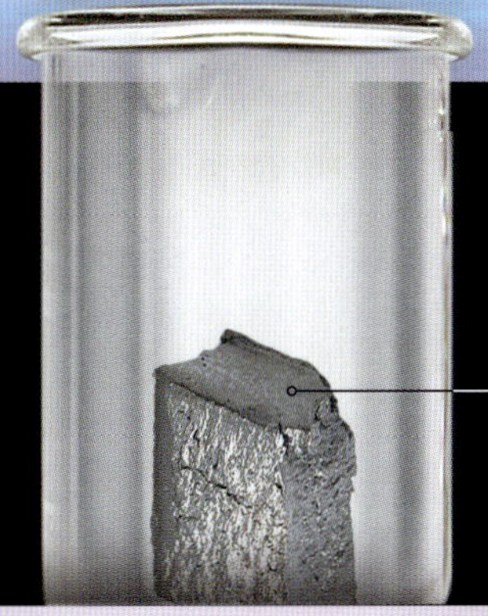

6

Gadolinium reagiert wie andere Lanthanoide schnell mit Luft.

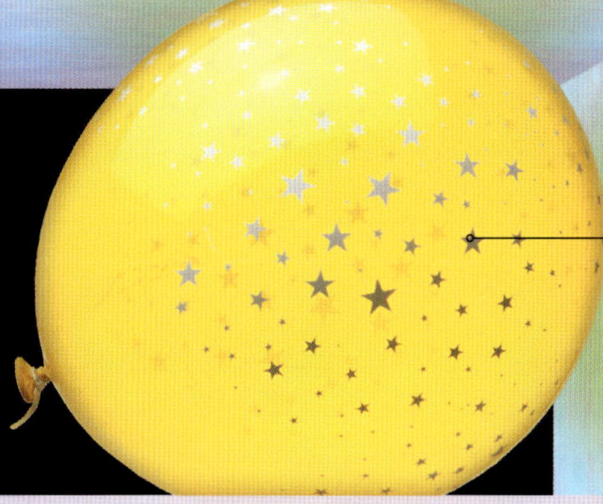

8

Nach Wasserstoff ist Helium das leichteste Element. Mit ihm werden Ballons und Luftschiffe gefüllt.

Das Halogen Brom ist bei Zimmertemperatur eine rotbraune Flüssigkeit, die jedoch sehr leicht als erstickendes, giftiges Gas verdampft.

7

Zinn kommt häufig in Legierungen vor. Zusammen mit Kupfer bildet es Bronze, während es mit Blei für Zinnfiguren genutzt wird.

9

10

Aus Silizium werden Mikrochips für elektronische Geräte hergestellt.

6 LANTHANOIDE

Diese weichen, reaktiven Metalle nennt man auch Seltene Erden, weil man früher glaubte, dass sie kaum in der Natur vorkommen. Die silberweißen Metalle laufen an der Luft sofort an. Holmium, das Element mit dem stärksten Magnetismus, gehört zu dieser Gruppe.

7 NICHTMETALLE

Ungefähr ein Sechstel aller Elemente sind Nichtmetalle. Sie leiten Elektrizität schlecht und schmelzen bereits bei niedrigen Temperaturen. Kohlenstoff, Stickstoff und Sauerstoff sind Nichtmetalle wie auch die Halogene (Chlor), die mit vielen anderen Elementen Salze bilden.

8 EDELGASE

Bis heute kennen wir sechs Edel- oder Inertgase, die fast überhaupt nicht mit anderen Elementen reagieren. Zu dieser Gruppe gehören Helium, Neon, Argon, Krypton, Xenon und Radon. Die ersten fünf Edelgase werden in Leuchtstoffröhren eingesetzt.

9 LEICHTMETALLE

Metalle, die nahezu weich sind und schnell schmelzen, nennt man Leichtmetalle. Sie kommen vorwiegend als Erze (Minerale) in der Erde vor. Viele Leichtmetalle sind als Legierung (eine Mischung aus mehreren Metallen) sehr nützlich. Aluminium und Blei sind Leichtmetalle.

10 HALBMETALLE

Diese Elemente besitzen Eigenschaften der Metalle und der Nichtmetalle. Arsen glänzt z. B. wie ein Metall, doch es ist kein guter Wärmeleiter. Einige Halbmetalle wie Silizium sind Halbleiter und dienen zusammen mit anderen Substanzen als Leiter oder auch als Isolator.

MOLEKÜLE

Atome sind die kleinsten Teilchen eines Elements (eine Substanz, die nur aus einer Atomart besteht). Häufig sind zwei oder mehrere Atome miteinander verbunden und bilden Moleküle. Bei der chemischen Bindung teilen sich die Atome Elektronen oder tauschen sie aus. Die meisten Moleküle setzen sich aus verschiedenen Elementen zusammen.

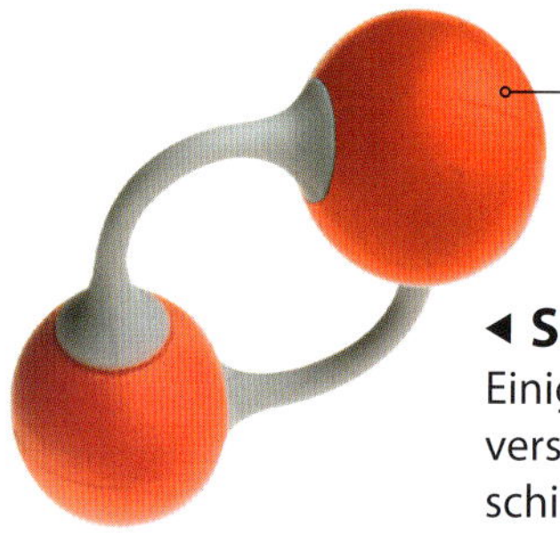

◀ SAUERSTOFF (O_2)
Einige Elemente verbinden sich auf verschiedene Weise, um unterschiedliche Substanzen zu bilden. Zwei Sauerstoffatome (O) bilden den Luftsauerstoff. In der oberen Atmosphäre verbinden sich drei Sauerstoffatome zu dem Gas Ozon.

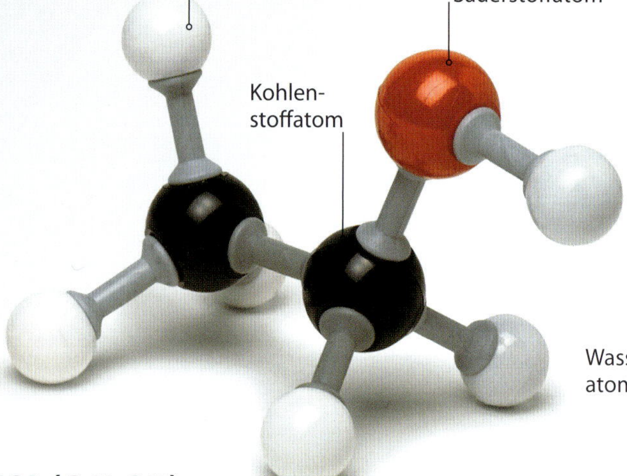

ETHANOL (C_2H_5OH) ▲
Das Molekül Ethanol enthält zwei Kohlenstoffatome (C), sechs Wasserstoffatome (H) und ein Sauerstoffatom (O). Bei Raumtemperatur ist Ethanol eine farblose Flüssigkeit, die zur Desinfektion und Konservierung genutzt wird.

VITAMIN C ($C_6H_8O_6$) ▶
Vitamin C (Ascorbinsäure) enthält wie Ethanol Kohlenstoff- (C), Wasserstoff- (H) und Sauerstoffatome (O). Doch weil dieses Molekül mehr Elemente enthält, die unterschiedlich miteinander verbunden sind, bildet es eine völlig andere Substanz – eine Verbindung, die bei Raumtemperatur fest ist.

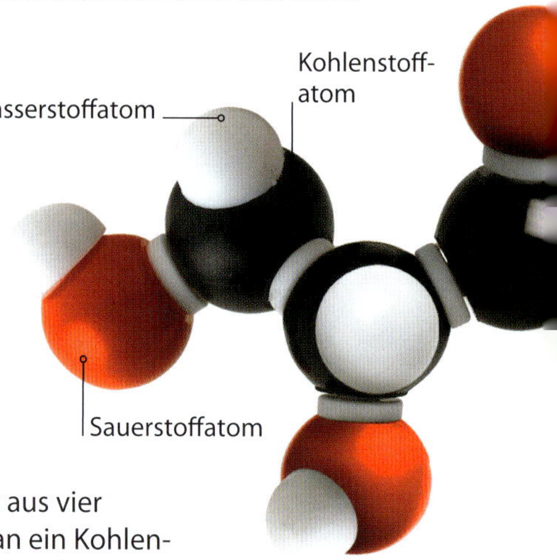

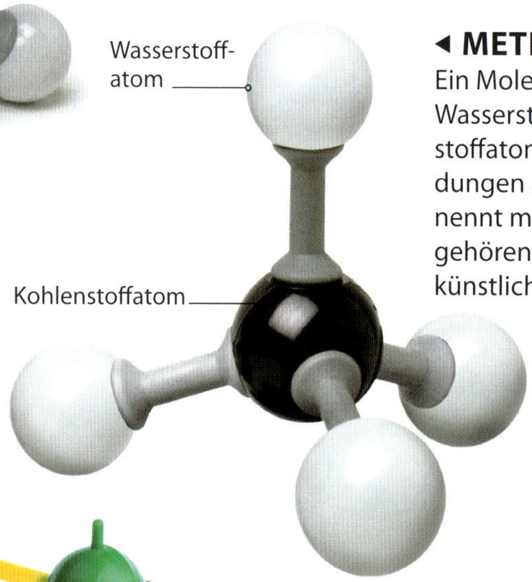

◀ METHAN (CH_4)
Ein Molekül Methan besteht aus vier Wasserstoffatomen (H), die an ein Kohlenstoffatom (C) gebunden sind. Verbindungen aus Kohlenstoff und Wasserstoff nennt man Kohlenwasserstoffe. Dazu gehören z. B. Methan, Erdöl, Kohle und künstliche Materialien wie Polystyrol.

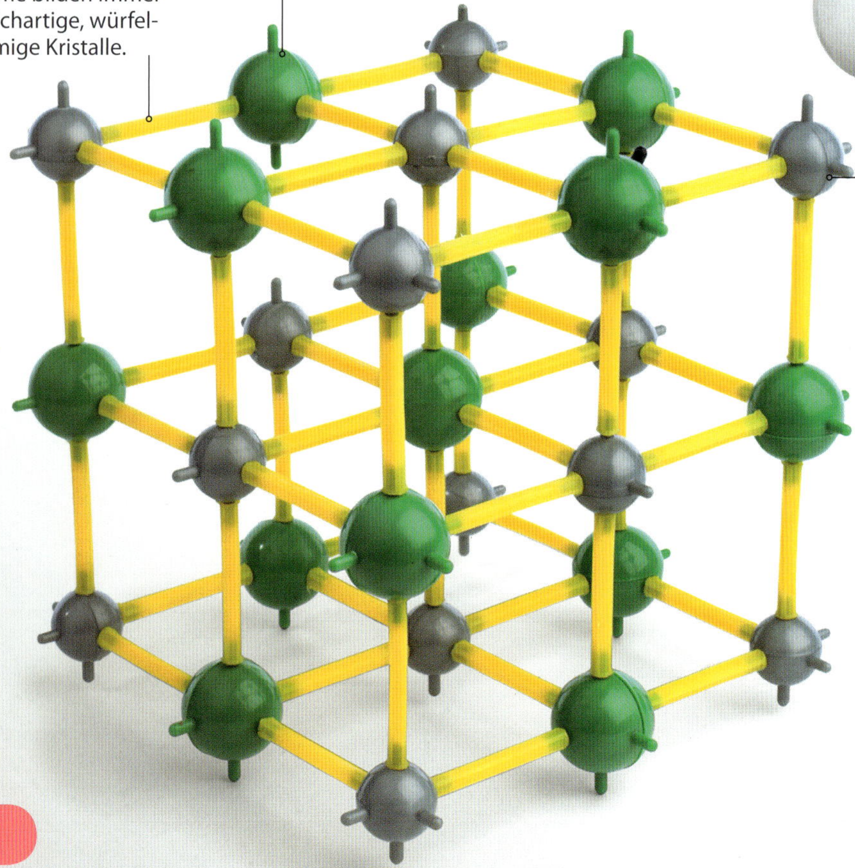

◀ SALZ (NaCl)
Kochsalz oder Natriumchlorid setzt sich aus der gleichen Anzahl von Natrium- (Na) und Chloratomen (Cl) zusammen. Es bildet jedoch nicht aus je einem Atom Natrium und Chlor Moleküle, sondern verbindet viele Atome der beiden Elemente zu einem festen Gitter, das man als Kristall bezeichnet.

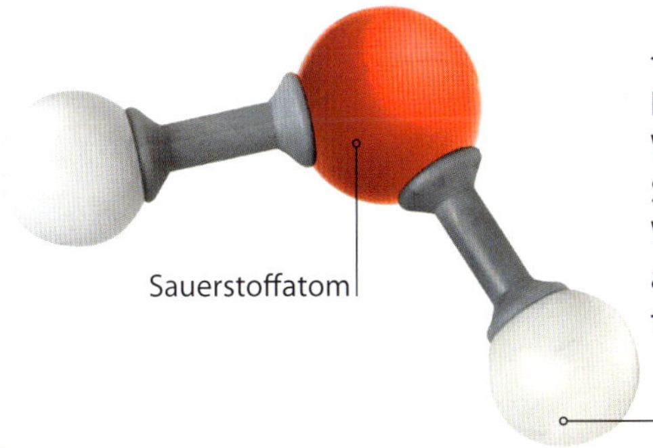

◂ WASSER (H_2O)
Ein Molekül Wasser setzt sich aus zwei Wasserstoffatomen (H) und einem Sauerstoffatom (O) zusammen. Wasser ist die häufigste Verbindung auf der Erde und die Voraussetzung für das Leben.

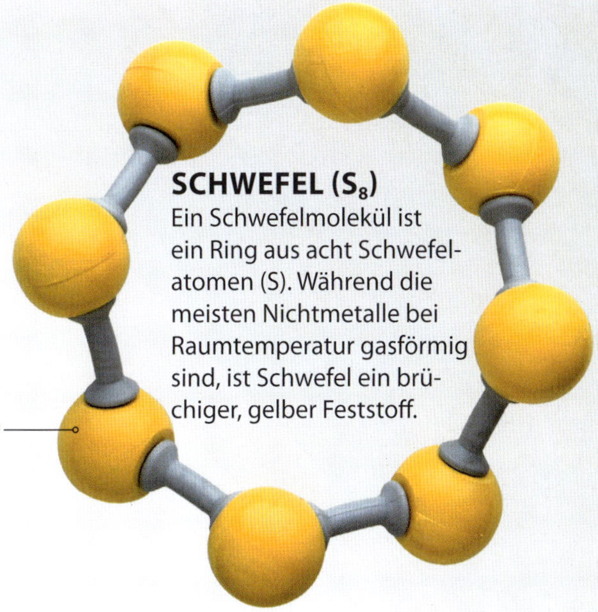

SCHWEFEL (S_8)
Ein Schwefelmolekül ist ein Ring aus acht Schwefelatomen (S). Während die meisten Nichtmetalle bei Raumtemperatur gasförmig sind, ist Schwefel ein brüchiger, gelber Feststoff.

▴ AMMONIAK (NH_3)
Das farblose Gas Ammoniak besitzt ein Stickstoffatom (N), an das drei Wasserstoffatome (H) gebunden sind. Pflanzen erhalten den Stickstoff, den sie zum Wachstum brauchen, aus Ammoniak und anderen Stickstoffverbindungen des Bodens.

◂ DIAMANT (C)
Ein Diamant ist ein riesiges Molekül aus Kohlenstoffatomen (C), die ein Kristallgitter bilden. Dagegen lagern sich die Kohlenstoffatome beim Grafit zu flachen, sechseckigen Folien zusammen. Aus dieser brüchigen Substanz bestehen Bleistiftminen.

SÄUREN UND BASEN

Eine Säure ist eine Substanz, die in einer wässrigen Lösung positiv geladene Wasserstoffteilchen erzeugt, die man Protonen nennt. Starke Säuren setzen dabei mehr Protonen frei als schwache. Eine Base ist das chemische Gegenteil einer Säure. Basen setzen im Wasser negativ geladene Teilchen frei, die Hydroxidionen. Starke Basen geben mehr Hydroxidionen ab als schwache. Basen, die im Wasser löslich sind, nennt man Laugen.

◂ ZITRONENSÄURE
Den scharfen Geschmack von Zitrusfrüchten wie Zitrone und Grapefruit verursacht deren Zitronensäure. Diese wird Fertiggerichten und Getränken häufig auch zugesetzt, damit sie frisch schmecken.

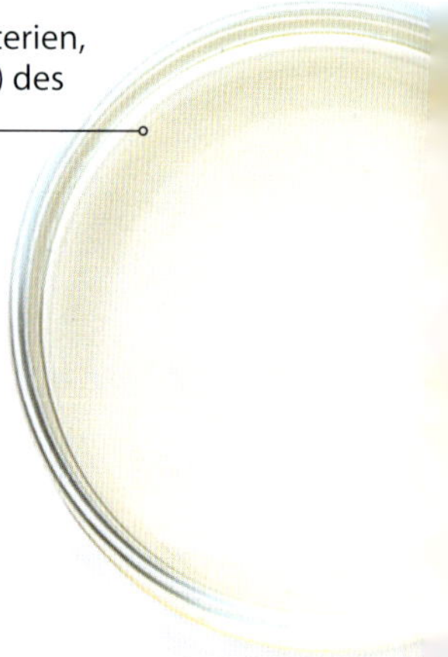

Essig entsteht durch Bakterien, die den Ethanol (Alkohol) des Weins umwandeln.

INDIKATORPAPIER ▾
Wenn man einen Streifen Indikatorpapier in eine Flüssigkeit taucht, ändert der Streifen seine Farbe. Man vergleicht die Farbe mit einer pH-Skala, um die Stärke der Säure abzulesen. „pH" leitet sich ab von *potentia hydrogenii* (lat: Konzentration des Wasserstoffs). Der pH-Wert zeigt, wie viele Protonen eine Lösung enthält.

◂ ESSIG
Der saure Geschmack des Essigs stammt von der Essigsäure. Jede Stufe der pH-Skala ist 10-mal weniger sauer als die vorherige. Essigsäure, die den pH-Wert 4 besitzt, ist 1000-mal weniger sauer als Salzsäure.

◂ SALZSÄURE
Ein niedriger pH-Wert zeichnet eine starke Säure aus. Salzsäure entsteht durch Chlorwasserstoff, der in Wasser gelöst wird, und besitzt etwa den pH-Wert 1. Die Säure ist sehr aggressiv und greift sogar Metalle an.

◂ STACHEL
Wenn eine Biene sticht, spritzt sie eine milde Säure in den Muskel, die den Schmerz verursacht. Um diesen zu lindern, kann man den Stich mit einer Base einreiben, z. B. einer Paste aus Backpulver und Wasser.

◂ CHEMISCHE GEFAHREN
Starke Säuren und Basen müssen in Behältern aufbewahrt werden, die nicht von der Chemikalie angegriffen werden können. Diese Behälter sind mit chemischen Gefahrensymbolen gekennzeichnet, die Benutzer vor möglichen Gefahren warnen.

Fast alle Basen fühlen sich wie Seife an.

FLÜSSIGSEIFE ▸

Seife ist eine schwache Base. Sie wird aus einer schwachen Säure und einer starken Base hergestellt, sodass sie mit einem pH-Wert 8 sehr mild ist. Ein Indikatorpapier, das in Flüssigseife getaucht wird, färbt den Streifen blau an.

KALK ▸

Kalziumkarbonat oder Kalk ist eine Gesteinsart, die in Millionen Jahren aus den Überresten abgestorbener Meerestiere entstand. Kalk ist eine wichtige Base, die abgebaut und zermahlen wird, um Düngemittel, Farben, Keramik und Zement herzustellen.

◂ WASSER

Reines Wasser ist weder sauer noch alkalisch, sondern neutral (pH-Wert 7). Regenwasser (pH-Wert 5–6) ist leicht sauer, während Salzwasser leicht basisch ist (pH-Wert 8–9).

REINIGUNGSMITTEL ▸

Die stärksten Basen haben einen pH-Wert von 14 oder mehr. Basische Lösungen mit einem hohen pH-Wert werden als Reinigungsmittel benutzt, weil sie Fette lösen. Reinigungsmittel wie Bleich- und Ätznatron haben etwa den pH-Wert 10.

Der pH-Wert des Trinkwassers liegt normalerweise zwischen 6 und 8. Er hängt von den Gasen und Mineralen ab, die im Wasser gelöst sind.

HORTENSIEN ▸

Die Blüten der Hortensie besitzen verschiedene Farben, die vom Säuregehalt des Bodens abhängen. In sauren Böden werden sie blau, in basischen Böden dagegen pinkfarben oder violett und in neutralen Böden sind die Blüten cremefarben.

CHEMISCHE REAKTIONEN

Die Atome eines Moleküls werden durch chemische Bindungen zusammengehalten. Durch eine chemische Reaktion werden diese Bindungen aufgebrochen. Bei einigen Reaktionen bilden die Atome mit anderen neue Bindungen, sodass neue Moleküle entstehen. Bei anderen Reaktionen werden Moleküle in kleinere Moleküle oder sogar in ihre Elemente gespalten. Alle Atome der ursprünglichen Substanz bleiben auch in der neuen erhalten.

❶ REAKTION
Wenn man Essig (Essigsäure) und Kreide (Kalziumkarbonat) mischt, beginnt sofort eine chemische Reaktion. Die Essigsäure zerlegt die Kreide und setzt dabei Kohlendioxid frei, das in Blasen aufsteigt. Die Ausgangsmaterialien einer Reaktion nennt man Reaktanten, die entstehenden Materialien Produkte.

❷ AUSTAUSCH
Bei einer Austauschreaktion wird das Metall einer Verbindung entfernt und durch ein anderes ersetzt. Wenn ein Kupferdraht in eine Lösung von Silbernitrat getaucht wird, verdrängt das Kupfer das Silber aus der Lösung. Es bildet eine blaue Kupfernitratlösung und Nadeln aus festem, metallischem Silber.

❸ VERBRENNUNG
Wenn der Docht einer Kerze abbrennt, reagiert er mit Sauerstoff aus der Luft und erzeugt Asche und Ruß. Die Verbrennung erzeugt auch Energie als Licht und Wärme. Bei diesen Reaktionen wird Energie verbraucht, um Bindungen aufzubrechen, und sie wird freigesetzt, wenn neue Bindungen entstehen.

❹ REAKTIONSRATE
Die Rate (Geschwindigkeit) einer chemischen Reaktion beeinflussen Faktoren wie Temperatur, Druck, Licht, Oberfläche und Konzentration. Man kann die Rate ändern, wenn man einen der Faktoren ändert. Erhöht man z. B. die Konzentration eines Farbstoffs, färbt sich die Lösung schneller.

❺ UMKEHRBARKEIT
Nur wenige Reaktionen sind umkehrbar (reversibel), sodass aus den neuen Stoffen wieder die Ausgangsstoffe entstehen. Die Ausgangsreaktion nennt man Hinreaktion und die umgekehrte Rückreaktion. Distickstofftetraoxid zerfällt in zwei Stickstoffdioxide beim Erhitzen, beim Abkühlen wird die Reaktion umgekehrt.

6 WÄRMEZUFUHR

Wenn eine Mischung aus gelbem Schwefelpulver und silbergrauen Eisenspänen sehr hoch erhitzt wird, entsteht durch eine Reaktion Eisensulfid. Ohne die Wärmezufuhr reagieren die Substanzen nicht miteinander. Wärme beschleunigt viele Reaktionen, während Kälte viele verlangsamt.

7 EXOTHERME REAKTIONEN

Thermit ist eine Mischung aus Aluminium und Eisenoxid. Wenn diese genügend erhitzt wird, explodiert sie. Die chemische Reaktion setzt plötzlich Energie als Licht, Wärme und Schall frei. Reaktionen, bei denen Wärme entsteht, nennt man exotherme Reaktionen.

8 OXIDATION

Chemische Reaktionen laufen auch in natürlichen Prozessen ab. Zu den verbreitetsten zählt die Oxidation – bei der Substanzen mit Sauerstoff aus der Luft reagieren. Eine Oxidation ist der Grund, warum Metalle rosten, Holz brennt oder Äpfel braun werden.

9 LÖSUNGEN

Eine Lösung ist eine Mischung, bei der alle Moleküle gleichmäßig und vollständig verteilt sind. Deshalb erscheint eine Lösung auch wie eine einheitliche Substanz. Die Verteilung erfolgt ohne eine chemische Reaktion. Der gelöste Stoff und das Solvens (das Lösungsmittel, z. B. Wasser) bleiben dabei unverändert.

10 KATALYSATOREN

Ein Katalysator ist eine Substanz, die eine chemische Reaktion beschleunigt und die sich selbst während dieser Reaktion nicht verändert. Natürliche Katalysatoren nennt man Enzyme. Ein Hefeteig geht z. B. auf, weil Enzyme in der Hefe aus Wasser und Zucker kleine Blasen aus Kohlendioxid erzeugen.

AGGREGATZUSTÄNDE

Alles, was man riechen, fühlen oder schmecken kann, besteht aus Materie. Dazu zählen alle Lebewesen, aber auch alle leblosen Dinge wie dieses Buch. Materie besteht aus Atomen; alles andere ist Energie, die in verschiedenen Formen wie z. B. Wärme, Licht oder Schall auftritt. Die gesamte Materie auf der Erde existiert in einem der drei Aggregatzustände: fest, flüssig oder gasförmig.

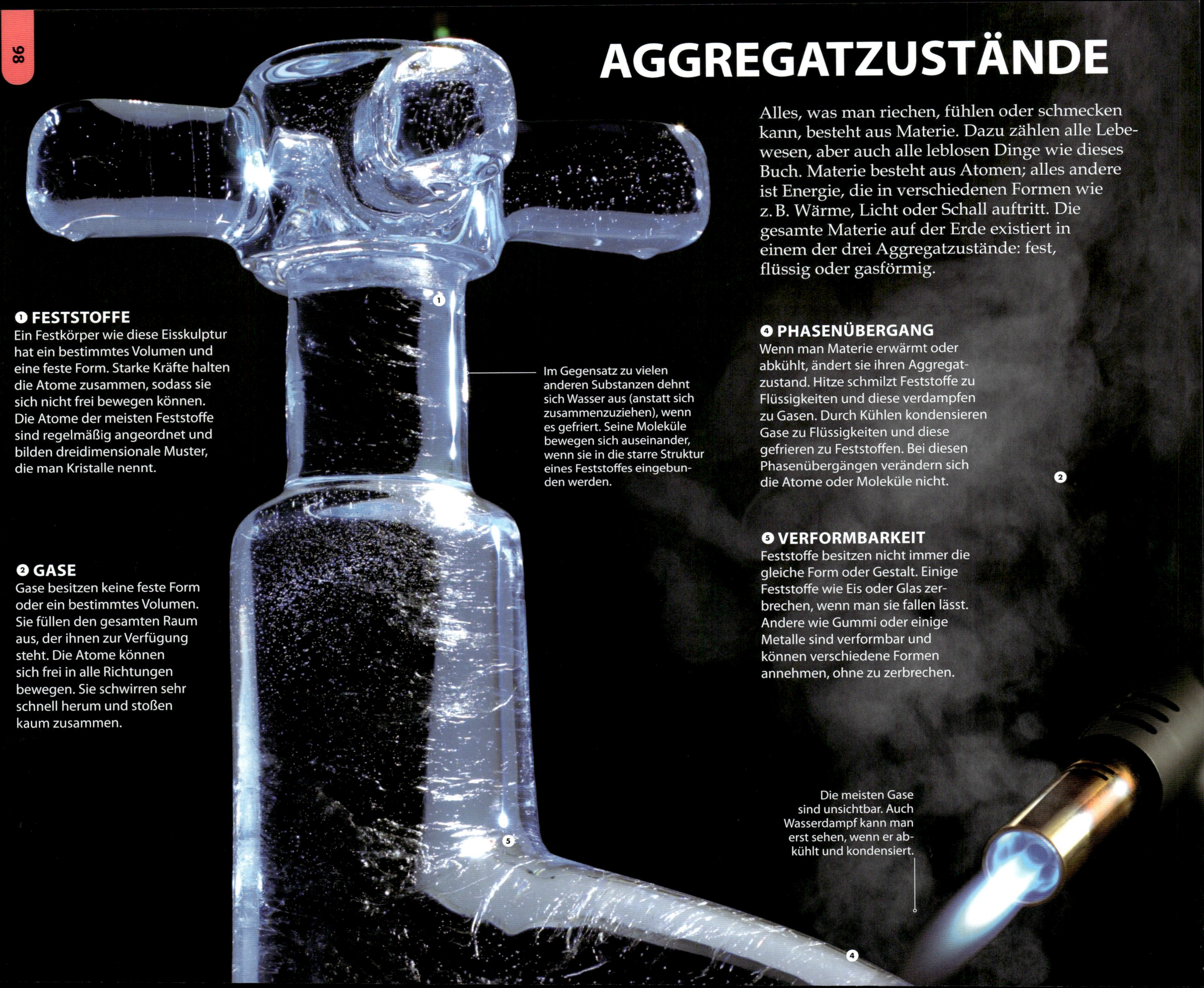

❶ FESTSTOFFE
Ein Festkörper wie diese Eisskulptur hat ein bestimmtes Volumen und eine feste Form. Starke Kräfte halten die Atome zusammen, sodass sie sich nicht frei bewegen können. Die Atome der meisten Feststoffe sind regelmäßig angeordnet und bilden dreidimensionale Muster, die man Kristalle nennt.

❷ GASE
Gase besitzen keine feste Form oder ein bestimmtes Volumen. Sie füllen den gesamten Raum aus, der ihnen zur Verfügung steht. Die Atome können sich frei in alle Richtungen bewegen. Sie schwirren sehr schnell herum und stoßen kaum zusammen.

Im Gegensatz zu vielen anderen Substanzen dehnt sich Wasser aus (anstatt sich zusammenzuziehen), wenn es gefriert. Seine Moleküle bewegen sich auseinander, wenn sie in die starre Struktur eines Feststoffes eingebunden werden.

❹ PHASENÜBERGANG
Wenn man Materie erwärmt oder abkühlt, ändert sie ihren Aggregatzustand. Hitze schmilzt Feststoffe zu Flüssigkeiten und diese verdampfen zu Gasen. Durch Kühlen kondensieren Gase zu Flüssigkeiten und diese gefrieren zu Feststoffen. Bei diesen Phasenübergängen verändern sich die Atome oder Moleküle nicht.

❺ VERFORMBARKEIT
Feststoffe besitzen nicht immer die gleiche Form oder Gestalt. Einige Feststoffe wie Eis oder Glas zerbrechen, wenn man sie fallen lässt. Andere wie Gummi oder einige Metalle sind verformbar und können verschiedene Formen annehmen, ohne zu zerbrechen.

Die meisten Gase sind unsichtbar. Auch Wasserdampf kann man erst sehen, wenn er abkühlt und kondensiert.

❸ FLÜSSIGKEITEN

Eine Flüssigkeit besitzt keine feste Form, aber sie hat ein bestimmtes Volumen. Ihre Atome nehmen den gesamten Raum des Behälters ein. In einer Flüssigkeit werden die Atome stärker zusammengehalten als in einem Gas, aber nicht so stark wie in Feststoffen.

WASSER

Wasser ist eine geschmack-, geruch- und fast farblose Flüssigkeit. Jedes Wassermolekül besteht aus zwei Wasserstoffatomen sowie einem Sauerstoffatom und besitzt die chemische Formel H_2O. Wasser ist die häufigste chemische Verbindung auf der Erde und kommt in den Ozeanen, die 71 Prozent der Erdoberfläche bedecken, und in jeder einzelnen Zelle aller Lebewesen vor.

- Im Gegensatz zu den meisten Verbindungen kommt Wasser in allen drei Aggregatzuständen vor: Es ist innerhalb des normalen Temperaturbereichs der Erde fest, flüssig und gasförmig.
- Auf Meereshöhe ist Wasser zwischen 0 und 100 °C flüssig, doch unter 0 °C gefriert es zu Eis und über 100 °C wird es zu gasförmigem Wasserdampf.
- Im Gegensatz zu den meisten anderen Substanzen ist Wasser im flüssigen Zustand dichter als im festen – daher schwimmt Eis auf dem Wasser.
- Wenn Wasser zu Eis gefriert, dehnt sich sein Volumen um 9 % mit einer Kraft aus, die Rohre platzen lässt und Felsen sprengt.
- Die Erde ist der einzige Planet des Sonnensystems, auf dem Wasser in flüssiger Form vorkommt.
- Wasser ist lebensnotwendig. Deshalb suchen Astronomen nach Wasser, wenn sie auf anderen Planeten nach Lebewesen forschen.
- Der Körper eines durchschnittlichen erwachsenen Menschen enthält mehr als 40 Liter Wasser.
- Der Körper benötigt etwa 2 Liter Wasser täglich, um gesund zu bleiben.
- Etwa 20 % der Weltbevölkerung haben keinen Zugang zu sauberem Trinkwasser.
- Die Wasservorräte kann man nicht wie die des Erdöls aufbrauchen. Das Wasser auf der Erde verdunstet in die Luft, bildet Wolken und fällt als Regen auf die Erde zurück. In Gebieten mit wenig Niederschlägen ist Wasser eine knappe Ressource.

WASSER, die erste Inkarnation ist eine Kunstinstallation des britischen Künstlers Sean Rogg, der dafür Wasserflaschen aus der ganzen Welt sammelte.

MATERIALIEN

Die Dinge unseres täglichen Lebens bestehen aus den verschiedensten Materialien. Jedes Material besitzt bestimmte Eigenschaften, wie z. B. Härte oder Biegsamkeit, die es für uns nützlich machen. Manche Materialien wie Wolle oder Gestein bekommen wir aus der Natur. Synthetische Materialien dagegen werden künstlich hergestellt. Verbundwerkstoffe kombinieren die Eigenschaften mehrerer Materialien.

Mit Kevlar verstärkte Helme sind leicht und stabil.

Beton ist das wichtigste Baumaterial moderner Gebäude.

Plastik kann jede Form und Größe annehmen.

Die meisten Metalle sind formbar und können verbogen werden, ohne dass sie zerbrechen.

❶ SEIDE

Diese Naturfaser wird aus dem Kokon des Seidenspinners gewonnen. Jeder Kokon besteht aus einem Seidenfaden, der etwa 3 km lang ist. Er wird zu sehr feinem Gewebe verarbeitet, das wegen seines Glanzes besonders geschätzt wird.

❷ BETON

Beton ist eine Mischung aus Sand, Kies, Zement und Wasser. Frisch hergestellter Beton ist flüssig, sodass man ihn in Verschalungen gießen kann. Dort härtet er zu einem äußerst harten und haltbaren Material aus.

❸ KEVLAR

Den leichten, biegsamen Kunststoff Kevlar verwendet man für Schutzkleidung wie z. B. schusssichere Westen. Die Moleküle des Kunststoffs sind in langen Ketten mit starken Bindungen angeordnet, weshalb Kevlar fünfmal stärker ist als Stahl.

❹ WOLLE

Das Naturmaterial wird aus dem Fell der Schafe gewonnen. Wegen der Struktur seiner Fasern läuft Wolle ein, sodass sie häufig mit synthetischen Fasern zu pflegeleichtem Gewebe verarbeitet wird.

5 KOHLEFASERSTOFFE

Diese Materialien sind stabil, leicht und verformbar. Sie werden aus Kohlenstoff hergestellt, der als Nebenprodukt bei der Verwertung von Kohle, Erdöl und Erdgas anfällt.

6 METALLE

Wenn man Metalle erhitzt, kann man sie verformen – zu Büroklammern oder Flugzeugteilen. Metalle leiten sehr gut Wärme und Elektrizität.

7 PLASTIK

Diese Gruppe der Kunststoffe wird petrochemisch (aus Erdöl oder Erdgas) hergestellt. Plastik ist fest, leicht, preiswert herzustellen und kann zu biegsamen Folien, Filmen oder Fasern verarbeitet werden.

8 GLAS

Es entsteht durch Schmelzen von Sand, Kalk und Natriumkarbonat bei sehr hohen Temperaturen. Geschmolzenes Glas kann vielfach verarbeitet werden, z. B. zu Fenstern, Linsen oder Glasfasern.

9 LYCRA

Kunstfasern sollen bessere Eigenschaften als Naturfasern wie Baumwolle besitzen. Lycra ist ein dehnbares Gewebe, das seine ursprüngliche Form behält.

10 GUMMI

Natürlicher Gummi wird aus Latex gewonnen, dem milchigen Saft des Gummibaums. Synthetischer Gummi wird aus Erdöl hergestellt und für Reifen oder wasserdichte Gewebe verwendet.

11 NYLON

Nylon war die erste Kunstfaser und wurde 1938 entwickelt. Die sehr dünnen Nylonfäden wurden zunächst als Ersatz für Seide in Strümpfen und Fallschirmen benutzt. Seine Herstellung ist preiswert.

12 KERAMIK

Dieses Material entsteht durch Erhitzen verschiedener Tonsorten bei hohen Temperaturen. Porzellan, Ziegelsteine, Dachziegel, Zement und Glas zählen zur Keramik, die hart, zerbrechlich und hitzebeständig ist.

13 HOLZ

Holz ist fest, hat ein geringes Gewicht und ist deshalb ein gutes Baumaterial. Wegen seiner schönen Maserung wird es auch zu Möbeln und Kunstobjekten verarbeitet. Es gibt Hart- und Weichholz.

14 BAUMWOLLE

Dieses natürliche Material wird aus den langen, elastischen Fasern der flauschigen Baumwollkapseln gewonnen. Baumwollgewebe ist weich, angenehm zu tragen und lädt sich im Gegensatz zu einigen Kunstfasern nicht elektrostatisch auf.

15 STEINE

Steine sind natürliche Materialien, die man im Bergbau gewinnt. Sie sind hart, schwer und halten großen Druck aus. Man kann sie mit Diamantsägen oder sehr hohem Wasserdruck schneiden.

SCHWERKRAFT

Die Schwerkraft ist eine Anziehungskraft, die zwischen allen Objekten mit einer Masse existiert – vom winzigen Atom bis zu den Planeten und Sternen. Auf der Erde wirkt sie, wenn Objekte – von dieser unsichtbaren Kraft angezogen – auf den Boden fallen. Im Weltraum hält die Schwerkraft den Mond auf seiner Umlaufbahn um die Erde, die Planeten auf ihren Bahnen um die Sterne und Milliarden von Sternen in ihrer Galaxie zusammen.

NEWTONS ENTDECKUNG

Ein Apfel, der von einem Baum fiel, soll den englischen Forscher Isaac Newton (1643–1727) veranlasst haben, die Schwerkraft zu erforschen. Er entwickelte eine Theorie, nach der es eine gegenseitige Anziehungskraft zwischen allen Körpern gibt, die eine Masse besitzen. Je mehr Masse ein Körper besitzt und je geringer die Entfernung zu einem anderen Körper ist, umso größer ist seine Schwerkraft.

GEBURT EINES STERNS

Ein Stern entsteht in einer Wolke aus Gas und Staub, die man als Nebel bezeichnet. Gas und Staub ziehen sich zusammen und bilden einen Kern. Die Schwer- oder Anziehungskraft des Kerns wird mit zusätzlicher Masse immer größer, sodass er mehr und mehr Materie anzieht. Er wird dadurch so massiv und dicht, dass eine Kernfusion einsetzt und der Stern zu scheinen beginnt.

DER MOND UND DIE GEZEITEN

Während der Mond um die Erde kreist, zieht seine Schwerkraft am Wasser der Ozeane. Er hebt den Meeresspiegel auf der ihm zugewandten Seite der Erde an. Durch die Eigenrotation der Erde entsteht eine ebenso große Anhebung auf der anderen Seite der Erde. Zweimal täglich entsteht so eine Flut.

MASSE UND GEWICHT

Die Masse eines Körpers ist die Summe der Materie, aus der er besteht. Sein Gewicht entspricht der Schwerkraft, die auf die Körpermasse wirkt. Auf dem Mond, dessen Schwerkraft nur ein Sechstel der Schwerkraft der Erde beträgt, wiegt ein Astronaut auch nur ein Sechstel seines Erdgewichts, obwohl seine Masse gleich geblieben ist.

MIKROSCHWERKRAFT

Im Weltraum sind Astronauten schwerelos und schweben in ihrer Raumfähre. Tatsächlich zieht die Erdanziehungskraft Astronauten und Raumfähre zur Erde, doch die Geschwindigkeit der Raumfähre wirkt der Erdanziehungskraft entgegen. Bei einer bestimmten Geschwindigkeit sind diese Kräfte ausgeglichen, sodass die Flugbahn der Erdkrümmung folgt. Raumfähre und Astronauten befinden sich in einer Art nicht endendem freien Fall.

SCHWERPUNKT

Der Schwerpunkt eines Körpers ist der Punkt, an dem er sich im Gleichgewicht befindet. Je tiefer der Schwerpunkt eines Körpers liegt, desto stabiler ist er. Daher liegt ein Rennwagen besser auf der Straße als ein Doppeldeckerbus und kann schneller um die Kurven fahren.

EINSTEINS THEORIE

Der deutsche Wissenschaftler Albert Einstein (1879–1955) entwickelte die Relativitätstheorie, um zu erklären, wie die Schwerkraft im Weltall wirkt. Er verglich Zeit und Raum mit einem elastischen Gummituch, auf dem sich alle Objekte des Universums befinden. Massive Objekte wie die Sterne drücken das Tuch ein. Objekte mit weniger Masse wie die Planeten rollen in diese „Dellen“ und kreisen um die Sterne. Diese „Dellen“ (die Krümmung von Raum und Zeit) erzeugen die Wirkung, die man Schwerkraft nennt.

SCHWARZE LÖCHER

Wenn ein massiver Stern stirbt, kann sein Kern kollabieren. Während der Kern schrumpft, wird er immer dichter und bildet ein Schwarzes Loch. Die Schwerkraft eines Schwarzen Lochs ist so groß, dass sie alles verschluckt, sogar Licht. Obwohl Schwarze Löcher unsichtbar sind, kann man sie durch die Auswirkung ihrer Schwerkraft erkennen, die sie auf alle Objekte ihrer Umgebung ausübt. Das verschluckte Material erwärmt sich und gibt Röntgenstrahlen ab, die man messen kann.

LUFTWIDERSTAND

In einem Vakuum bewirkt die Schwerkraft, dass alle Objekte gleich schnell fallen. In der Atmosphäre fällt ein Apfel dagegen schneller als eine Feder. Während sie fallen, werden sie vom Luftwiderstand gebremst, der durch die Reibung zwischen der Luft und dem Objekt entsteht. Die Fallgeschwindigkeit hängt von der Schwerkraft und dem Luftwiderstand ab.

DYNAMIK

Normalerweise verharren Objekte in Ruhe oder sie bewegen sich gleichförmig. Diese Eigenschaft nennt man Trägheit. Die Bewegung eines Objekts verändert sich nur, wenn eine Kraft (Schieben oder Ziehen) auf das Objekt wirkt. Ein schweres, sich schnell bewegendes Objekt hat einen großen Impuls. Je größer dieser Impuls ist, umso schwerer kann man es stoppen. Ein Objekt, das sich bewegt, besitzt auch kinetische Energie (Bewegungsenergie). Der britische Forscher Isaac Newton (1643–1722) erklärte in seinen drei Bewegungsgesetzen, wie Kräfte Körper bewegen.

NEWTONS ERSTES GESETZ

Das erste Gesetz besagt, dass ein Objekt so lange ruht oder sich gleichförmig bewegt, bis eine andere Kraft auf das Objekt einwirkt. Bei einem Crashtest bewegen sich zwei Autos mit gleichbleibender Geschwindigkeit aufeinander zu. Die Dummys besitzen dieselbe Geschwindigkeit wie die Autos.

1 Trägheit Ist der Dummy nicht angeschnallt, bewegt er sich aufgrund der Trägheit mit gleicher Geschwindigkeit weiter. Er wird nur von den Teilen des Autos gestoppt, die durch den Aufprall abgebremst werden – z. B. die Windschutzscheibe.

NEWTONS ZWEITES GESETZ

Dieses Gesetz besagt, dass ein Objekt seine Geschwindigkeit oder Richtung ändert, wenn eine Kraft auf das Objekt einwirkt. Beim Zusammenstoß üben die Autos gegenseitig Kraft aufeinander aus und bremsen sich ab. Die Dummys in den Autos werden durch die Sicherheitsgurte ebenfalls gebremst.

NEWTONS DRITTES GESETZ

Das dritte Bewegungsgesetz besagt, dass ein Objekt auf eine Krafteinwirkung mit einer gleich großen, aber entgegengesetzten Kraft reagiert. Deshalb kann ein Auto nicht gegen ein anderes prallen, ohne dass es selbst einer gleich großen, entgegengesetzten Kraft ausgesetzt wird.

❷ **Aufprall** Wenn zwei Autos zusammenstoßen, wird ihre kinetische Energie in andere Energieformen wie Wärme, Schall und Verformungen der Motorhauben umgewandelt. Man bezeichnet dies als unelastischen Aufprall.

❸ **Impuls** Wenn ein schwerer Lkw mit einem Pkw zusammenstößt, schiebt der größere Impuls des Lkw den Pkw eine Strecke weit weg. Sind beide Wagen gleich schwer und gleich schnell, löschen sich ihre Impulse gegenseitig aus.

MAGNETISMUS

Magnetismus ist eine unsichtbare Kraft, die bestimmte Materialien anzieht oder abstößt. Ein Objekt, das magnetische Materialien anzieht oder abstößt, bezeichnet man als Magnet. Er erzeugt eine Kraft, die im Raum um ihn wirkt. Diesen Raum nennt man Magnetfeld. Jeder Magnet besitzt einen magnetischen Nord- und einen magnetischen Südpol. An den Polen wirkt die magnetische Kraft am stärksten. Gegensätzliche Magnetpole ziehen sich an, während sich gleiche abstoßen. Der äußere Kern der Erde, der aus geschmolzenem Eisen und Nickel besteht, wirkt wie ein riesiger Magnet und erzeugt ein gewaltiges Magnetfeld.

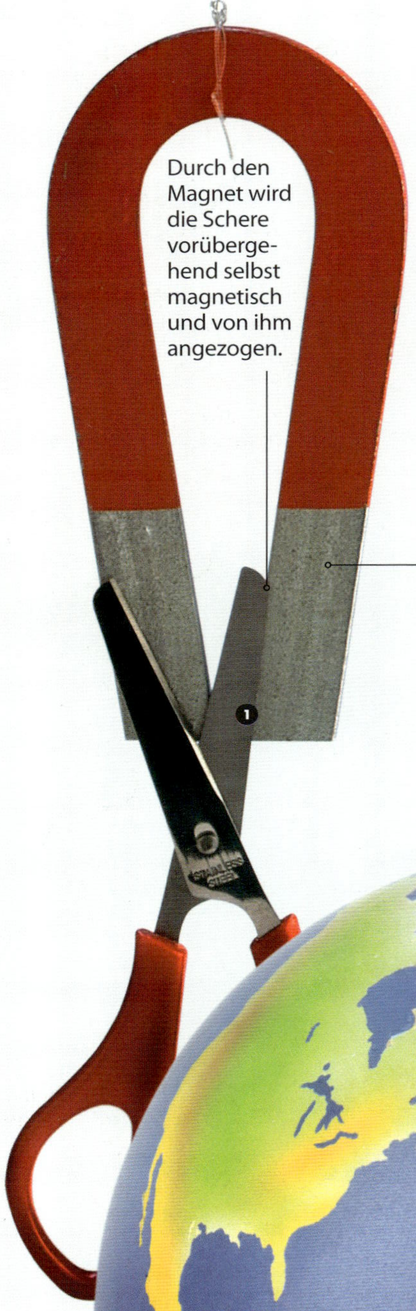

Durch den Magnet wird die Schere vorübergehend selbst magnetisch und von ihm angezogen.

Die beiden Silberenden eines Hufeisenmagneten bilden seinen Nord- und Südpol.

Der magnetische Nordpol liegt in Nordkanada ungefähr 1600 km vom geografischen Nordpol entfernt.

❶ MAGNETISCHE MATERIALIEN
Wenn sich ein nicht magnetisiertes magnetisches Material in einem Magnetfeld befindet, wird es vorübergehend oder dauernd selbst zu einem Magneten. Materialien wie Eisen und Nickel sind schnell magnetisiert und entmagnetisiert. Man nennt sie weiche Magnete. Legierungen (Mischungen) aus Eisen, Nickel und Aluminium sind schwer zu entmagnetisieren und werden deshalb als harte Magnete oder Dauermagnete bezeichnet.

❷ ANZIEHUNG
Eisenspäne um einen Magneten machen sein Magnetfeld sichtbar. Wenn man zwei Magnete mit ihren entgegengesetzten Polen aneinanderhält, füllen die Späne den Bereich zwischen den Polen.

❸ ABSTOSSUNG
Wenn man die gleichen Pole zweier Magnete annähert, bemerkt man die abstoßenden Kräfte zwischen ihnen, noch bevor sich beide Pole berühren.

❹ MAGNETISCHE STÄRKE
Die Stärke der magnetischen Anziehungskraft nutzt man in der Industrie. Große Kräne mit Elektromagneten bewegen Schrott und alte Autos oder schwere Maschinenteile.

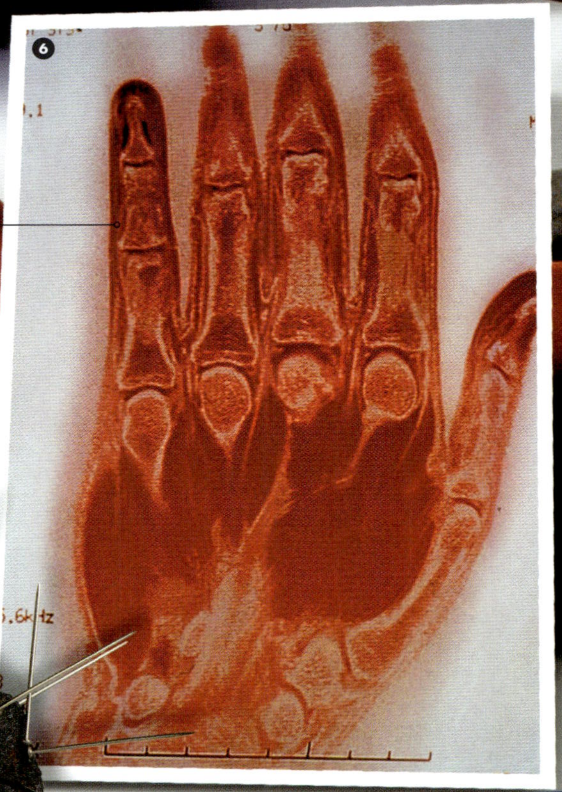

Diese MRT-Aufnahme zeigt Gewebe und Knochen.

Stahlnägel werden von dem Magneteisenstein angezogen.

Nordpol

Eisenspäne werden von gleichen Polen abgestoßen.

Nordpol

Nordpol

Eisenspäne werden von entgegengesetzten Polen angezogen.

Südpol

Die rote Nadel des Kompasses zeigt auf den magnetischen Nordpol.

❺ MAGNETEISENSTEIN

Vor etwa 3000 Jahren entdeckte man, dass eine Gesteinsart Eisenobjekte anzog. Dieses Gestein, der Magneteisenstein oder Magnetit, enthält Eisenoxid mit starkem natürlichem Magnetismus. Die ersten Kompasse bestanden aus Magneteisenstein.

❻ MAGNETISCHE AUFNAHME

In einem Magnetresonanztomografen (MRT) liegt der Patient in einem Magnetfeld, das die Moleküle seines Körpers in Schwingungen versetzt. Verschiedene Gewebearten schwingen dabei unterschiedlich stark, sodass man sie gut unterscheiden kann.

❼ MAGNETISCHE ERDE

Elektrische Ströme fließen in der Erde, während sie sich dreht, und wirken wie ein Riesenmagnet. Das Magnetfeld erstreckt sich Tausende Kilometer weit in den Weltraum. Die Erde hat magnetische Pole, die in der Nähe des geografischen Nord- und Südpols liegen.

❽ KOMPASS

Der Kompass, der seit dem 12. Jahrhundert in Gebrauch ist, besitzt eine magnetische Nadel, die sich in einer Flüssigkeit frei drehen kann. Die Kompassnadel richtet sich immer am Magnetfeld der Erde aus und zeigt auf den magnetischen Nordpol.

- Elektrizität wird durch Drahtspulen erzeugt, die sich in einem Magnetfeld drehen. Dadurch fließen Elektronen in dem Draht und erzeugen elektrischen Strom.
- In Kraftwerken drehen sich die Drahtspulen durch Wasserkraft (Hydroelektrizität) oder Wasserdampf, den Erdöl, Kohle, Erdgas oder Kernspaltung erzeugen.
- Elektrischer Strom fließt nur in einem Kreislauf. Strom benötigt deshalb einen Leiter, durch den er fließt, einen Verbraucher und eine Energiequelle, die den Strom erzeugt.
- Alle Leiter besitzen einen bestimmten Widerstand, der den Fluss des elektrischen Stroms hemmt. Wenn der Widerstand zu groß ist, wird der Strom in Wärme umgewandelt.

ELEKTRIZITÄT

Vom Computer bis zu den Lichtern der Großstädte in der Nacht: Fast alles, was wir benutzen, wird von Elektrizität betrieben. Sie zählt zu den nützlichsten Arten der Energie, weil man sie ohne Weiteres in andere Energieformen wie Licht, Wärme oder Bewegung umwandeln kann. Elektrizität entsteht durch den Fluss winziger Teilchen, der Elektronen, die eine elektrische Ladung besitzen. Baut sich eine elektrische Ladung an einer Stelle auf, bezeichnet man das als statische Elektrizität. Fließt jedoch elektrische Ladung von einem Ort zum nächsten, nennt man dies elektrischen Strom.

- Ein Blitz ist ein riesiger Funke, der durch Entladung statischer Elektrizität in einer Wolke entsteht, nachdem Eiskristalle und Wassertropfen aufeinanderstießen.
- Statische Elektrizität erzeugt man auch, wenn man sein Haar kämmt oder einen Pullover aus Kunstfasern auszieht: Durch Reibung entsteht eine elektrische Ladung.
- Im menschlichen Körper fließt viel Elektrizität. Die 100 Milliarden Nervenzellen des Gehirns leiten Botschaften durch elektrische Erregung ihrer Zellfortsätze weiter.

- Materialien mit unbeweglichen Elektronen können Elektrizität nicht leiten. Sie werden Isolatoren genannt. Viele elektrische Kabel sind mit Kunststoff isoliert.
- Elektrizität verlässt die Kraftwerke durch Metallkabel an hohen Masten. Der Strom wird mit viel höherer Spannung als der, die wir zu Hause nutzen, weitergeleitet.
- Große Transformatoren vermindern die Spannung, bevor der Strom eine Stadt erreicht. In den Städten wird der Strom über unterirdische Kabel verteilt.
- In einigen erdbebengefährdeten Städten wie Tokio wird Elektrizität in oberirdischen Kabeln verteilt. Unterirdische Kabel könnten bei einem Erdbeben zerstört werden.

❶ Nordamerika Obwohl nur 5 % der Weltbevölkerung in den USA leben, verbrauchen sie fast 25 % der weltweiten Elektrizität. Kanada erzeugt Elektrizität mit hydroelektrischen Generatoren.

❷ Südamerika Einige Länder dieses Kontinents erzeugen Elektrizität mit Ethanol, einer erneuerbaren Energiequelle, die aus Nebenprodukten des Zuckerrohrs gewonnen wird.

❸ Antarktis Jede Station erzeugt Elektrizität mit dieselbetriebenen Generatoren. Einige besitzen am windigsten Ort der Welt inzwischen Windturbinen, um zusätzliche Elektrizität zu gewinnen.

❹ Europa Viele europäische Länder nutzen Kernenergie zur Elektrizitätserzeugung. Frankreich erzeugt 78 % seiner gesamten Elektrizität mit Kernkraftwerken.

❺ Afrika Nur etwa 10 % der 700 Millionen Menschen Afrikas sind an ein Stromnetz angeschlossen. Stattdessen sammeln Millionen Menschen Holz und Dung zum Kochen und Heizen.

❻ Asien China ist der größte Erdölverbraucher der Welt. Die mit Wasserkraft des Drei-Schluchten-Staudamms erzeugte Elektrizität dient als zusätzliche Energiequelle.

❼ Australien In Australien dient Kohle als wichtigster Brennstoff zur Energiegewinnung. Der größte Teil wird in Queensland und New South Wales abgebaut.

NACHTLICHTER
Dieses Bild besteht aus mehreren Aufnahmen eines militärischen Wettersatelliten. Es zeigt die Lichter der Großstädte der Welt, wie man sie aus dem Weltraum sieht.

ELEKTROMAGNETISCHES SPEKTRUM

Energie breitet sich als elektromagnetische Strahlung in Wellen mit ungefähr 300 000 km/s Lichtgeschwindigkeit aus. Obwohl sich Energie im Raum immer gleich schnell ausbreitet, besitzt sie unterschiedliche Wellenlängen (der Abstand zwischen zwei Wellenspitzen oder Wellentälern). Kurze Wellenlängen wie die Röntgenstrahlen geben viel Energie ab, die sogar in den menschlichen Körper eindringt. Größere Wellenlängen wie das Licht besitzen weniger Energie. Bis auf das sichtbare Licht sind alle elektromagnetischen Wellen unsichtbar. Zusammen bilden sie das elektromagnetische Spektrum.

GAMMASTRAHLEN
Gammastrahlen entstehen durch Radioaktivität. Sie haben eine kurze Wellenlänge und sind sehr energiereich. Für Menschen sind sie sehr gefährlich. Bei der Krebsbehandlung tötet man mit ihnen betroffene Zellen ab.

RÖNTGENSTRAHLEN
Diese hoch energetischen Wellen durchdringen Fleisch und Plastikkoffer, aber nicht Knochen oder Metallgegenstände. Deshalb sind sie für medizinische Untersuchungen von Knochenschäden und für Flughafenkontrollen sehr nützlich.

ULTRAVIOLETTE STRAHLEN
Diese Strahlen sind etwas kürzer als das sichtbare Licht, besitzen jedoch mehr Energie als dieses. Ultraviolette Strahlen der Sonne oder in Bräunungsstudios können die ungeschützte Haut schädigen.

SICHTBARES LICHT
Die Sonne setzt den größten Teil ihrer Energie als sichtbares Licht frei, das man in die Farben des Regenbogens zerlegen kann. Die Erdatmosphäre lässt das sichtbare Licht ungehindert durch, während sie gefährliche Strahlung blockiert. Sichtbares Licht ist für uns lebensnotwendig.

WELLENLÄNGE
Der Unterschied zwischen den Wellenlängen an den beiden Enden des elektromagnetischen Spektrums ist groß. Die Wellenlänge der Gammastrahlen beträgt nur einen Bruchteil der Größe eines Atoms, während Radiowellen am anderen Ende des Spektrums Tausende Kilometer lang sein können.

INFRAROTSTRAHLEN

Unmittelbar nach dem sichtbaren Rot des Spektrums folgt Infrarot, das wir als Wärme empfinden. Wärmeenergie wird häufig durch Infrarotstrahlen abgegeben. Aufnahmen der Erdoberfläche von Infrarotsatelliten dienen der Temperaturvorhersage.

MIKROWELLEN

Sie besitzen viel größere Wellenlängen als sichtbares Licht. Sehr lange Wellenlängen werden im Mikrowellenherd genutzt. Etwas kürzere dienen in Radarsystemen, um Schiffe und Flugzeuge zu orten oder diese um Hindernisse zu lotsen.

RADIOWELLEN

Die längsten Wellenlängen des Spektrums nutzt man für Telekommunikation wie Fernsehen, Handys und Radio. Radiowellen unterschiedlicher Wellenlänge übertragen verschiedene Signale. Radioteleskope nehmen Radiowellen aus dem Weltall zur Erforschung des Universums auf.

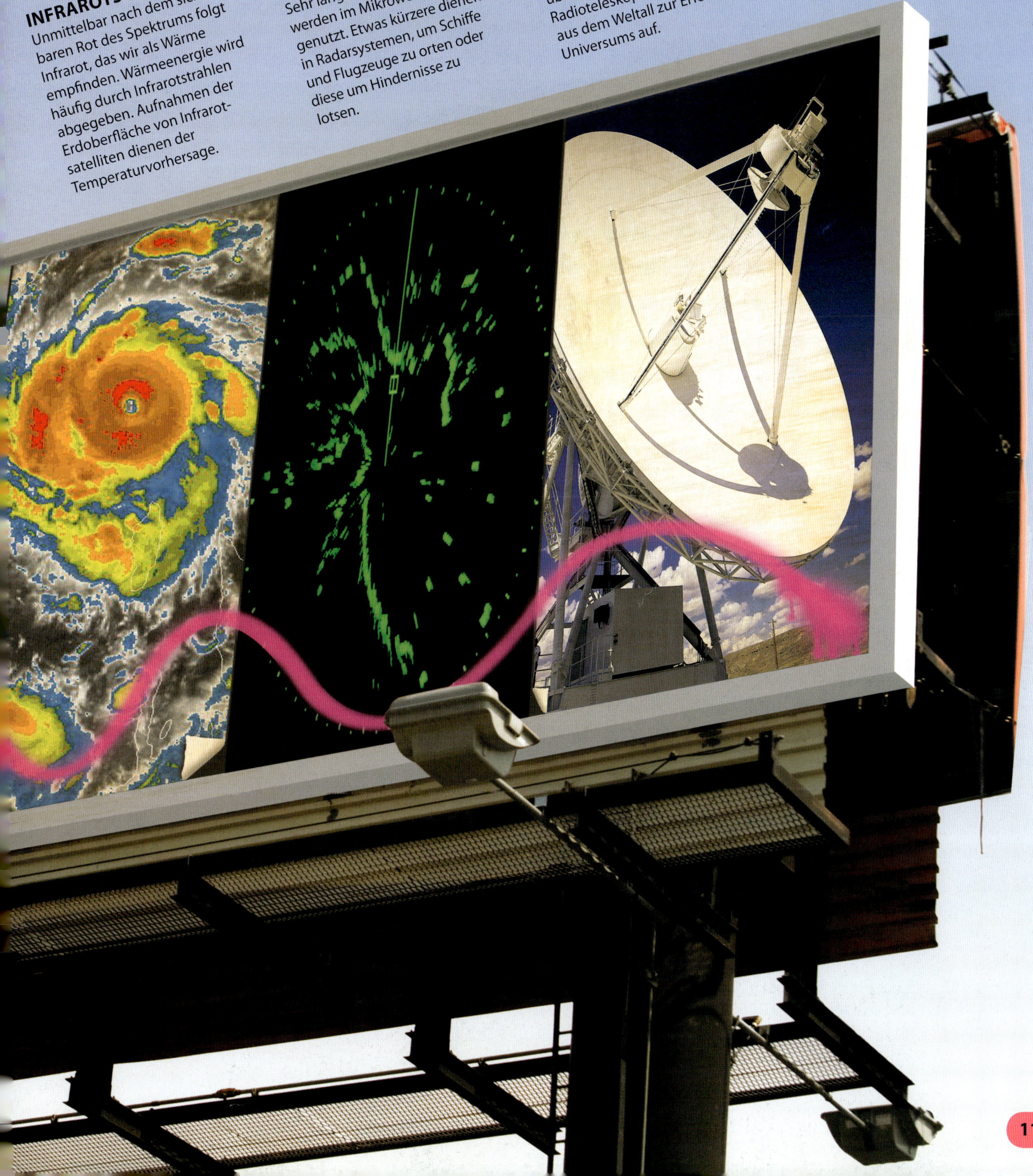

FARBE

Licht ist der sichtbare Teil des elektromagnetischen Spektrums. Wir sehen verschiedene Wellenlängen des Lichts als unterschiedliche Farben. Die meisten Gegenstände reflektieren nur bestimmte Wellenlängen. Ein weißer Gegenstand reflektiert alle Wellenlängen und erscheint deshalb weiß, während ein schwarzer alles Licht verschluckt.

VIOLETT

Das Licht am violetten Ende des sichtbaren Spektrums hat eine kürzere Wellenlänge und eine höhere Frequenz als das Licht am roten Ende des Spektrums.

SYMBOLIK

Wir benutzen Farben als Symbole, die bestimmte kulturelle oder religiöse Auffassungen versinnbildlichen. Die Farben und ihre Bedeutung sind dabei oft unterschiedlich. In einigen Kulturkreisen tragen z. B. Bräute rote Kleider, in anderen dagegen weiße.

Zum chinesischen Neujahrsfest werden Geldgeschenke in roten Päckchen verschenkt, der Farbe des Glücks.

Eine rote Verpackung soll Hungergefühle wecken.

KOMPLEMENTÄRFARBEN

Farben, die sich in einem Farbkreis gegenüberstehen, nennt man Komplementärfarben, z. B. Grün und Magenta. Verwendet man zwei komplementäre Farben zusammen, verstärken sie sich gegenseitig in ihrer Leuchtkraft.

Die gelben Taxis in New York sind leicht zu erkennen.

ECHTE FARBEN

Licht, das ein Objekt reflektiert, besteht aus unterschiedlichen Wellenlängen. Ein gelbes Objekt reflektiert vielleicht 80 % der gelben Wellenlängen, aber auch solche anderer Farben.

FARBENBLINDHEIT

Auf der Netzhaut (Retina) in unseren Augen befinden sich Zellen, die auf bestimmte Wellenlängen des Lichts empfindlich reagieren. Fehlen diese Zellen oder sind sie beschädigt, ist man farbenblind.

INTENSITÄT

An sonnigen Tagen sehen wir die Welt farbig, weil unsere Augen unterschiedliche Wellenlängen erkennen. An dunklen Tagen mit weniger Licht können wir die Wellenlängen schwerer unterscheiden, sodass alle Farben düster wirken.

Ein gelber Gegenstand verschluckt alle Wellenlängen außer den gelben, die er reflektiert. Das Band der sichtbaren Farben des Lichts nennt man Spektrum. Jeder Farbton geht zwar in den nächsten über, doch man teilt das Spektrum normalerweise in sieben Farben ein: Rot, Orange, Gelb, Grün, Blau, Indigo und Violett.

WEISSES LICHT ZERLEGEN

Wenn weißes Licht durch ein Prisma fällt, werden die verschiedenen Wellenlängen unterschiedlich stark gebeugt und das Licht wird in einzelne Farben zerlegt. Auch Regentropfen beugen oder brechen Licht und erzeugen so den bunten Regenbogen.

Grünpflanzen besitzen ein grünes Pigment, das Chlorophyll.

MASCHINEN

Einfache Maschinen helfen den Menschen bei Aufgaben wie Heben oder Ziehen, die sie mit Muskelkraft allein nur mühsam erledigen können. Sechs verschiedene einfache Maschinen gibt es: das Rad, die Schraube, den Hebel, den Flaschenzug, die schiefe Ebene und den Keil. Diese Maschinen verstärken oder verringern die eingesetzte Kraft oder ändern die Richtung, in der eine Kraft wirkt. Die meisten Werkzeuge wie Brecheisen oder Spaten sind einfache Maschinen.

❶ RAD (ZAHNRAD)

Mehrere Zahnräder greifen ineinander und ändern Stärke, Geschwindigkeit oder Richtung einer Kraft. Die Kraft, mit der ein kleines Zahnrad ein größeres antreibt, führt zu einem höheren Drehmoment des größeren Zahnrads.

❷ SCHRAUBE

Das Gewinde einer Schraube wandelt das Drehmoment in eine größere aufwärts- oder abwärtsgerichtete Kraft um. Aber es sind viele Umdrehungen nötig, um die Schraube anzuziehen oder zu lösen.

❸ HEBEL

Die meisten Hebel verstärken die Kraft, um eine Last leichter zu heben. Ein Hebel dreht sich um einen festen Punkt, den Drehpunkt. Je weiter entfernt vom Drehpunkt die Kraft angesetzt wird, umso leichter kann man die Last bewegen.

❹ FLASCHENZUG

Ein Flaschenzug besteht aus einem Seil, das um eine Rolle läuft, wodurch sich eine Last leichter heben lässt. Zusätzliche Seile und Rollen erleichtern die Arbeit noch mehr, da man das Seil zwar weiter ziehen muss, aber mit weniger Kraftaufwand.

❺ SCHIEFE EBENE

Wenn man einen Gegenstand eine schiefe Ebene hinaufschiebt, benötigt man dafür weniger Kraft, als wenn man ihn hochhebt. Dafür muss man mit der Last einen längeren Weg zurücklegen.

❻ KEIL

Einen Keil kann man als Klinge benutzen, um etwas zu zerteilen, oder man kann ihn unter ein Objekt schieben, um es anzuheben. Der Keil verteilt die nach unten gerichtete Kraft auf seine Seiten.

❼ WAGENRÄDER

Mit den Rädern kann der Wagen sanft die Rampe hinauffahren. Im Gegensatz zu Zahnrädern (1) sind sie keine Maschinen, weil sie die Größe der eingesetzten Kraft nicht ändern oder die Kraft umwandeln.

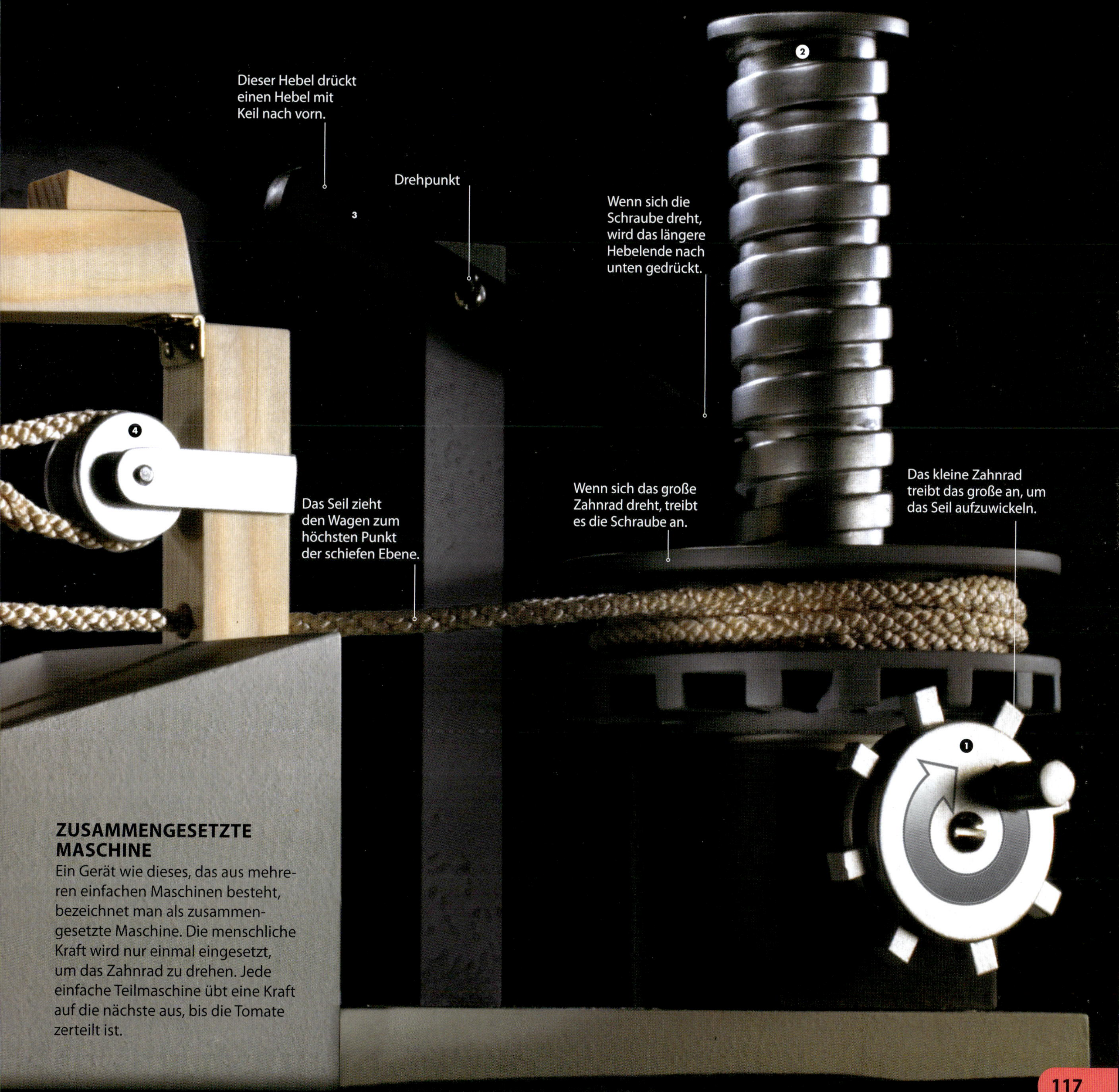

ZUSAMMENGESETZTE MASCHINE

Ein Gerät wie dieses, das aus mehreren einfachen Maschinen besteht, bezeichnet man als zusammengesetzte Maschine. Die menschliche Kraft wird nur einmal eingesetzt, um das Zahnrad zu drehen. Jede einfache Teilmaschine übt eine Kraft auf die nächste aus, bis die Tomate zerteilt ist.

TECHNOLOGIE

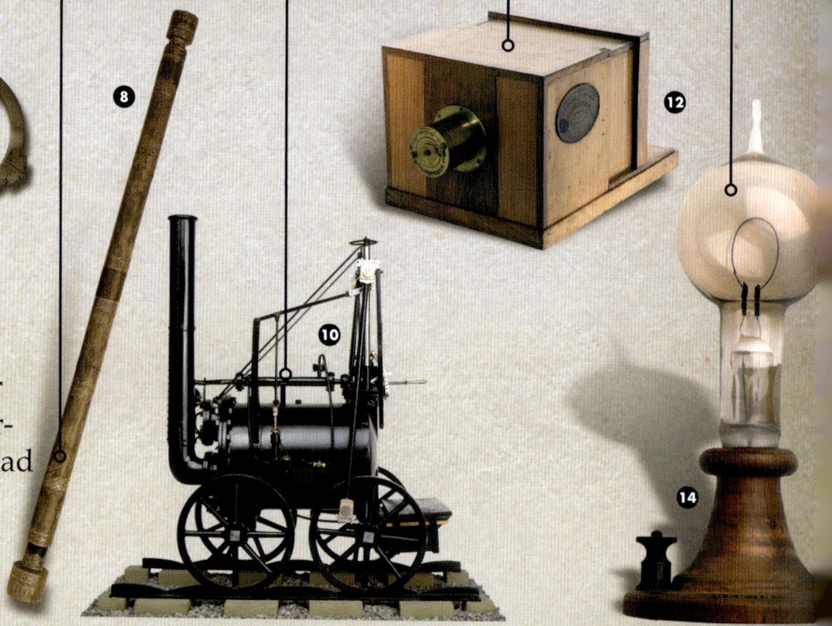

Technologie ist die praktische Umsetzung wissenschaftlicher Erkenntnisse, um Werkzeuge zu erfinden und Arbeiten zu erleichtern. Viele der einfachen frühen Technologien wie das Rad entstanden im Alltag. Ihre Funktionsweise konnte erst viel später wissenschaftlich erklärt werden. Heute sind technologische Erfindungen meist das Ergebnis langer Forschung.

❶ **Rad** Die ersten Räder entstanden in Mesopotamien. Sie bestanden aus Brettern, die kreisförmig montiert wurden.

❷ **Schrift** In Mesopotamien entdeckte man auf Tontafeln eingeritzte alte Warenlisten. Die Menschen kennzeichneten ihr Eigentum mit Bildsiegeln.

❸ **Armbrust** Ein Bogen wird nur mit der Kraft des Schützen gespannt. Die in China erfundene Armbrust besitzt einen Mechanismus, der die Sehne viel stärker spannt.

❹ **Papier** Die Herstellung des Papiers wurde ebenfalls in China erfunden. Stofffetzen und Pflanzenfasern wurden mit Wasser zu einem Brei verarbeitet, geplättet und getrocknet.

❺ **Schießpulver** Die explosiven Eigenschaften des Schießpulvers nutzten zuerst die Chinesen für Feuerwerk und gewaltige Donnerschläge, um Feinde zu vertreiben.

❻ **Brillen** Im 11. Jahrhundert entdeckten die Chinesen, dass Glas mit gekrümmter Oberfläche (Linsen) Licht bricht. Die Brille wurde aber erst fast 300 Jahre später erfunden.

❼ **Druck** Die Druckerpresse, die Johannes Gutenberg entwickelte, arbeitete mit beweglichen einzelnen Metalllettern, die man schnell und preiswert herstellen konnte. Erstmals erschienen Bücher in großen Auflagen.

❽ **Teleskop** Das erste Teleskop arbeitete mit zwei Linsen, die das Licht weit entfernter Himmelsobjekte einfingen.

❾ **Dampfmaschine** James Watt baute während der industriellen Revolution die erste Dampfmaschine. Sie wandelte Wärmeenergie in Bewegung um.

❿ **Lokomotive** Die erste Lokomotive zog mit einer Hochdruckdampfmaschine einen Zug, der auf Schienen fuhr.

⓫ **Elektrischer Generator** Michael Faraday erfand den ersten Elektromotor, der aus Elektrizität Bewegung erzeugte. Er entwickelte auch den Generator, der umgekehrt Bewegung in Elektrizität umwandelt.

⓬ **Fotografie** Das erste fotografische Verfahren erfand Louis Daguerre. Seine Daguerreotypie arbeitete mit versilberten Kupferplatten, die mit einer lichtempfindlichen Substanz beschichtet waren.

⓭ **Telefon** Alexander Graham Bell erfand das erste Telefon. Er wandelte Schallschwingungen in elektrische Signale um, leitete sie durch ein Kabel weiter und wandelte diese dann wieder in Schall zurück.

⓮ **Glühbirne** Joseph Swan und Thomas Edison entwickelten gleichzeitig die Glühbirne. Sie erhitzt einen Kohlenfaden bis zum Glühen, sobald elektrischer Strom durch ihn fließt.

15 **Auto mit Benzinmotor** Das erste Auto mit einem Benzinmotor besaß einen U-förmigen Stahlrahmen und fuhr auf drei Rädern.

16 **Kino** Die Brüder Louis und Auguste Lumière erfanden den *Kinematografen,* ein Gerät zur Aufnahme und Wiedergabe von bewegten Bildern.

17 **Flugzeug** Wilbur und Orville Wright bauten das erste erfolgreiche Motorflugzeug. Ihr erster Flug dauerte nur 12 Sekunden.

18 **Elektronenröhre** Das Bauelement zur Steuerung elektrischer Ströme wurde später als Verstärker für Radio- und Fernsehsignale und als Schalter in Computern genutzt.

19 **Rundfunk** Die erste öffentliche Rundfunksendung wurde 1906 ausgestrahlt. Die ersten Rundfunksender entstanden ab 1920 in den USA, den Niederlanden, Frankreich, Großbritannien und Russland.

20 **Fernsehübertragung** John Logie Baird gelang die erste Fernsehübertragung, wobei drehende Scheiben das Bild erzeugten. Sein mechanisches Gerät wurde bald von elektronischen Kathodenstrahlröhren ersetzt.

21 **Transistor** Der Transistor erfüllt die gleiche Aufgabe wie eine Elektronenröhre, er war jedoch kleiner, zuverlässiger und verbrauchte weniger Strom.

22 **Mikrochip** Diese Erfindung vereinte Tausende Transistoren auf einem einzigen, winzigen Siliziumchip, der mechanische Steuerungen in Haushaltsgeräten und Computern ersetzte.

23 **Kommunikationssatelliten** Mit dem Start des ersten Kommunikationssatelliten Telstar konnten Liveübertragungen des Fernsehens und Telefonanrufe auf der ganzen Welt empfangen werden. Die Signale werden von Satelliten zu Bodenstationen geleitet.

24 **Elektronische Spiele** *Pong* war das erste erfolgreiche elektronische Spiel. Mit zwei Schiebern musste man wie beim Tischtennis einen Ball hin und her schlagen.

25 **Personalcomputer** Der erste erfolgreiche Computer, der Apple II, besaß eine eingebaute Tastatur und einen kleinen Monitor.

26 **Handy** Anrufe werden über ein Netzwerk von Sendemasten mit Radiowellen anstelle von Telefonkabeln übertragen.

27 **Compact Disc** Ein Laser tastet die Stege und Vertiefungen einer CD ab, um Informationen zu lesen.

28 **iPhone** Mit dem technologischen Fortschritt wurden elektronische Geräte immer kleiner und vielseitiger. Mit dem iPhone von Apple kann man auch Musik und Videos abspielen, Bilder speichern und im Internet surfen.

ROBOTER

Ein Roboter ist eine Maschine, die scheinbar selbstständig denkt und handelt. Doch auch der einfachste Roboter, ein mechanisches Spielzeug oder Automat, wurde programmiert, um bestimmte Aktionen ausführen zu können. Manche Roboter sind ferngesteuert und werden von einem Menschen aus einiger Entfernung gelenkt. Die kompliziertesten Roboter verfügen über künstliche Intelligenz – die Fähigkeit, Entscheidungen zu treffen, Probleme zu lösen und zu lernen.

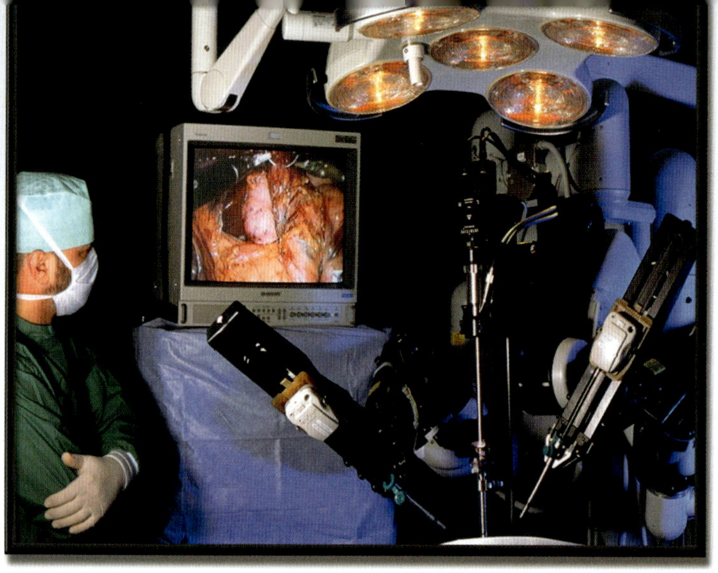

▲ OPERATIONSROBOTER

Vinci ist ein Operationsroboter, der winzige Instrumente und ein Endoskop in nur 1 cm breite Schnitte einführt. Der Chirurg überwacht die Operation auf einem Bildschirm und steuert die Instrumente mit einer Fernbedienung.

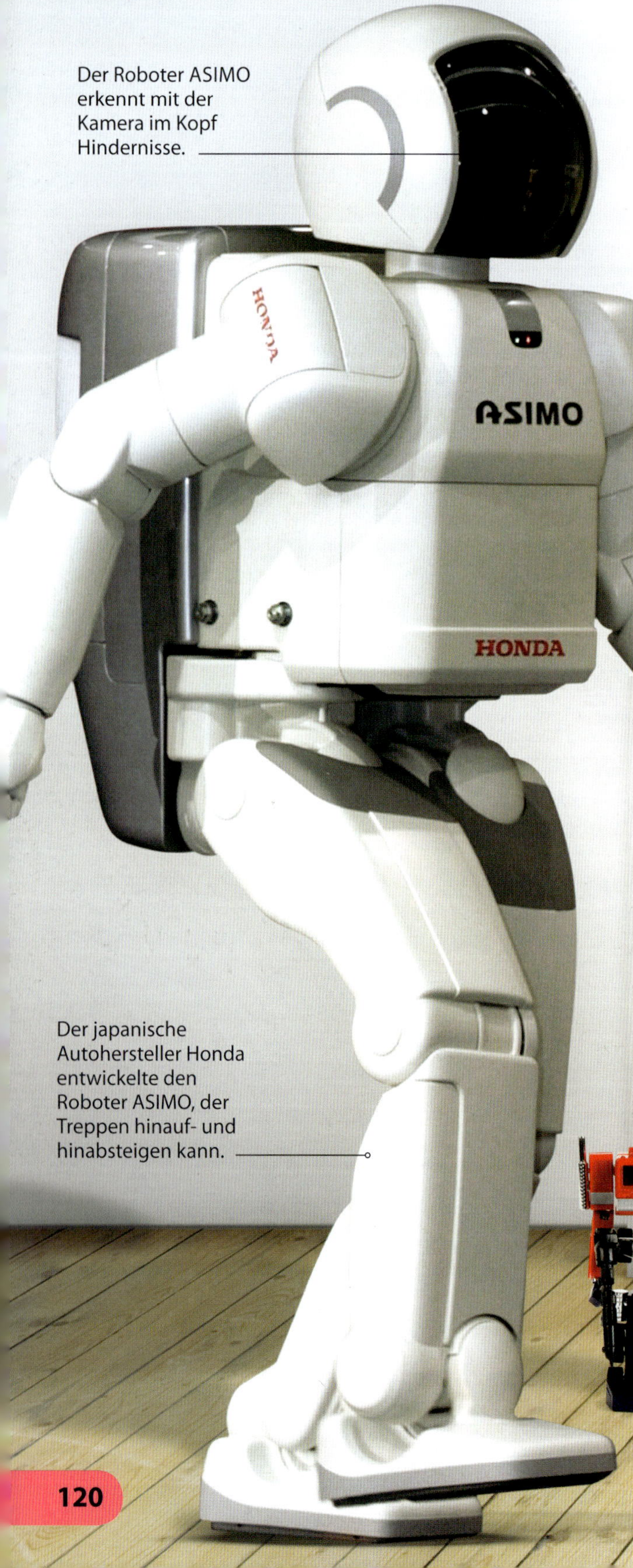

Der Roboter ASIMO erkennt mit der Kamera im Kopf Hindernisse.

Der japanische Autohersteller Honda entwickelte den Roboter ASIMO, der Treppen hinauf- und hinabsteigen kann.

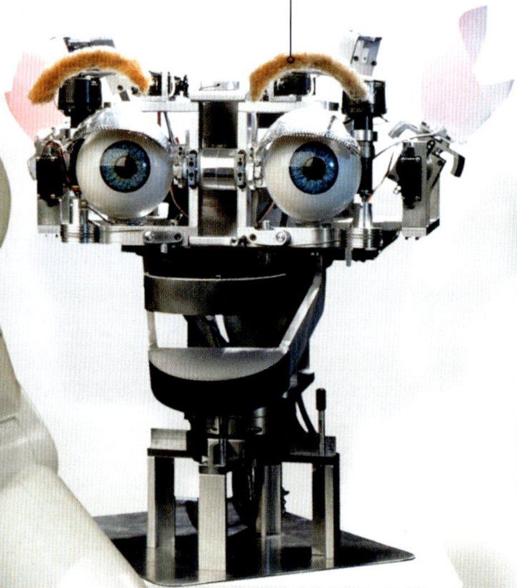

Kismet kann auf Menschen reagieren, indem er seinen Gesichtsausdruck verändert.

Die Goldbrasse der Firma Mitsubishi ahmt die Bewegungen echter Fische nach.

◂ HUMANOIDE ROBOTER

Nur wenige Roboter besitzen eine menschenähnliche Gestalt. Eine Maschine, die auf verschiedenen Oberflächenstrukturen auf zwei Beinen laufen und sich im Gleichgewicht halten kann, ist eine technische Herausforderung. Für die meisten Aufgaben eines Roboters ist das nicht notwendig.

Dieser Transformer ist ein menschenähnliches Spielzeug, das man in einen Lkw umwandeln kann.

▲ ROBOTERTIERE

Roboter, die Bewegung und Verhalten verschiedener Tiere nachahmen, bilden wichtige Schritte bei der Entwicklung der Bewegungsmöglichkeiten für Roboter der Zukunft.

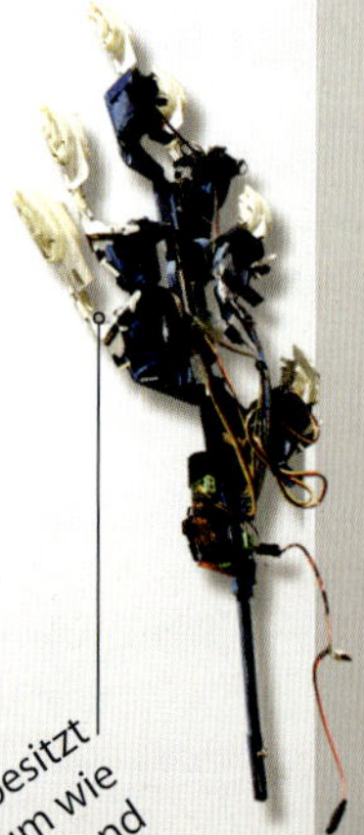

Spinybot II besitzt dornige Füße, um wie ein Insekt die Wand hinaufzuklettern.

Der AIBO der Firma Sony kann sich wie ein Hund bewegen und verhalten.

INDUSTRIEROBOTER ▸

Die meisten Industrieroboter sind computergesteuerte, mechanische Arme. Sie übernehmen gefährliche und schwere Aufgaben oder solche, die sich ständig wiederholen. Ein Roboter erledigt diese schneller und genauer als ein Mensch – ohne dabei je zu ermüden.

Die Schweißarbeiten in einer Autofabrik übernehmen heute Roboter.

▴ WELTRAUMFORSCHUNG

Raumsonden und Landefahrzeuge, die man Rover nennt, erforschen Orte, die für Astronauten zu gefährlich sind. Die Bewegungen dieser Roboter sind programmiert oder werden von der Erde aus gesteuert, obwohl sie mit ihren Kameras auch Hindernisse erkennen und ihnen ausweichen können.

HAUSHALTSHILFE ▸

Obwohl noch niemand einen menschenähnlichen Diener besitzt, der die Hausarbeit erledigt, erfüllen bereits manche Roboter sich wiederholende Aufgaben wie Staubsaugen und Rasenmähen. Diese Roboter sind so programmiert, dass sie Hindernissen in ihrem Weg ausweichen.

Dieser intelligente Roboter besitzt Sensoren, um seine Reinigungsroute zu planen.

▾ ERFORSCHUNG

Roboter untersuchen Orte auf der Erde, an denen Menschen nicht überleben können. Diese Roboter arbeiten in sengender Hitze in Vulkanen, unter extremem Druck tief im Ozean und an hoch radioaktiven oder giftigen Plätzen.

MILITÄRROBOTER ▸

Roboterfahrzeuge sind in Kriegen sehr nützlich, weil sie gefährliche Orte erreichen, ohne dass man das Leben von Soldaten riskiert. Sie können feindliche Gebiete überwachen, Bomben und Landminen entdecken und entschärfen, während sich die Soldaten in sicherer Entfernung befinden.

HOBO ist ein Roboter, der mit einer besonderen Ausrüstung Bomben entschärfen oder sie sicher zur Explosion bringen kann.

Der Roboter CoWorker Office der Firma iRobots nimmt Bilder mit einer Kamera auf, die an einem drehbaren Arm befestigt ist.

Mit seinen beweglichen Beinen überwindet Robug III unebene Flächen, um mit seiner Kamera gefährliche Orte zu untersuchen.

FAHRZEUGE

Unsere moderne Welt ist ständig in Bewegung. Ein Leben ohne Autos, Flugzeuge, Schiffe und Züge, die täglich Menschen und Güter transportieren, ist unvorstellbar. Es gibt unglaublich viele verschiedene Fahrzeugarten, die sich auf dem Land, durch die Luft oder im Wasser fortbewegen.

AUF DER STRASSE ▾

Die meisten Straßenfahrzeuge besitzen einen Verbrennungsmotor. Er erzeugt aus einem Brennstoff eine Kraft, die auf die Räder übertragen wird. In einem Auto befindet sich der Motor meist vorn und treibt entweder die Vorder- oder die Hinterräder an. Bei einem Motorrad sitzt der Motor zwischen beiden Rädern.

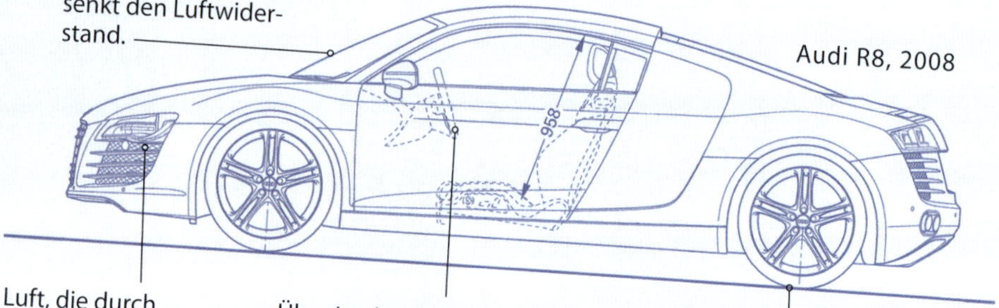

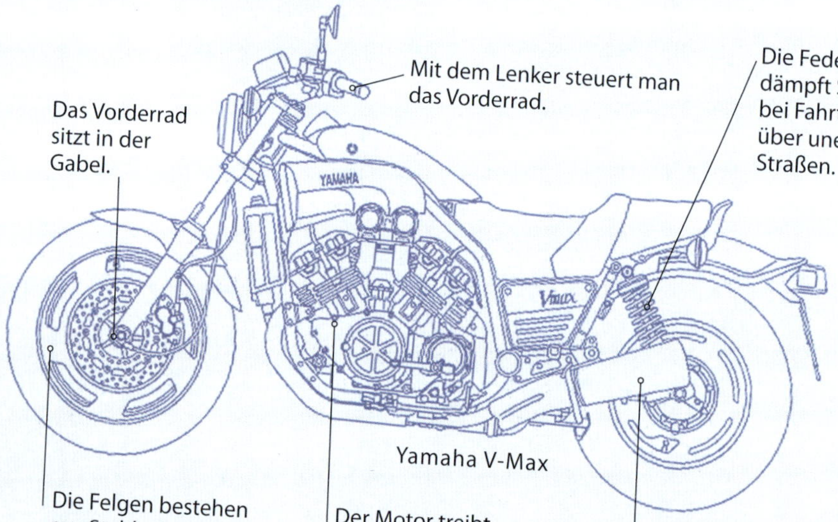

IN DER LUFT ▾

Flugzeuge müssen die Erdanziehungskraft, die sie zur Erde zieht, überwinden, um zu fliegen. Dafür besitzen sie besonders geformte Tragflächen und Rotoren, die eine aufwärtsgerichtete Kraft erzeugen. Dies nennt man Auftrieb.

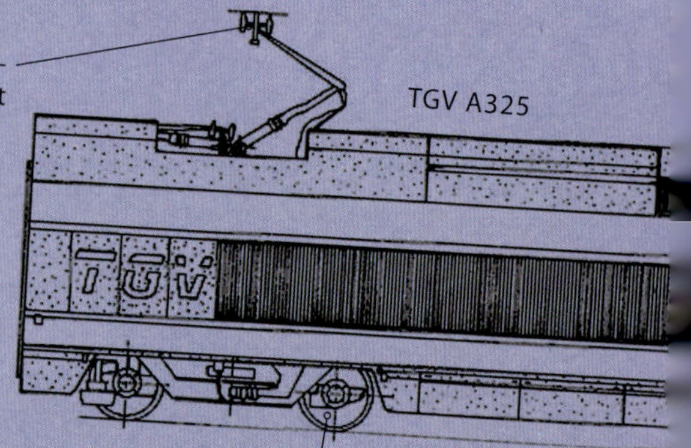

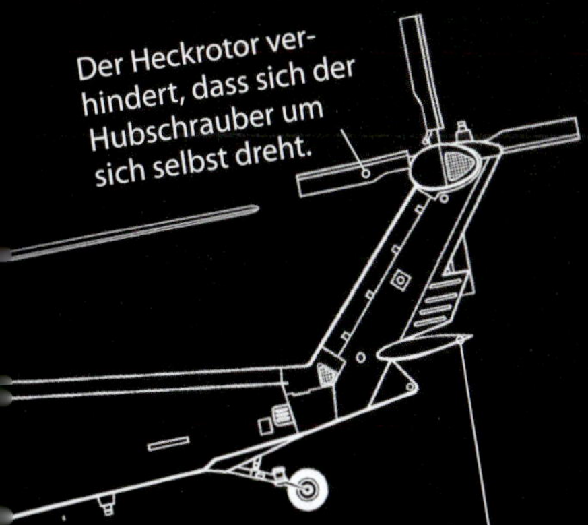

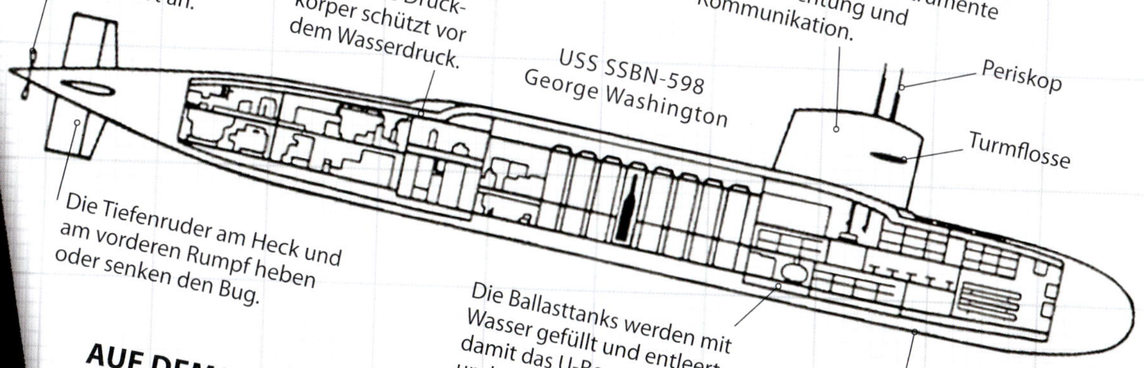

AUF DEM WASSER ▶

Weil ein Schiff durch sein Gewicht Wasser verdrängt, erzeugt das Wasser eine aufwärtsgerichtete Kraft, die man Auftrieb nennt. Der Auftrieb trägt das Gewicht des Schiffes, sodass es schwimmt. Ein U-Boot flutet seine Ballasttanks, um sein Gewicht zu erhöhen, und kann so tauchen. Zum Auftauchen verdrängt Druckluft das Wasser wieder aus den Ballasttanks.

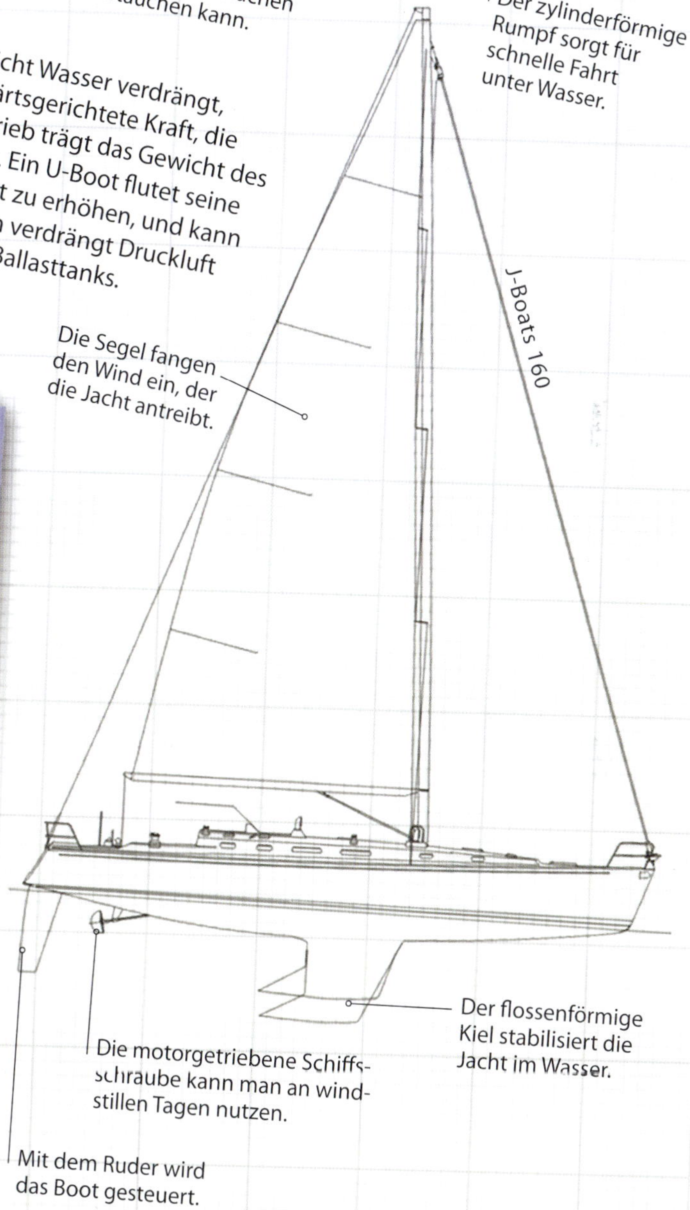

AUF DER SCHIENE ▼

Züge transportieren Massen von Gütern oder sehr viele Menschen. Sie sind energiesparender und erzeugen weniger Abgase als Autos und Lastwagen. Hochgeschwindigkeitszüge wie der französische TGV haben Elektromotoren, doch viele Züge werden von Dieselmotoren angetrieben. Die meisten Züge fahren mit nur einer Lokomotive, einige jedoch mit zwei oder sogar mehreren.

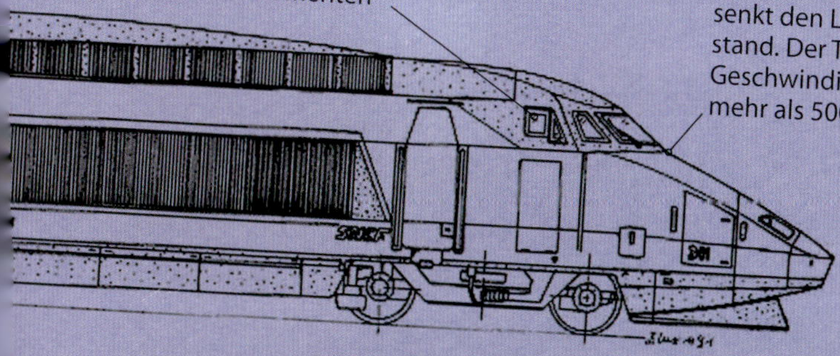

FORSCHER

Forscher untersuchen unsere Welt, um zu verstehen, wie sie funktioniert. Es gibt in der Wissenschaft viele Fachgebiete wie z. B. Physik, Chemie oder Astronomie. Die Forscher beobachten die Phänomene, die sie untersuchen, sehr genau. Aus ihren Beobachtungen leiten sie mögliche Erklärungen ab, die man Theorien oder Hypothesen nennt. Dann versuchen sie mit Experimenten herauszufinden, ob ihre Theorie zutrifft oder nicht.

❶ SIR ISAAC NEWTON
Der englische Physiker und Mathematiker Newton (1643–1727) entwarf eine Theorie zur Schwerkraft und stellte die Bewegungsgesetze auf. Er beschäftigte sich auch mit der Optik, der Lehre vom Licht, und bewies, dass sich weißes Licht aus vielen Farben zusammensetzt.

❻ BLAISE PASCAL
Der Franzose Blaise Pascal (1623–1662) entwickelte viele praktische Anwendungen der Wissenschaft. Er erfand eine mechanische Rechenmaschine und wies die Abnahme des Luftdrucks in der Höhe nach.

❷ MARIE CURIE
Marie Curie (1867–1934) wurde in Polen geboren, doch ihre Untersuchungen zur Radioaktivität führte sie mit ihrem französischen Mann Pierre in Paris aus. Sie entdeckte 1898 die Elemente Polonium und Radium und erhielt für ihre Arbeiten zwei Nobelpreise. Marie Curie starb nach langer Strahlenbelastung an Leukämie.

❼ GALILEO GALILEI
Der italienische Astronom und Mathematiker Galilei (1564–1642) erforschte als Erster den Himmel mit einem Teleskop. Er entdeckte die vier größten Jupitermonde, heute die Galileischen Monde genannt.

3 LUIGI GALVANI
Der italienische Naturforscher Galvani (1737–1798) untersuchte elektrische Impulse in Froschschenkeln. Obwohl seine Theorie, Elektrizität würde in tierischem Gewebe entstehen, falsch war, führte seine Entdeckung zur Erfindung der Batterie durch Alessandro Volta.

8 NIKOLAUS KOPERNIKUS
Der polnische Astronom Kopernikus (1473–1543) gilt als Begründer der modernen Astronomie. Seine Untersuchungen der Planetenbahnen zeigten, dass die Sonne das Zentrum des Sonnensystems bildet. Zu seiner Zeit glaubten die allermeisten, dass dies die Erde wäre.

4 ALBERT EINSTEIN
Einstein (1879–1955) wurde in Deutschland geboren, doch nach Hitlers Machtübernahme floh er in die USA. Einstein entwickelte die Relativitätstheorie und bewies den Zusammenhang zwischen Materie, Energie, Raum und Zeit. Einstein erhielt 1921 den Nobelpreis für Physik.

9 ALESSANDRO VOLTA
Seine Arbeiten über den elektrischen Strom führten den Italiener Volta (1745–1827) im Jahr 1800 zur Erfindung der Batterie. Seine Batterie oder Voltasche Säule war das erste Mittel, elektrischen Strom zu erzeugen, und erleichterte weitere Experimente mit der Elektrizität.

5 ALEC JEFFREYS
Der britische Genetiker Jeffreys (geb. 1950) entdeckte, dass jeder Mensch ein individuelles DNA-Muster besitzt, und entwickelte ein Verfahren, um dieses Muster aus DNA-Abschnitten darzustellen. Diesen „genetischen Fingerabdruck" nutzen heute Gerichtsmediziner, um Menschen durch Spuren ihrer DNA zu identifizieren.

10 BENJAMIN FRANKLIN
Der amerikanische Politiker, Schriftsteller und Forscher Benjamin Franklin (1706–1790) beschäftigte sich mit Elektrizität. Er bewies, dass Blitze aus elektrischem Strom bestehen, und regte den Bau von Blitzableitern an, um Häuser zu schützen.

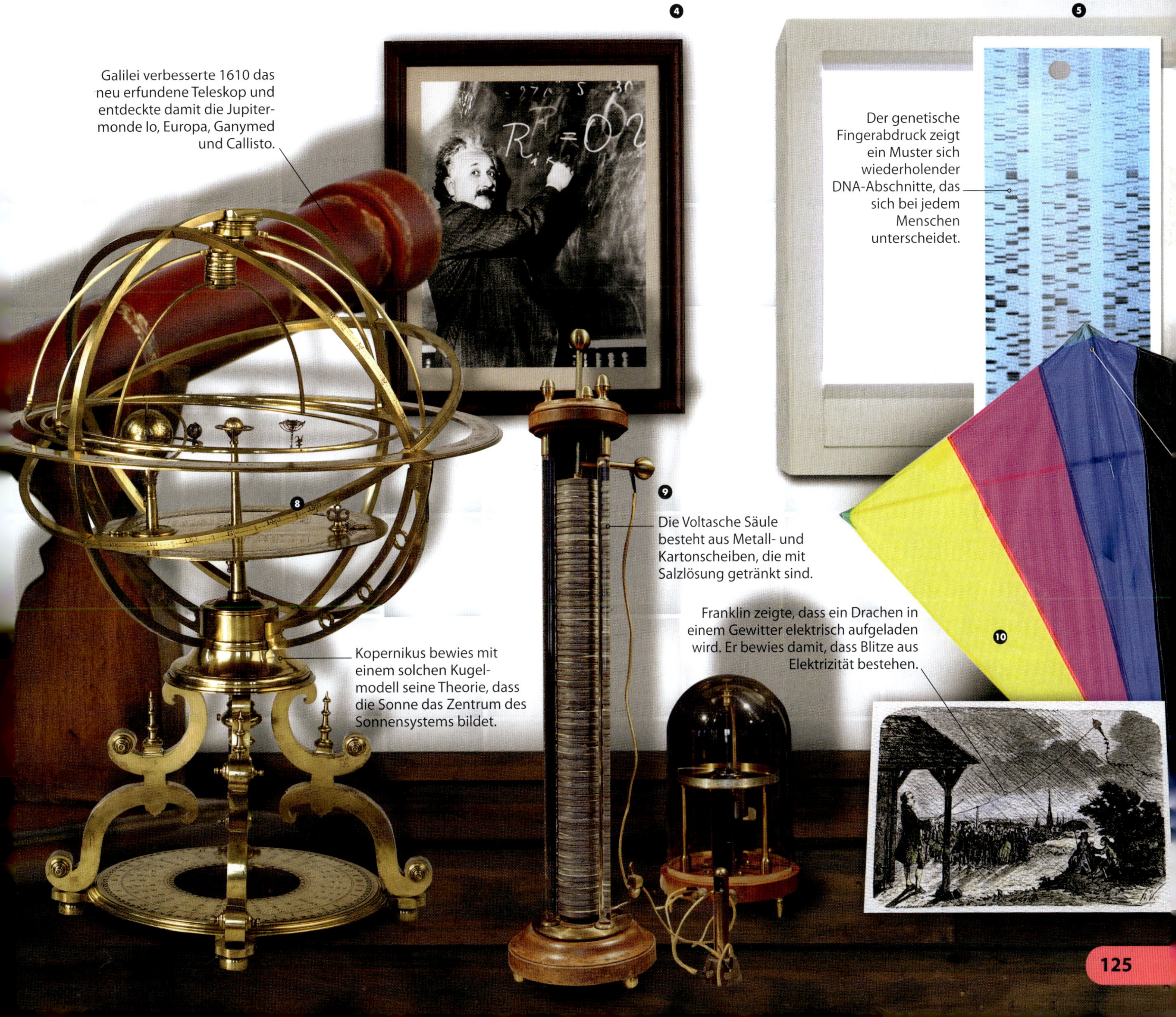

Galilei verbesserte 1610 das neu erfundene Teleskop und entdeckte damit die Jupitermonde Io, Europa, Ganymed und Callisto.

Der genetische Fingerabdruck zeigt ein Muster sich wiederholender DNA-Abschnitte, das sich bei jedem Menschen unterscheidet.

Die Voltasche Säule besteht aus Metall- und Kartonscheiben, die mit Salzlösung getränkt sind.

Franklin zeigte, dass ein Drachen in einem Gewitter elektrisch aufgeladen wird. Er bewies damit, dass Blitze aus Elektrizität bestehen.

Kopernikus bewies mit einem solchen Kugelmodell seine Theorie, dass die Sonne das Zentrum des Sonnensystems bildet.

DIE ERSTEN GALAXIEN

Diese Ansicht ist ein Ausschnitt einer Aufnahme des Hubble-Weltraumteleskops, die ungefähr 10 000 Galaxien abbildet. Der tiefe Blick in das Universum zeigt die ersten und ältesten Galaxien.

Weltall

UNIVERSUM

Das Universum umfasst von den kleinsten Partikeln auf der Erde bis hin zu den riesigen Galaxien im tiefen Weltall alles, was existiert. All das, auch Raum und Zeit, entstand mit dem Urknall – einer gewaltigen Explosion, die sich vor ungefähr 13,7 Milliarden Jahren ereignete. Zu dieser Zeit sah das Universum völlig anders aus als heute. Es hat sich seitdem ausgedehnt, abgekühlt und verändert. Wasserstoff und Helium des sehr jungen Universums bildeten Sterne, wo wiederum alle anderen Elemente unseres gegenwärtigen Universums entstanden, auch jene, aus denen die Erde und alles auf ihr bestehen – auch du.

DER URKNALL
Am Anfang war das Universum unvorstellbar klein, dicht und unglaublich heiß. Innerhalb einer Billionstel Sekunde explodierte das Universum, das kleiner war als ein Atom, und war dann größer als eine Galaxie. Es bestand aus winzigen Energieteilchen, aus denen Materie entstand. Nach drei Minuten bildeten sich die ersten Kerne der Wasserstoff- und Heliumatome.

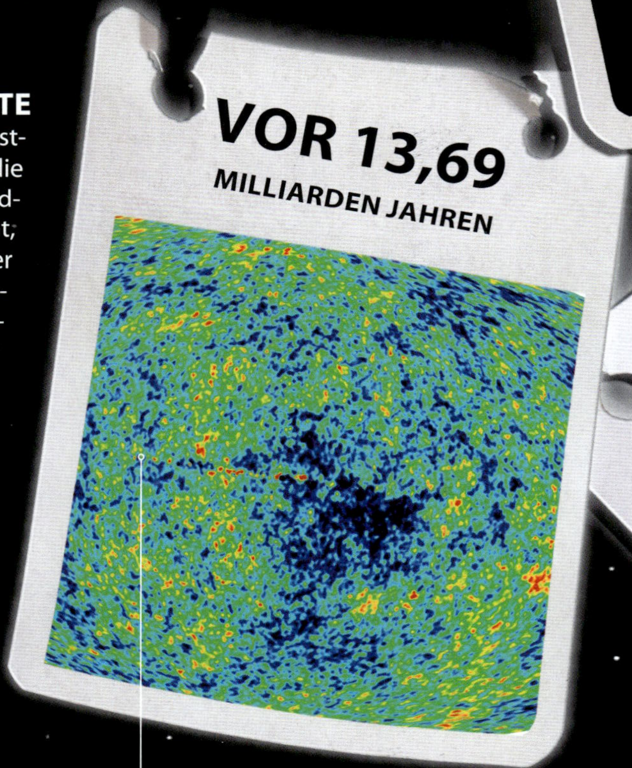

KOSMISCHE RESTE
Durch Untersuchung der restlichen Wärme des Urknalls, die man kosmische Hintergrundstrahlung (Mikrowellen) nennt, können sich Wissenschaftler ein Bild des frühen Universums machen. Diese Wärmekarte des Universums zeigt die ungleichmäßige Verteilung der Materie 380 000 Jahre nach dem Urknall. In den wärmsten Gebieten (rot) war die Materie dichter, sodass dort Galaxien entstehen konnten.

Die verschiedenen Farben stellen winzige Temperaturunterschiede der Materie dar. Die roten Gebiete sind die wärmsten.

ENTSTEHUNG DER GALAXIEN
Über Millionen Jahre bildeten Wasserstoff und Helium riesige Wolken. Teile dieser Wolken kollabierten unter ihrer Schwerkraft und wurden zu Sternen. Ungefähr 1 Milliarde Jahre nach dem Urknall entstand ein Universum aus Zwerggalaxien. Diese stießen zusammen, verschmolzen und bildeten Spiralgalaxien und elliptische Galaxien.

Die kleinsten, rötlichsten Galaxien entstanden ungefähr 800 Millionen Jahre nach dem Urknall. Sie sind die ältesten.

Galaxien und Sterne stellen 4 % der Materie des Universums dar.

GEBURT DES SONNENSYSTEMS

Unser Sonnensystem entstand aus einer Gas- und Staubwolke in der Milchstraße. Die sich drehende Wolke, die man als Sonnennebel bezeichnet, kollabierte unter ihrer Schwerkraft und bildete eine zentrale Kugel – die junge Sonne. Aus dem restlichen Material entstanden die Planeten, Monde, Planetoiden und Kometen.

VOR 4,6
MILLIARDEN JAHREN

DIE JUNGE MILCHSTRASSE

Die Milchstraße, unsere Heimatgalaxie, entstand zur gleichen Zeit wie andere Galaxien. Doch nicht alle Sterne unserer heutigen Milchstraße existierten bereits zu dieser Zeit. Seit Beginn entstanden neue Sterne in unserer Galaxie, die Millionen Jahre lang hell leuchteten und schließlich untergingen. Aus ihren Überresten entstand eine neue Generation von Sternen.

VOR 4,5
MILLIARDEN JAHREN

Gestein wurde aus dem Erdmantel herausgeschleudert, als ein Planetoid einschlug.

HEUTE

Das Vorhandensein von Wasser auf der Erde und in ihrer Atmosphäre war Voraussetzung für die Entwicklung des Lebens.

ENTSTEHUNG DES MONDS

Die Erde entstand aus dem Material, das bei der Bildung der Sonne übrig geblieben war, sich zusammenballte und verschmolz. Auf der noch jungen Erde schlug ein riesiger Planetoid ein. Geschmolzenes Gestein wurde in den Weltraum geschleudert und bildete einen Ring um die Erde. Dieses Material lagerte sich zu einer Kugel zusammen – dem Erdmond.

HEIMATPLANET

Die Erde ist der einzige Planet im Universum, von dem man weiß, dass auf ihm Leben existiert. Es entstand vor etwa 3,7 Milliarden Jahren in den Ozeanen. Bakterienartige Zellen entwickelten sich zu Meerestieren, später zu Landpflanzen und Tieren. Menschen erschienen vor etwa 1 Million Jahren auf der Erde.

1
2
3
4
5
6

▲ **ANDROMEDANEBEL**
Der Andromedanebel ist unsere Nachbargalaxie. Die Spiralgalaxie liegt etwa 2,9 Millionen Lichtjahre von uns entfernt und ist das weiteste Objekt, das wir von der Erde aus mit bloßem Auge sehen können.

GALAXIEN

Eine Galaxie ist eine riesige Sterngruppe, die durch ihre Schwerkraft zusammengehalten wird. Im Universum gibt es 100–125 Milliarden Galaxien. Sie sind nicht wahllos verstreut, sondern bilden Haufen. Alle Galaxien nehmen nur zwei Millionstel des Raumes im All ein.

❶ GRÖSSE
Galaxien sind riesig. Die größten sind mehr als 1 Million Lichtjahre groß (1 Lichtjahr ist die Entfernung, die Licht in 1 Jahr zurücklegt). Die kleinsten, die Zwerggalaxien, haben nur eine Größe von wenigen Tausend Lichtjahren. Der Andromedanebel misst 250 000 Lichtjahre.

❷ FORM
Eine Galaxie besteht aus Milliarden oder Billionen von Sternen und besitzt eine bestimmte Form. Spiral- und Balkenspiralgalaxien sind scheibenförmig. In einer Spiralgalaxie strahlen die Spiralarme von einem Zentralkörper ab, während sie bei einer Balkenspiralgalaxie von den Enden der Balken ausgehen. Elliptische Galaxien sind kugelförmig und irreguläre haben keine bestimmte Form.

❸ KREISENDE STERNE
Galaxien sind dynamische Gebilde. Jeder Stern kreist auf seiner Bahn um das Zentrum der Galaxie. Sterne einer Spiralgalaxie brauchen für eine Umrundung einige Hundert Millionen Jahre. Je weiter ein Stern von der Mitte entfernt ist, desto länger braucht er.

❹ SPIRALARME
Überall innerhalb der gesamten Scheibe einer Spiralgalaxie gibt es Sterne. Die Spiralarme enthalten helle, junge Sterne und Staubfahnen.

❺ ZENTRUM
Das Zentrum einer Spiralgalaxie enthält alte rote und gelbe Sterne und ein gewaltiges Schwarzes Loch. Das des Andromedanebels ist 30 Millionen Mal massiver als die Sonne.

❻ STAUBFAHNEN
Dichte Wolken und Fahnen aus Staub in der Galaxienscheibe verdecken viele Sterne.

❼ ZWERGGALAXIE
M110 ist eine elliptische Zwerggalaxie, die um den Andromedanebel kreist. Sie ist

STERNE

Sterne sind riesige, sich drehende Kugeln aus heißem, leuchtendem Gas. Jeder Stern ist einzigartig und unterscheidet sich von den anderen in Farbe, Temperatur, Größe, Helligkeit und Masse. Alle Sterne verändern sich und durchlaufen verschiedene Stadien. Ihr Leben hängt von ihrer Masse ab – der Gasmenge, aus der sie bestehen. Sie bestimmt die Lebensdauer, die Eigenschaften und welchen Veränderungen ein Stern unterliegt.

GEBURT EINES STERNS ▼

Sterne entstehen in riesigen Wasserstoffwolken wie dem Adlernebel. Ein Teil der Wolke kollabiert unter ihrer Schwerkraft, wird zusammengedrückt und bildet eine sich drehende Gaskugel, einen Protostern. Das ist das erste Stadium des neuen Sterns.

Adlernebel

Detail vom Adlernebel

IN DER LEBENSMITTE ▼

Die meisten Sterne scheinen die größte Zeit ihres Lebens gleichmäßig. In diesem Stadium nennt man sie Hauptreihensterne – unsere Sonne ist ein solcher. Um einige Sterne kreisen Planeten, andere wie z. B. Fomalhaut haben Staubscheiben, in denen sich Planeten bilden können.

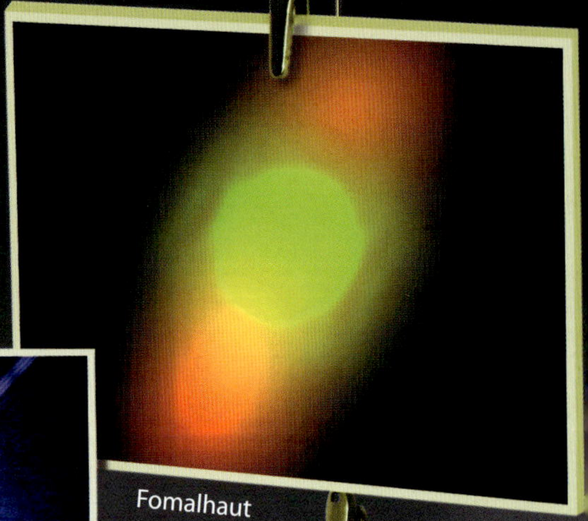

Fomalhaut

Sirius, der hellste Stern an unserem Nachthimmel

Albireo, ein Doppelstern

Das Trapez im Orionnebel

Schmuckkästchen

◂ JUNGE STERNE

Ein Protostern wird immer dichter und heißer, während sein Gas immer mehr zusammengepresst wird. Wenn sein Kern etwa 10 Milliarden °C erreicht, setzen Kernreaktionen ein. Wasserstoff wird in Helium umgewandelt, Energie wird erzeugt und der Stern leuchtet. Sterne, die zur gleichen Zeit und in der gleichen Wolke entstehen, bilden Sternhaufen. Manche Sternhaufen, wie die beiden links abgebildeten, bleiben Millionen Jahre zusammen, bis sich ihre Sterne schließlich voneinander entfernen.

Beteigeuze, ein Roter Überriese

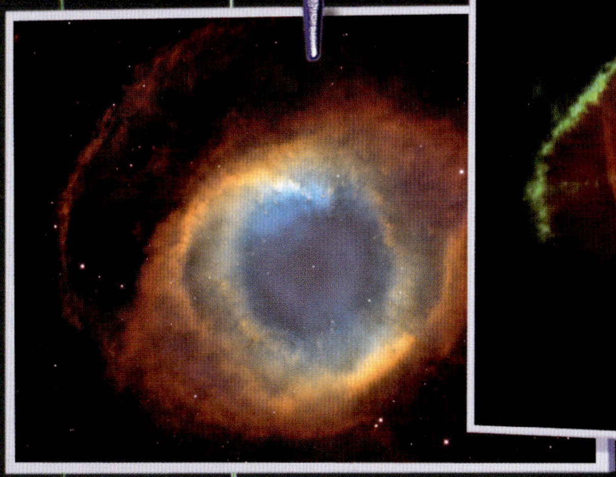

Helixnebel

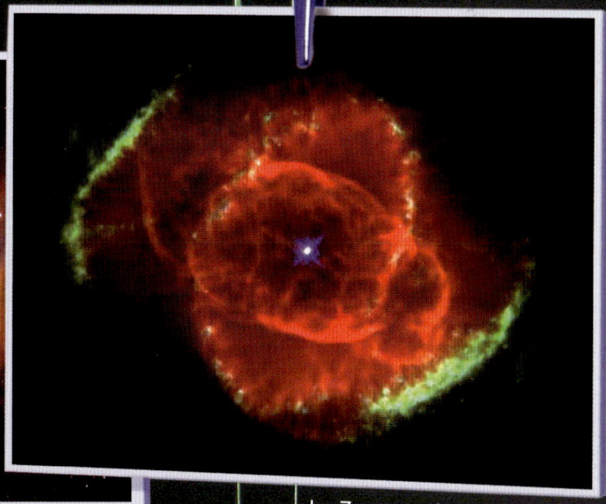

Im Zentrum des Katzenaugennebels ist ein Weißer Zwerg zu erkennen.

▲ UNTERGANG DER STERNE

Hat ein Stern mit einer Masse, die bis zu achtmal so groß ist wie die der Sonne, seinen Wasserstoff verbraucht, schwillt er an, kühlt ab und verwandelt sich in einen Roten Riesen oder Überriesen. Der Riesenstern stößt dann seine äußeren Hüllen ab und wird zum planetarischen Nebel. Das abgestoßene Gas zerstreut sich und hinterlässt einen Weißen Zwerg – den kalten, dunklen Sternenrest.

Der Rote Überriese V838 Monocerotis ist von einer Gas- und Staubwolke umgeben.

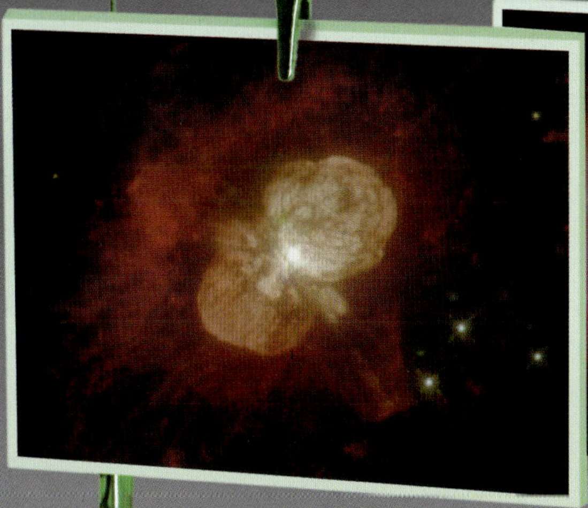

Herausgeschleudertes Material von Eta Carinae, einem alten Stern, der in den nächsten Jahrzehnten als Supernova enden könnte.

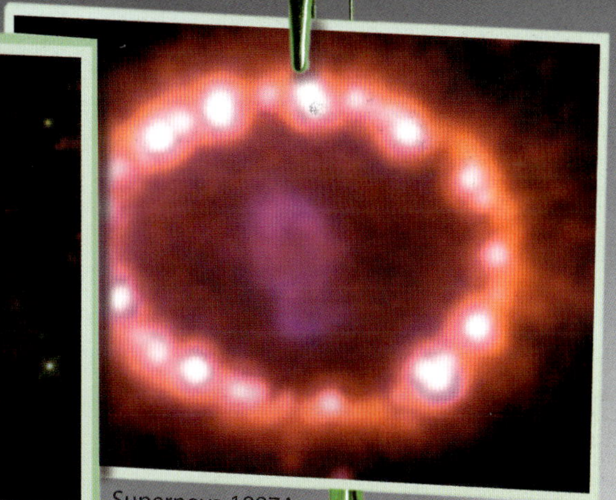

Supernova 1987A

PLÖTZLICHER TOD ▶

Das Leben von Sternen, die achtmal oder mehr Masse als die Sonne besitzen, kann in einer beeindruckenden Explosion enden, die man Supernova nennt. Der Supernovaüberrest dehnt sich anschließend ins All aus. Der Kern des explodierten Sterns kann zu einem Pulsar (ein sehr dichter, sich schnell drehender Stern) oder einem Schwarzen Loch (bei dem der Kern kollabiert) werden. Das abgestoßene Material bildet Wolken, in denen neue Sterne entstehen.

Krebs-Pulsar

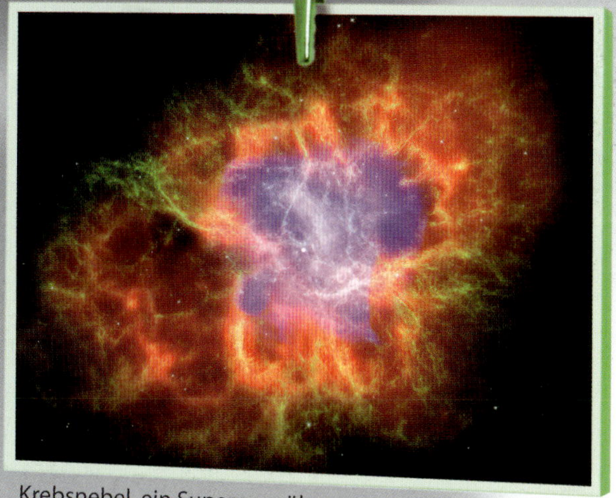

Krebsnebel, ein Supernovaüberrest

Plejaden
STIER
Aldebaran
FLUSS
HASE
ORION
Beteigeuze
TAUBE
ZWILLINGE
EINHORN
Sirius
GROSSER HUND
KLEINER HUND
1
2
3
4
5
6
7
8
9

STERNBILDER

Von jeher haben Menschen am Nachthimmel nach Bildern gesucht, verbanden Sterne mit gedachten Linien und erkannten darin Figuren oder Gegenstände. Diese Sternbilder sind hilfreich, wenn wir uns am Nachthimmel orientieren wollen. Er ist heute in 88 Sternbilder aufgeteilt. Mehr als die Hälfte davon sind wie Orion und Stier nach Figuren der griechischen Mythologie benannt.

NACHTHIMMEL
In dem Ausschnitt oben bildet Orion die Mitte. Orangefarbene Linien kennzeichnen die Grenze des Sternbilds, während weiße Linien die hellsten Sterne verbinden. Die Figur ist hellblau dargestellt.

❶ ZWILLINGE
Die beiden hellsten Sterne markieren die Köpfe der mythischen Zwillinge Castor (rechts) und Pollux (links). Der rechte Stern besteht eigentlich aus sechs Sternen, der linke ist ein orangefarbener Riesenstern.

❷ STIER
Den Kopf des Stiers bilden die Hyaden, ein V-förmiger Sternhaufen. Aldebaran, ein Roter Riese, ist der hellste Stern des Sternbilds. Der Sternhaufen der Plejaden markiert seinen Rücken.

❸ GROSSER & KLEINER HUND
Zu dem Jäger Orion gehören der Große und der Kleine Hund. Im Großen Hund befindet sich der hellste Stern des Nachthimmels: Sirius. Er ist auch als Hundsstern bekannt.

❹ EINHORN
Das Sternbild Einhorn wurde 1613 eingeführt. Es liegt direkt vor der Milchstraße, dem hellen Band aus Sternen, das sich über den Himmel erstreckt (hier von unten links bis zur Mitte oben).

❺ ORION
Den Jäger Orion kann man von überall auf der Erde beobachten. Man erkennt ihn leicht an seinen drei Gürtelsternen. Der rote Stern in seiner Schulter ist der Rote Überriese Beteigeuze.

❻ FLUSS
Das sechstgrößte Sternbild zeigt den Fluss Eridanus. In ihn fiel Phaethon, der Sohn des Sonnengottes Helios, nachdem er die Kontrolle über seinen goldenen Wagen verloren hatte.

❼ ACHTERSCHIFF
Das Achterschiff ist das Heck des mythischen Schiffs, mit dem der Held Jason und die Argonauten auf der Suche nach dem goldenen Vlies segelten. Andere Schiffsteile stellen die Sternbilder Schiffskiel und Segel dar.

❽ HASE
Der größere Hund des Jägers Orion verfolgt den Hasen am Nachthimmel. Nach der griechischen Mythologie wurden Hasen auf der Insel Leros zur Plage, bis sie vertrieben wurden.

❾ TAUBE
Nach der Bibel sandte Noah eine Taube aus, um trockenes Land zu finden. Es könnte sich aber auch um jene Taube handeln, die Jason durch die Meerenge führte.

DIE SONNE

Die Sonne ist der nächste Stern zur Erde und der Mittelpunkt des Sonnensystems. Diese riesige Kugel besteht aus heißem, leuchtendem Gas, das durch seine Schwerkraft zusammengehalten wird. Etwa drei Viertel des Gases bestehen aus Wasserstoff, nahezu der gesamte Rest aus Helium und geringen Mengen von 90 anderen Elementen. Mehr als die Hälfte des Gases ist im Sonnenkern zusammengepresst, in dem Kernreaktionen Wasserstoff in Helium umwandeln und riesige Energiemengen erzeugen. Diese Energie wird an der Sonnenoberfläche abgegeben, die wir als Wärme und Licht empfangen. Die Sonne existiert seit 4,6 Milliarden Jahren und wird noch weitere 5 Milliarden Jahre scheinen. Diese Aufnahme zeigt die Sonne im ultravioletten Licht.

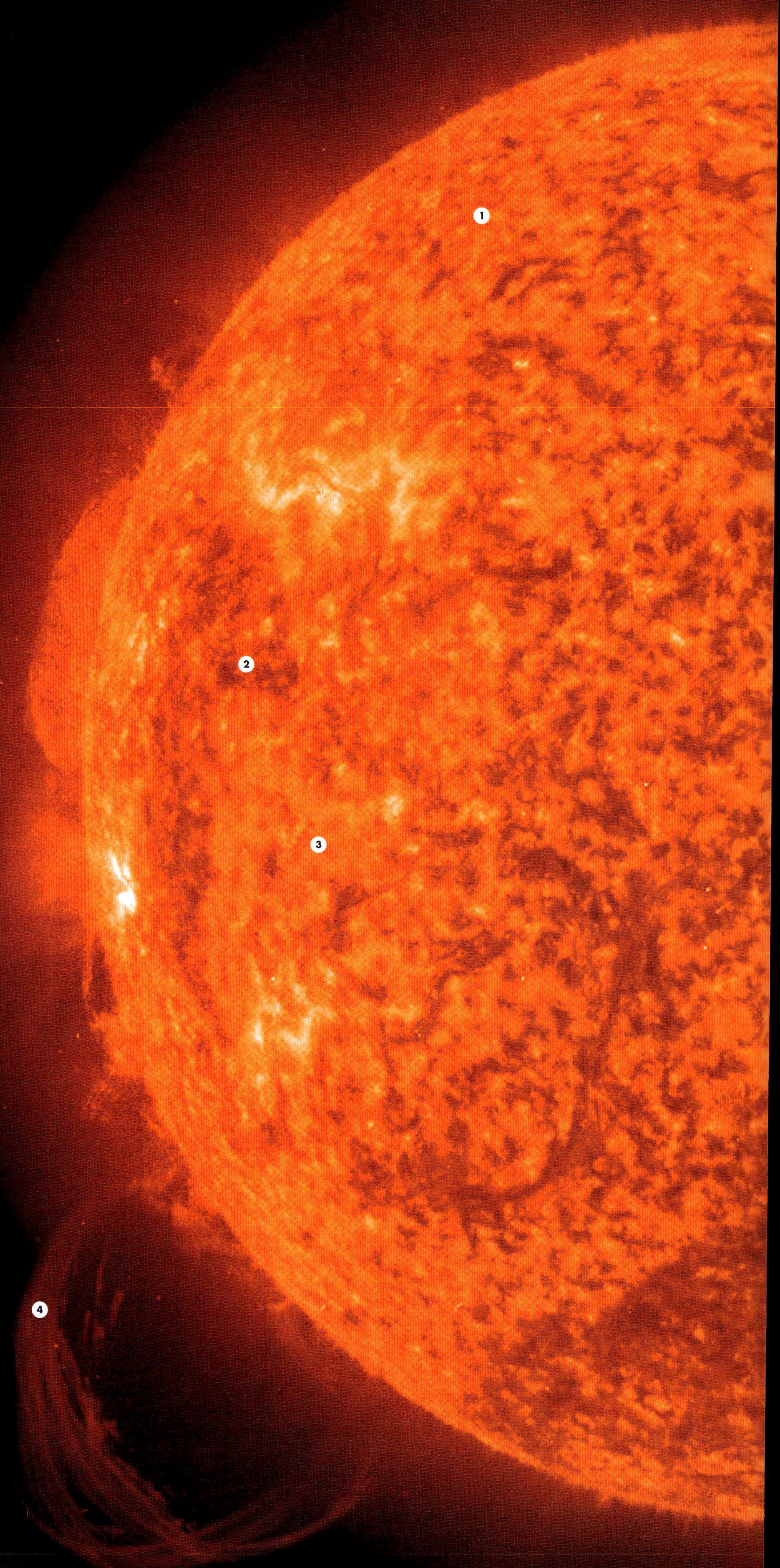

❶ GRÖSSE

Die Sonne ist der größte Himmelskörper des Sonnensystems. Ihr Durchmesser beträgt 1,4 Millionen km – so viel wie der von 109 Erdkugeln. Die Sonne besitzt 330 000-mal mehr Material als die Erde. Etwa 1,3 Millionen Erden würden in die Sonne hineinpassen.

❷ FOTOSPHÄRE

Wie andere Sterne auch besitzt die Sonne keine feste, aber eine sichtbare Oberfläche, die Fotosphäre. Ein gefährlicher Ort, an dem heißes Material ständig in den Weltraum schießt. Es bildet „Körner" (Granulen) von bis zu 1000 km Durchmesser, welche die Sonnenoberfläche wie eine Orangenhaut aussehen lassen.

❸ TEMPERATUR

Die Temperatur der Oberfläche liegt bei 5500 °C und gibt der Sonne ihre gelbe Farbe. Kühlere Sterne leuchten rot, heißere weiß. Im Kern herrschen jedoch noch heißere Temperaturen von bis zu 15 Millionen °C, damit Kernreaktionen in jeder Sekunde 600 Millionen Tonnen Wasserstoff in Helium umwandeln.

❹ PROTUBERANZEN
Gewaltige Bögen aus kühlerem Gas, die sich von der Sonnenoberfläche in den Weltraum erstrecken, nennt man Protuberanzen. Diese Protuberanz dehnt sich über 20 Erddurchmesser weit aus. Das Gas wird durch enorme Kräfte herausgeschleudert, die Magnetfelder im Sonneninnern erzeugen.

❺ SPIKULEN
Kurzlebige, flammenartige Gasströme, die Spikulen, erstrecken sich über 10 000 km von der Sonnenoberfläche ins All.

❻ ATMOSPHÄRE
Unmittelbar über der Oberfläche befindet sich die Chromosphäre, die innere Atmosphäre, die ungefähr 2500 km dick ist. Darüber liegt die Korona, die Millionen Kilometer weit in den Weltraum ragt. Auf dieser Aufnahme ist nur ein Teil der Korona sichtbar.

❼ SONNENFACKEL
Die heißesten Gebiete, die fast weiß erscheinen, sind Sonnenfackeln. Das sind besonders aktive Gebiete, die durch das Magnetfeld der Sonne entstehen.

❽ EIGENDREHUNG
Im Gegensatz zur Erde, die fest ist und sich als Ganzes dreht, rotieren verschiedene Teile der Sonne unterschiedlich schnell. Der Äquator dreht sich einmal alle 25 Tage um seine Achse. Die Polargebiete brauchen etwa fünf Tage länger.

❾ MATERIESTRAHLEN
Diese gewölbten Gasströme schleudern Materie ins All – eine riesige Blase aus Milliarden Tonnen Gasen.

PLANETEN

Acht Planeten kreisen um die Sonne. Die sonnennächsten Planeten – Merkur, Venus, unser Heimatplanet Erde und Mars – bestehen aus Gestein. Die äußeren Planeten – Jupiter, Saturn, Uranus und Neptun – bezeichnet man als Gasriesen, weil sie nahezu vollständig aus Gas bestehen. Alle Planeten kreisen in gleicher Richtung um die Sonne. Die Zeit, die sie für einen Umlauf benötigen, wächst mit der Entfernung zur Sonne. Merkur braucht nur 88 Erdtage für einen Umlauf, während Neptuns lange Reise 164,8 Erdjahre dauert.

❶ JUPITER
Jupiter, der größte und massivste Planet, dreht sich am schnellsten. Für eine Rotation um seine Achse braucht er weniger als zehn Stunden. Der Gasriese besteht hauptsächlich aus Wasserstoff und Helium und besitzt einen Gesteinskern. Ein dünner dunkler Ring umgibt Jupiter, der auch viele Monde besitzt.

Jupiters sichtbare Oberfläche ist die obere Schicht einer dicken und tiefen Atmosphäre aus verwirbelten Gasbändern.

❷ SATURN
Der blassgelbe Saturn ist der zweitgrößte Planet. Sein auffälligstes Merkmal ist das Ringsystem aus Gesteins- und Eisbrocken. Saturn ist aus Wasserstoff und Helium aufgebaut, er besitzt einen Gesteinskern und hat viele Monde.

❸ URANUS
Diese kalte Welt ist 19-mal so weit von der Sonne entfernt wie die Erde. Uranus besitzt eine strukturlose, dunstige Atmosphäre und ein dünnes Ringsystem um den Äquator. Der Planet liegt fast auf der Seite, sodass ihn seine Ringe und Monde scheinbar von oben nach unten umkreisen.

❹ MERKUR
Merkur ist eine trockene Welt und mit Millionen Einschlagkratern übersät. Der kleinste und sonnennächste Planet zeigt die größten Temperaturschwankungen. Am Tag herrscht dort sengende Hitze und nachts klirrende Kälte.

❺ VENUS
Dieser Planet ist der heißeste. Ihn verhüllt eine dicke Atmosphäre, welche die Wärme speichert und den Planeten zu einer düsteren Welt macht.

❻ NEPTUN
Neptun ist der entfernteste, kälteste und windigste Planet. Er besteht wie Uranus hauptsächlich aus Wasser-, Methan- und Ammoniakeis und besitzt eine Atmosphäre aus Wasserstoff. Er hat ein dünnes Ringsystem und viele Monde.

❼ MARS
Der „Rote Planet" ist der äußerste erdartige Planet. Er besitzt polare Eiskappen, gewaltige Vulkane, gefrorene Wüsten und tiefe Grabensysteme, die vor langer Zeit entstanden. Der Mars hat zwei kleine Monde.

❽ ERDE
Der einzige Ort im Sonnensystem, auf dem Leben existiert, ist die Erde. Sie besitzt als einziger Planet flüssiges Wasser. Verschiebungen der Erdkruste verändern ständig ihre Oberfläche. Die Erde begleitet ein Mond.

❾ ZWERGPLANETEN
Im Sonnensystem gibt es drei bekannte Zwergplaneten – kleine runde Objekte, die mit anderen Objekten um die Sonne rotieren. Eris und Pluto kreisen hinter Neptun als Mitglieder des Kuiper-Gürtels. Dagegen wandert Ceres zwischen Mars und Jupiter im Planetoidengürtel um die Sonne.

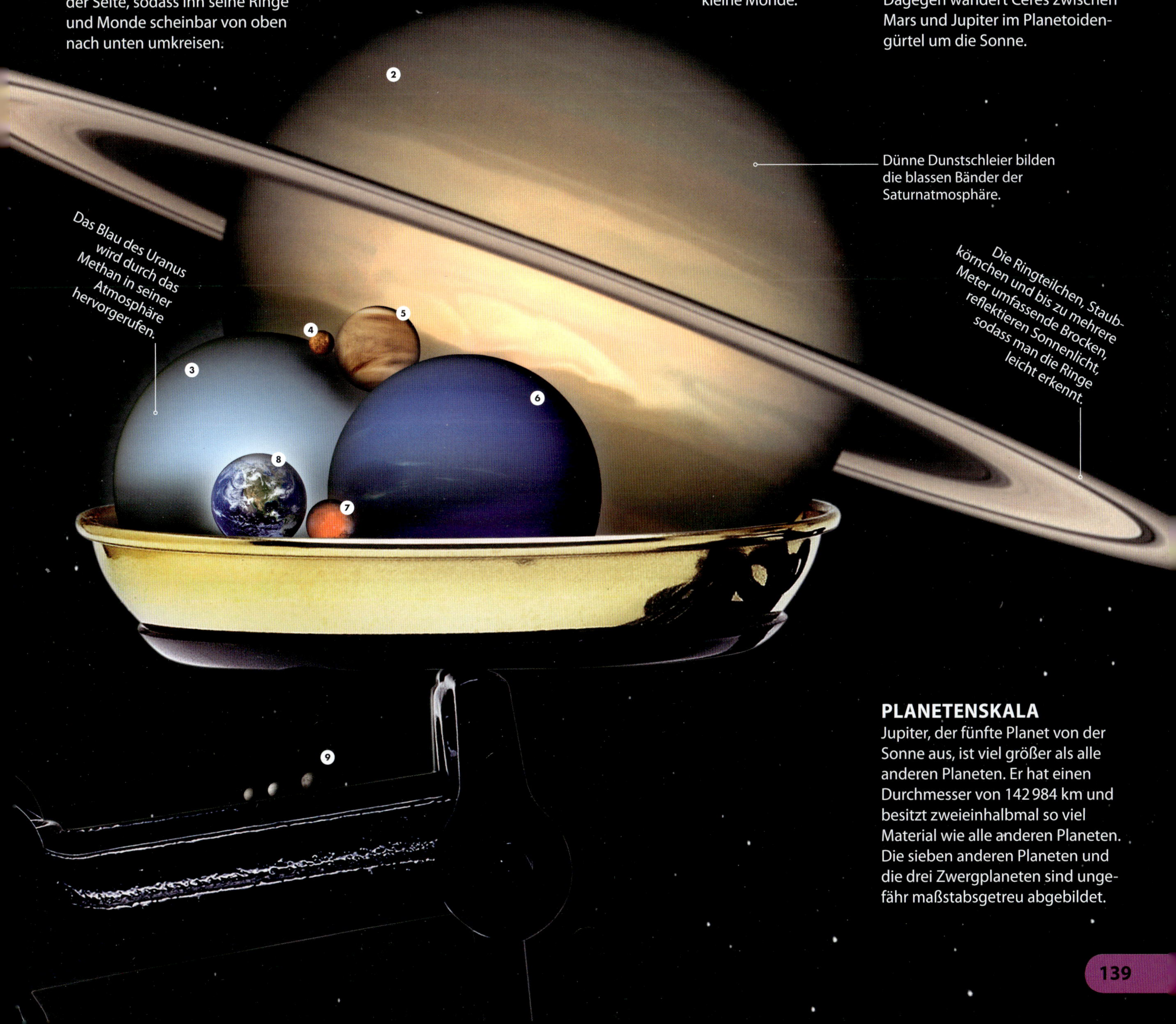

PLANETENSKALA
Jupiter, der fünfte Planet von der Sonne aus, ist viel größer als alle anderen Planeten. Er hat einen Durchmesser von 142 984 km und besitzt zweieinhalbmal so viel Material wie alle anderen Planeten. Die sieben anderen Planeten und die drei Zwergplaneten sind ungefähr maßstabsgetreu abgebildet.

MONDE

Im Sonnensystem kreisen mehr als 160 Monde um sechs der acht Planeten – nur Merkur und Venus besitzen keinen Mond. Ihre Größe reicht von Ganymed, einem Jupitermond, der größer ist als Merkur, bis zum Jupitermond Kale, der nur 2 km groß ist. Alle Monde bestehen aus Gestein oder Eis und Gestein. Viele besitzen Oberflächen, übersät mit Einschlagkratern, die von Planetoiden stammen. 19 Monde des Sonnensystems sind mehr als 400 km groß. Diese großen Monde sind meistens rund, während die zahlreichen kleine Monde unregelmäßig geformt sind.

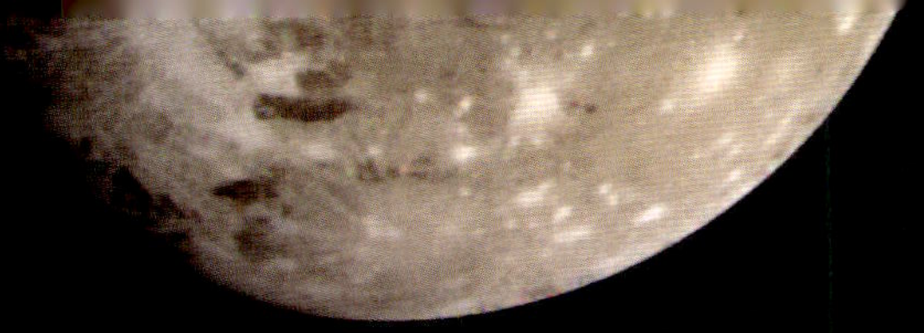

❶ MOND
Der Mond ist der einzige natürliche Satellit der Erde. Er ist etwa ein Viertel so groß wie die Erde und der fünftgrößte Mond. Seine trockene Oberfläche weist viele Einschlagkrater auf.

❷ IO
Der farbige Io besitzt die meisten Vulkane des Sonnensystems. Seine Oberfläche wird ständig durch geschmolzenes Gestein erneuert, das durch die dünne Kruste bricht. Aus Rissen schießen kalte Gassäulen und eisige Körner empor.

❸ EUROPA
Europa zählt mit Ganymed, Callisto und Io zu den vier größten Jupitermonden, die man die Galileischen Monde nennt. Galileo Galilei war der erste Astronom, der sie entdeckt hat. Durch Europas Oberfläche ziehen braune Rillen auf dem blaugrauen Eis.

❹ GANYMED
Mit 5262 km Durchmesser ist Ganymed der größte Mond des Sonnensystems und gehört zu der größten Mondfamilie – den Jupitermonden. Bis heute sind 63 Monde bekannt, doch ihre Zahl wird vermutlich durch kleine, unentdeckte Monde noch steigen. Ganymed besteht aus Eis und Gestein mit einer Eiskruste.

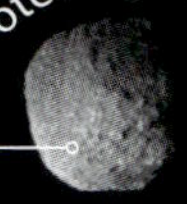

Der kleine Proteus, der nur 440 km groß ist, kreist um Neptun.

❺ TITAN
Titan ist der größte der 60 Saturnmonde. Seine Oberfläche kennzeichnen helle Hochflächen, dunkle Ebenen und Methanseen. Er besitzt als einziger Mond eine Atmosphäre, die viel Stickstoff enthält und sich Hunderte Kilometer weit ausdehnt.

❻ TITANIA
Titania ist der größte der 27 Uranusmonde. Er und die anderen großen Monde Oberon, Umbriel, Ariel und Miranda sind nach Charakteren der englischen Literatur benannt. Einschlagkrater und große Risse prägen seine graue Eisoberfläche.

❼ IAPETUS
Iapetus ist ein kontrastreicher Mond. Seine helle eisige Oberfläche wird stellenweise von einem dunklen Material bedeckt. Er zählt mit Rhea, Dione, Tethys, Enceladus und Mimas zu den sechs großen Saturnmonden.

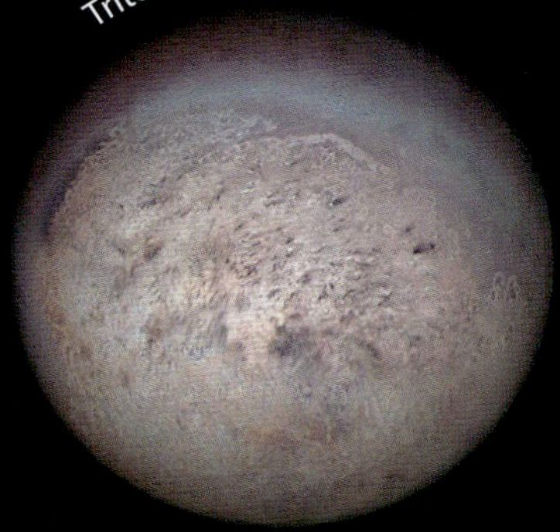

❽ TRITON
Triton ist bei Weitem der größte der 13 Neptunmonde. Der Mond aus Eis und Gestein besitzt eine junge, eisige Oberfläche. Seinen Spitznamen „Warzenmelone“ erhielt er, weil die geraden Rillen, Grate und Vertiefungen an eine Melone erinnern.

❾ KLEINE MONDE
Die meisten Monde haben einen Durchmesser von weniger als 400 km und sind unregelmäßig geformt wie die Saturnmonde Epimetheus und Hyperion. Viele kleine Monde wie die Marsmonde Phobos und Deimos waren früher Planetoiden.

KOMETEN

Mehr als 1 Billion Kometen kreisen um die planetarische Ebene des Sonnensystems. Sie kommen aus einer riesigen Kugel, der Oortschen Wolke, und fliegen auf langen Bahnen um die Sonne. Jeder Komet ist ein Brocken aus Eis und Staub, den man auch als „schmutzigen Schneeball" bezeichnet. Kometen sind erst in Sonnennähe groß und hell genug, um sie beobachten.

VERÄNDERLICHER KOMET ▸ Nähert sich ein Komet der Sonne, verdampft das Eis und strömt zusammen mit Staubteilchen vom Kern ab. Sobald sich der Komet innerhalb der Marsumlaufbahn befindet, bildet dieses Material einen Kopf, die Koma, sowie einen Gas- und einen Staubschweif.

Koma Eine Koma bildet sich um den Kern des Kometen Hale-Bopp, während er auf die Sonne zurast.

Schweife Die Kometschweife werden immer länger, je näher der Komet der Sonne kommt. Sie weisen immer von der Sonne weg.

◂ TOLLE KOMETENANSICHT Mehr als 2300 Kometen wurden inzwischen entdeckt. Ungefähr 200 Kometen kehren wieder zurück, die meisten fliegen jedoch nur einmal an der Sonne vorbei. Nur drei- oder viermal in einem Jahrhundert kann man so beeindruckende Kometen wie McNaught beobachten, der im Januar 2007 zu sehen war.

Dieser helle Punkt ist der Planet Merkur.

Der Komet wächst, sobald er sich der Sonne nähert.

Komet McNaught

VORBEIFLUG AN DER SONNE ▸ Diese Aufnahmen der Raumsonde SOHO zeigen den Kometen McNaught. Er wurde nach seinem Entdecker Robert McNaught benannt, der ihn am 7. August 2006 entdeckte. Im Januar 2007 erschien er am größten und hellsten, als er den geringsten Abstand zur Sonne hatte.

KOMETENAUFBAU ▸ Den Kern eines Kometen bildet ein Brocken, der groß wie eine Stadt ist und zu zwei Dritteln aus Eis und zu einem Drittel aus Staub besteht. Der Halleysche Komet kreist alle 76 Jahre um die Sonne. Als er ihr sich 1986 näherte, fotografierte die Raumsonde *Giotto* seine Koma und seinen Kern.

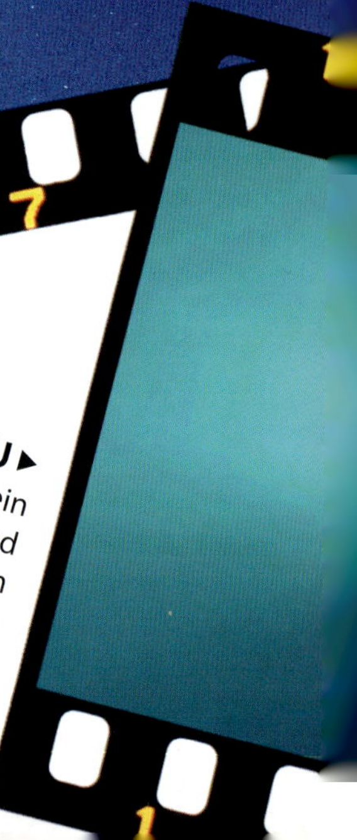

Schweifformen Der Gasschweif ist blau und gerade, während der Staubschweif weiß und gekrümmt ist.

In Sonnennähe Die Schweife sind in Sonnennähe am längsten und schrumpfen, sobald sich der Komet wieder entfernt.

Die helle Sonnenscheibe musste verdeckt werden, um den Kometen fotografieren zu können.

Mehrere Dutzend Bruchstücke folgen dem Kometen.

Eines von mehr als 30 Bruchstücken des Kometen Schwassmann-Wachmann 3

ZERFALL ▸

Wenn sich ein Komet einem massiven Körper wie der Sonne oder Jupiter nähert, kann ihn die Schwerkraft auseinanderreißen. Der Komet Schwassmann-Wachmann 3 kreist alle 5,4 Jahre um die Sonne. Dabei beobachteten Astronomen, dass er in Bruchstücke zerfällt.

Gas- und Staubstrahlen strömen vom Kometenkern ab.

Der Kern des Halleyschen Kometen ist 15,3 km lang.

METEORITEN

Tausende Tonnen Gestein dringen jedes Jahr in die Erdatmosphäre ein. Der Großteil stammt von Planetoiden, einiges auch von Kometen, dem Mond oder dem Mars. Wenn sich diese Brocken der Erde nähern, bezeichnet man sie als Meteoroiden. Die meisten verbrennen in der Atmosphäre, doch einige fallen als Meteoriten auf die Erde. Es gibt Steinmeteoriten, Eisenmeteoriten und die seltenen Steineisenmeteoriten.

▼ ESQUEL
Dieser Steineisenmeteorit wurde 1951 in der Nähe von Esquel in Argentinien gefunden. Goldfarbene Kristalle des Minerals Olivin sind in dem Eisen-Nickel-Metall eingebettet.

THIEL ▶
Der Steineisenmeteorit zählt zu den ersten, die vor über 40 Jahren in den Thiel-Bergen in der Antarktis entdeckt wurden.

▲ METEOR
Meteoroiden verbrennen in der Erdatmosphäre und bilden helle Schweife. Diese kurzlebigen Lichtstreifen nennt man Meteore oder Sternschnuppen. Jeden Tag verglühen etwa 1 Million Meteore.

◀ MURCHISON
Steinmeteoriten kommen am häufigsten vor. Der Murchison schlug 1969 in Australien ein. Er gehört zu den am besten untersuchten Meteoriten. Er enthält Minerale, Wasser und organische Moleküle.

BARWELL ▶
Der Barwell-Meteorit stammt aus einem Meteorschauer, der 1965 über England niederging. Seine Oberfläche wurde durch die Reibung in der Erdatmosphäre erhitzt und geschmolzen. Später bildete sich diese feste schwarze Kruste.

◂ **CANYON DIABLO**
Dieser geschliffene und polierte Eisenmeteorit ist ein Stück eines Planetoiden, der den Barringer-Krater (unten) schuf. Alle Stücke wogen zusammen 30 Tonnen, doch sie machen nur einen geringen Teil des ursprünglichen Planetoiden aus.

▾ **EINSCHLAGKRATER**
Meteoriten erzeugen Krater, wenn sie auf der Erde einschlagen. Der Barringer-Krater in der Wüste von Arizona (USA), der hier unter einer seltenen Schneedecke liegt, ist 1,2 km breit und entstand vor ungefähr 50 000 Jahren.

▴ **GIBEON**
Eisenmeteoriten sind nach den Steinmeteoriten die zweithäufigste Art. Der Gibeon besteht hauptsächlich aus Eisen mit einem geringen Anteil Nickel. Er ist ein Meteorit von vielen, die man seit 1830 in Namibia gefunden hat.

▴ **CALCALONG CREEK**
Mehr als 50 Meteoriten wurden bisher auf der Erde entdeckt, die nach einem Planetoideneinschlag vom Mond abgesprengt wurden. Beim Calcalong Creek, der in Australien niederging, handelt es sich um Mondstaub, der durch den Einschlag auf der Erde fest wurde.

▴ **NAKHLA**
Dieser Steinmeteorit ist einer von mehr als 30, die ursprünglich vom Mars stammten. Er wurde von dem Planeten abgesprengt und flog viele Millionen Jahre durch den Weltraum, bevor er am 28. Juni 1911 in Ägypten einschlug.

◂ **TEKTITE**
Kleine Glaskörper, die man Tektite nennt, können sich nach einem Meteoriteneinschlag auf der Erde bilden. Der Einschlag zertrümmert und schmilzt Erdgestein, das kilometerweit fortgeschleudert wird. Es kühlt ab, erstarrt zu Glas und fällt auf die Erde zurück.

TELESKOPE

Teleskope sind die wichtigsten Instrumente der Astronomen. Sie vergrößern weit entfernte Objekte und machen Einzelheiten erkennbar. Teleskope arbeiten mit Linsen oder Spiegeln, die Licht sammeln, bündeln und Bilder erzeugen. Reflektoren, die Spiegel benutzen, sind am verbreitetsten. Je größer der Spiegel ist, desto besser die Sicht.

MIT BLOSSEM AUGE ▲
Das Sternbild Orion kann man leicht mit bloßem Auge erkennen. In einer dunklen, mondfreien Nacht sieht man sogar einen schwachen Lichtfleck unterhalb der drei Gürtelsterne. Das ist der Orionnebel.

MIT DEM FERNGLAS ▲
Der Orionnebel ist eine massive Wolke aus Gas und Staub, in der neue Sterne entstehen. Klarer als mit dem bloßen Auge erscheint er durch ein Fernglas, in dem zwei schwache Teleskope zusammenwirken. In normalen Ferngläsern sind die beiden Hauptlinsen etwa 5 cm breit und vergrößern das Bild siebenfach.

VERBESSERTE SICHT ▶
Ein stärkeres Teleskop verbessert den Blick auf den Nebel. Über die gesamte Welt verteilt gibt es 50 Teleskope mit Spiegeln von 2–5 m Durchmesser und weitere 20 mit Spiegeln bis zu 10 m Durchmesser. Diese großen Teleskope befinden sich auf Bergkuppen, weil die Luft dort klar und ruhig ist. Um ihr Ziel nicht zu verlieren, während sich die Erde dreht, wird ihre Position von einem Computer ständig angepasst.

Refraktoren nutzen Linsen im Hauptrohr des Teleskops, um Licht zu sammeln und zu bündeln.

Das Okular ist im 90°-Winkel am Hauptrohr angebracht.

◀ MITTELSTARKES TELESKOP

Die Form des Orionnebels wird durch ein Teleskop mit einem 20-cm-Spiegel gut sichtbar. Eine Kamera am Teleskop sammelt das Licht und speichert das Bild.

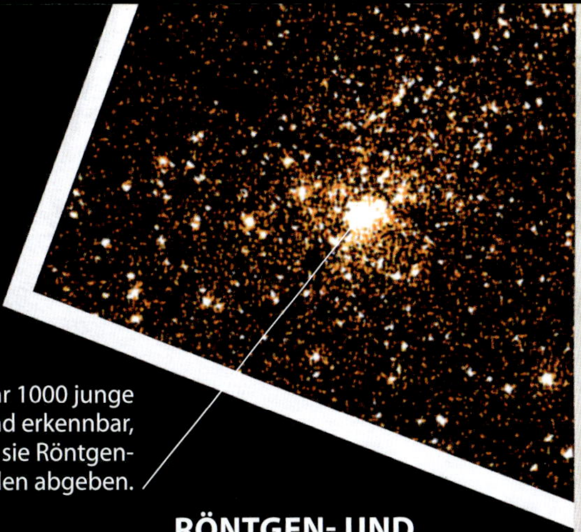

Ungefähr 1000 junge Sterne sind erkennbar, weil sie Röntgenstrahlen abgeben.

RÖNTGEN- UND INFRAROTSTRAHLEN ▲

Das Chandra-Weltraumteleskop zeigt mit Röntgenstrahlen das Herz des Orionnebels. Die Aufnahme rechts vom gleichen Gebiet nahm das Spitzer-Weltraumteleskop mit Infrarot auf. Staubwolken, die vom Sternlicht erwärmt werden, erscheinen hier rot.

BLICK AUS DEM WELTALL ▶

Einige Teleskope sammeln andere Energieformen als sichtbares Licht, z. B. Radiowellen, Röntgen- und Infrarotstrahlen. Die Erdatmosphäre blockiert einige dieser Strahlen, weshalb Teleskope im Weltall sie aufnehmen. Diese farbverstärkte Aufnahme setzt sich aus Daten zweier Teleskope zusammen: von Spitzer (Infrarotstrahlen) und Hubble (sichtbares und ultraviolettes Licht).

DAS HERZ DES NEBELS ▶

Der 2,4-m-Spiegel des Hubble-Weltraumteleskops sammelte das Licht für diese Aufnahme des hellen Zentrums im Orionnebel. Im Zentrum liegt das Trapez, ein Haufen aus zehn jungen, hellen Sternen, die den Nebel mit ultravioletten Strahlen beleuchten.

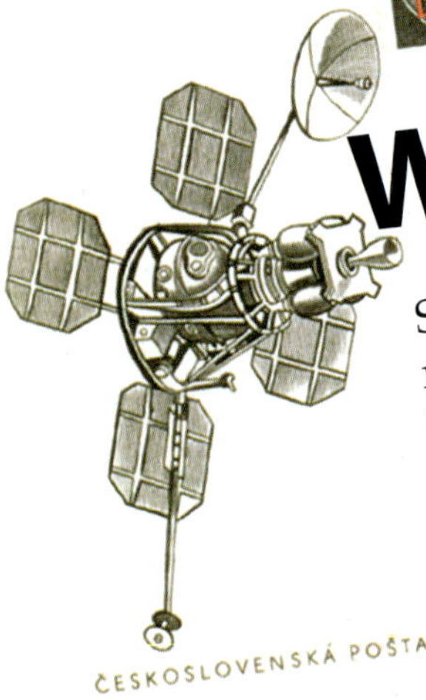

WELTRAUMFORSCHUNG

Seit 50 Jahren erforschen Menschen mit Raumsonden den Weltraum. In dieser Zeit starteten mehr als 100 Raumsonden, um Planeten, Monde, Planetoiden und Kometen des Sonnensystems zu untersuchen. Sie flogen an den Himmelskörpern vorbei, umkreisten sie oder landeten auf ihnen. Bis heute betraten Menschen aber nur den Mond, doch künftig will man auch auf dem Mars landen.

Russischer Satellit *Sputnik 1*

Hier befand sich Laika.

Sputnik 2 flog mit dem Hund Laika in den Weltraum.

Mercury Atlas 5 mit dem Schimpansen Enos an Bord

Juri Gagarin, der erste Mensch im Weltraum

Walentina Tereschkowa, die erste Frau im Weltraum

Alexej Leonow unternimmt den ersten Weltraumspaziergang.

Apollo 8 kreist um den Mond.

Apollo 11 hebt ab.

Im Orbit über dem Mond

Der Mensch auf dem Mond

Die Besatzung von *Apollo 11* kehrt im Kommandomodul *Columbia* zur Erde zurück.

Wiedereintritt in die Erdatmosphäre

Raumsonden erforschen die wichtigsten Himmelskörper.

Das Mondlandefahrzeug erreichte eine Höchstgeschwindigkeit von 18,6 km/h.

Apollo-15-Mission

Pioneer 10 flog 1973 an Jupiter vorbei, die Zwillingssonde *Pioneer 11* folgte 1974.

Die Raumsonde *Pioneer* erforscht Jupiter.

Sojus 19 mit zwei russischen Kosmonauten

Die erste internationale Begegnung im All

Sonde *Viking* auf dem Mars

Die Sonde *Giotto* fliegt zum Halley-schen Kometen.

Start des Hubble-Weltraum-teleskops

Columbia, der erste Spaceshuttle, hebt ab.

Die Sonde *Mars Pathfinder* und ihr Rover *Sojourner* landen auf dem Mars.

GESCHICHTE DER WELTRAUMFORSCHUNG

14. Oktober 1957
Sputnik 1, der erste künstliche Satellit, startet von Russland aus in eine Erdumlaufbahn.

3. November 1957
Laika, ein russischer Hund an Bord von *Sputnik 2*, ist das erste Lebewesen im Weltraum.

2. Januar 1959
Die russische Raumsonde *Luna 1* überwindet die Erdanziehungskraft.

13. September 1959
Luna 2 ist die erste Raumsonde, die auf dem Mond zerschellt.

12. April 1961
Der Russe Juri Gagarin ist der erste Mensch im Weltraum. Sein Flug dauerte 108 Minuten.

16. Juni 1963
Die Russin Walentina Tereschkowa ist die erste Frau im Weltraum.

18. März 1965
Der Russe Alexej Leonow unternimmt den ersten Weltraumspaziergang.

3. Februar 1966
Luna 9 landet erfolgreich auf dem Mond.

24. Dezember 1968
Mit der US-Raumkapsel *Apollo 8* gelingt der erste bemannte Flug auf eine Mondumlaufbahn.

20. Juli 1969
Neil Armstrong und Edwin Aldrin von *Apollo 11* betreten als erste Menschen den Mond.

19. April 1971
Russland startet die erste Weltraumstation *Saljut 1*.

3. Dezember 1973
Die US-Sonde *Pioneer 10* fliegt zum Jupiter.

29. März 1974
Die US-Sonde *Mariner 10* fliegt zum Merkur.

17. Juli 1975
Die US-Sonde *Apollo18* und die russische *Sojus 19* treffen sich zum ersten internationalen Weltall-Rendezvous.

22. Oktober 1975
Die russische Sonde *Venera 9* sendet die ersten Bilder von der Venus.

20. Juli 1976
Die US-Sonde *Viking 1* landet erfolgreich auf dem Mars.

1. September 1979
Pioneer 11 fliegt als erste Sonde am Saturn vorbei.

12. April 1981
Columbia, der erste US-Spaceshuttle, wird gestartet.

24. Januar 1986
Voyager 2 fliegt als erste Sonde zu Uranus.

20. Februar 1986
Das erste Modul der russischen Weltraumstation *Mir* wird gestartet.

13. März 1986
Die europäische Sonde *Giotto* nimmt die ersten Bilder eines Kometen auf.

24. August 1989
Voyager 2 fliegt als erste Sonde zu Neptun.

24. April 1990
Das Hubble-Weltraumteleskop wird gestartet.

15. September 1990
Die US-Sonde *Magellan* startet zu ihrem dreijährigen Flug zur Venus.

29. Oktober 1991
Die US-Sonde *Galileo* fliegt an dem Planetoiden Gaspra vorbei.

13. Juli 1995
Galileo erreicht Jupiter und setzt eine Sonde in seine Atmosphäre ab.

4. Juli 1997
Die US-Raumsonde *Mars Pathfinder* landet mit Rover *Sojourner* auf dem Mars.

20. November 1998
Sarja, das erste Modul der Internationalen Raumstation (ISS), wird gestartet.

2. November 2000
Die erste Besatzung erreicht die ISS.

12. Februar 2001
Die Sonde *NEAR* landet auf Eros.

25. August 2003
Das Spitzer-Infrarot-Weltraumteleskop startet.

25. Dezember 2003
Die europäische Sonde *Mars Express* umkreist den Mars.

4. Januar 2004
Die Landefahrzeuge *Spirit* und *Opportunity* landen auf dem Mars.

2. März 2004
Die europäische Sonde *Rosetta* startet ihre zehnjährige Reise zum Kometen Tschurjumow-Gerasimenko.

30. Juni 2004
Die US-Sonde *Cassini* erreicht Saturn. Sie setzt den Lander *Huygens* ab, der auf dem Mond Titan aufsetzt.

20. November 2005
Die japanische Sonde *Hayabusa* landet auf dem Planetoiden Itokawa.

19. Januar 2006
Die US-Sonde *New Horizons* beginnt ihre 8-jährige Reise zu Pluto.

4. August 2007
Die US-Sonde *Phoenix* startet zum Mars, auf dem sie im Mai 2008 landete.

14. Januar 2008
Die US-Sonde *Messenger* startet zum Merkur.

WELTRAUMFAHRER

Seit dem ersten bemannten Weltraumflug 1961 sind mehr als 460 Menschen im All gewesen – 26 bei Mondflügen und die anderen auf einer Erdumlaufbahn. Bis heute haben nur Russland, China und die Vereinigten Staaten Menschen in den Weltraum geschickt. Aber nicht nur Menschen waren im Weltraum. Auch Hunde, Affen und Spinnen reisten bereits zu Forschungszwecken ins All.

1 Alan Shepard war der zweite Mensch und erste Amerikaner, der in den Weltraum flog.

2 Ulf Merbold aus Deutschland war der erste Europäer, der in einem Spaceshuttle flog.

3 James Voss hält mit Susan Helms den Rekord für den längsten Weltraumspaziergang (8 Stunden und 56 Minuten).

4 Susan Helms

5 Laika war das erste Tier im Weltraum. Der russische Hund reiste 1957 in *Sputnik 2*.

6 Alexej Leonow machte den ersten Weltraumspaziergang im März 1965. Er blieb 10 Minuten angeleint an *Woschod 2* im All.

7 Eileen Collins war im Februar 1995 die erste Pilotin und im Juli 1999 die erste Kommandantin eines Spaceshuttles.

8 Yang Liwei war der erste chinesische Astronaut (Taikonaut). Chinas erster bemannter Raumflug fand im Oktober 2003 statt.

9 Swetlana Sawizkaja war die zweite Frau im All und verließ als erste Frau eine Raumkapsel.

10 Michael Collins war das dritte Mitglied der *Apollo-11*-Mission 1969. Er kreiste um den Mond, während Armstrong und Aldrin dort landeten.

11 Dennis Tito war der erste Weltraumtourist. 2001 bezahlte er für 6 Tage Flug 20 Mio. Dollar.

12 Baker, ein Totenkopfäffchen, startete am 28. Mai 1959 zusammen mit dem Rhesusaffen Able in den Weltraum.

13 Eugene Cernan war bei der *Apollo-17*-Mission im Dezember 1972 der bisher letzte Mensch, der den Mond betrat.

14 Neil Armstrong betrat als erster Mensch den Mond. Er untersuchte 2 Stunden und 35 Minuten die Mondoberfläche.

15 Juri Gagarin flog als erster Mensch in den Weltraum. Im April 1961 umrundete er in 108 Minuten einmal die Erde.

16 Sunita Willams hält den Rekord für den längsten Raumflug einer Frau (194,7 Tage).

17 Mike Melvill war der erste private Astronaut. Er steuerte *SpaceShipOne* im Juni 2004.

18 Walentina Tereschkowa flog als erste Frau in den Weltraum. Ihre Reise mit *Wostok 6* im Juni 1963 dauerte 3 Tage.

19 Sergej Krikaljow hielt sich insgesamt am längsten im All auf. Nach sechs Flügen hatte er 803,4 Tage im All verbracht.

20 Sam war ein Rhesusaffe, der 1960 Ausrüstungen testete, die für zukünftige bemannte Raumflüge entwickelt worden waren.

21 Waleri Poljakow hält den Rekord für den längsten Weltraumflug. Er verbrachte 437,7 Tage an Bord der *Mir*.

22 Bruce McCandless unternahm im Februar 1984 den ersten Weltraumspaziergang ohne Sicherungsleine.

23 John Glenn war 1962 der erste Amerikaner auf einer Erdumlaufbahn. Er war 1988 mit 77 Jahren der älteste Astronaut.

24 Arabella, eine Spinne, war 1973 an Bord der Weltraumstation *Skylab* und webte nach ihrer Eingewöhnung normale Netze.

25 Ein Schädel des Dinosauriers *Coelophysis* war 1998 an Bord des Spaceshuttles *Endeavour*.

26 Grüne Baumfrösche reisten 1990 zu der Weltraumstation *Mir*.

27 Edwin Aldrin betrat als zweiter Mensch den Mond.

28 Ein Schwertfisch flog 1998 mit dem Spaceshuttle *Columbia* in den Weltraum.

29 Totenkopfäffchen und 24 Albinoratten wurden 1985 zu *Spacelab-3* gebracht.

30 Albinoratten

31 Wachteln schlüpften 1990 an Bord der Weltraumstation *Mir*.

32 Belka und Strelka waren 1960 die ersten Hunde im Weltraum, die ihre Reise überlebten.

33 Ham war der erste Schimpanse, der 1961 in den Weltraum flog. Er testete Ausrüstungsgegenstände, die für künftige bemannte Raumflüge entwickelt worden waren.

ANTARKTIS
Das Transantarktische Gebirge durchquert den antarktischen Kontinent und trennt ihn in einen West- und einen Ostteil. Das südlich angrenzende Ross-Schelfeis ist bekannt für seine großartigen Eishöhlen.

Erde

PLANET ERDE

Die Entstehung der Erde begann vor etwa 4,5 Milliarden Jahren. Sie bildete sich durch Verdichtung einer um die Sonne rotierenden, eisenhaltigen Staubwolke. Meteoriten stürzten auf die junge Erde und ihre Einschläge erzeugten dabei so viel Hitze, dass der Planet komplett aufschmolz. Das schwere, flüssige Eisen sank zum Erdmittelpunkt und bildete den Erdkern, die leichteren Gesteine dagegen bildeten Erdmantel und Erdkruste.

AUFBAU DER ERDE

Der Planet gleicht im Aufbau einem Apfel. Die mineralische Erdkruste wäre dann die dünne Schale, der mächtige Erdmantel das Fruchtfleisch und der Erdkern wäre im Kernhaus des Apfels untergebracht.

❶ INNERER ERDKERN

Der innere Erdkern ist eine schwere Kugel aus festem Eisen und Nickel. Hier herrscht eine Hitze von 4700 °C. Der extrem hohe Druck verhindert, dass der Erdkern flüssig ist.

❷ ÄUSSERER ERDKERN

Der feste innere Erdkern wird umhüllt vom äußeren Erdkern, der aus flüssigem Eisen, Nickel und Schwefel besteht. Ständige Wirbelströme in dieser Masse erzeugen das Erdmagnetfeld.

❸ UNTERER ERDMANTEL

Der mineralische Erdmantel reicht bis 2900 km Tiefe hinab, wo es 3500 °C heiß ist. Die Masse ist zähflüssig und wird von aufsteigender Hitze aus dem Erdkern in langsame Strömungen versetzt.

❹ OBERER ERDMANTEL

Der obere Erdmantel ist bis zu 1000 °C heiß. Dort, wo zähflüssiges Mantelmagma die Erdkruste von unten aufbricht, sinkt der Druck, das Magma wird dünnflüssig und bricht in Vulkanschloten aus.

❺ OZEANISCHE KRUSTE

Zwischen den Kontinenten ist die Erdkruste mit weniger als 11 km sehr dünn. Sie besteht aus schwerem Basaltgestein, das an mittelozeanischen Rücken ausfließt und die Ozeanböden bildet.

❻ KONTINENTALE KRUSTE

Die leichtesten Gesteine der Erde „schwimmen" wie große steinerne Flöße auf dem zähflüssigen Erdmantel. Dadurch sind sie höher als der Meeresspiegel und bilden die Kontinente, auf denen wir leben.

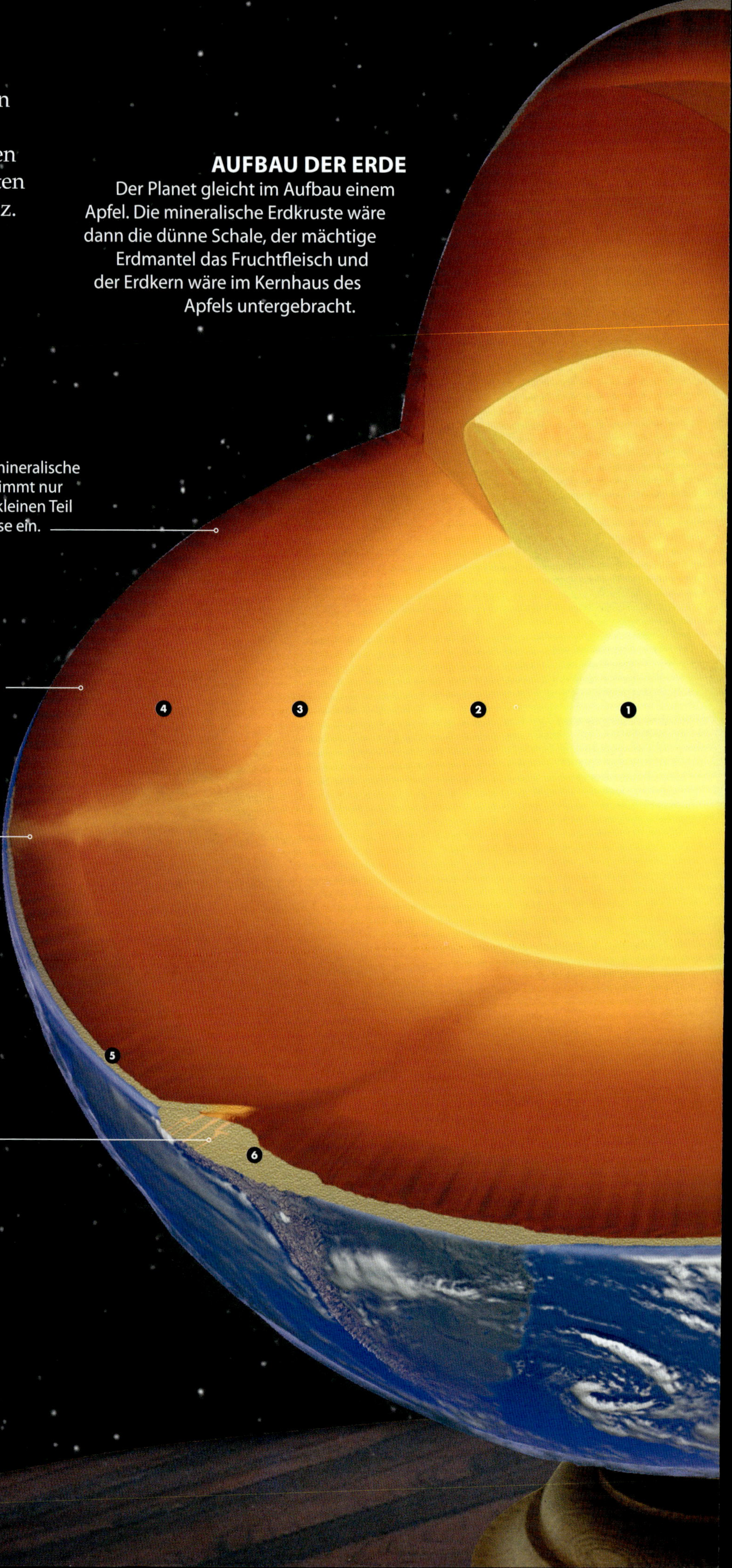

Riesige Einschlagkrater haben sich mit dunkler Basaltlava alter Vulkane gefüllt.

DER MOND

Schon bald nachdem sich die Erde geformt hatte, traf sie ein planetengroßer Asteroid, der völlig zerstört wurde. Sein Metallkern verschmolz mit jenem der Erde, während ein großer Anteil an mineralischen Bruchstücken in den Weltraum geschleudert wurde und sich allmählich zum Mond verdichtete.

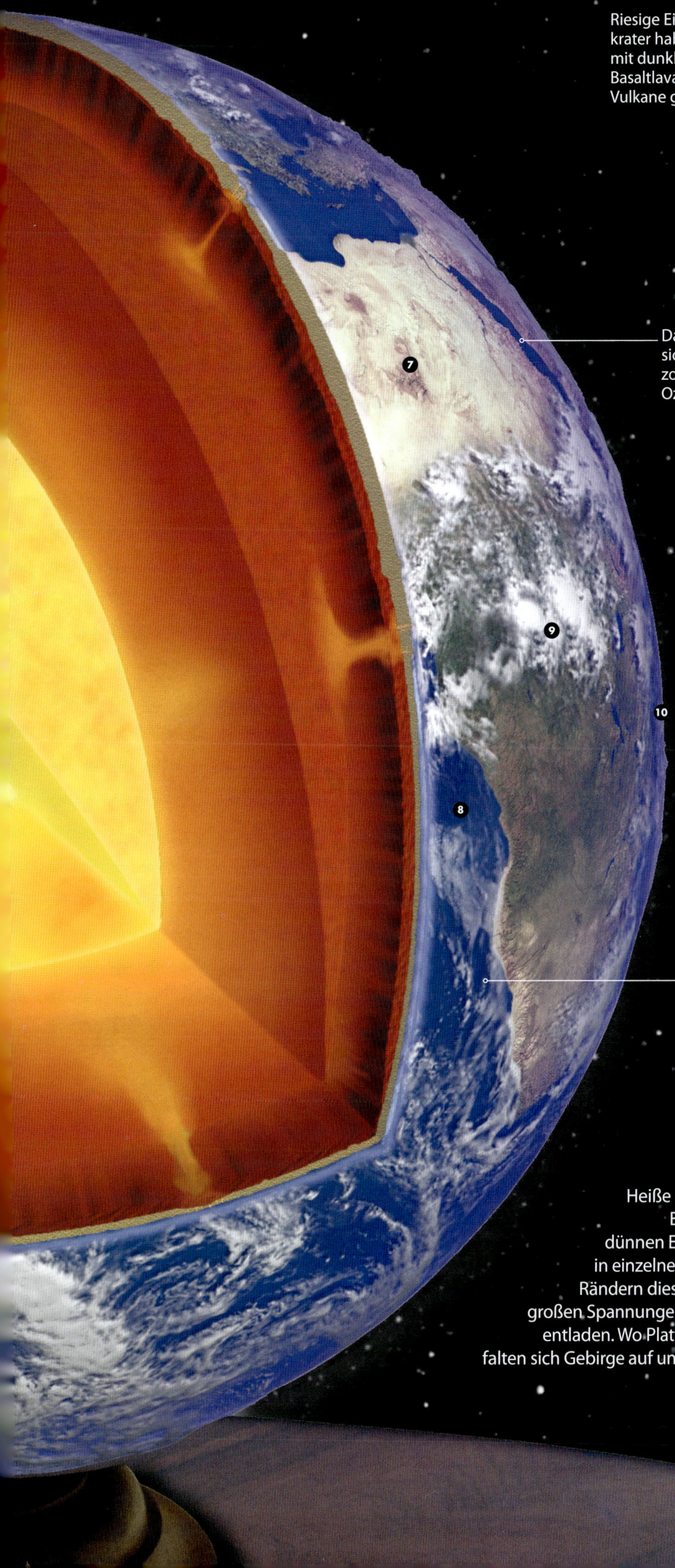

Das Rote Meer ist eine sich ausbreitende Riftzone, die sich zu einem Ozean ausweiten wird.

Mehr als 70 % der Erdoberfläche ist mit Meerwasser bedeckt.

7 ERDOBERFLÄCHE

Niederschläge, Frost, Hitze und Wind lassen die Gesteine der Erdoberfläche zu Bodenmineralen verwittern, auf denen Pflanzen wachsen.

8 OZEANE

Die durchschnittlich 3700 m tiefen Becken zwischen den Kontinenten sind mit Wasser gefüllt. Das meiste Wasser stammt aus der Frühzeit der Erde und wurde von Vulkanen ausgestoßen.

9 WETTERSYSTEME

Die Sonnenwärme lässt über den Ozeanen Wasser verdunsten, das als Wasserdampf in die Luft aufsteigt. In der Höhe verdichtet er sich zu Wolken, die sich über den Kontinenten abregnen und Pflanzenwachstum ermöglichen.

10 ATMOSPHÄRE

Die große Masse der Erde erzeugt genug Schwerkraft, um die Erdatmosphäre aus Stickstoff, Sauerstoff und Kohlendioxid festzuhalten. Die Atmosphäre sorgt für Temperaturausgleich und schirmt die gefährliche Weltraumstrahlung ab.

ERDPLATTEN

Heiße Ströme im zähflüssigen Erdmantel zerren an der dünnen Erdkruste und haben sie in einzelne Platten zerlegt. An den Rändern dieser Platten kommt es zu großen Spannungen, die sich als Erdbeben entladen. Wo Platten aufeinanderstoßen, falten sich Gebirge auf und brechen Vulkane aus.

PLATTENTEKTONIK

Die Erdkruste ist die in Platten zerbrochene dünne Schale auf dem heißen zähflüssigen Erdmantel. Ihre Teile bewegen sich sehr langsam und werden von heißen Strömungen im Erdmantel angetrieben. Manche Platten stoßen aufeinander, andere entfernen sich voneinander. Durch die Verschiebungen werden Meere größer oder kleiner und Kontinente wandern über den Globus.

1

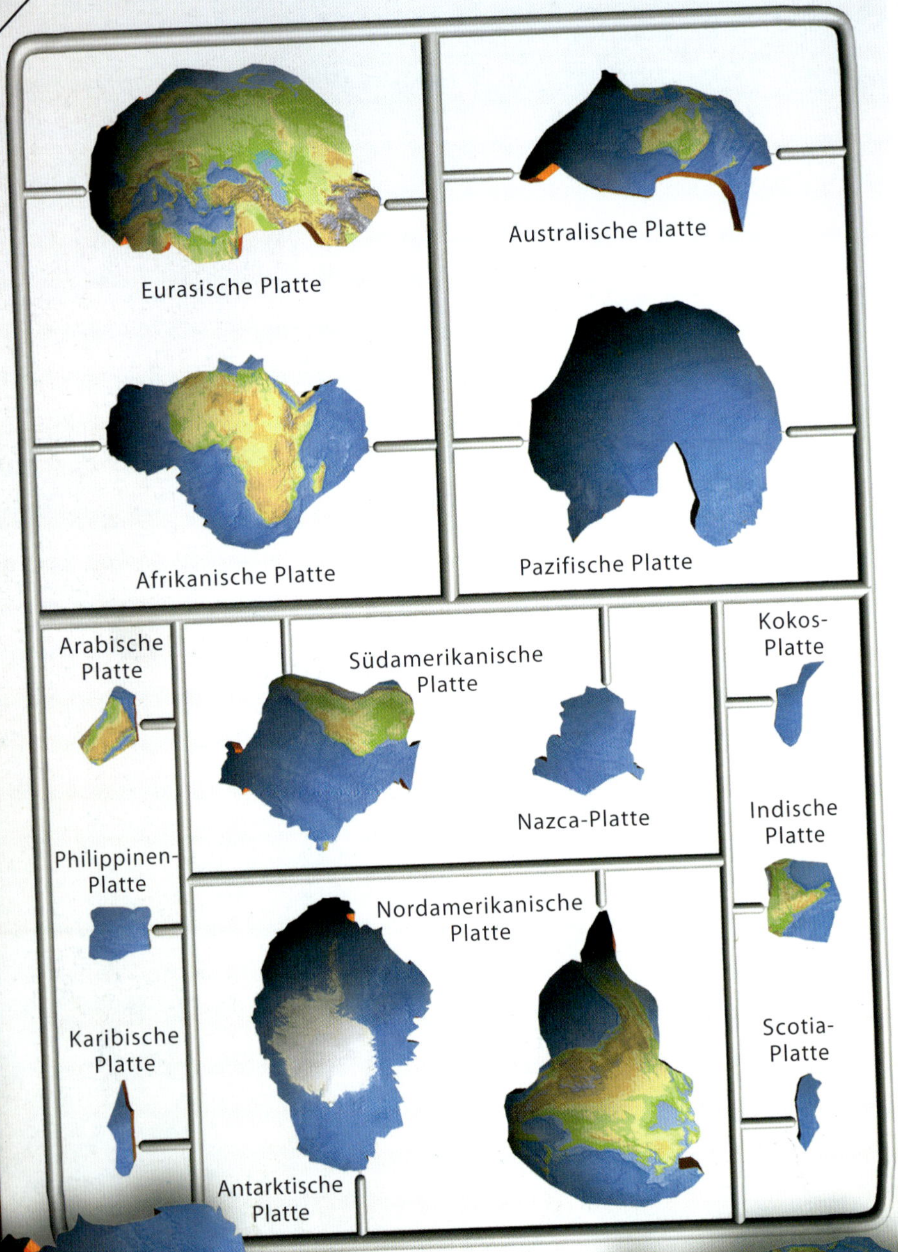

2 PLATTENGRENZEN

An manchen Plattengrenzen wandern Platten auseinander, an anderen stoßen Platten zusammen. Dann gibt es noch Grenzen, wo zwei Platten aneinander vorbeischrammen. Alle diese Bewegungen erzeugen Erdbeben und an vielen Plattengrenzen brechen Vulkane aus.

Konvergente Plattengrenzen Sie treten dort auf, wo eine Platte unter eine andere abtaucht, wo also ozeanische Kruste unter kontinentale verschwindet und dabei Gebirge auffaltet.

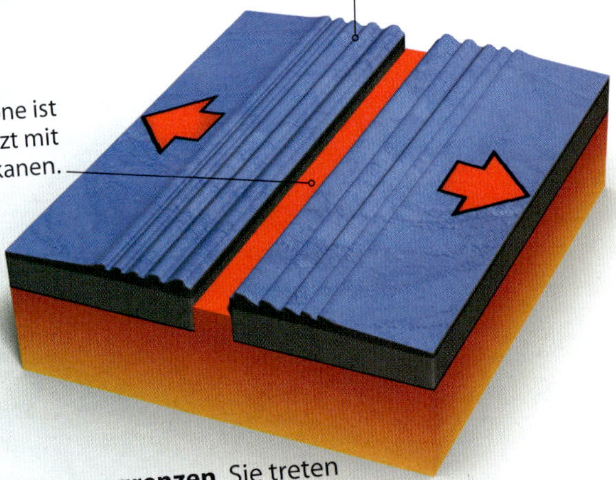

Divergente Plattengrenzen Sie treten dort auf, wo Platten auseinanderdriften, meist innerhalb ozeanischer Kruste. Heiße Basaltlava aus dem Erdmantel tritt aus und verfestigt sich zu neuem Ozeanboden.

◂ DAS PLATTENPUZZLE

Es gibt 15 große tektonische Platten und an die 40 kleinere. Manche bestehen aus rein ozeanischer Kruste, andere tragen zusätzlich die Kontinente. Kontinentale Kruste ist leichter und dicker als ozeanische Kruste. Während ozeanische Kruste teils wächst, teils schrumpft, bleibt kontinentale Kruste großteils unverändert oder wächst sehr langsam.

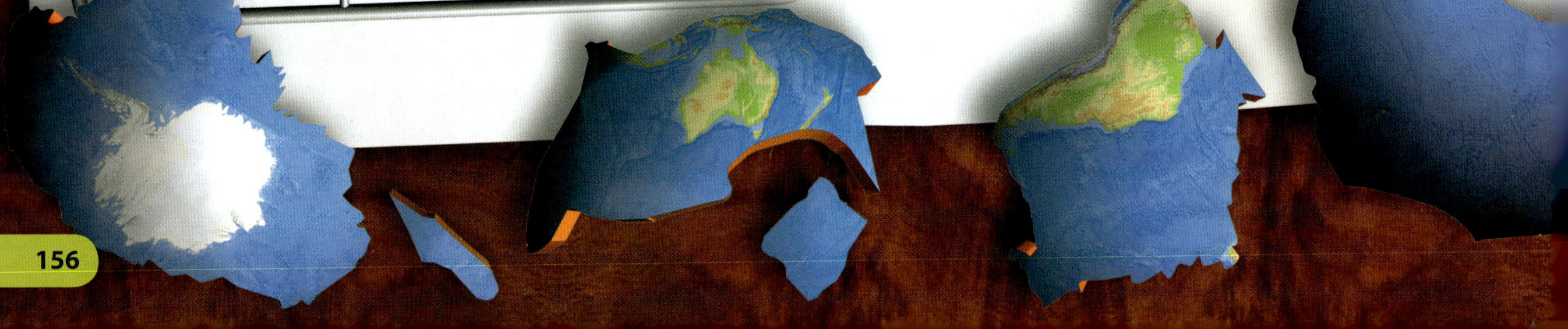

Transformstörungen Diese Plattengrenzen zeigen aneinander vorbeigleitende Platten an. Typisch sind starke Erdbeben und fehlende Vulkane.

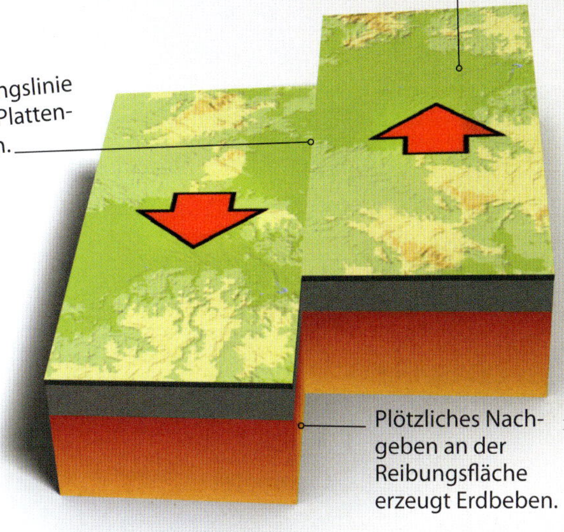

3

ZERSPLITTERTER ERDBALL ▸

Alle Platten zusammen ergeben die Erdoberfläche. Platten, die an divergenten Plattengrenzen auseinanderdriften, müssten eigentlich die Erde größer machen. Dieser Zuwachs wird aufgefangen durch Platten, die an konvergenten Plattengrenzen in die Tiefe abtauchen und zerstört werden. Die Kokos-Platte verzeichnet gleichzeitig Zuwachs (links) und Verlust (rechts).

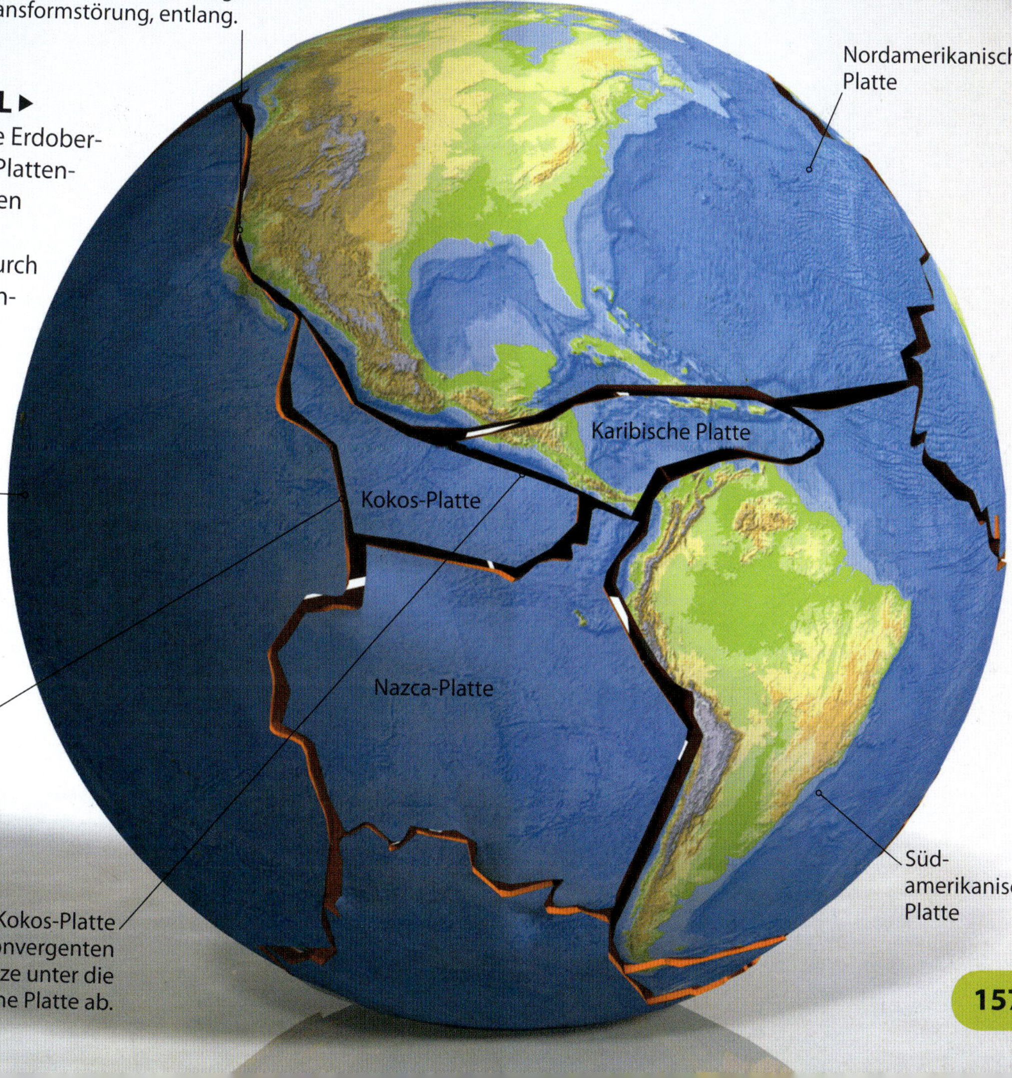

VULKANE

Feuer speiende Berge sind die eindrucksvollsten und gefährlichsten geologischen Gebilde auf der Erde. Die meisten Vulkane erstrecken sich entlang von Plattengrenzen der Erdkruste. An den divergenten Plattengrenzen der mittelozeanischen Rücken fließt heiße Basaltlava aus Spalten aus, an konvergenten Plattenrändern hingegen brechen hochexplosive Vulkane aus. Basaltlava kommt auch über „Hotspots“ an die Oberfläche, wo tief aus dem Erdmantel heiße Magmasäulen aufsteigen.

KILAUEA

Die Hawaii-Inseln im Pazifik sind eine Kette vulkanischer Inseln, die zusammen mit der Pazifischen Platte über einen Hotspot aus dem Erdmantel hinwegwandern. Die älteren Vulkane der Gruppe sind bereits darüber hinweggezogen und erloschen, aber der im Süden gelegene Kilauea sitzt heute genau darüber und zählt zu den aktivsten Vulkanen der Erde.

❶ ERUPTION

Wenn der Kilauea ausbricht, stößt er heiße Basaltlava und Gase tief aus dem Vulkan aus. Da die Lava sehr dünnflüssig ist, fließt sie sehr leicht über den Kraterrand. Beigemischte Gase sorgen für explosive Feuerfontänen der rot glühenden Lava.

❷ KRATER

Die aus dem Förderschlot herausschießende Lava baut um sich herum einen Kegel aus Lavagestein auf, wobei der Schlot mit emporwächst. An den Schlotwänden kann man sehen, wie Schlacke, Asche und Lavagestein sich übereinander abgelagert haben.

❸ VULKANKEGEL

Dieser kleine Vulkankegel ist nur die Spitze eines riesigen Schildvulkans, der vom Ozeanboden in 7277 m Wassertiefe emporragt. Der ganze Vulkanberg besteht aus seinen eigenen Auswurfprodukten. Je zähflüssiger die Lava, umso steiler werden die Bergflanken.

❹ LAVASTROM

Die Basaltlava des Kilauea ist so heiß und dünnflüssig, dass sie nach Ausbrüchen wie ein Feuerfluss den Vulkanhang hinabläuft. Seit 1983 bricht der Kilauea sehr regelmäßig aus und hat seine Lava auf über 100 km^2 verteilt.

❺ LAVATYPEN

Die Basaltlava des Kilauea auf Hawaii stammt tief aus dem Erdmantel. Sie ist so dünnflüssig, weil sie sehr wenig von dem Stoff Silizium enthält. Lava mit höherem Siliziumgehalt ist zähflüssig, fließt schlecht und kann leichter explodieren.

❻ LAVATUNNEL

Je weiter der Lavastrom vom aktiven Krater wegfließt, umso kühler wird seine Oberfläche – bis sie schließlich erstarrt. In seinem heißen Innern fließt die Lava in einer Art Tunnel aber weiter. Manche Lavatunnel reichen bis zum Meer, wo die heiße Lava das Meerwasser verdampfen lässt.

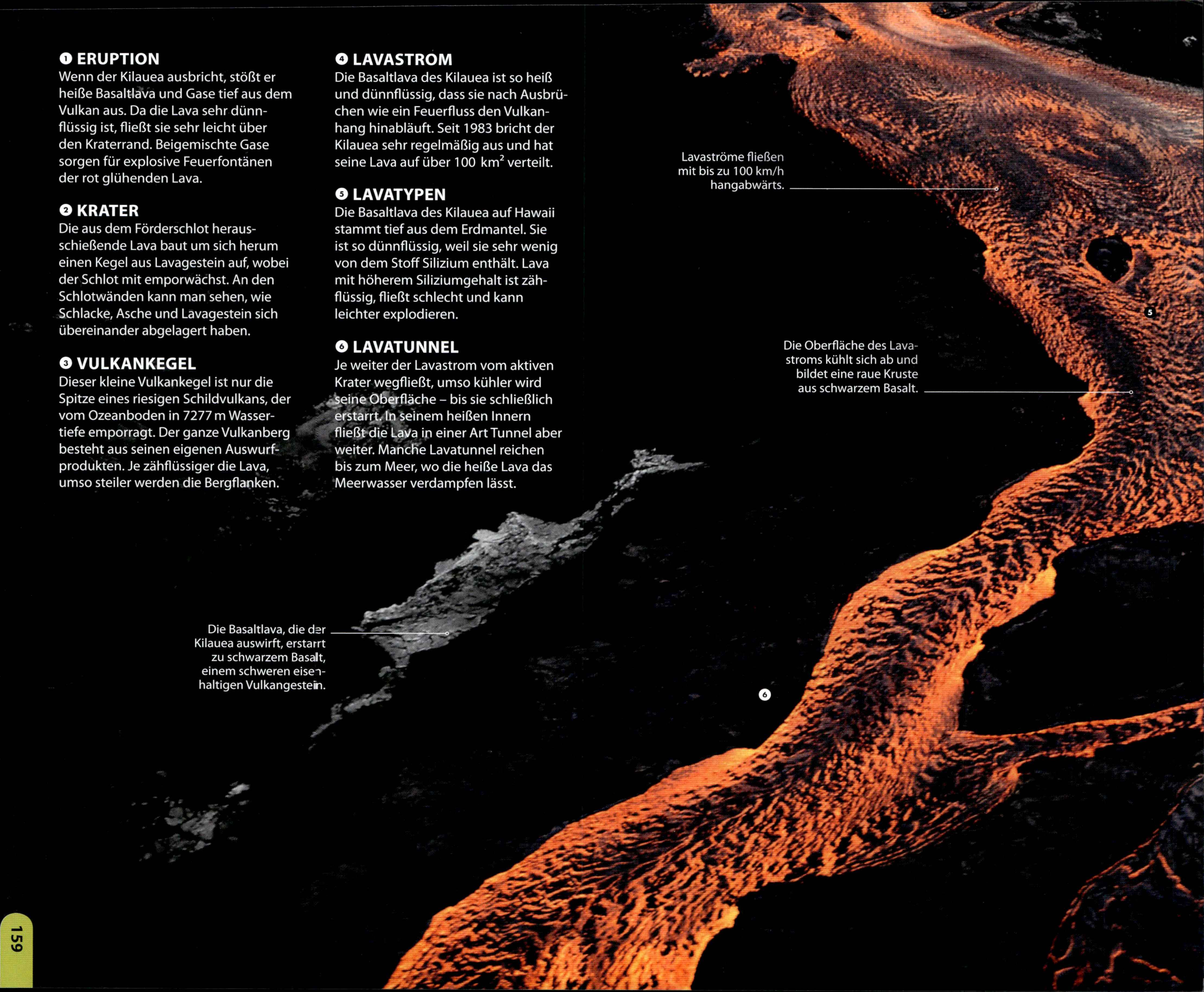

ERDBEBEN

Die gewaltigen Platten der Erdkruste sind in ständiger Bewegung. Wo sie sich begegnen, kommt es immer wieder zu Erdbeben. Häufige kleine Bewegungen erzeugen meist nur harmlose Schwarmbeben – gefährlich wird es, wenn sich zwei Platten an ihren Rändern verhaken. Dann baut sich so lange Spannung auf, bis sie sich mit einem plötzlichen Ruck löst. Die Platte schnellt zurück, manchmal um mehrere Meter, und ein schweres Erdbeben ist die Folge.

CHILE 1960
Das stärkste jemals aufgezeichnete Erdbeben traf 1960 Chile. Es erreichte die Stärke 9,5 auf der Richterskala, die der Geophysiker Charles F. Richter 1935 einführte, um Erdbeben mithilfe von Seismometern zu messen und aufzuzeichnen.

SAN FRANCISCO 1906
An der San-Andreas-Störung, die durch Kalifornien (USA) verläuft, gleitet die Pazifische Platte längs der Nordamerikanischen Platte nach Norden. San Francisco ist genau darauf gebaut. Als es 1906 an der Störung zu einem 6 m langen Versatz kam, zerstörte das schwere Erdbeben und verheerende Feuer die ganze Stadt.

ALASKA 1964
Dieses gewaltige Beben der Stärke 9,2 hob den Meeresboden des Pazifiks um 20 m schlagartig an und löste einen Tsunami (siehe S. 161) aus, der aber in der dünn besiedelten Region „nur“ 125 Menschen das Leben kostete.

MEXIKO-STADT 1985
Die Hauptstadt Mexikos ist auf dem tonigen Grund eines ehemaligen Sees erbaut. Das Erdbeben von 1985 ließ den weichen Untergrund wie einen Pudding wackeln, sodass mehr als 400 große Häuser einstürzten. Über 9000 Bewohner fanden den Tod.

KOBE 1995

Entlang der japanischen Küste taucht die Pazifische Platte unter den Inseln ab und lässt die Erde regelmäßig beben.

1995 traf ein starkes Erdbeben die Stadt Kobe und zerstörte auch die Stadtautobahn. 6433 Menschen kamen ums Leben.

INDONESIEN 2006

Ein schweres Erdbeben traf 2006 Java, die Hauptinsel von Indonesien. Es zerstörte 135 000 Häuser und tötete mindestens 5780 Bewohner. Selbst der alte Hindutempel von Prambanan, der als Welterbestätte gilt, wurde beschädigt, aber nicht zerstört.

TSUNAMI 2004

Der Asien-Tsunami, der an Weihnachten 2004 mehr als 230 000 Menschen tötete, wurde durch ein schweres Beben im Ozeanboden vor Sumatra ausgelöst. Gewaltige Meereswogen rasten über den gesamten Indischen Ozean und verwüsteten zahlreiche Küstenorte.

Links oben: Die Stadt Banda Aceh auf Sumatra (Indonesien) im April 2004

Links: Aufnahme im Januar 2005, nach dem Tsunami

GEBIRGE

Die Gebirge sind das Ergebnis gigantischer Kräfte, die im Untergrund die tektonischen Platten in Bewegung halten. Wenn ozeanische Kruste unter einem Kontinent abtaucht, wird an der Plattengrenze ein Gebirge aufgefaltet, so z. B. am Westrand Südamerikas die Anden. Durch tief reichende Spalten steigt Magma auf und bricht in Vulkanen als Lava mitten im Gebirge aus. An mittelozeanischen Rücken, wo Erdkruste auseinanderdriftet, bricht Basaltlava untermeerisch aus, ebenso über Hotspots wie auf Hawaii. Die Gipfel im Bild gehören zu den höchsten der Erde. Sie sind hier aus Einzelfotos künstlich zusammengestellt worden.

❶ MOUNT EVEREST

Der höchste Berg der Erde hat eine Höhe von 8850 m über dem Meeresspiegel. Der Mount Everest ist Teil des Himalaja, einer Gebirgskette, die vor 50 Millionen Jahren durch den Zusammenstoß der Indischen und Asiatischen Platte aufgefaltet wurde. Dieser Vorgang hält bis heute an, sodass der Himalaja immer noch wächst.

❷ ACONCAGUA

Die ozeanische Nazca-Platte (S. 157) taucht unter die Südamerikanische Platte ab und verursacht dadurch Erdbeben und die Auffaltung der Anden. Ihr höchster Gipfel ist der Aconcagua mit 6959 m.

❸ MOUNT McKINLEY
Der mit 6194 m höchste Berg Nordamerikas, der Mount McKinley, gehört zur Alaska-Kette. Seine Abgeschiedenheit und Größe machen ihn zu einem außergewöhnlichen Gipfel unter den Bergriesen.

❹ KILIMANDSCHARO
Der höchste Berg Afrikas, der Kilimandscharo, ist ein sehr großer Vulkan mit drei Vulkangipfeln. Kibo, der höchste der drei Gipfel, erreicht eine Höhe von 5895 m. Die beiden anderen heißen Mawenzi und Shira.

❺ MAUNA KEA
Der höchste Punkt von Hawaii ist der Vulkangipfel des Mauna Kea, der zusammen mit seinem untermeerischen Gebirgsfuß etwa 10 000 m misst. So gesehen ist er der höchste Berg der Erde. Aus dem Meer ragen 4205 m empor.

❻ MOUNT VINSON
Der abgelegenste Berg der Erde befindet sich auf dem ständig gefrorenen Kontinent der Antarktis. Der höchste Berg, der 4897 m hohe Mount Vinson, liegt in der Ellsworth-Kette und überragt das riesige Ronne-Schelfeis.

❼ MONTBLANC
Die Alpen sind als Folge der gegen Europa drückenden Afrikanischen Platte aufgefaltet worden. Mit 4808 m ist der Montblanc ihr höchster Gipfel, dessen Höhe je nach Eisbedeckung von Jahr zu Jahr schwankt.

❽ AORAKI (MOUNT COOK)
Der Name des höchsten neuseeländischen Berges bedeutet in der einheimischen Sprache der Maori „Wolkenstecher". Er wird auch Mount Cook genannt. Vor einem Bergsturz im Jahr 1991 war er 10 m höher. Heute misst er 3754 m.

OZEANE

Die Ozeane bedecken mehr als zwei Drittel der Erdoberfläche und sind im Durchschnitt 3800 m tief. Der Meeresboden ist sehr verschiedenartig: Durch die riesigen Tiefseebecken ziehen die längsten Gebirge der Erde, an denen Platten auseinanderdriften. Und dort, wo ozeanische Platten abtauchen, finden wir die tiefsten Senken der Erde, gesäumt von Vulkanen.

PAZIFISCHER OZEAN
Der größte aller Ozeane schrumpft, weil ozeanische Kruste an vielen seiner Ränder in die Tiefe abtaucht, wie z. B. im Marianengraben. Andererseits wird neue Kruste erzeugt, so am Ostpazifischen Rücken mit bis zu 22 cm Zuwachs pro Jahr.

ATLANTISCHER OZEAN
Der Atlantik öffnete sich erstmals, als Nord- und Südamerika sich von Europa und Afrika lösten und sich nach Westen bewegten. Er wird immer noch größer, weil am Mittelatlantischen Rücken ständig neue ozeanische Kruste entsteht. Die Vulkaninsel Island ist ein Stück Land gewordener ozeanischer Rücken.

NORDPOLARMEER

Im Winter friert das Nordpolarmeer mit Meereis meterdick zu. Erst im Frühling beginnt es aufzutauen – Sonnenlicht dringt ins eiskalte Wasser ein und lässt Meeresalgen wachsen. Nahe am Nordpol taut das Meereis selbst im Sommer nicht auf. Dennoch wird die Meereisfläche wegen der Klimaerwärmung jedes Jahr kleiner.

INDISCHER OZEAN

Dieses großteils tropische Meer war Weihnachten 2004 Schauplatz eines gigantischen Tsunamis, der vor der Nordspitze Sumatras losbrach und fast alle seine Küsten und Inseln überrollte. Auch die Koralleninseln der Malediven an der Spitze eines untermeerischen Gebirgsrückens südwestlich von Indien waren betroffen.

SÜDPOLARMEER

Dieses sturmumtoste, eisig kalte Meer umgibt vollständig den südlichsten Kontinent, die Antarktis, und geht ohne ersichtliche Grenze in die drei großen Weltmeere über. Riesige Eisberge brechen ständig von seinem ins Meer fließenden Schelfeis ab und treiben weit nach Norden, bis sie schmelzen.

GESTEINE & MINERALE

Gesteine sind Mischungen aus Mineralen, die Kristalle in verschiedenen Farben und Formen bilden. Es gibt drei Hauptgesteinstypen: Magmatische Gesteine entstehen aus abkühlender Gesteinsschmelze, metamorphe Gesteine durch Umwandlung aus anderen Gesteinen infolge Druck und Hitze, und Sedimentgesteine aus den Zerfallsprodukten anderer Gesteine.

❶ **Tonschiefer** Dieses dunkle Gestein entsteht, wenn feinkörniges Tongestein unter Druck gerät. Dann bildet es dünne Tafeln, die früher für Dachplatten oder Schreibtafeln verwendet wurden.

❷ **Hahnenkamm-Baryt** Das weiße Mineral findet man häufig in Gesteinsgängen. Diese Art der Ausprägung ähnelt verwachsenen Hahnenkämmen.

❸ **Schiefer** Druck und Hitze sind stärker als beim Tonschiefer und machen aus einem Sedimentgestein ein viel festeres und härteres metamorphes Gestein.

❹ **Kreidekalk** Eine Kalkgesteinsart, die durch die Kalkausscheidungen winziger Kleinlebewesen entstanden ist. Sie waren zur Zeit der Dinosaurier sehr weit verbreitet.

❺ **Marmor** Dieser metamorph veränderte ehemalige Kalkstein ist meist hell. Weißer Marmor wurde von vielen Bildhauern zu weltberühmten Figuren verarbeitet.

❻ **Kalzit** Hauptmineral aller Kalksteine und Marmore sowie in den Tropfsteinen (Stalaktiten und Stalagmiten) von Karsthöhlen.

❼ **Kalkstein** Alle Kalksteine enthalten Kalzitminerale, viele auch Dolomitminerale. Beide lösen sich durch Regenwasser leicht auf. Dadurch bilden sich große Höhlen.

❽ **Steinsalz** Wenn Meerwasser verdunstet, bleibt Steinsalz zurück. So wird an manchen Küsten Speisesalz gewonnen.

❾ **Biotit** Das dunkle Glimmermineral kommt in vielen Graniten und Schiefern vor. Glimmer sehen aus wie dünne, metallisch glänzende Plättchen aus Hartplastik.

❿ **Eklogit** Dieses schwere metamorphe Gestein entsteht in großen Tiefen nahe dem Erdmantel. Es enthält schöne rote Granat- und hellgrüne Pyroxenminerale.

⓫ **Tremolit** Wenn Kalkstein unter hohen Druck und hohe Temperatur gerät, wandeln sich seine Minerale in das dünne, faserige Mineral Tremolit um.

⓬ **Beryll** Das sehr harte Mineral bildet häufig durchsichtige oder grüne Kristalle. Die schönsten werden zu Smaragd oder Aquamarin geschliffen.

⓭ **Granit** Eine der häufigsten Gesteinsarten, die kontinentale Erdkruste aufbaut, ist der Granit. Er entsteht, wenn glutflüssiges Magma innerhalb der Erdkruste langsam abkühlt und erstarrt. Feldspat, Quarz und Glimmer sind seine Mineralbestandteile.

⓮ **Brekzie** Dieses Sedimentgestein setzt sich aus scharfkantigen Gesteinsstücken zusammen, die miteinander verkittet sind.

⓯ **Obsidian** Dieses vulkanische Glas ist schwarz glänzend und entsteht, wenn heiße Lava rasch abkühlt und keine Minerale kristallisieren können.

⓰ **Gabbro** Das dunkle, grobkörnige und eisenreiche magmatische Gestein ist in Ozeanböden stark vertreten.

⓱ **Bims** Bei einem Vulkanausbruch wird Gas häufig explosionsartig freigesetzt und bläht die Lava auf. Der entstehende Bims ist mit Luftblasen durchsetzt und schwimmt daher.

⓲ **Korund** Dieses düster wirkende Mineral gehört zu den härtesten Mineralen und kommt gleich nach dem Diamant. Er ist ein wichtiges Schleifmittel in der Industrie.

⓳ **Albit** Die glänzend helle, natriumreiche Form des Feldspats ist Hauptbestandteil vieler magmatischer Gesteine. Die Kristalle fallen durch ihre Prismenform auf.

⓴ **Grafit** Das Mineral ist, wie Diamant, reiner Kohlenstoff, jedoch schwarz und weich. Grafit steckt als Mine in Bleistiften.

㉑ **Basalt** Der schwere Basalt ist erstarrte Lava und die feinkörnige Form des Gabbro. Er steigt tief aus der ozeanischen Erdkruste empor und tritt an den mittelozeanischen Rücken oder über Hotspots als glutflüssige Lava aus.

㉒ **Sandstein** Besteht aus fest miteinander verkitteten Sandkörnern. Dieser Sandstein war einst Sand einer Wanderdüne.

㉓ **Pyrit** Das auch „Katzengold" genannte Schwefeleisen hat eine goldene Farbe und glänzt metallisch. Häufig sind würfelförmige Kristalle, wie im Bild angedeutet.

㉔ **Konglomerat** Ähnlich wie die Brekzie besteht dieses Sedimentgestein aus Gesteinsbruchstücken, die hier aber rund sind. Es ist einem fest verkitteten Schotter vergleichbar.

8
9
10
11
13
14
15
16
17
18
19
20
21
22
23
24

Amethyst-Spinell, benannt nach der Amethyst-ähnlichen Farbe
Gold-Saphir, die goldene Form des blauen Saphirs
Brauner Turmalin, eine der zahllosen Farben des Minerals
Chrysoberyll kann honiggelb bis mintgrün sein.
Grüner Beryll ist blasser als Smaragd.
Danburit ist farblos, gelb, grün oder auch braun.
Danburit heißt nach seinem ersten Fundort in Danbury (USA).
Malven-Spinell wird, wie viele Spinelle, in Birma gefördert.
Amethyst-Saphir besteht aus hartem Korund.
Elbait, ein Turmalin, ist zweifarbig.
Gelber Beryll wird von Uran und Eisen gefärbt.
Citrin ist eine gelbe Quarzart.
Granat war früher ein geschätzter Edelstein.
Andalusit schimmert in Grün und Orange.
Roter Spinell ist häufig Ersatz für Rubin.
Rubin ist derselbe Edelstein wie Saphir, nur rot.
Rubellit heißt ein rubinroter Turmalin.
Chrysoberyll gilt als Glücksbringer.
Amethyst ist stets violett bis purpurrot.
Topas soll gegen Traurigkeit, Furcht und Ärger helfen.
Opal bricht das Licht in einem schillernden Farbspiel.
Opal-Matrix ist poliertes Nebengestein mit Opal-Adern.
Blauer Zirkon ist die wertvollste Zirkonform.
Tansanit, ein Zoisitmineral, stammt aus Tansania.
Grüner Turmalin ähnelt einem Smaragd.
Iolith wechselt seine Farbe je nach Betrachtungswinkel.
Grüner Turmalin heißt manchmal auch Verdelith.
Smaragd-Katzenauge hat einen blassen Streifen.
Grüner Beryll erhält seine Farbe von Vanadium.
Chryopras erinnert farblich an einen Apfel.
Katzenauge, eine Quarzform, zeigt den gleichnamigen Schimmereffekt.
Karfunkel ist ein alter Name für Granat.
Tigerauge ist gelb-braun gestreifter Quarz.
Albit ist immer weiß.
Mondstein gilt in Indien als magischer Stein.
Zirkon ist einer der schwersten Edelsteine.
Sternsaphir zeigt eine sechsstrahlige Reflexion.
Amethyst ist eine violette Quarzform.
Turmalin zeigt die meisten Farbspiele aller Edelsteine.
Grüner Zirkon ist seltener als der blaue.
Brauner Zirkon, eine weitere Farbvariante dieses Steins
Farbloser Topas sieht geschliffenem Diamant ähnlich.

EDELSTEINE

Manche Minerale bilden wertvolle Kristalle, die zu Edelsteinen geschliffen werden. Sie enthalten verschiedene chemische Elemente, denen sie ihr Farbenspiel verdanken, wie etwa Saphir, Turmalin oder Topas. Einige wie der Diamant sind extrem hart, andere unglaublich teuer. Diese Sammlung ist mehr als eine halbe Million Euro wert.

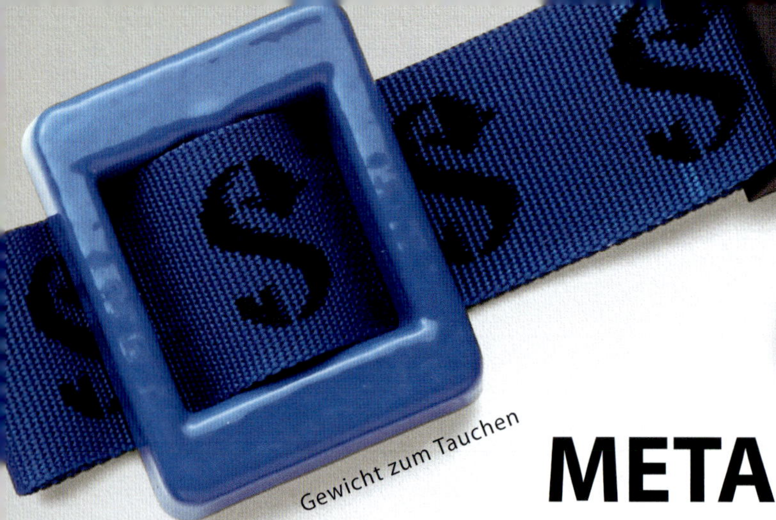

Gewicht zum Tauchen

Bleiglanz (Bleierz)

◂ BLEI
Blei ist ein graues, weiches und sehr schweres Metall mit niedrigem Schmelzpunkt, was es leicht formbar macht. Es wird in großen Autobatterien verwendet sowie bei Dacheindeckungen. Das wichtigste Erz ist Bleiglanz, ein Mineral aus Blei und Schwefel, das große Kristalle bildet.

METALLE

Metalle werden aus Erzmineralen gewonnen. Ihre metallische Atomgitterstruktur verleiht ihnen besondere Eigenschaften wie z. B. die elektrische Leitfähigkeit. Die meisten sind massive Feststoffe, aus denen eine Vielzahl von Gegenständen des täglichen Bedarfs gefertigt werden. Reine Metalle bestehen aus einer Atomart, Erze aus Verbindungen verschiedener Atome und Gestein. Diese Erze werden gefördert, gereinigt und daraus das reine Metall gewonnen.

Gediegenes Silber

SILBER ▴
Als gediegenes reines Silber kommt das wertvolle Edelmetall in Vulkangesteinen vor. An der Luft läuft es grau an, sodass es stets geputzt werden muss. Weil es außerdem weich ist, wird Silber meist mit anderem Metall verschmolzen – 5 % Kupferbeimischung ergibt Sterling-Silber.

Nickel in diesem Edelstahl verhindert das Rosten des künstlichen Hüftgelenks.

Querflöte aus Sterling-Silber

Ring aus Platin

Garnierit (Nickelerz)

Gediegenes Platin

◂ PLATIN
Das sehr schwere Edelmetall wird viel zu Schmuck verarbeitet, weil es wie Gold nicht anläuft. Es ist härter, seltener und auch teurer als Gold. Platin wird in Autokatalysatoren verbaut.

Kupferkies (Kupfererz)

▾ KUPFER
Kupfer ist ein Weichmetall. Mischungen mit Zink heißen Messing, jene mit Zinn nennt man Bronze – beide Legierungen sind hart. Kupferdraht ist ein sehr guter Stromleiter. Das wichtigste Kupfererz ist Kupferkies, ein Mineral aus Kupfer, Eisen und Schwefel.

▾ GOLD
Leicht bearbeitbar, immer glänzend und das einzige Edelmetall, das nur gediegen vorkommt – das ist der Grund, dass Gold seit Jahrtausenden zu wertvollsten Gegenständen verarbeitet wird. In Computern bestehen elektrische Kontakte aus Gold.

Rohre und Kabel aus Kupfer

Hifi-Kabelstecker aus Gold

Goldnugget

Tiefsee-Tauchboot

Verpackungsfolie aus Aluminium

Bauxit (Aluminiumerz)

ALUMINIUM ▸
Das häufige Leichtmetall, das nicht rostet, wird zu Folien und Behältern verarbeitet, aber auch im Fahrzeug- und Flugzeugbau verwendet. Das Erz heißt Bauxit. Es besteht aus mehreren Aluminium- und Eisenverbindungen.

Rutil (Titanerz)

TITAN ▸
Das Metall ist nicht rostend, leicht und dennoch sehr fest und wird deshalb vor allem in der Raumfahrt, im Flugzeugbau oder zum Bau von druckfesten Tauchbooten eingesetzt. Wichtige Titanerze sind Rutil und Ilmenit (Titaneisen).

Quecksilberthermometer

Hämatit (Eisenerz)

Stahlschrauben

QUECKSILBER ▾
Das einzige bei Raumtemperatur flüssige Metall wird in Quecksilberthermometern eingesetzt. Als Erz kommt es im Zinnober vor, einem roten Mineral aus Quecksilber und Schwefel, das in Vulkangesteinen auftritt.

Zinnober (Quecksilbererz)

▴ EISEN
Das wichtigste aller Metalle ist fest, zäh, sehr häufig und relativ leicht zu verarbeiten. Zu Stahl geschmiedet ist es noch härter und zäher. Das wichtigste Eisenerz ist Hämatit, ein Eisenoxid. Eisen verwittert zu Rost.

Künstliches Hüftgelenk aus Edelstahl

◂NICKEL
Nickel wird oft zur Veredelung von Stahl verwendet. Es wird bei der Herstellung von Besteck oder künstlichen Hüftgelenken benutzt. Zusammen mit Silber wird es auch für Münzen verwendet.

Verzinnte Dose aus Weißblech

Zinnstein (Zinnerz)

ZINN ▴
Jeder kennt Konservendosen. Sie bestehen aus Weißblech, das ist mit Zinn überzogener Stahl. Zinn ist auch ein geschätzter Stoff in der Elektroindustrie, weil er Strom gut leitet. Eine Mischung aus Zinn, Blei und Kupfer heißt Lötzinn; heiß gemacht verbindet es verschiedene Metalle.

Zinkblende (Zinkerz)

ZINK ▸
Dieses sehr helle Metall wird mit Kupfer zu Messing legiert. Seine Hauptverwendung ist jedoch die Verzinkung von Eisen, um es rostfest zu machen. Das häufigste Zinkerz ist Zinkblende, ein glänzendes Mineral aus Zink, Eisen und Schwefel.

Verzinkte Eisenkette

PALÄOZOIKUM (ERDALTERTUM)

Die ersten Lebewesen erschienen vor 3,5 Milliarden Jahren im Präkambrium, also schon lange vor dem Paläozoikum. Es waren einfachste einzellige Formen wie Bakterien. Mit Beginn des Paläozoikums vor 540 Millionen Jahren „explodierte" förmlich die Zahl der mehrzelligen Arten, zunächst im Meer, mit Trilobiten, Fischen, Insekten, Grünpflanzen und ersten Reptilien.

Seelilien sahen aus wie Wasserpflanzen, waren aber Seesternverwandte und hefteten sich am Meeresboden fest.

Quastenflosser waren Fische, aus denen sich die ersten Amphibien entwickelten, um an Land zu leben.

FOSSILIEN

Die Überreste, Abdrücke oder Spuren von Lebewesen, die in Sedimentgesteinen zu finden sind, nennt man Fossilien. Ihre Entstehung kann sich über Jahrmillionen hinziehen. Da Fossilien nur unter sehr günstigen Bedingungen entstehen und auch überliefert werden, ist es verständlich, dass nur wenige erhalten blieben. Die Bestimmung ihres genauen Alters ist schwierig, weshalb die Paläontologen, die sich mit ihnen beschäftigen, die Funde den Gesteinsschichten zuordnen, in denen sie gefunden wurden.

Trilobiten sind Asseln sehr ähnlich, krabbelten aber auf dem Meeresboden. Sie lebten während des ganzen Paläozoikums.

Feinste Federn sind von diesem Archaeopteryx erhalten, dem ersten vogelähnlichen Wesen.

Selbst ganze Tiere wie dieses Insekt wurden in Bernstein, einem erstarrten Baumharz, dauerhaft eingeschlossen.

Dinosaurierknochen wie der Schädel dieses *Deinonychus* zählen zu den spektakulärsten Fossilien.

Fossile Gehäuse von Ammoniten (Kopffüßer, siehe S. 44) wurden schon vor über 100 Jahren untersucht und aufgezeichnet.

Auch heute bekannte Arten wie diese Libelle gab es schon vor 150 Millionen Jahren.

MESOZOIKUM (ERDMITTELALTER)

Dieses Zeitalter begann vor 252 Millionen Jahren und läutete die Vorherrschaft der Dinosaurier ein: Gigantische Reptilien stampften durch Steppen und Sümpfe, Flugsaurier segelten durch die Lüfte, in den Meeren jagten Fischsaurier und schwammen große Ammoniten und Haie. An Land wuchsen große Bäume und lebten Insekten und die ersten kleinen Säugetiere. Das Mesozoikum endete mit einem Massenaussterben vor 65 Millionen Jahren.

Etwa 10 Millionen Jahre alt sind diese detailreichen Fossilien alter Korallen.

KÄNOZOIKUM (HEUTIGES LEBEN)

In Gesteinen des Känozoikums finden sich keine Dinosaurierfossilien. Das lässt darauf schließen, dass sie zu dieser Zeit bereits ausgestorben waren. Dafür gibt es verschiedenste Säugetierfossilien, darunter auch von frühen Vorfahren des Menschen.

Probensammlungen helfen bei der Bestimmung unbekannter Fossilien.

Mammutzähne vom Grund der Nordsee zeigen, dass das Randmeer während der Eiszeit Land war.

Dieser Schädel gehörte einem *Homo habilis*, einem Frühmenschen und Vorläufer heutiger Menschen.

Vergrößerungsglas

Mit Hammer und Meißel wird das Fossil aus dem Gestein herausgelöst.

Geologenhammer

Meißelsatz

PALÄONTOLOGIE

Dieser Fachbegriff bezeichnet die Wissenschaft von den fossilen Resten früherer Lebewesen. Neben Knochen und Zähnen gehören zum Forschungsgegenstand auch Schalenreste von Weichtieren, Pflanzen-, Tierkörper- und Fußabdrücke und selbst Spuren von Bakterien. Paläontologen suchen nach Fossilien, die sie herauslösen, säubern und präparieren. Es folgen Bestimmung und Beschreibung der Art. Spezialwerkzeuge wie Hammer, Meißel und sogar Röntgengeräte helfen bei der Arbeit.

Zwischen zwei Gesteinsplatten versteckt sich der Abdruck (links) sowie der Steinkern (rechts) eines Ammoniten.

VERSTEINERUNG (FOSSILISATION)

Normalerweise bleiben nur die Hartteile eines Lebewesens wie Zähne, Gehäuse, Panzer oder Knochen erhalten. In Millionen von Jahren lagern sich in diese Reste Minerale ein – sie versteinern. Oft lösen sich die Überreste auf und hinterlassen nur einen mit Schlick verfüllten Hohlraum. Selten werden auch feinste Abdrücke von Federn oder Weichteilen im Sediment überliefert.

Opalisierte Meeresschnecke

Dieser Steinkern war einst das Innere einer Muschel, das sich mit Sediment verfüllt hat und dann opalisiert ist.

Spurenfossilien: Fußabdruck eines dreizehigen Raubsauriers

DINOSAURIER

Während des Erdmittelalters herrschte auf der Erde eine Gruppe von Reptilien – die Dinosaurier. Darunter waren harmlose Pflanzenfresser, aber auch gefährliche Fleischfresser. Vor 65 Millionen Jahren starben sie schlagartig aus. Nur anhand von Knochenfossilien in den Sedimentgesteinen aller Kontinente können Paläontologen ihr damaliges Leben rekonstruieren.

Tyrannosaurus (vor 67–65 Mio. J.)

Tarbosaurus (vor 74–70 Mio. J.)

Prenocephale (vor 80–65 Mio. J.)

Kritosaurus (vor 78–74 Mio. J.)

Tsintaosaurus (vor 84–71 Mio. J.)

Bactrosaurus (vor 84–71 Mio. J.)

Lambeosaurus (vor 76–70 Mio. J.)

Anchiceratops (vor 74–70 Mio. J.)

Torosaurus (vor 70–65 Mio. J.)

Struthiomimus (vor 76–74 Mio. J.)

Shantungosaurus (vor 78–74 Mio. J.)

Saurolophus (vor 74–70 Mio. J.)

Styracosaurus (vor 76–70 Mio. J.)

Protoceratops (vor 85–80 Mio. J.)

Microceratops (vor 86–66 Mio. J.)

Triceratops (vor 67–65 Mio. J.)

Dilophosaurus (vor 201–189 Mio. J.)

Saurornitholestes (vor 83–71 Mio. J.)

Oviraptor (vor 85–75 Mio. J.)

❶ TYRANNOSAURUS
Die massigen Raubsaurier lebten ganz am Ende des Dinosaurierzeitalters. Der größte, *Tyrannosaurus rex*, erreichte eine Körperhöhe von 14 m und hatte bis zu 15 cm lange, messerscharfe Zähne. Fossilien von *T. rex* fand man vor allem in Nordamerika (Montana, Süddakota).

❷ SAUROLOPHUS
Dieser Pflanzenfresser lebte zur gleichen Zeit wie *T. rex*. Auf dem Schädel prangte ein von der Nase ausgehender Knochenkamm. Fossile Schädel aus Asien weisen längere Kämme auf als solche aus Amerika – ein Hinweis auf zwei *Saurolophus*-Arten.

❸ TRICERATOPS
Der friedfertige Pflanzenfresser war mit dem knochigen Nackenschild und den drei Hörnern gegen seine Feinde bestens gerüstet. Aus den gefundenen Knochenfossilien zu schließen wurde *Triceratops* etwa 9 m lang.

❹ STRUTHIOMIMUS
Der schlanke und flinke Dinosaurier, der etwas größer als ein Mensch war, glich eher einem ungefiederten Strauß als einem Reptil. Die längliche Schnauze war zahnlos und ähnelte mehr einem Vogelschnabel. Er war wohl hinter schnellen Kleintieren her.

❺ STEGOSAURUS
Dieser Pflanzenfresser lebte vor 150 Mio. Jahren in Nordamerika und wurde so groß wie ein Bus. Uneinigkeit herrscht bei Forschern über die großen Knochenplatten am Rücken, die keine Verbindung zum Rückgrat hatten. Entweder dienten sie der Panzerung oder sie regulierten durch Oberflächenvergrößerung die Körpertemperatur.

❻ OVIRAPTOR
Der Name bedeutet „Eierdieb“ und beschreibt seine wohl hauptsächliche Nahrungsbeschaffung. *Oviraptor* hat mit seiner schnabelförmigen Schnauze Eier geknackt und Aas gefressen. Fossilienknochen fand man zusammen mit Dinosauriernestern und Gelegen.

❼ IGUANODON
Die Gebeine dieses großen Pflanzenfressers waren mit die ersten, die von Dinosauriern gefunden wurden. Als 1822 Gideon Mantells Frau einige Zähne fand, stellte er erstaunliche Ähnlichkeiten mit denen von Leguanen fest. Daraus schloss er, dass es Zähne ausgestorbener Riesenechsen sein mussten.

❽ ALLOSAURUS
Obwohl *Allosaurus* auf den ersten Blick wie *Tyrannosaurus* ausgesehen hat, sind die von ihm gefundenen Fossilien etwa 70 Millionen Jahre älter. Dieser Zeitraum ist länger als jener vom Aussterben der letzten Dinosaurier bis heute.

❾ DIPLODOCUS
Dieser riesenhafte Dino mit kleinem Kopf und langem dünnem Schwanz lebte zur gleichen Zeit wie *Allosaurus* im damaligen Nordamerika. Mit seinem extrem langen Hals weidete er die Blätter hoher Bäume ab. *Diplodocus* wurde bis zu 27 m lang.

❿ VELOCIRAPTOR
Dieser kleine Dinosaurier, dessen Knochen man in der Mongolei fand, hatte große Ähnlichkeit mit Vögeln, unter anderem auch durch sein vermutetes Federkleid. *Velociraptor* war ein sehr schneller Räuber, der wohl auch in Rudeln jagte, seine Opfer ansprang und sie mit den großen scharfen Klauen aufschlitzte.

HAGELKÖRNER ▸

In großen Gewitterwolken herrscht gewaltiger Luftauftrieb, der die Regentropfen so hoch mitreißt, bis sie gefrieren. Als Eiskügelchen fallen sie anfangs, werden aber wieder hochgerissen und lagern weiteres Eis an. Je öfter sich das wiederholt, umso größer werden die Hagelkörner – manchmal so groß wie Golfbälle.

◂ BLITZE

Eiskristalle, die in einer Gewitterwolke umherwirbeln, laden die Wolke wie eine riesige Batterie elektrisch auf. Wird die Spannung zu groß, entlädt sie sich als gewaltiger Blitz, der die Luft entlang seines Pfades im Bruchteil einer Sekunde bis auf 30 000 °C erhitzt.

▴ GEWITTER

In der sommerlichen Hitze verdunstet viel Wasser. Der Wasserdampf steigt auf, kühlt sich ab und bildet Wolken. Manche Wolken reichen dann bis in 15 km Höhe und enthalten eine riesige Menge an Wassertropfen, die sich in einem gewaltigen Gewitterregen mit Blitz und Donner entlädt.

ÜBERFLUTUNG ▸

Bei schweren Regenfällen können Flüsse so stark anschwellen, dass sie die Ufer und alles umliegende Land überfluten. In engen Tälern kann schneller Wasseranstieg zu gefährlichen Sturzfluten führen, die das ganze Tal überschwemmen und Häuser, Straßen und Felder verwüsten.

TORNADOS ▸

Gewitter bilden sich durch aufsteigende feuchte Warmluft. Bei bestimmten Wetterlagen geht dieser Aufstieg in eine Spiralbewegung über, aus der sich ein Tornado entwickeln kann. Die Windgeschwindigkeit im Wirbel kann bis zu 500 km/h erreichen, Häuser zerstören und sogar Autos in die Luft heben.

WETTER

Die Sonne erwärmt rund um die Uhr die Luftmassen der Erdatmosphäre und erzeugt auf diese Weise das Wetter. Wasser verdunstet über den Meeren und bildet Wolken, die als Regen und Schnee zur Erde fallen. Ohne diese Wettersysteme wäre die Erde kahl und trocken, Leben an Land wäre nicht möglich. Immer wieder kommt es jedoch zu katastrophenartigen Wetterlagen, die große Zerstörungen mit sich bringen können.

BLITZEIS ▸
Immer wieder kommt es im Winter zu Blitzeis durch Eisregen. Es entsteht, wenn sich feuchte Warmluft über kalte Luft schiebt, es zu regnen beginnt und der Regen am Boden und an allen Gegenständen sofort festfriert. Stromleitungen und Äste brechen durch das Gewicht und Straßen werden zu gefährlichen Eisflächen.

◂ TROPISCHE WIRBELSTÜRME
Sehr schlimme Wetterlagen entstehen über tropischen Meeren, wenn sich gewaltige Gewitterwolken über Gebieten mit extrem niedrigem Luftdruck in Drehung versetzen. Im Zentrum dieser Wirbelstürme, die im Atlantik „Hurrikane" und im Pazifik „Taifune" heißen, wehen Stürme mit über 300 km/h. Geht so ein Sturm an Land, bedroht er mit hohen Flutwellen die Küstenorte.

WETTERVORHERSAGE ▸
Mit Satellitenbildern, wie diesem Foto eines Hurrikans im Golf von Mexiko, können Entstehung und Zugrichtung von Wirbelstürmen vorhergesagt werden. Die Meteorologen speisen außerdem Daten wie Luftdruck, Temperatur und Windrichtung in ultraschnelle Computer ein, die daraus ein Wettermodell berechnen, aus dem eine mehrtägige Vorhersage abgeleitet wird. Die Zuverlässigkeit für eine 3-Tage-Vorhersage liegt heute bei etwa 75 %.

◂WINDEROSION

In Wüsten treibt der Wind ständig scharfe Sandkörner vor sich her und schleift damit Felsen und Gesteine wie ein Sandstrahlgebläse. Sandsteinfelsen wie diese hier in Nordamerika werden zu erstaunlichen wellenartigen Strukturen umgeformt und geben Schichten frei, die über Jahrmillionen abgelagert wurden.

Winderosion machte aus dem Sandstein der Coyote Buttes in Arizona (USA) ein Kunstwerk der Natur.

Die Granitwände des El Capitan im Yosemite-Tal Kaliforniens (USA) widerstanden Millionen Jahre der Erosion.

GRANIT-VERWITTERUNG ▸

Granit ist ein sehr hartes magmatisches Gestein, das sich unter hohem Druck tief in der Erdkruste gebildet hat. Wird der Granit durch Abtragung der Deckschichten freigelegt, platzen seine äußeren Lagen infolge der Druckverringerung schalenförmig ab. Regenwasser löst Feldspat und Glimmer auf, der Granit verwittert. Gletscher polieren den Fels glatt.

Die Pferdehuf-Schleife am Colorado-Fluss (USA) ist durch sein Einschneiden in das sich hebende Gestein entstanden.

Abgleitendes Gletschereis hat dieses U-förmige Trogtal in den Alpen ausgeschürft.

◂ KLIFFE UND FELSNADELN

An Felsküsten anbrandende Wellen sind erstaunlich zerstörerisch. Zunächst geben weichere Gesteine nach, sodass sich Höhlen, Spalten und Felstore öffnen und sich so lange vergrößern, bis nur noch Felsnadeln und Bögen stehen bleiben. Diese Felstürme bei Melbourne (Australien) heißen „Zwölf Apostel".

Der Fels wird so lange unterschnitten, bis er einstürzt und die Wellen ihn zerkleinern.

EROSION

Jede Landschaft der Erde ist Wind, Regen, Frost, Eis, Hitze, Wellen oder fließendem Wasser ausgesetzt. Sie machen selbst das härteste Gestein mit der Zeit mürbe. Es verwittert in seine mineralischen Einzelteile, die von Wind, Eis und Wasser weggeführt werden. Hohe Gebirge werden auf diese Weise abgetragen, Hügel eingeebnet und Täler mit Schotter und Sand verfüllt.

Gesteinsschutt am Fuß steil aufragender Zeugenberge in Monument Valley (USA).

◂ TAFELBERGE – ZEUGENBERGE
Sturzfluten schwemmen in Trockengebieten das weichere Gestein weg, bis auch die härteren Anteile einstürzen. So vertiefen und erweitern sie die Täler. Im Lauf der Zeit bleiben nur noch steilwandige Tafelberge und isoliert stehende Zeugenberge übrig, die tief in ihrem eigenen Schutt stehen.

KARST ▸
Regenwasser ist leicht sauer und kann Kalkstein auflösen. Kalksteinlandschaften, die aus diesem Grund mit tiefen Spalten, Höhlen und Tälern übersät sind, nennt man Karst. In den Tropen ist der Kalkstein häufig bis auf spitze Säulen zerfressen.

Scharfe Grate und Nadeln aus Kalkstein prägen den „Steinernen Wald" bei Kunming (China).

◂ FLUSSEROSION
Mit Schutt befrachtete Flüsse schneiden sich V-förmig ins Gestein ein und bilden senkrechte Canyons und steile Kerbtäler. Die großartigsten Schluchten entstehen dort, wo sich gleichzeitig das Land infolge von Erdkrustenbewegungen langsam hebt und den Fluss zwingt, sich rasch einzuschneiden.

▴ VERSCHWUNDENE GLETSCHER
In Gebirgsregionen, die während der Eiszeit von Gletschern bedeckt waren, hat das Hunderte Meter dicke Eis die vormals steilen Kerbtäler zu U-förmigen Trogtälern ausgeschürft. Nach dem Abschmelzen blieb ihre Form erhalten. Oft fließen heute Bäche darin zu Tal.

SLOT CANYON ▸
Mit reichlich Sand beladene Bäche stürzen bei Starkregen von den Tafelbergen in Colorado (USA) zu Tal. Zum Teil schießen sie durch Spalten hindurch, die sie im Lauf der Zeit zu extrem engen „Slot Canyons" ausgefräst haben. Anders als normale Täler sind sie unten oft breiter als oben.

Ein gebündelter Sonnenstrahl taucht senkrecht in den engen Antelope Canyon (USA) ein.

FLÜSSE

Ein Großteil der Niederschläge fließt von Hügeln und Bergen bis in die Meere. Viele kleine schnelle Bäche vereinigen sich zunächst zu Flüssen, die sich tief in ihre Täler einschneiden. Sobald sie das Flachland erreichen, haben sie mehr Platz, um sich auszudehnen – besonders bei Hochwasser. In diesen Talauen verzweigt sich der Fluss in viele Nebenarme und Mäanderschlingen und fließt immer langsamer. In einem Delta oder Ästuar erreicht der Strom schließlich das Meer.

QUELLE ▾
Alle Flüsse haben eine Quelle. Sie kann in einem See oder Sumpf verborgen liegen oder aus einer Felsspalte hervorsprudeln und als kleines Rinnsal den jungen Fluss auf den Weg bringen. Im Hochgebirge kann auch das Schmelzwasser eines Gletschers der Ausgangspunkt sein.

NEBENFLÜSSE ▸
Dem Hauptarm eines Flusses fließen auf seinem Weg zahlreiche Nebenflüsse zu. Besonders nach starken Regenfällen und während der Schneeschmelze schwellen sie sehr stark an und reißen gewaltige Mengen Kies und Sand mit, die in den Talauen und Hochflutebenen abgelagert werden. Dazwischen fließen viele gewundene Nebenarme wie hier am Fuß des Aoraki (Mt. Cook, Neuseeland), die dem Hopkins River zuströmen.

▾ OBERLAUF
Die ersten Kilometer eines Flusses sind der Oberlauf. Das Wasser fließt schnell über Geröll, an Felsblöcken vorbei und stürzt Wasserfälle hinab. Der Fluss Churun in Venezuela stürzt über die Felswand des Auyan-Tepui in die Tiefe und bildet hier den Salto Angel, den mit 979 m höchsten Wasserfall der Erde.

TÄLER UND SCHLUCHTEN ▾

Nachdem der Fluss seinen steilen Oberlauf hinter sich gelassen hat, durchfließt er V-förmige gewundene Täler, in die er sich einschneidet. Manche Flüsse durchströmen steile Schluchten mit senkrechten Wänden wie die Tigersprung-Schlucht des Jangtse-Flusses in China. Schluchten können z. B. auch durch Einsturz einer durchflossenen Karsthöhle entstehen.

UNTERLAUF ▾

Wenn ein Fluss allmählich in die Tieflandebene eintritt, wird er immer langsamer, führt aber mehr Wasser mit sich. Wildflüsse ohne Dämme treten jedes Jahr über die Ufer und überschwemmen das Hinterland. Aus dem sich absetzenden Sand und Lehm entwickelten sich in der Vergangenheit beste Ackerböden, wie diese Talaue des Willamette River in Oregon (USA) zeigt.

MÄANDER ▾

Wenn ein Fluss eine Kurve macht, dann trägt er auf deren Außenseite das Ufer ab, auf der Innenseite lagert er Kies und Sand ab. Dadurch werden die Kurven immer ausgeprägter, bis der Flusslauf mit der Zeit nur noch aus Schleifen, den Mäandern besteht. Wenn der Fluss einen Mäander durchbricht, entsteht ein abgeschnittenes Altwasser, wie hier im Bild, Mitte links, am Amazonas im peruanischen Regenwald (Südamerika).

▾ ÄSTUARE UND DELTAS

An der Küste vermischt sich süßes Fluss- mit salzigem Meerwasser, das bei Flut flussaufwärts strömt. Im Flusswasser schwebende Tonteilchen flocken aus und bauen die Schlickbänke in den Ästuaren (Trichtermündungen) auf. Wenn die Flut schwach ist, baut der Fluss allmählich ein Delta mit vielen Nebenarmen ins Meer hinein auf. Im Satellitenbild ist das Delta des Nigers in Afrika zu sehen.

HÖHLEN

Wenn Gesteine durch Regenwasser oder Wellenschlag erodiert werden, brechen weichere Schichten eher ab als härtere, die stehen bleiben. Das begünstigt die Entstehung von Höhlensystemen und unterirdischen Flussläufen, die kilometerlang den Kalkstein durchziehen. In Gletschern kann das Schmelzwasser Eiskavernen aushöhlen. Und auf Hawaii kennt man Lavatunnel, die einst von glühender Lava durchflossen wurden und jetzt unter erstarrter Lava liegen.

KARSTHÖHLEN

Regentropfen nehmen Kohlendioxid aus der Luft auf, das im Tropfen zu Kohlensäure wird. In Kalksteingebieten versickert das leicht saure Wasser im Gestein, löst aus ihm Kalzit und erzeugt Spalten, Dolinen und Höhlen. Wo das kalzithaltige Wasser vom Höhlendach herabtropft, bildet sich an der Stelle ein Kalksteinzapfen, ein Stalaktit, während ihm vom Boden ein Stalagmit entgegenwächst.

Dieser große Stalagmit aus Kalzit ist über Jahrhunderte aus tropfendem Wasser ausgeschieden worden.

KARSTWASSER

Das Wasser in Karsthöhlen fließt wie ein unterirdischer Fluss dahin. Bei Regenwetter steigt der Pegel des Karstwassers an und löst den Kalkstein der Wände. Bei fallendem Wasser sieht man häufig die fantastischen Felsformen. In manchen Karstregionen wie in Yukatán (Mexiko) gibt es keine Flüsse oder Seen, weil alles Regenwasser versickert und unterirdisch abfließt. Cenotes sind Löcher im Boden, durch die Taucher zu den Karstwasserhöhlen gelangen.

Kristallklares Wasser gibt den Blick frei auf das gebänderte Gestein.

KRISTALLE

Wasser, das in Höhlen austritt und vom Höhlendach abtropft, enthält gelöste Minerale wie Kalzit oder Gips. Wenn das Wasser verdunstet oder weniger sauer wird, fallen diese Minerale aus dem Wasser aus und bilden Kristalle mit glitzernden Oberflächen.

Zarte Kalzitkristalle sind an der Spitze dieses in ein Becken eintauchenden Stalaktiten gewachsen.

KÜSTENHÖHLE

An freiliegenden Felsküsten presst der Wellenschlag das Wasser so stark in Spalten, bis der Fels abbricht. Weicheres Gestein zerbröselt und wird weggeschwemmt. Auf diese Weise bilden sich mit der Zeit Hohlformen, überhängende Kliffe, Felsbögen und freistehende Felsnadeln.

GLETSCHERHÖHLE

Am unteren Ende des Gletschers bildet sich ständig Schmelzwasser, das in Spalten versickert und senkrechte Trichter auswäscht. Zwischen Gletscher und Boden beginnt das Wasser, Tunnel und Höhlen aus dem Eis zu erodieren. Im Sommer, wenn viel Schmelzwasser anfällt, sind diese Hohlräume vom Wasser umtost. Es tritt dann mit Wucht am Gletschertor ins Freie aus. Im Winter sind die Hohlräume gefahrlos begehbar.

Eis bedeckt den Boden der Gletscherhöhle, durch die momentan kein Wasser strömt.

EISHÖHLE

In manchen Gebirgshöhlen ist die Luft so kalt, dass eindringendes Wasser sofort zu Eis gefriert. Eiszapfen und gefrorene Wasserfälle sind die Folge. Für solche Eishöhlen müssen alle Bedingungen stimmen: Ist das Gestein zu kalt, kommt kein Wasser in die Höhle, weil es schon draußen gefriert. Ist es zu warm, gefriert es auch in der Höhle nicht und versickert im Höhlenboden.

Eindringendes Wasser bildet in der Casteret-Grotte der Pyrenäen (Spanien) wunderschöne Eiskaskaden.

LAVATUNNEL

In diesem heute kalten unterirdischen Gang floss früher ein glühender Lavastrom aus einem Hawaiivulkan. Diese Laven sind so heiß und dünnflüssig, dass sie wie Wasser fließen. So ein hangabwärts fließender Lavastrom kühlt an der Oberfläche mit der Zeit ab, erstarrt und bildet das Dach des Lavatunnels (siehe S. 159). In seinem Innern fließt die Lava noch ein Weile weiter. Sobald der Ausbruch aufhört, fließt der Lavarest aus und hinterlässt einen leeren Tunnel.

Auch das Dach des Lavatunnels ist aus erstarrter Lava.

SINTERTERRASSEN

Das Karstwasser, das durch die Akiyoshi-do-Höhle in Japan fließt, ist gesättigt mit gelöstem Kalzit. Dort, wo es über den abschüssigen Höhlenboden fließt, hat auskristallisierter Kalzit eine Abfolge von muldenförmigen Terrassen gebildet. Das Wasser plätschert in einer sanften Kaskade von einer Wanne zur nächsten.

Trotz seines Kalzitgehalts ist das Wasser völlig klar.

KLIMAZONEN

Die unterschiedlich starke Sonneneinstrahlung auf der Erde ist Ursache der globalen Luftmassenströmungen und Wettersysteme. Zwischen den eisbedeckten Polen und den feuchtheißen Äquatorgebieten erstreckt sich eine Reihe von Klimazonen, die sich durch einen voneinander abweichenden Pflanzenwuchs unterscheiden: Pflanzen sind die Grundlage allen tierischen Lebens.

GEBIRGE ▲
Im Hochgebirge ist es bitterkalt, fast wie an den Polen, und auch die Pflanzen sind sehr klein und spärlich. Weiter talwärts, unterhalb der Baumgrenze, wachsen an den Hängen Sträucher und Bäume.

TROPISCHER REGENWALD ▶
Unter der intensiven Sonnenstrahlung am Äquator verdunstet viel Wasser, das emporsteigt und dichte Gewitterwolken bildet. Die täglichen warmen Regengüsse fördern ein üppiges Pflanzenwachstum in den dichten Regenwäldern.

LAUBWALD ▶
Gemäßigtes Klima ist weder heiß noch kalt. Wegen der Meeresnähe und der milden Temperaturen ist es besonders geeignet für Laubbäume, die im Winter ihre Blätter abwerfen und das Wachstum einstellen.

WÜSTE ▶
Regionen mit extrem wenig Regen sind Wüsten. Viele liegen in tropischen Gebieten mit trockener Luft, andere inmitten großer Kontinente, weit weg vom Meer. Nur wenige angepasste Pflanzen gedeihen hier.

POLARGEBIETE UND TUNDRA ▲
Die Polargebiete erhalten im Sommer zwar ganztägig Sonne, aber nur schwach. Im Winter ist es durchgehend dunkel. In der anschließenden Tundra taut der Boden wenigstens im Sommer auf und erlaubt einigen Pflanzen zu wachsen.

MITTELMEERGEBIETE ▲
Zwischen der gemäßigten Zone und der Wüstenzone liegt diese Zone mit einer Hartlaubvegetation, auch Macchia genannt. Die Sträucher widerstehen Trockenzeiten und wachsen nach den häufigen Bränden rasch wieder nach.

KLIMAZONEN ▼

Die Klimazonen der Erde sind in Bändern angeordnet: Tropischer Regenwald am Äquator, Wüsten in den Subtropen, Nördlicher Nadelwald im hohen Norden. Steppen und Savannen sind dort, wo es für Bäume zu trocken ist.

SAVANNE ▲
Die an die Tropischen Regenwälder anschließenden Savannen sind für Wälder zu heiß und zu trocken. Es sind endlose Grasebenen und sie gleichen Parklandschaften mit einzelnen Bäumen, die der Trockenheit trotzen.

STEPPE ▲
Landschaften, die im Innern von Kontinenten liegen, bekommen häufig wenig Regen. Diese Steppen und Prärien sind zu trocken für Bäume, aber sehr fruchtbar. Ihre Grasflächen werden meist landwirtschaftlich genutzt.

NÖRDLICHER NADELWALD ▲
Südlich der arktischen Tundra schließt sich ein breiter Gürtel mit Nadelwäldern an. Sie können den langen harten Wintern besser trotzen als die empfindlicheren Laubbäume.

FRÜCHTE

Unsere ganze pflanzliche Kost reift auf Äckern und Feldern – Weizen, Kartoffeln und Mais in unseren Breiten, Bananen, Kokos und Orangen in den Tropen. Die Früchte, die wir heute kaufen können, stammen von Wildpflanzen ab, die sich durch Zuchtauswahl zu ihrer jetzigen Form entwickelt haben.

Maiskolben mit Maiskörnern

MAIS ▸
Die Maispflanze zählt zu den Gräsern und gedeiht in sonnenreichen Klimazonen. Die Körner werden gekocht oder gegrillt, oder man backt aus dem Mehl Tortillas und Chips.

Maistortillas

Maischips

Sojabohnen in Schoten

Getrocknete Sojabohnen

Sojamehl

SOJABOHNEN ▴
Diese Bohnen sind reich an Ölen und Eiweiß und stammen aus Ostasien. Heute werden sie weltweit angebaut und sind bei Vegetariern sehr geschätzt.

Sojasoße

Sojamilch

Tofu ist gepresster Sojaquark.

Reisähre

Reiscracker

REIS ▾
Mit Weizen und Mais gehört der Reis zu den drei wichtigsten Grundnahrungsmitteln der Welt. Er wird überwiegend als Sumpfpflanze in überfluteten Feldern der feuchtwarmen Klimazonen angebaut.

Reiskörner

Gekochter Reis

Getrocknete Kakaofrucht

Frische Kakaobohne

Kakaobohnen

Schokoladentafel

◂ KAKAO
Der Hauptbestandteil der Schokolade ist Kakao aus der Bohne des Kakaobaums, der in vielen Tropenländern angebaut wird. Die geernteten Bohnen müssen zuerst in der Sonne noch gären, dann werden sie getrocknet, geröstet und zu Kakaomehl gemahlen. Auch Kakaobutter kann erzeugt werden.

Rote Kartoffeln

KAROFFELN ▸
Die Kartoffel ist eine Wurzelknolle der Kartoffelstaude, die der Tomatenstaude ähnelt. Sie kam im 16. Jahrhundert von Südamerika nach Europa und wurde zu einer der bedeutendsten Nutzpflanzen.

Gelbe Kartoffeln

WEIZEN ▾
Das wichtigste und am häufigsten angebaute Korngetreide gemäßigter Klimagebiete ist auch eine Grasart. Die groß gezüchteten Körner werden zu Mehl vermahlen.

Weißbrot aus Weizenmehl

Garbe mit Weizenähren

Frische Teeblätter

Teebeutel

◂ TEE
Die Teeblätter, die zum Aufbrühen von Tee verwendet werden, wachsen an immergrünen Sträuchern in den feuchtwarmen Tropen, vor allem in China und Indien. Geerntet werden sie mit der Hand und danach schnell getrocknet. Verkauft wird Tee als lose Blättchen oder im Teebeutel.

Getrocknete Teeblätter

Rispe mit Cocktailtomaten

TOMATEN ▴
Die Tomate, eine Verwandte der Kartoffel, die ebenfalls im 16. Jahrhundert aus Südamerika zu uns kam, wird heute weltweit angebaut.

Gelbe Tomatensorte

WEIN ▲

Wein zählt zu den ältesten Nutzpflanzen, die schon die Ägypter vor 6000 Jahren züchteten. Anbaugebiete sind die Subtropen. Die Trauben werden vor allem zu Wein gekeltert, gelangen aber auch als Frischobst sowie getrocknet als Rosinen, Sultaninen und Korinthen in den Handel.

SONNENBLUMEN ▶

Inmitten der riesigen Blüten stecken Hunderte von Samenkernen, deren Inhalt gern geknabbert wird – von Menschen wie von Vögeln. Aus den meisten Kernen wird jedoch Speiseöl gepresst.

◀ ZUCKERROHR

Diese Grasart wird weltweit in den feuchtwarmen Tropen in Plantagen angebaut. Verwendet wird der zuckerhaltige dicke Halm. Mehr als die Hälfte des gesamten Zuckers stammt aus Zuckerrohr. In Brasilien erzeugt man aus ihm große Mengen Bioalkohol, der das Benzin für Autos ersetzt.

◀ BANANEN

Die Tropenfrüchte wachsen in Büscheln bis zu 200 Stück an großen Bananenstauden. Bananen werden grün geerntet. Bis zu ihrem endgültigen Verkauf haben sie aber genug Zeit, um auszureifen.

KAFFEE ▼

Das beliebte Getränk wird aus Bohnen hergestellt, die paarweise in jeder Kaffeefrucht am tropischen Kaffeestrauch heranwachsen. Die Bohnen werden geerntet, getrocknet, geröstet und ganz oder gemahlen verkauft.

KOKOSNUSS ▶

Die großen Nüsse der Kokospalme liefern wichtige Rohstoffe für viele Pazifikinseln. Aus den äußeren Fasern werden Matten und Seile geflochten. Das Fruchtfleisch kann frisch gegessen, zu Kopra getrocknet, zu Paste oder zu Kokosöl verarbeitet werden.

UMWELT

Die ständig wachsende Erdbevölkerung verbraucht immer mehr Rohstoffe und bedroht durch die Ausbeutung der Natur alle Lebensräume der Erde. Wälder, Sümpfe und Wiesen werden zerstört, Boden, Luft und Wasser vergiftet. Viele Pflanzen- und Tierarten sind vom Aussterben bedroht, Korallenriffe und Tropenwälder massiv gefährdet.

▼ UMWELTVERSCHMUTZUNG
Alles, was weggeworfen wird, verteilt sich irgendwo in der Landschaft oder endet im Meer. Kunststoffteile verrotten nicht und gefährden Wildtiere, die sie verschlucken. Abwässer und andere Abfälle vergiften Binnenmeere, Flüsse und Seen.

▼ KLIMAWANDEL
Die zurzeit gefährlichste Entwicklung ist die Erwärmung der Erdatmosphäre, die eine Folge der Verbrennung von Erdgas, Erdöl sowie Kohle und der dabei frei werdenden Abgase ist. Wüsten breiten sich aus, Polgletscher schmelzen und der Meeresspiegel steigt.

Smog verschleiert die Hochhaus-Silhouette von Los Angeles (USA).

Müll am Strand von Guanabara (Brasilien)

▲ LUFTVERSCHMUTZUNG
Rauch und Abgase aus Industrie, Haushalten und Verkehr verschmutzen die Atemluft und führen zu Smog in vielen Städten. Atemwegs- und Kreislauferkrankungen nehmen zu. Aber am schlimmsten sind die Auswirkungen auf den Klimawandel.

Plastikabfälle, die im Meer treiben, können Meerestiere verletzen oder töten und Strände verschmutzen.

Korallenriffe sterben ab, weil das Meerwasser wärmer wird – die einst bunten Korallen bleichen aus.

▼ SAURER REGEN

Rauch und Abgase aus Industrie und Kraftwerken verbinden sich mit dem Wasserdampf der Luft zu schwachen Säuren. Dieser saure Regen schädigt die Blätter und Wurzeln der Bäume und lässt Boden und Seen versauern. Zurzeit wird besonders China von dem Problem heimgesucht.

Am schwersten betroffen vom sauren Regen sind Gebiete mit hoher Industriedichte.

Vom sauren Regen zerstörter Wald in den Appalachen (USA)

Gebleichtes Korallenriff auf den Fidschi-Inseln

▼ ENTWALDUNG

Jedes Jahr verschwinden riesige Waldgebiete auf der ganzen Erde. Tropische Regenwälder werden wegen des Holzes gefällt, auf den Rodungen sollen Äcker entstehen. Dadurch verlieren wir wertvollste Lebensräume. Entwaldung trägt auch zur Erwärmung der Atmosphäre bei.

Regenwaldabholzung in Chiapas (Mexiko)

Großer Panda im Nationalpark Wolong (China)

◀ ARTENSCHWUND

Mit dem Verlust von Lebensraum verschwinden auch seine Pflanzen und Tiere. Ohnehin schon bedrohte Arten sterben aus oder wandern ab, wenn sie können. Je weniger Arten es gibt, umso schwieriger wird das Überleben für die verbleibenden Arten.

UMWELTSCHUTZ ▶

Der Schutz der Umwelt liegt nicht nur in der Verantwortung unserer Regierung. Wir alle müssen uns für einen anderen Lebensstil einsetzen. Diese Radfahrer auf dem Weg zur Arbeit helfen, den Smog in ihrer Stadt zu verringern und Energie einzusparen.

Radfahrer in San Francisco (USA) auf dem Weg zur Arbeit

DIE SCHÖNE BRAUT
In der Ortschaft Donje Ljubinje im Kosovo ist das Gesicht der Braut so bemalt, dass ihr der „Böse Blick“ nichts anhaben kann. Dieser Brauch ist einzigartig, ebenso wie die Sprache, eine Mischung aus Serbisch, Mazedonisch und Albanisch.

Mensch und Gesellschaft

AFRIKA

Zahlreiche Zahn- und Knochenfunde in Afrika haben zu der wissenschaftlichen Annahme geführt, dass die Geburtsstätte der Menschheit vor Millionen Jahren in Afrika lag. Heute leben in den 53 Ländern des Kontinents 850 Millionen Menschen, vor allem auf dem Land. Die verschiedenen Kulturen, Traditionen, großartigen Landschaften und Tierarten prägen den Erdteil. Diese attraktive Mischung zieht jedes Jahr zahllose Besucher an.

ERNÄHRUNG
Afrikas Grundnahrungsmittel sind Feldfrüchte wie Mais, Yams, Maniok und Kochbanane. Fleisch und Fisch sind teuer und deshalb wie Bohnen oder Linsen nur als seltene Beilage bezahlbar. In Marokko und Tunesien verkaufen die Menschen Früchte aus ihren Gärten auf dem Markt.

Injera ist ein weiches Fladenbrot, hier serviert zu Rindfleisch mit Gemüse.

Gewürze aus Marokko

Ein Viertel des weltweiten Goldes wird in Johannesburg (Südafrika) gewonnen.

ROHSTOFFE UND INDUSTRIE
Nigeria, Algerien, Libyen und Angola sind die wichtigsten Erdgas- und Erdölländer Afrikas, während in Südafrika reiche Gold- und Diamantvorkommen lagern. Mineralerze (Kupfer, Blei, Zink, Uran) finden sich in Sambia, Kongo und Namibia.

Nigeria ist das sechstgrößte Erdölförderland der Erde.

Trommel

MUSIK
Wenn Afrikaner feiern, dann spielt Musik eine große Rolle, besonders mit Schlaginstrumenten. Viele Arten von Trommeln erzeugen die traditionellen Rhythmen, Blasinstrumente aus Hörnern oder Muscheln spielen Melodien. Die Kora, ein Saiteninstrument, oder die Kora aus zwei Klangkörpern werden häufig gespielt.

Der Sprungtanz der Massai soll ihre Stärke zeigen.

Kora

Kuge

Wüste Sahara

Herrlicher Blick auf Kapstadt mit dem Tafelberg

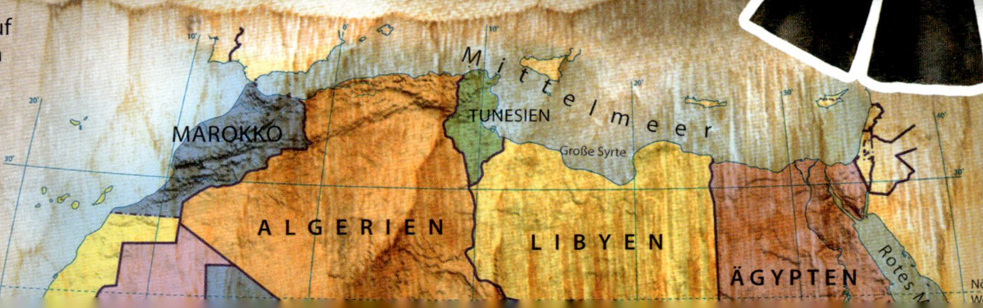

Der Kilimandscharo an der Grenze Tansanias zu Kenia ist 5895 m hoch.

Die Pyramiden mit der Sphinx sind das Touristenziel Nr. 1 in Ägypten.

TOURISMUS

Viele Afrikareisende buchen eine Safari, um Wildtiere hautnah zu erleben. Die meisten zieht es aber an die schönen Strände von Marokko, Tunesien, Kenia, Südafrika, Madagaskar und natürlich der Seychellen. Afrikas berühmtestes Besucherziel sind jedoch die vor 4500 Jahren von den Ägyptern erbauten Pyramiden von Giseh.

LANDSCHAFTEN

Nordafrika besteht im Wesentlichen aus der größten Wüste der Erde, der Sahara, mit Temperaturen von über 50 °C. Rund um den Äquator wächst tropischer Regenwald, der von Savannen umgeben ist. Geografische Besonderheiten sind der Kilimandscharo (höchster Berg), der Nil (längster Fluss) und der Victoriasee (größter See Afrikas).

Mais-kolben

Die in den Vulkanbergen Ruandas lebenden Berggorillas sind vom Aussterben bedroht.

Datteln

TIERWELT

Wildparks in Tansania und Kenia wurden gegründet, um zur Erhaltung der Tierwelt Afrikas beizutragen. Raubkatzen, Zebras, Elefanten und andere Großtiere jagen und streifen umher, ohne Wilderer fürchten zu müssen. Madagaskar, die viertgrößte Insel der Erde, ist Heimat sehr seltener Tiere. Drei Viertel ihrer Arten kommen nur hier vor.

LANDWIRTSCHAFT

Viele Afrikaner leben auf dem Land und bauen Feldfrüchte für den Eigenverzehr an. Die Überschüsse verkaufen sie auf dem Markt. Datteln, Oliven und Zitrusfrüchte werden in Nordafrika angebaut, in Ostafrika gedeihen Kaffee und Tee, in Westafrika wird die Hälfte der weltweiten Kakaoerträge geerntet. Baumwolle wächst im Sudan.

Die Fasern der Baumwollpflanze werden zu Baumwolle versponnen.

Kakaofrucht

Lemuren gibt es nur auf der Insel Madagaskar.

Zebra

Judo

Die Börse in Tokio ist die zweitgrößte der Welt.

SPORT

Kampfsport hat in Asien eine lange Tradition, z. B. Judo, Karate und Sumo in Japan oder Kung-Fu in China. Mongolen und Tibeter sind alte Reitervölker. In Indien und Pakistan sind Kricket und Hockey beliebt, in China und Südkorea Badminton und Tischtennis.

ROHSTOFFE UND INDUSTRIE

Durch ihre gigantischen Erdöl- und Erdgasvorräte sind die Hauptförderländer Saudi-Arabien, Kuweit und die VAE zu großem Reichtum gekommen. Japan hat sich als eines der führenden Länder mit Hightech-Produkten großen Wohlstand erwirtschaftet. China, Indien und viele Schwellenländer wie Vietnam produzieren Massenwaren in den Bereichen Kleidung, Elektronik und Alltagsgegenstände.

Süßwasser-krokodil

TIERWELT

Einige der bedrohtesten Tierarten leben in Asien, z. B. der Schneeleopard, der Große Panda oder der Tiger. In den Tropenwäldern Indonesiens und Malaysias leben Elefanten, Nashörner und Orang-Utans. In den Meeren Südostasiens jagen Haie, Rochen, Schildkröten und Delfine in den Riffen nach Beute.

Tiger

Tischtennis zählt zu Chinas Lieblings-sportarten.

Südkorea liegt in der Autoherstellung an fünfter Stelle in der Welt.

Der „Japanische Kaiser“ ist ein Schillerfalter und Japans Nationalfalter.

Seit mehr als 9500 Jahren wird in Asien das Hauptnahrungsmittel Reis angebaut.

ASIEN

Der größte Kontinent wartet mit vielen Extremen auf. Von Norden nach Süden sind das die eisige Arktis, endlose Nadelwälder, weite kahle Steppen, die höchsten Gebirge der Erde, tödlich trockene Wüsten, saftige Weiden, dampfende Tropenwälder und glasklare Meere. Landstriche mit einer armen Bevölkerung stehen reichen, boomenden Städten gegenüber. Mehr als 60 % der Erdbevölkerung lebt auf dem asiatischen Kontinent.

Indien ist der größte Teeproduzent. Die Hauptanbaugebiete liegen im feuchten Nordosten des Landes.

Sushi

ERNÄHRUNG
Die asiatische Küche ist berühmt für ihre Vielfalt. Leckere Gerichte aus Indien (typisch mit Currygewürzen zubereitet), China (Reis oder Nudeln gebraten, Fleisch mit Gemüse), Thailand (knackiges Gemüse, Fisch mit Kokossoße) und Japan (Sushi: Fischspezialität mit Reis in Algenblättern) sind in der ganzen Welt hochgeschätzt.

Pho Bac, eine Kraftbrühe mit Nudeln

Der Name „Bollywood“ für indische Herz-Schmerz-Filme leitet sich von Bombay ab, das indisch Mumbai heißt.

KULTUR
Indiens erfolgreiche „Bollywood“-Filmindustrie in Mumbai dreht über 1000 Streifen im Jahr. Traditionelle Kunst, Tanz und Musik sind in Asien fest im Leben der Menschen verankert. Beispiele sind die maskierten Tempeltänzer Bhutans, klassischer kambodschanischer Tanz und das Schattenpuppentheater Indonesiens.

Auf Drachenbootfesten und beim chinesischen Neujahrsfest spielen Drachenmasken eine tragende Rolle.

An der Klagemauer in Jerusalem versammeln sich gläubige Juden zum Gebet.

Buddha aus Gold

RELIGIONEN
Alle großen Religionen sind in Asien gegründet worden. Am weitesten verbreitet sind Buddhismus, Hinduismus und Islam. Die Menschen beten und singen zu Hause, in Tempeln oder Moscheen. Buddhismus und Hinduismus vertreten die spirituelle Erleuchtung.

In Varanasi finden an den Ufern des Ganges ständig rituelle Waschungen der Gläubigen statt.

Verkehrsstau in Delhi, der zweitgrößten Stadt Indiens

Die Petronas Towers in Kuala Lumpur (Malaysia)

STÄDTE UND MEGASTÄDTE
Der lange Wirtschaftsaufschwung in Asien hat Megastädte hervorgebracht. Dubai, Kuala Lumpur und Hongkong haben sich zu Finanzzentren und Touristenmagneten entwickelt. Viele Landbewohner drängen auf der Suche nach Arbeit in die Städte, in denen Luxus und Armut aufeinanderprallen.

Die grellen Lichter Hongkongs, der chinesischen 7-Millionen-Stadt

ERNÄHRUNG

In den USA essen die Menschen sehr viel Fast Food, vor allem Hamburger, Hotdogs und Pizza. Diese Speisen sind sehr schnell zubereitet. In den südlichen Ländern werden viele Südfrüchte und tropische Früchte angebaut. In Mittelamerika lieben die Bewohner scharf gewürztes Essen, z.B. mit Chili.

Hamburger

Ein großer Teil der Erdnüsse wird zu Erdnussbutter verarbeitet.

KULTUR

In der ganzen Welt kennt man Amerikas Filme und Fernsehserien. Viele Musikstilrichtungen wie Rock 'n' Roll, Jazz, Blues, Country und Soul haben ihre Wurzeln in den USA. In Kanada veranstaltet man jedes Jahr auf der Calgary Stampede eine Rodeoshow. In Mexiko feiert man viele katholische Festtage.

Elvis Presley, der unumstrittene „King of Rock 'n' Roll"

Aus kanadischem Ahorn wird Ahornsirup gewonnen – eine sehr beliebte Pfannkuchenzutat.

Die USA erzeugen ein Viertel der Orangen weltweit.

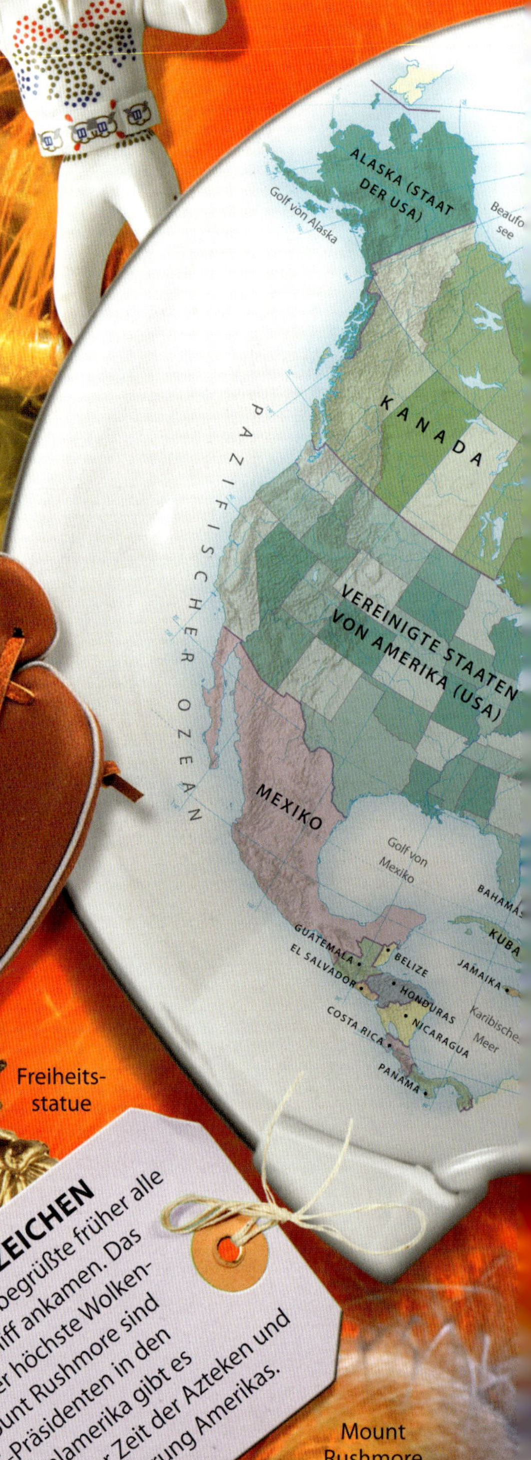

Baseball: Handschuh und Ball

SPORT

Der Höhepunkt der amerikanischen Footballsaison ist der alljährliche Super Bowl. Er hat die höchsten Einschaltquoten aller Fernsehsendungen. Auch Baseball und Basketball sind sehr beliebt. Durch das kältere Klima in Kanada sind hier Sportarten wie Skifahren, Eishockey und Eislaufen sehr verbreitet.

Die Kufen der Eishockeyschuhe werden vor jedem Spiel sorgfältig geschliffen.

Freiheitsstatue

DENKMÄLER UND WAHRZEICHEN

Die Freiheitsstatue in New York begrüßte früher alle Einwanderer, die mit dem Schiff ankamen. Das Empire State Building ist der höchste Wolkenkratzer der Stadt. Am Mount Rushmore sind die Porträts von vier US-Präsidenten in den Felsen gemeißelt. In Zentralamerika gibt es noch zahlreiche Ruinen aus der Zeit der Azteken und Maya, der indianischen Urbevölkerung Amerikas.

Mount Rushmore

Mexikanische Musikkapellen spielen auf den vielen traditionellen Festen ihre Mariachi-Stücke.

Der „Oscar", eine kleine goldene Statue, ist die alljährliche Auszeichnung für Leute aus der Filmbranche.

Die Rocky Mountains erstrecken sich von Alaska im Norden bis zur mexikanischen Grenze im Süden.

LANDSCHAFTSFORMEN
Ein Drittel Kanadas liegt innerhalb des Polarkreises mit einem ganzjährig frostigen Klima. Zwischen den hohen Rocky Mountains im Westen und den waldreichen Appalachen im Osten erstrecken sich weite Grassteppen, die Prärien. Tiefländer, Wüsten und Nationalparks, wie z. B. Yosemite und Yellowstone, prägen die ländlichen USA. Im Süden locken die Strände Floridas, Mexikos und der Karibik.

NORDAMERIKA

Vor der Ankunft der europäischen Siedler im 16. Jahrhundert waren Indianerstämme die einzigen Bewohner des Kontinents. Es folgte eine lang andauernde Einwanderungswelle, mit der sich eine völlige neue Kultur und Lebensweise entwickelte. Die großteils spanisch sprechenden Bewohner Mittelamerikas leben sehr traditionsbewusst. Viele von ihnen arbeiten in den USA.

Der Grand Canyon ist eine tief eingeschnittene Schlucht des Colorado.

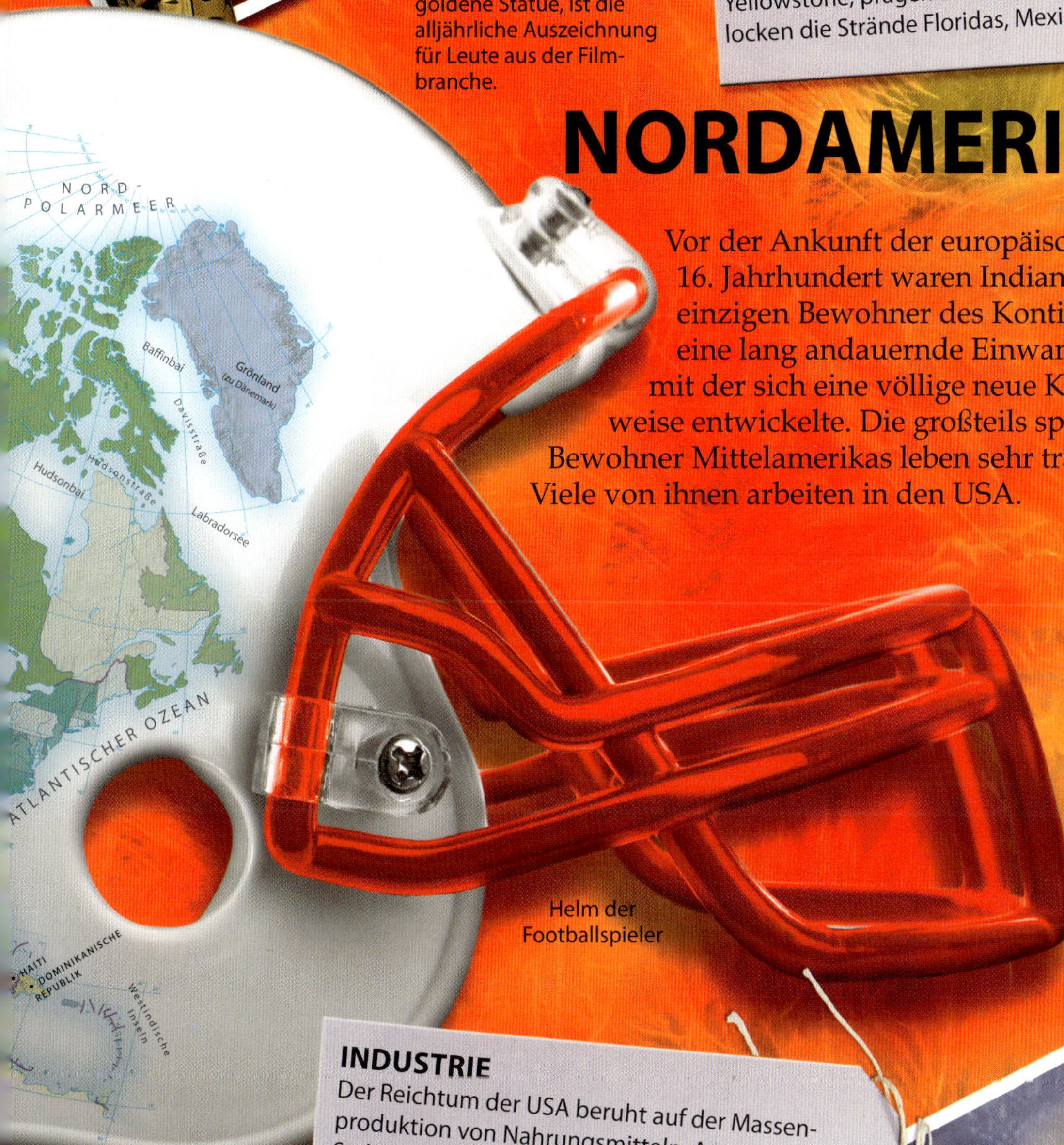

Helm der Footballspieler

Bison

Königsnatter

Die Babys der Sattelrobben in Kanada sind mit einem kältefesten weißen Pelz ausgestattet.

TIERWELT
Im Norden Kanadas leben mehr Tiere als Menschen, u. a. Bären, Rentiere und Elche. In den Nationalparks der USA gibt es Bisons, Antilopen und Hirsche. Die Everglades in Florida sind ein einmaliges Feuchtgebiet mit vielen seltenen Tieren wie dem Floridapanther und den Seekühen. In der Sonorawüste Mexikos trotzen Reptilien und Skorpione der großen Hitze.

INDUSTRIE
Der Reichtum der USA beruht auf der Massenproduktion von Nahrungsmitteln, Autos, Stahl, Elektronik und Flugzeugen. An der pazifischen Küste ankern große Fischfangflotten. Im Norden gibt es dort große Lachsfarmen. Kanada führt riesige Mengen Schnitt- und Bauholz aus. Mexiko hat reiche Erdgas- und Erdölvorräte.

Computerchips aus Kalifornien, dem Zentrum für elektronische Bauteile

Mähdrescher ernten die riesigen Weizenfelder der Prärien ab.

Alter Cadillac

LANDSCHAFTSFORMEN

Südamerika wird durch drei sehr verschiedene Landschaftsformen geprägt. Die ganze pazifische Westküste entlang erstrecken sich die Anden, ein vulkanisches Hochgebirge. Den Nordosten und damit die Hälfte Brasiliens nimmt der riesige Regenwald am Amazonas ein. Im Süden dehnen sich große Steppengebiete aus, die Pampa, was auf Spanisch „Ebene" heißt.

Patagonien in Argentiniens Süden ist berühmt für seine spektakulären Gletscher.

Der Salto Angel in Venezuela ist mit 979 m der höchste frei fallende Wasserfall der Erde.

Während der Regenzeit setzt der Amazonas große Teile des Regenwalds unter Wasser.

KULTUR UND SPORT

Musik und Tanz bestimmen in Südamerika die Gefühle der Menschen. Im brasilianischen Karneval geben kostümierte Sambagruppen den Takt an, wenn in Rio de Janeiro die großen Umzüge stattfinden. Fußball ist die dominierende Sportart Südamerikas und Brasilien ist Rekordweltmeister.

Tango ist ein Tanz, der sich im 19. Jahrhundert in den Slums von Buenos Aires entwickelte.

Brasilien gewann 2002 zum fünften Mal die Fußballweltmeisterschaft.

TIERWELT

Der Regenwald am Amazonas ist der größte der Erde und beherbergt mehr als 15 000 Tierarten. Affen, Faultiere und Baumschlangen leben in den Baumkronen, Jaguare, Tapire und Wasserschweine durchstreifen den Urwald. Bunte Aras und Tukane durchstöbern das Ufergebüsch des Amazonas, in dem Flussdelfine und Seekühe leben.

Rotaugenlaubfrösche jagen nachts nach Insekten.

Mit ihrem Riesenschnabel picken Tukane Früchte von den Ästen.

In vielen Flüssen Südamerikas jagen fleischfressende Piranhas mit ihren messerscharfen Gebissen.

FRÜCHTE

Aus Brasilien kommt ein Viertel des weltweit produzierten Kaffees. In Ecuadors Klima gedeihen Tomaten und Bananen. Chile und Peru sind Gebirgsländer – ihre Bauern bauen Kartoffeln auf Terrassenhängen bis in 4000 m Höhe an, Getreide in tieferen Lagen.

Paranüsse

Kaffeebohnen

Banane

Aus den angeritzten Kautschukbäumen läuft Latex, aus dem Gummi hergestellt wird.

SÜDAMERIKA

Reich an Geschichte, Natur und Kultur – so präsentiert sich der Kontinent mit dem größten Urwaldgebiet der Erde, dem amazonischen Regenwald, und der Inkafestung Machu Picchu. Der Einfluss der Portugiesen und Spanier lebt in den offiziellen Sprachen und den gemischten Ethnien der Völker weiter, die ihre Lebensfreude mit Samba und Tango gern zum Ausdruck bringen.

PFLANZENWELT
Fast 60 Prozent des Kontinents sind Gras- und Buschland. Besonders die Pampa ist sehr fruchtbar. Im brasilianischen Regenwald wachsen über 6000 verschiedene Pflanzenarten. Auf den Tepui-Sandsteinplateaus Venezuelas sowie in der Atacamawüste Chiles gibt es sehr seltene Pflanzen, die nur hier wachsen.

Der Ritterstern trägt bis zu 25 cm große, leuchtend rote Blüten und wächst in Peru und Chile.

Cardon-Kaktus

Dieser Ohrschmuck stammt aus der Zeit der Chimú, deren Reich von den Inka erobert wurde.

Handgemachte peruanische Puppen aus Lama- oder Alpaka-Wolle

INKA
Die Inka waren die letzte große Zivilisation der Ureinwohner Südamerikas. Während des 12. Jh. gründeten sie ihre Hauptstadt Cusco. Die größte Ausdehnung hatte das Reich im 15. Jh. Damals reichte es von Ecuador bis Chile. Angezogen von ihrem sagenhaften Reichtum eroberten die Spanier 1532–1533 das Inkareich und zerstörten es.

Mate ist ein beliebtes Aufgussgetränk aus den Blättern des Matestrauchs.

Gegrilltes Rindfleisch ist wichtig in der Küche Argentiniens.

ERNÄHRUNG
Mais ist Grundnahrungsmittel, als Brot und Fladen gebacken, zusammen mit Fleisch oder Käse. Kartoffeln, Kürbis, Reis und Bohnen ergänzen den Speiseplan. Peruaner schätzen scharfe Gewürze, besonders Chili würzt viele Gerichte.

Der Schweizer Roger Federer erringt beim Tennisturnier in Wimbledon (London) einen seiner vielen Titel.

Die Tour de France wurde erstmals 1903 veranstaltet und ist das größte Radsportereignis des Jahres.

Der Uhrturm Big Ben ist Teil des britischen Parlamentsgebäudes.

SPORT

Englische, spanische und italienische Fußball-Ligen sind die besten der Welt. Fußball, Handball, Leichtathletik, Schwimmen und Basketball sind Ganzjahressportarten, Tennis, Skifahren und Eishockey finden nur halbjährig statt.

Motorsportbegeisterte Europäer sehen sich die Rennen der Formel 1 an.

Die Küstenfischerei spielt in Portugal eine große Rolle.

In Deutschland sind einige der weltweit führenden Automobilhersteller zu Hause.

In Osteuropa gibt es große Stahlwerke.

In Holland ist die Tulpenzucht ein bedeutender Industriezweig.

In Griechenland nehmen Olivenhaine 60 % der Anbauflächen ein.

INDUSTRIE

Das führende Industrieland Europas ist Deutschland mit seiner Automobil-, Chemie- und Maschinenbauindustrie. Schweden und Finnland liefern den Rohstoff Holz, Norwegen und Island unterhalten große Fischereiflotten.

EUROPA

Der zweitkleinste Kontinent hat eine große Historie: In den vergangenen Jahrhunderten eroberten seine Bewohner neue Kontinente, unterwarfen Völker und eröffneten neue Märkte. Diese Errungenschaften wirken bis heute nach – in Kultur, Politik, Wirtschaft und Technik. Die Bewohner seiner 44 Länder genießen heute einen hohen Lebensstandard.

STÄDTE
Viele Städte Europas haben historische Schlösser und Kathedralen. Die ganze Altstadt von Prag ist Weltkulturerbe. Paris und Mailand sind Hauptstädte der Mode, während die Finanzzentren London und Genf sehr reiche Städte sind.

Norwegens Fjorde zählen zu den spektakulärsten und meistfotografierten Landschaften Europas.

LANDSCHAFTSFORMEN
Europa hat viele Gesichter. Islands Gletscher und Norwegens Fjorde sind ungezähmte Natur, während die Alpen teils unberührt, teils touristisch erschlossen sind. Rund um das Mittelmeer besuchen jährlich Millionen Urlauber die herrlichen Strände.

Der 1280 m hohe Vesuv befindet sich in einer Ruhephase, kann aber jederzeit wieder ausbrechen.

Das russische Ballett, z. B. das Bolschoi-Ballett in Moskau und das Kirow-Ballett in Sankt Petersburg, ist weltberühmt.

KULTUR
Europa ist unendlich reich an Kulturgütern, Literatur, Kunstobjekten, Opern und Theatern. Seine Komponisten, Dichter, Künstler und Tänzer sind weltberühmt. Museen und Kunstausstellungen werden von Millionen Menschen jedes Jahr besucht.

Bronzeskulptur des bekannten britischen Bildhauers Henry Moore

Die *Sonnenblumen* des Niederländers Vincent van Gogh sind in verschiedenen Versionen zu bewundern. Diese hier wurden 1888 gemalt.

Paella ist ein köstliches spanisches Reisgericht mit Hühnchen und Meeresfrüchten.

ERNÄHRUNG
Pizza und Spaghetti sind italienische Spezialitäten. Franzosen lieben Käse, Crêpes und Muscheln. Die Deutschen mögen Bratwürste und Schweinebraten. Spanier zaubern eine Paella auf den Tisch. Die Belgier verstehen es, mit Pralinen und Schokolade zu verführen.

Crêpes sind dünne Pfannkuchen.

Muscheln sind in Frankreich und Belgien sehr begehrt.

KULTUR

Glauben, Kultur und Kunst der australischen Ureinwohner bilden ein reiches Erbe, das von einem tiefen Respekt der Aborigines vor der Natur zeugt. Die Ureinwohner Neuseelands, die Maori, pflegen den Traditionstanz Haka. Die Bewohner Ozeaniens leben in enger Familientradition.

Die Kunst der Aborigines bildet aus der Natur ab.

Polynesische Holzpuppen enthalten religiöse und mystische Zeichen.

SPORT

Das Klima erlaubt viele Aktivitäten im Freien. Kricket, Rugby, Hockey und Golf sind weit verbreitet, ebenso Surfen oder Segeln an der Küste. Zuschauermagneten sind Tennis, Kricket und Rugby – Sportarten, in denen Australien und Neuseeland Weltspitze sind.

Werkzeuge der Maori werden vom Hersteller geweiht, damit sie gut funktionieren.

Die Sydney-Trichterspinne Ostaustraliens hat ein tödliches Gift. Kinder sind besonders gefährdet.

TIERWELT

Australien ist bekannt für seine Beuteltiere. Das sind Tiere, die ihre Babys lange in einem Hautbeutel tragen, also Kängurus, Koalas und Wombats. Auch einige Vogelarten wie Emus und Lachender Hans gibt es nur hier. Australien ist berüchtigt für außerordentlich giftige Spinnen, Quallen, Schlangen und Kraken.

Koalas

Die vielen Stacheln des Dornteufels dienen sowohl zur Abwehr von Feinden als auch als Tarnkleid.

Kängurus

Der Stamm des Baobabbaums kann Wasser für Trockenperioden speichern.

PFLANZENWELT

Etwa 80 % der Pflanzen Neuseelands wachsen nur hier, auch bei vielen Pflanzen Australiens ist das der Fall. Die Eukalyptusbäume Australiens haben sich dagegen weltweit ausgebreitet. Das Innere des Kontinents ist meist Wüste. Seine Ränder sind feuchter, im Norden wachsen sogar Regenwälder.

Gabiny-Frucht

WIRTSCHAFT

Schaf- und Rinderzucht liefern im grünen Neuseeland die Exportgüter Wolle, Fleisch und Milchprodukte. Das rohstoffreiche Australien verfügt über Eisenerz, Kohle, Uran, Bauxit, Gold und Diamanten; Papua-Neuguinea über Gold und Kupfererz.

Eukalyptusblätter sind die Hauptnahrung der Koalas.

Australisches Kricketteam

Rugby ist hier überall ein sehr beliebter Sport.

Der große Sandsteinberg Uluru (früher Ayers Rock) ist ein Heiligtum der Aborigines.

NATURSCHÖNHEITEN
Neuseeland glänzt mit Geysiren und Gletschern, Australien mit Korallenriffen, Felsküsten und Traumstränden, Ozeanien mit Tausenden von Vulkaninseln – an Naturwundern ist hier kein Mangel. Der alte Sandsteinfelsen Uluru und die Geysire auf der Nordinsel gehören zu den meistbesuchten Plätzen.

Geysire (schlagartig ausbrechende heiße Springquellen) auf der Nordinsel Neuseelands

Australiens „Sunshine Coast" (Sonnenscheinküste) besitzt Traumstrände von 60 km Länge.

AUSTRALIEN & OZEANIEN

Die Südhalbkugel umfasst Australien mit Neuguinea, Neuseeland und Tausende von kleinen Inseln im Pazifik. Wegen der Insellage lebt hier eine völlig eigene Tierwelt und die Umwelt ist weitgehend noch intakt. Vor 40 000 Jahren wanderten die ersten Aborigines aus Asien ein, erst im 18. Jahrhundert folgten die Europäer. Heute leben hier 30 Millionen Menschen.

Diamantenschmuck

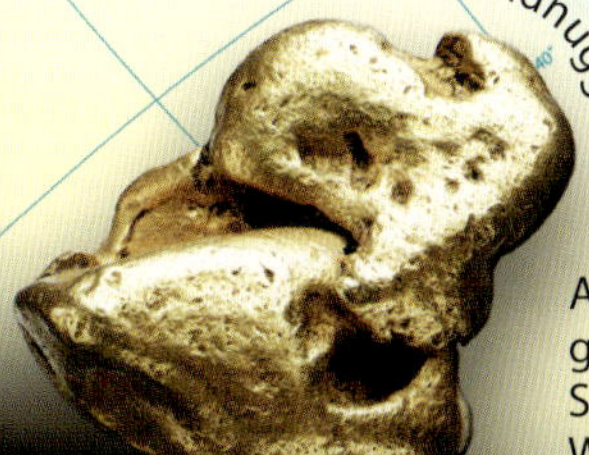

Goldnugget

Auf Neuseeland grasen etwa 45 Millionen Schafe, die Fleisch und Wolle liefern.

Die „Drei Schwestern" bilden eine Felsformation in den Blue Mountains (Australien).

TOURISMUS
Großartige Landschaften in einem warmen Klima machen Australien und Neuseeland zu beliebten Urlaubszielen. Hafenstädte wie Sydney und Auckland vereinen Kultur mit Freizeitvergnügungen. Die Oper und die Harbour Bridge (Hafenbrücke) sind die Wahrzeichen Sydneys.

Oper in Sydney

Die Amundsen-Scott-Südpolstation trägt die Namen der beiden Polarforscher, die sich 1911 ein dramatisches Wettrennen zum Südpol lieferten.

Teleskope auf der Concordia-Station gestatten Astronomen einen ungetrübten Blick tief in das Weltall.

POLARFORSCHUNG
Um die 40 ständige und 100 zeitweilige Forschungsstationen stehen in der Antarktis. Wissenschaftler beobachten Wetter und Tiere, erforschen Klima und Gesteine. Proben des Gletschereises geben Hinweise auf das vergangene Klima, und Pinguine werden mit Beobachtungssendern ausgestattet.

Eine Reise mit einem Kreuzfahrtschiff durch die Antarktis ist ein beeindruckendes Erlebnis.

POLARTOURISMUS
Seit über 50 Jahren reisen Touristen mit Kreuzfahrtschiffen in die Antarktis. Heute sind das etwa 50 000 Personen im Jahr. An günstigen Stellen finden Landgänge statt, dann können Pinguine aus nächster Nähe beobachtet werden. Kältefeste Kleidung und Gletscherbrille sind vorgeschrieben.

ANTARKTIS

Wenn auf dem kältesten Kontinent der Erde die Temperatur unter –80 °C fällt, kann jedes ungeschützte Stück Haut sekundenschnell gefrieren. Alle Forscher, die in dieser lebensfeindlichen Umwelt arbeiten, sind deshalb bestens gegen die brutale Kälte gerüstet. Das erst 1820 entdeckte Land ist 14 Millionen km² groß und zu unglaublichen 97 Prozent mit Eis bedeckt.

Kaiserpinguine sind die größten aller Pinguine. Bei Schneestürmen kuscheln sie sich eng zusammen.

Der Krabbenfresser, eine Robbenart, frisst ausnahmslos Krill, das sind winzig kleine Krebse.

Buckelwale sind gesellige Säugetiere, die in Gruppen zusammenleben – in sogenannten Schulen.

TIERWELT
In der Antarktis ist das Leben sehr hart. Am mildesten ist es noch auf der Antarktischen Halbinsel, wo sich viele Tiere auch an Land aufhalten. Besonders im antarktischen Sommer kommen viele Robben und Vögel hierher, um ihre Jungen zu bekommen und aufzuziehen.

Mount Erebus auf der Ross-Insel ist der südlichst gelegene aktive Vulkan der Erde.

LANDSCHAFT
Sturmgepeitschte Meere, senkrecht abbrechende Gletscher und gigantische Eisberge, die bis zu 200 km lang sind, prägen den Kontinent. Das 3500 km lange Transantarktische Gebirge trennt ihn in einen West- und einen Ostteil.

Schelfeis entsteht, wenn ein Gletscher ins Meer gleitet und aufschwimmt. Das größte Schelfeis in der Antarktis ist das Ross-Schelfeis.

Eisbohrkerne enthalten alte Gasblasen, die Hinweise auf das frühere Klima geben.

KLIMA
Im Winter friert das Südpolarmeer völlig zu und die Eiskappe an Land wird doppelt so dick. Im Sommer herrschen milde Temperaturen um den Nullpunkt. In einem Jahr fallen höchstens 5 cm Schnee – damit ist es hier trockener als in der Sahara! Orkane mit mehr als 300 km/h machen die Antarktis zum stürmischsten Ort der Erde.

FLAGGEN

Früher markierten in Schlachten die Fahnenträger mit ihrer Fahne den Sammelplatz der Soldaten. Heute sind Flaggen Sinnbild einer Gemeinschaft, eines Vereins, eines Landes oder einer Organisation und sie dienen zur Dekorierung von Gebäuden, Schiffen, Festen und Veranstaltungen. Die wichtigsten Flaggen sind die Nationalflaggen, die sich alle in Form oder Farbe voneinander unterscheiden. Durch die Flagge soll Gemeinsamkeit, Stolz und Einigkeit für ein Land oder eine Organisation ausgedrückt werden.

1 

AUSTRALIEN
Die Flagge ist eine Kombination aus britischer Flagge (links oben), dem großen Commonwealth-Stern, dessen Strahlen die Bundesstaaten symbolisieren, und dem Sternbild Kreuz des Südens.

2 

SÜDKOREA
Das blau-rote Eum-Yang-Symbol (in China: Yin-Yang) bedeutet, dass das ganze Universum aus Gegensätzen besteht, z. B. Tag und Nacht, die sich ergänzen. Die vier Trigramme symbolisieren Himmel, Erde, Feuer und Wasser.

3 

INDIEN
Im Zentrum der Trikolore steht das *ashoka chakra*, das Rad der Gerechtigkeit. Es verkündet die Hoffnung auf friedlichen Fortschritt des indischen Volkes.

4 

USA
Das „Sternenbanner“ symbolisiert mit den 50 Sternen die 50 Staaten der USA, die sechs weißen und sieben roten Streifen stehen für die 13 Gründungsstaaten.

5 

KENIA
Speer und Schild der Massai, eines ehemals kriegerischen Eingeborenenstamms, bilden das Zentrum der Flagge. Sie erinnert an die blutigen Befreiungskämpfe.

6 

MEXIKO
Früher hatte die Flagge militärische und religiöse Bezüge, heute stehen Hoffnung (grün), Einheit (weiß) und das „Blut der Helden“ (rot) im Vordergrund. Das zentrale Wappen zeigt einen aztekischen Adler.

7 

DEUTSCHLAND
Zur Zeit der napoleonischen Kriege im 19. Jahrhundert trugen die deutschen Soldaten schwarze Uniformen mit roten Borten und goldenen Knöpfen. Diese Farben wurden für die Landesflagge übernommen.

8 

IRLAND
Seit 1919 gibt es die Flagge Irlands. Orange steht für die Protestanten, Grün für die Katholiken und Weiß für den Frieden zwischen beiden Lagern.

9 

SPANIEN
Die junge Flagge stammt aus dem Jahr 1981. In der Mitte links das spanische Wappen mit dem königlichen Siegel.

10 

JAMAIKA
Die Flagge des karibischen Landes wird von gelben Streifen (Sonnenstrahlen) geteilt. Grüne Felder bedeuten fruchtbaren Boden, schwarze erinnern an Armut und eine schwere Vergangenheit.

KARTEN

Karten geben eine flächenhafte Darstellung von Ausschnitten der Erdoberfläche wieder. Je nach Zielsetzung gibt es sehr verschiedene Kartentypen. Manche stellen vor allem die Landschaften dar, andere die Verkehrswege und Stadtgrundrisse oder lediglich Wander- und Radwege. Der Maßstab gibt das Maß der Verkleinerung an, die Legende erklärt benutzte Darstellungssymbole.

SATELLITENBILDER

Satelliten im Weltall senden Bilder der Erdoberfläche detailgenau zur Erde. Sie kreisen Tausende Kilometer hoch über unserem Planeten und stellen Veränderungen von Land, Wasser oder der Atmosphäre deutlich dar.

LINIENNETZPLAN

Einfachheit ist das wichtigste Darstellungsmittel für übersichtliche Liniennetzpläne. Sie sind nicht maßstabsgerecht, zeigen aber alle Haltestellen und Querverbindungen deutlich an. So finden sich auch fremde Reisende schnell zurecht.

STADTPLAN

Gute Stadtpläne enthalten alle Objekte, die eine Stadt auszeichnen, also Straßen, Tunnel, Wege, Plätze, Gewässer, größere Häuser, Theater, Krankenhäuser, Bahnhöfe, Kirchen und Parks. Es gibt sie auch im Internet und auf Handys.

GEBÄUDEPLAN

Vor dem Bau eines Gebäudes fertigen Architekten zuerst einen Gebäudeplan an. Mit seiner Hilfe wissen die Maurer, wo sie welche Mauern errichten, Tür- und Fensteröffnungen setzen und Schlitze für Leitungen schlagen müssen. Genaue Bemaßung stellt fehlerfreies Bauen sicher.

GEOLOGISCHE KARTE

Die Farben stehen für unterschiedliche Gesteinsarten der Landschaft. Geologen erkennen daraus mögliche Mineral-, Wasser- oder Erdölvorkommen, Ingenieure die Tragfähigkeit für Bauwerke wie z. B. Talsperren oder Brücken.

SEEKARTE

Karten zum korrekten Navigieren auf dem Wasser heißen Seekarten. Sie enthalten Informationen über Ebbe und Flut, Untiefen, Strömungen, Gefahrenquellen, Wracks und Leuchtfeuer. Alle Schiffe haben Seekarten der zu befahrenden Routen an Bord.

POLITISCHE KARTE

Nationale und Staatsgrenzen sind in politischen Karten verzeichnet. Die Länder werden durch unterschiedliche Farben deutlich hervorgehoben. Auch größere Städte, Flüsse und Meere sind gekennzeichnet.

STRASSENKARTE

Diese Orientierungshilfen für Autofahrer sind die häufigsten Kartenwerke. Straßen sind gemäß ihrer Bedeutung dargestellt, d. h., große sind dick, kleine dünn gezeichnet. Meist erstrecken sich die Karten über ein größeres Gebiet.

LANDKARTE

Reine Natur- und Landschaftsmerkmale zeichnen Land- oder physische Karten aus. Wüsten, Gebirge, Seen, Flüsse und Meere stehen im Vordergrund der Darstellung. Höhen und Tiefen sowie steile Hänge sind durch Farbwechsel ersichtlich. Manche Karten bieten Zusatzinformationen wie z. B. Pflanzenbewuchs.

BÜNDNISSE

Auf der ganzen Welt schließen sich Menschen zu Vereinigungen und Bündnissen zusammen. Um ihre Ziele verwirklichen zu können, versuchen sie, international Einfluss zu erlangen.

UNO ▲
1945, nach dem Zweiten Weltkrieg, wurde die UNO zur Wahrung des Friedens gegründet. Die Organisation setzt sich auch für Menschenrechte, wirtschaftliche Entwicklung und die Bekämpfung von Krankheiten ein.

INTERPOL ▶
Diese internationale Polizeiorganisation bekämpft seit 1923 Verbrechen über Landesgrenzen hinweg.

WELTBANK ▲
Diese Bank wurde 1944 gegründet mit dem Ziel, Europa nach dem Krieg wieder aufzubauen. Heute bekommen ärmere Länder technische und finanzielle Hilfe.

NATO ▶
Das westliche Militärbündnis (Nordatlantikpakt) besteht seit 1949. Es garantiert seinen Partnern militärischen Beistand.

▲ WELTHANDELSORGANISATION
Die einzige internationale Organisation, die seit 1995 die Handelsbeziehungen der Länder untereinander regelt.

OIC ▶
Islamische Staatschefs bildeten 1969 diese Organisation, um muslimische Interessen zu schützen. Heute hat die Organisation der Islamischen Konferenz (OIC) 57 Mitgliedernationen.

OPEC ▶
Die Organisation Erdöl exportierender Länder umfasst viele der größten Erdölproduzenten. Ihr Ziel ist die gesicherte Ölförderung bei mäßiger Preisentwicklung.

LA FRANCOPHONIE ▲

Rund 200 Millionen Menschen weltweit sprechen französisch. Zur Förderung und Verbreitung der Sprache haben sich 1970 Französisch sprechende Länder zur „La Francophonie" zusammengeschlossen.

EU ▲

Die Europäische Union besteht aus derzeit 27 Mitgliedsländern. Gegründet wurde sie 1993, um eine gute Zusammenarbeit in Wirtschaft, Dienstleistung, Recht, Währung und Arbeit zu erreichen.

GUS ▶

Als 1991 die Sowjetunion zerbrach, gründeten die elf Führer der neuen Republiken die Gemeinschaft Unabhängiger Staaten. Sie arbeiten politisch und wirtschaftlich eng zusammen.

LATEINISCHE UNION ▼

Sprachen wie Italienisch, Spanisch und Französisch stammen vom alten Latein der Römer ab. Zur Erhaltung und Pflege lateinischer Sprachen hat sich deshalb 1954 diese Vereinigung aus Ländern mit diesen Sprachen gegründet.

◀ AFRIKANISCHE UNION

Die 53 afrikanische Mitgliedsländer umfassende Organisation mit Sitz in Äthiopien hat die Bekämpfung der Armut und regionaler Konflikte zum Ziel.

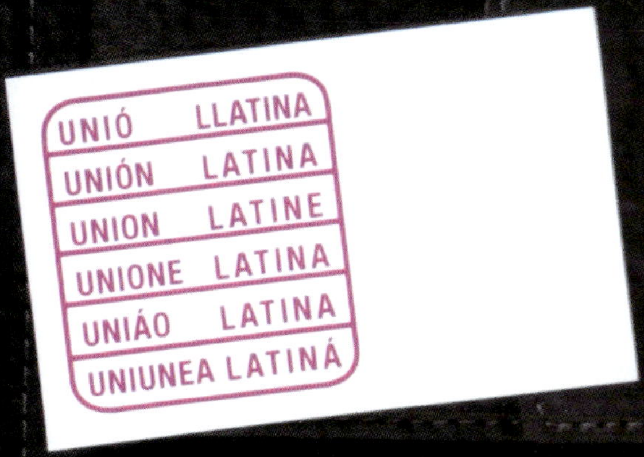

ASEAN ▶

Thailand, Indonesien, Malaysia, Singapur und die Philippinen gründeten 1967 den Verband Südostasiatischer Nationen. Heute teilen zehn Nationen die Ziele von Frieden und wirtschaftlichem Wachstum.

WIRTSCHAFT

Schon in vorgeschichtlicher Zeit trugen Bauern ihre Früchte zum Markt, um sie gegen andere Waren einzutauschen. Das Warenangebot hat seither gigantisch zugenommen, aber die Handelsgrundlagen sind dieselben geblieben. Menschen leben in Gesellschaften, sie gehen zur Arbeit, gründen Familien, stellen Waren her, kaufen und verkaufen Waren. Ein System, in dem Waren hergestellt, verkauft und gekauft werden, nennt man Wirtschaft.

Schirmchen für Zehen scheinen auf den ersten Blick überflüssig. Aber wenn die Nachfrage groß genug ist, werden sie auch hergestellt.

PRODUKTION

In den Unternehmen jedes Landes werden Rohstoffe zu fertigen Produkten verarbeitet. Den höchsten Gewinn versprechen niedrige Produktionskosten und Löhne bei hoher technischer Ausstattung. Mit steigender Produktion wächst die Wirtschaft.

SELBSTVERSORGUNG

In ärmeren Ländern spielt die Selbstversorgung eine große Rolle. Die Menschen erzeugen einige wenige Produkte selbst und verkaufen den Überschuss am Markt.

ANGEBOT UND NACHFRAGE

Die Wirtschaft eines Landes ist das Ergebnis von Angebot und Nachfrage. Waren und Dienste werden von den Produzenten angeboten und von den Konsumenten nachgefragt. Ein knappes Angebot oder eine hohe Nachfrage z. B. an Öl lässt den Benzinpreis steigen. Bei hohem Angebot (viel Öl) oder geringer Nachfrage fällt er.

HAUSARBEIT

Die eigene Leistung im Haushalt (putzen, kochen, bügeln, Kinder aufziehen) geht nicht in die Berechnungen der Wirtschaft ein, es sei denn, sie würde bezahlt.

SOZIALE MARKTWIRTSCHAFT

Im Gegensatz zur freien Marktwirtschaft, in der der Markt alles regelt, ist in der sozialen Marktwirtschaft der Staat am Markt mitbeteiligt – z. B. übt er die Kontrolle über das Gesundheits- und Verkehrswesen oder die Energieversorgung aus. Der Produktionsbereich ist dagegen in privater Hand.

ROHSTOFFE

Aus vergleichsweise wenigen Rohstoffarten wird eine Vielzahl an Fertigprodukten hergestellt. Wasser, Eisen, Kohle, Holz, Getreide und vieles mehr verbergen sich in Unmengen von Produkten.

VERBRAUCHSGÜTER

Die Hersteller von Produkten müssen darauf achten, was die Verbraucher gern kaufen würden, um ihre Warenpalette danach auszurichten. Ein breites Warenangebot an Kleidung, Spielzeug, Lebensmitteln und Autos wird von vielen Unternehmen bereitgestellt, um die Bevölkerung mit guten Produkten zu versorgen.

Deutschlands Nationalflagge

Frankreichs Nationalflagge

In Kriegszeiten kann der Staat wehrpflichtige Bürger zur Landesverteidigung einberufen.

PROTEST ▼

Wenn Bürger mit der Politik oder mit Vorhaben des Staates oder staatlicher Behörden nicht einverstanden sind, gibt es häufig Aufrufe zu öffentlichen Protesten. Dann marschiert eine Gruppe Demonstranten zum Regierungs- oder Amtsgebäude, um ihrem Anliegen „Luft zu machen".

STAATSBÜRGERSCHAFT ▲

Die Staatsbürgerschaft wird durch Geburt, den Geburtsort oder durch Einbürgerung, z. B. von Einwanderern, erworben. Staatsbürger haben Rechte (z. B. Wahlrecht, Bürgerrechte) und Pflichten (z. B. Wehrpflicht). Alle Staatsbürger unterliegen den Grundgesetzen ihres Landes. Jedes Land hat eine Nationalflagge.

Der Reisepass ist ein offizielles staatliches Dokument, das seinem Besitzer die Einreise in andere Länder ermöglicht.

Demonstranten vor dem philippinischen Präsidentenpalast (2007)

DER STAAT

Bis zurück zu den geschichtlichen Anfängen wurden Stämme, Reiche und Länder stets von Anführern regiert. In den König- und Kaiserreichen herrschte absolutistische Macht, nur wenige hatten alles zu bestimmen. In vielen Ländern ging dann die staatliche Macht an das Volk über: Demokratien haben Monarchien und Diktaturen abgelöst. Jeder einzelne Staatsbürger hat das Recht, seine Regierungsvertreter zu wählen, sie wenn nötig zu kritisieren oder nach der Regierungszeit wieder abzuwählen.

Megafon zum Verstärken der Stimme, z. B. bei Demonstrationen

Der königliche Amtsstab wird im britischen Unterhaus aufbewahrt.

GESETZGEBUNG ▶

Durch Wahlen werden in demokratischen Staaten die Abgeordneten des Parlaments bestimmt. Sie diskutieren, ob neue Gesetze vorzubereiten und zu erlassen sind oder alte geändert werden sollen. Durch Abstimmung entscheiden die Abgeordneten, ob ein Gesetz in Kraft treten kann oder abgelehnt wird. Die Bürger müssen sich an alle Gesetze halten.

Das Gebäude des Kongresses (USA), wo neue Gesetze erlassen werden.

Im britischen Unterhaus werden Gesetzesvorhaben diskutiert.

Die Wahlurne ist eine verschließbare Holzbox, in die die Wähler ihre Stimmzettel einwerfen.

In manchen Ländern tragen die Richter traditionelle Perücken.

◂ GESETZ UND ORDNUNG

Alle Richter eines Landes sprechen Recht nach dem Gesetz und schlichten bei Rechtsstreitigkeiten. Sie legen die von der Regierung erlassenen Gesetze je nach Sachlage unterschiedlich aus – im Zweifel für den Angeklagten. Für die Aufrechterhaltung der öffentlichen Ordnung ist die Polizei zuständig.

Dienstmütze der deutschen Polizei

Britische Parteimitglieder tragen manchmal diese farbigen Rosetten, um bei Abstimmungen ihre Parteizugehörigkeit zu zeigen.

DEMOKRATIE ▴

In demokratischen Staaten wählen die Bürger ihre Abgeordneten aus Kandidatenlisten aus, die von verschiedenen politischen Parteien aufgestellt werden. Am Wahltag geben die Wähler ihre Stimme(n) ab und die Partei mit den meisten gewählten Kandidaten bildet die Regierung.

Mit Hammer und Block sorgt der Richter für Ruhe im Gerichtssaal.

Amerikanisches Präsidentensiegel

Die Präsidentin von Chile, Michelle Bachelet, trägt eine Schärpe zum Zeichen ihrer präsidialen Würde.

◂ MONARCHIE

Früher wurden viele Länder von Königen regiert und sein Wort war Gesetz. In demokratischen Ländern wie z. B. Belgien, die heute noch einen König haben, üben sie nur noch eine symbolische Rolle aus. Die Regierungsgeschäfte führt das vom Volk gewählte Parlament.

Die 1838 handgefertigten, unermesslich wertvollen britischen Kronjuwelen trug damals Königin Victoria.

REPUBLIK ▴

Ein Land mit einem Präsidenten an der Spitze des Staates bezeichnet man gewöhnlich als Republik. Der Präsident wird entweder vom Volk oder von den Abgeordneten gewählt. Er leitet in der Regel die nationale Regierung.

Auf diesem chinesischen Reichssiegel bewacht ein Drache eine Perle, die die Weisheit verkörpert.

ABRAHAM LINCOLN ▸
Im amerikanischen Bürgerkrieg (1860–1865) führte Lincoln, ein Gegner der Sklaverei, die Union des Nordens zum Sieg. Seine Rede in Gettysburg zum Gleichheitsgrundsatz aller Bürger wurde in den USA sehr berühmt.

JAMES GARFIELD ▾
Der 20. US-Präsident war ein Armeegeneral, der 1881 nach nur vier Monaten Amtszeit einem Attentat zum Opfer fiel.

BENJAMIN HARRISON ▾
Während Harrisons Präsidentschaft (1889–1893) bekam das Weiße Haus erstmals Elektrizität. Seine Frau soll angeblich keinen der Schalter berührt haben – aus Furcht vor einem Schlag.

▴ GROVER CLEVELAND
Er war der einzige US-Präsident, der zweimal für voneinander getrennte Amtszeiten gewählt wurde: 1885–1889 und 1893–1897. Seine letzte Amtszeit war von Arbeiterstreiks geprägt.

US-PRÄSIDENTEN

Die Vereinigten Staaten von Amerika bestimmen als Supermacht die internationale Politik. Ihr Präsident an der Spitze der Regierung ist eine der mächtigsten Personen der Welt. Seine Entscheidungen können wegen der großen Bedeutung der USA auch Auswirkungen in anderen Ländern haben. Der Präsident der USA wird für vier Jahre Amtszeit gewählt – bei einer möglichen Wiederholung.

◂ HERBERT HOOVER
Seine Regierungszeit fiel in die große Wirtschaftskrise ab 1929. Mit dem Verbot alkoholischer Getränke machte er sich viele Gegner im Volk. Er war nur vier Jahre im Amt.

▴ FRANKLIN D. ROOSEVELT
„FDR" schaffte die Rekord-Präsidentschaft von vier Amtszeiten (1933–1945). Er beendete erfolgreich die große wirtschaftliche Krise Anfang der 1930er-Jahre und führte die USA in den 2. Weltkrieg.

HARRY S. TRUMAN ▴
Seine Amtszeit fiel in die schwierige Nachkriegszeit, gleichzeitig begann der Kalte Krieg mit der Sowjetunion und der Koreakrieg (1950–1953).

▴ GERALD FORD
Er löste Richard Nixon ab, der 1974 wegen der Watergate-Affäre zurücktreten musste. Ford ist der einzige US-Präsident, der nie gewählt worden war.

▴ JIMMY CARTER
Während Carters Amtszeit war die USA in der Krise: Im Land gab es eine Rezession, im Ausland – im Iran – wurden US-Bürger als Geiseln genommen.

◂ RONALD REAGAN
Der ehemalige Schauspieler war kaum Präsident, als er durch ein Attentat schwer verletzt wurde. Er senkte die Steuern, erhöhte die Militärausgaben und schloss mit der Sowjetunion Verträge.

THEODORE ROOSEVELT ▸
Als Reformer setzte er sich für verbesserte Arbeitsbedingungen in Fabriken ein. Der als „Teddybär" bekannte Spielzeug-Kuschelbär ist nach ihm benannt (Teddy von Theodore).

◂ CALVIN COOLIDGE
Coolidge meinte, der Staat solle sich nicht in die Belange der Bürger einmischen. Der wortkarge Präsident wurde deshalb auch „Cal der Schweiger" genannt.

WILLIAM McKINLEY ▸
Der erste Präsident, der sich die Werbung zunutze machte: McKinley gewann 1896 die Wahl mit dem Versprechen, Auslandswaren zu besteuern.

DWIGHT D. EISENHOWER ▴
Unter „Ike" begann der Wettkampf mit den Russen um die Vorherrschaft im Weltall.

JOHN F. KENNEDY ▴
Er war 1961 mit 44 Jahren der jüngste US-Präsident. Kennedy weckte große Hoffnungen. Umso größer war der Schock seines gewaltsamen Todes 1963.

RICHARD NIXON ▴
Er war der einzige Präsident, der bisher zurücktrat (1974). Grund war der Watergate-Skandal. Nixon hatte die Telefone des politischen Gegners abhören lassen.

GEORGE BUSH ▴
Nach seiner Wahl 1989 entsandte Bush amerikanische Truppen nach Kuweit, um die irakische Besatzung unter Saddam Hussein zu beenden.

BILL CLINTON ▴
Trotz seiner Affären war Clinton einer der beliebtesten US-Präsidenten, dessen Amtszeiten wirtschaftliche Blütezeiten waren.

GEORGE W. BUSH ▴
Bush führte „Krieg gegen den Terror" in Afghanistan und Irak als Folge der Anschläge vom 11. September 2001 in New York.

George Washington	1789–1797
John Adams	1797–1801
Thomas Jefferson	1801–1809
James Madison	1809–1817
James Monroe	1817–1825
John Quincy Adams	1825–1829
Andrew Jackson	1829–1837
Martin Van Buren	1837–1841
William Harrison	1841
John Tyler	1841–1845
James Knox Polk	1845–1849
Zachary Taylor	1849–1850
Millard Fillmore	1850–1853
Franklin Pierce	1853–1857
James Buchanan	1857–1861
Abraham Lincoln	1861–1865
Andrew Johnson	1865–1869
Ulysses S. Grant	1869–1877
Rutherford Hayes	1877–1881
James Garfield	1881
Chester Arthur	1881–1885
Grover Cleveland	1885–1889
Benjamin Harrison	1889–1893
Grover Cleveland	1893–1897
William McKinley	1897–1901
Theodore Roosevelt	1901–1909
William Taft	1909–1913
Woodrow Wilson	1913–1921
Warren Harding	1921–1923
Calvin Coolidge	1923–1929
Herbert Hoover	1929–1933
Franklin D. Roosevelt	1933–1945
Harry S. Truman	1945–1953
Dwight D. Eisenhower	1953–1961
John F. Kennedy	1961–1963
Lyndon B. Johnson	1963–1969
Richard Nixon	1969–1974
Gerald Ford	1974–1977
James Carter	1977–1981
Ronald Reagan	1981–1989
George Bush	1989–1993
William Clinton	1993–2001
George W. Bush	2001–2009
Barack H. Obama	2009–

Bischofsmütze Diese auch Mitra genannte Mütze tragen die Bischöfe mehrerer christlicher Kirchen, u.a. auch die der katholischen Kirche.

Hl. Antonius Menschen, die makellos religiös gelebt haben, werden von der Kirche heiliggesprochen.

Kreuz Das größte Symbol des christlichen Glaubens ist das Kreuz, an dem Jesus gestorben ist.

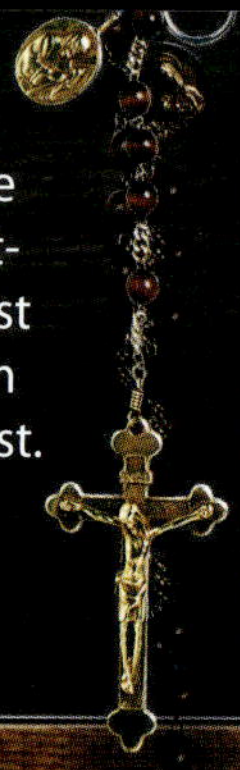

CHRISTENTUM

Christen glauben, dass Christus der Sohn Gottes ist, der geboren wurde, um die Menschheit zu erlösen. Sein vorbildliches Leben ist im Neuen Testament der Bibel dargelegt und verspricht allen, die nach seinen Grundsätzen leben, das ewige Leben mit Gott.

Kelch Während der heiligen Kommunion verwandelt sich Brot und Wasser in Leib und Blut Christi. Der Wein wird im Kelch dargeboten.

Ikone Christi Solche Darstellungen erinnern daran, dass Christus, der Sohn Gottes, als Mensch gelebt hat.

Buddha Der Gründer des Buddhismus, Siddhartha Gautama, kam 563 v.Chr. im heutigen Nepal zur Welt.

Buddhastatuen sind häufig aus Gold, um seine Bedeutung auszudrücken.

Verdienste Buddhisten glauben, dass ein mitfühlender, sozialer Mensch sich Verdienste erwirbt, die ihm ein besseres nächstes Leben gestatten.

Im Tempel wird Wasser aus einem Gefäß verspritzt, um symbolisch Verdienste auch an andere weiterzugeben.

BUDDHISMUS

Anders als bei anderen großen Religionen wird im Buddhismus kein Gott angebetet. Stattdessen gelten die Lehren von Buddha, in denen er darlegt, wie ein gutes Leben zu führen und schlechten Neigungen zu widerstehen ist. Buddhisten versuchen zu innerer Weisheit, zur „Erleuchtung" zu kommen.

Chanukka Der achtarmige Kerzenhalter wird zum jüdischen Chanukkafest entzündet. Mit der zentralen Kerze werden die acht anderen Kerzen angezündet.

Gebetsmühle und Gebete Beim Drehen dieser Gebetsmühle wiederholt sich ständig das eingelegte Mantra (ein aufgeschriebener Gebetsspruch).

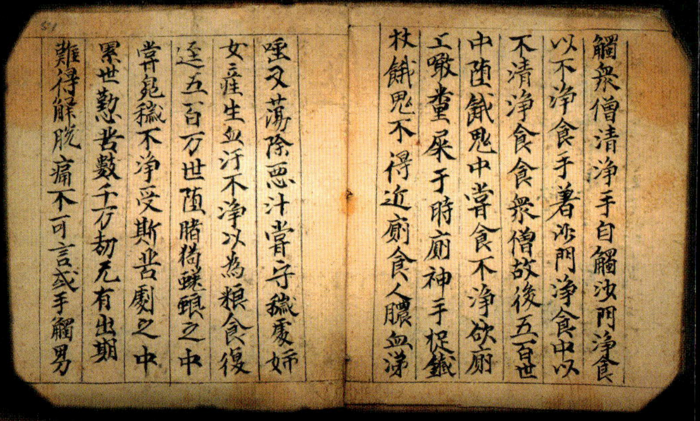

JUDENTUM

Das Judentum ist die Religion der Juden, aus der sowohl das Christentum als auch der Islam hervorgingen. Nach jüdischer Lehre hat Gott mit dem von ihm auserwählten Volk einen Bund geschlossen und ihm eine Reihe von Gesetzen auferlegt. Diese Geschichte der ersten Juden ist im Alten Testament der hebräischen Bibel, der Thora, festgehalten.

Kippa Manche Juden tragen während des Gebets als Zeichen der Demut vor Gott eine flache Kappe, die Kippa.

Wassersprenger Während eines Hindurituals sprengen Priester Wasser über die Gläubigen.

HINDUISMUS

Als eine der ältesten Religionen geht der Hinduismus bis auf 5000 Jahre v. Chr. zurück. Hindus glauben an Brahman, einen übergeordneten Geist, der sich selbst in Hunderten von Göttern und Göttinnen offenbart. Hindus leben ihren Glauben auf verschiedene Weise. Alle aber glauben daran, dass die Seele nach dem Tod in einer anderen Lebensform weiterexistiert (Wiedergeburt).

Ganesha Hindus beten zum Elefantengott Ganesha, der Weisheit und Intelligenz verkörpert. Er beschützt und bringt Glück.

Om Dieses Zeichen soll den heiligen Ton Om darstellen, der Hindugebete abschließt.

Krischna Der beliebte Gott ist ein wahrer Glücksbringer.

Krischna wird meist als blauhäutiger Jüngling dargestellt.

Islamische Schriften Da der Koran exakt die Worte Allahs wiedergibt, müssen Schriftgelehrte mit größter Genauigkeit schreiben.

Fliesenornament Heilige Sätze aus dem Koran sind in viele Ornamente eingearbeitet, wie in diese Fliese.

Gebetskette Allah soll 99 Beinamen haben. Diese Kette mit 99 Kugeln soll die gläubigen Muslime an Allahs viele Namen erinnern.

Qibla Muslime müssen ihr Gesicht beim Gebet nach Mekka richten. Dieser Kompass hilft dabei, die Gebetsrichtung *(qibla)* zu finden.

ISLAM

Muslime glauben, dass Gott sich durch einen Engel dem Propheten Mohammed offenbarte, der seine Worte im heiligen Buch des Koran niederschrieb. Strenggläubige versuchen, ihr Leben genau danach auszurichten. Die wichtigsten Pflichten sind die Fünf Säulen: beten, den Armen helfen, einen Monat im Jahr fasten, eine Pilgerfahrt nach Mekka unternehmen und an Allah glauben.

Thora-Rolle Das wichtigste Werk des Judentums ist die aufgerollte Thora. Sie enthält Anweisungen für den religiösen Alltag.

RELIGION

Religionen versuchen durch ihre Lehre den Sinn menschlichen Lebens zu erklären. Viele Menschen suchen Rat, die Schwierigkeiten im Leben zu meistern, und finden ihn in der Religion. Zu einer Religion gehört der Glaube an einen Gott oder an viele Götter. Religiöser Glaube findet seinen Ausdruck durch Rituale, die oft in der Gruppe ausgeübt werden, z. B. in Gottesdiensten. Hier werden nur die wichtigen Weltreligionen vorgestellt.

FESTE

Überall auf der Welt feiern Menschen aus verschiedenen Anlässen Feste. Religiöse Feste wechseln sich mit weltlichen ab, die zum Teil an Traditionen oder an wichtige geschichtliche Ereignisse erinnern. Manche Feste fallen immer auf denselben Tag eines Jahres, andere richten sich nach dem Lauf des Mondes oder eines alten Kalenders – sind also nicht an ein festes Datum gebunden. Zu vielen Festen gibt es besondere Speisen.

❸ ERNTEDANKFEST

Die US-Amerikaner feiern am vierten Donnerstag im November, die Kanadier am zweiten Montag im Oktober Erntedank. In den Familien wird an die Zeit der ersten guten Ernten der Siedler vor 400 Jahren erinnert.

❹ DRACHENBOOTFEST

Dieses ostasiatische Fest geht auf den chinesischen Dichter Qu Yuan zurück, der sich in einem Fluss ertränkte. Augenzeugen ruderten in Drachenbooten zu ihm und ließen Päckchen mit Reis ins Wasser, um hungrige Fische davon abzuhalten, seinen Leichnam zu fressen.

❶ WEIHNACHTEN

Das Geburtsfest Christi wird in den meisten Ländern am 25. Dezember begangen. Die Leute schmücken den Christbaum, tauschen Geschenke aus, die Kinder erwarten das Christkind und man besucht die Christmesse.

❷ TAG DER TOTEN

In Mexiko glaubte man früher, dass die Toten zwischen dem 1. und 2. November die Lebenden besuchen und mit ihnen feiern. Für dieses Volksfest dekorieren die Mexikaner Häuser und Friedhöfe.

5 MITTHERBSTFEST

Das ostasiatische Fest gibt es schon seit 3000 Jahren und es wird an Vollmond zur Zeit der Ernte im Herbst gefeiert. Familien und Freunde finden sich am Abend zusammen, um zu grillen und Mondkuchen zu essen, die mit Pastete und Lotussamen gefüllt sind.

6 LUCIAFEST

Jedes Jahr am 13. Dezember feiern die Skandinavier das Luciafest (nach der hl. Lucia, die für ihren Glauben starb). Am frühen Morgen reicht die älteste Tochter der Familie, in Weiß gekleidet mit einem Kerzenkranz auf dem Kopf, das traditionelle Safrangebäck.

7 RAMADANFEST

Dieses muslimische Fest beendet den Fastenmonat Ramadan und zieht sich über drei Tage hin. Beginn ist immer bei Neumond. Die Gläubigen ziehen gute Kleider an und besuchen die Moscheen.

8 DIWALI

Mit dem auch Lichterfest genannten Fest wird der Sieg des Guten über das Böse gefeiert. Hindu-Familien entzünden Öllampen, die sie auf Balkone und Stufen abstellen, und schreiben Glückwunschkarten für ein gutes Jahr.

9 PESSACHFEST

Im März oder April feiern Juden das Pessachfest in Erinnerung an den Auszug der Israeliten aus Ägypten, um der Sklaverei zu entrinnen. Am Sederabend gibt es symbolische Speisen, die aus Matze (Brot), Salzwasser, Obst und Gemüse, einem Lammknochen und einem Ei bestehen.

10 OSTERFEST

Das christliche Osterfest, das auf ein Wochenende im März oder April fällt, erinnert an Tod und Wiederauferstehung Christi. Die Gläubigen gehen in die Ostermesse, die Kinder suchen bunte Ostereier.

Zum Ramadanfest freuen sich nicht nur die Kinder auf die süßen Leckereien.

Matze ist jüdisches Fladenbrot, das an den hastigen Aufbruch aus Ägypten erinnert, der keine Zeit ließ, um den Brotteig gehen zu lassen.

Meerettich symbolisiert die Bitterkeit des Sklavenzeit.

Der Lammknochen erinnert an das Pessachopfer im Tempel von Jerusalem.

Geröstete Eier erinnern die Juden an Opfergaben im Jerusalem des Alten Testaments.

Petersilie, in Salzwasser eingetaucht, soll an die Tränen der Sklaven erinnern.

Grüner Salat steht für den Neubeginn.

Das Apfel-Nuss-Gemisch soll den Mörtel darstellen, mit dem die Israeliten in Ägypten ihre Hütten bauten.

Zum Diwali bringen Gäste süße Geschenke mit.

Bemalte Ostereier oder Schokoladeneier liegen im Osternest.

STÄDTE

Städte gibt es schon seit der Antike. Sie waren Orte des Handels, häufig im Zentrum ausgedehnter Reiche. Zu Beginn des 20. Jahrhunderts lebte einer von zehn Menschen in einer Stadt. Die Industrialisierung ließ die Städte extrem anwachsen, sodass heute schon die Hälfte der Menschheit in Städten wohnt und arbeitet. Moderne Großstädte sind Zentren des Handels, der Kultur und der Verwaltung.

▼ STADTSTAAT
Im alten Griechenland waren Städte als unabhängige Stadtstaaten mit eigener Verwaltung angelegt. Im 5. Jh. v. Chr. gab es Hunderte davon. Athen war einer der bedeutendsten. Heute ist Athen die Hauptstadt Griechenlands.

IN DEN HIMMEL ▶
Die ersten Hochhäuser, die „Wolkenkratzer", baute man um 1880. Wegen des begrenzten Baugrunds in Stadtzentren wuchsen die Häuser immer höher. Hongkong (China) hat heute über 7000 Hochhäuser.

Das moderne Athen gruppiert sich um die alten Stätten des antiken Stadtkerns.

STADT AM FLUSS ▶
Viele Städte wurden an Flüssen gegründet, weil sie gute Verkehrs- und Handelsverbindungen boten. London, von den Römern gegründet, nimmt heute eine riesige Fläche beiderseits der Themse ein.

Im Westminsterpalast tagt das britische Parlament.

▲ RELIGIÖSES ZENTRUM
Mekka (Saudi-Arabien) ist das religiöse Pilgerzentrum der islamischen Welt und ihre heiligste Stadt. Hier wurde der Prophet Mohammed geboren. Jeder Muslim soll einmal im Leben nach Mekka pilgern.

BALLUNGSRAUM ▶
Städte, die mit Nachbarstädten zusammenwachsen, verdichten sich zu einem Ballungsraum. Der größte Ballungsraum Deutschlands ist das Ruhrgebiet, der größte weltweit der Großraum Tokio (Japan) mit 34 Mio. Einwohnern.

◂ WELTBEVÖLKERUNG

Noch in der ersten Hälfte des 20. Jahrhunderts lebten die meisten Menschen auf dem Land. Heute jedoch lebt bereits die Hälfte der Weltbevölkerung in Städten, weil sich die Menschen hier Arbeit und bessere Lebensbedingungen erhoffen. An vielen Stadträndern wie hier in Mumbai (Indien) schießen wegen des starken Zuzugs die Hütten der Slums aus dem Boden.

WELTERBE ▸

Die UNESCO (Organisation der Vereinten Nationen für Erziehung, Wissenschaft und Kultur) zeichnet jedes Jahr besondere Kultur- und Naturstätten auf der Erde als Welterbe aus. Dazu gehört auch die Altstadt von Djenné in Mali (Nordafrika) mit ihrer großen Moschee aus Lehmziegeln.

◂ STADT IN DER WÜSTE

Nachts leuchten die Lichter von Las Vegas weit in die Wüste Nevada hinein. Las Vegas ist spanisch und bedeutet „die Wiesen“. Früher hielten die Reisenden hier an, um ihre Wasservorräte aufzufüllen.

▴ PLANHAUPTSTADT

Um alle Territorien ihres riesigen Landes gleichmäßig zu fördern, beschlossen die Brasilianer, eine neue, zentrale Hauptstadt im Landesinnern zu bauen. So begann man 1956 mit dem Bau von Brasília. Bis 1960 war Rio de Janeiro die Hauptstadt Brasiliens.

STADT IN DER STADT ▸

Zu den wenigen Stadtstaaten zählt die Vatikanstadt, der Sitz des Papstes und der römisch-katholischen Kirche auf dem Territorium von Rom. Die Vatikanstadt hat eine eigene Flagge, eigenes Geld, eine Hymne und eigene Briefmarken.

EXTREME ORTE

Einige Völker haben sich an extrem unwirtlichen Orten der Erde eingerichtet – im arktischen Eis, staubigen Wüstensand oder feuchtheißen Regenwald. In der Arktis und in der Wüste wächst nichts, es ist eisig kalt oder glühend heiß und die Nahrung ist knapp. Im Regenwald ist Wasser und Nahrung vorhanden, aber es droht Gefahr durch Raubtiere und giftige Pflanzen.

Kopftuch Wüstenbewohner vom Stamm der Tuareg umwickeln ihren Kopf mit einem Tuch, das vor Sonnenbrand und Sandstürmen schützt.

Sonnenhut Ein Sonnenschutz der Fulani in Westafrika

Bumerang Dieses Wurfholz benutzen die Ureinwohner Australiens, die Aborigines, zum Jagen.

ARKTIS

Die eisige Arktis ist einer der härtesten Lebensräume der Erde. Es wächst praktisch nichts, weshalb die Inuit ihren Lebensunterhalt mit der Jagd auf Robben, Wale, Walrosse und Fische bestreiten. Fehlendes Holz wird durch Tierfelle und -knochen ersetzt, um Behausungen, Kanus und Schlitten zu bauen. Moderne Errungenschaften wie das Schneemobil haben ihr Leben leichter gemacht.

Schneemobil Dieser Motorschlitten gleitet auf Kufen über den Schnee.

Eispickel Der scharfe Pickel gräbt sich tief ins Eis ein.

Angel Inuit fangen Fische an Eislöchern.

Lappenstock Dieser Stock mit löffelartigem Ende dient den Lappen zum Graben und Sondieren.

TROPISCHER REGENWALD

Anders als in Arktis und Wüste leben im Regenwald am Amazonas (Südamerika) zahllose Pflanzen- und Tierarten. Viele davon halten sich in den hohen Baumkronen auf. Die einheimischen Indianer haben sich darauf spezialisiert, mit Blasrohr und giftgetränkten Pfeilen Affen und Vögel zu jagen.

Hängematte Regenwaldbewohner schlafen in Hängematten, um sich vor Schlangen und Skorpionen zu schützen.

Pfeilgiftfrosch Dieser Frosch sondert ein starkes Gift ab, in das die Spitzen der Blasrohrpfeile getaucht werden.

Moskitonetz Da Moskitos die Krankheit Malaria übertragen, muss man sich im Schlaf mit feinmaschigen Netzen schützen.

WÜSTE

In den Wüsten ist es tagsüber extrem heiß, aber nachts empfindlich kalt – für die Wüstenbewohner eine große Herausforderung. Wüstennomaden sind ständig unterwegs auf der Suche nach Wasser und Weiden. Ein Problem dabei ist, dass im Umkreis der Wasserstellen die Herden jeden Busch kahl fressen.

Ziegenhautbeutel In solchen Ziegenhäuten transportieren arabische Beduinen ihr Trinkwasser.

Straußenei Die San, ein Stamm der Kalahariwüste (Südafrika), befüllen Straußeneier mit Wasser, um sie als Vorrat einzugraben.

Kamele Diese genügsamen Tiere sind die „Autos" der Beduinen. In ihrem Höcker speichern sie Fettreserven, außerdem kommen sie tagelang ohne Wasser aus.

Fellschuhe Die Samen im Norden Skandinaviens tragen selbst genähte Schuhe aus Rentierfell.

Felljacke Die kanadischen Inuit tragen dicke warme Jacken aus Rentierfell.

Moderne Kälteschutzkleidung Sie ist so warm wie die traditionelle Fellkleidung, aber leichter und bequemer.

Stelzenhaus Regenwaldbewohner bauen Häuser auf Stelzen, um allerlei unliebsames Getier fernzuhalten.

Blasrohr Jagdwaffe aus Bambusrohr, durch das kleine vergiftete Pfeile auf Affen und Vögel „geblasen" werden

BYZANTINISCHES MOSAIK
Dieser Ausschnitt eines Mosaiks zeigt Theodora, die Frau von Kaiser Justinian (527–565) mit Hofbeamten. Das byzantinische Reich ging aus dem Römischen Reich hervor.

Geschichte

URGESCHICHTE

Die weit zurückliegende Zeit vor der Erfindung der Schrift wird Urgeschichte genannt. Um herauszufinden, wie die Menschen damals lebten, müssen wir Fundstücke untersuchen, die bis heute überdauert haben, z. B. Werkzeuge. Die ersten Werkzeuge wurden vor ungefähr 2,5 Millionen Jahren aus Stein, Knochen und Holz gefertigt. Später lernten die Menschen Metall zu verarbeiten – zuerst Kupfer, dann Bronze und schließlich Eisen.

Steinbeil Das Beil aus geschliffenem Feuerstein diente zur Rodung von Ackerland.

Sichel Der am Holzgriff befestigte Feuerstein wurde zur Getreideernte benutzt.

Axt Diese Axt mit Feuersteinklinge diente zur Holzbearbeitung.

Chopper Dieses Gerät ist 2,5 Millionen Jahre alt. Man brach damit Knochen auf, um an das Mark zu kommen. Für die scharfe Kante wurden von dem Stein kleine Stücke abgeschlagen.

Faustkeil Der 1,5 Millionen Jahre alte Faustkeil war das erste aufwendigere Steinwerkzeug. Die Spitze diente zum Zerschneiden von Fleisch oder zum Ausgraben von essbaren Wurzeln.

Funkenschlag Durch das Zusammenschlagen von Feuerstein und Pyrit machten die Menschen Feuer.

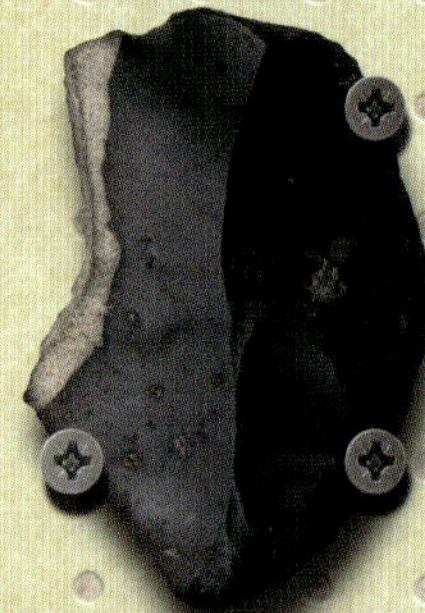

Schaber Geräte aus Feuerstein hatten die schärfsten Kanten. Mit diesem Schaber säuberte man Tierhäute.

Geweihhammer Mit diesem Hammer wurden scharfkantige Splitter von Feuersteinen abgeschlagen.

Speerschleuder Seit 30 000 v. Chr. gibt es Jagdtierschnitzereien. Diese Schleuder hat die Form eines Mammuts.

VIEHHALTUNG UND ACKERBAU ▲

10 000–9000 v. Chr. entwickelten Menschen im Nahen Osten die Landwirtschaft: Sie bewahrten Pflanzensamen auf, um sie auszusäen, und hielten Schafe und Ziegen. Weil so die Nahrungsversorgung gesichert war, konnten sie sich in dauerhaften Siedlungen niederlassen. Durch die regelmäßige Ernährung wuchs die Bevölkerung und die bäuerliche Lebensweise breitete sich aus.

Geweihhacke Europäische Bauern gruben mit der Hacke aus Hirschgeweih nach Feuersteinen.

Pfeilspitzen Die Bauern benutzten Pfeile mit kunstvollen Feuersteinspitzen für die Jagd.

JÄGER UND SAMMLER ▲

Die Menschen der Urgeschichte ernährten sich von der Jagd und von Wildpflanzen. Als Jäger und Sammler lebten sie in kleinen Gruppen und waren unterwegs, um Tierherden zu folgen und Nahrung zu suchen. Die ersten Menschen lebten in Afrika. Nach und nach breiteten sie sich in Asien und dann in Europa aus. Um 50 000 v. Chr. kamen sie nach Australien und 30 000–14 000 v. Chr. besiedelten sie Amerika.

KUPFER UND BRONZE ▼

Ein wichtiger Fortschritt war die Herstellung von Metallgeräten. Um 5000 v. Chr. entdeckten Menschen in Europa und Asien, dass sie durch das Erhitzen bestimmter Steine Kupfer gewinnen konnten. Sie verarbeiteten das Metall zu Werkzeugen und Schmuck. Um 3500 v. Chr. mischten sie dem Kupfer etwas Zinn bei – so entstand Bronze, die härter als Kupfer ist.

Sichel Das Sichelblatt ist aus Eisen gearbeitet. Es steckt in einem Geweihgriff. Sicheln wurden bei der Heu- und Getreideernte benutzt.

Halsring Ein Krieger der Eisenzeit trug den Bronzehalsring als Schutzzauber.

Bronzeschwert Aus robuster Bronze konnten erstmals Schwerter hergestellt werden. Wurden sie poliert, glänzten sie golden wie dieses.

Gürtelbuckel Dieser Gürtelschmuck besteht aus einem flach geklopften Bronzestück, in das Verzierungen gestochen sind.

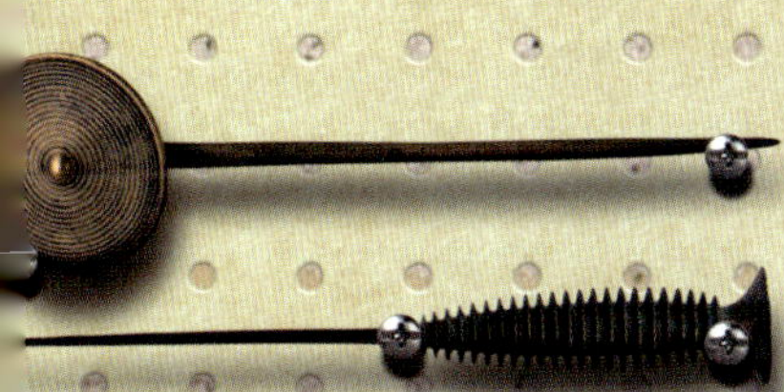

Bronzenadel Glänzende Bronzeschmuckstücke, wie diese Gewandnadeln, waren bei Reichen beliebt.

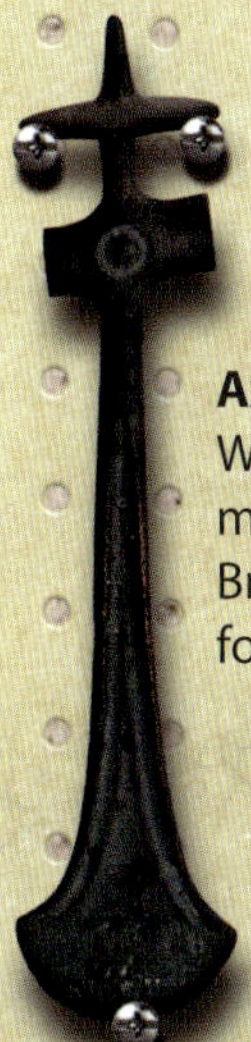

Axtkeil Für solche Werkzeuge goss man geschmolzene Bronze in Hohlformen.

Bronzedolch Dieser mit goldenen und silbernen Meerestieren verzierte Dolch gehörte einem König von Mykene (Griechenland).

Speerspitze Diese Spitze stammt von einem riesigen Speer, der wohl eher zum Stechen als zum Werfen diente. Mit Holzschaft war er länger als 2 m.

Kurzschwert Diese altägyptische Waffe hat einen gut zu fassenden Griff. Die Klinge ist durch eine Furche verstärkt.

Eisendolch Die um 550–450 v. Chr. gefertigte Dolchscheide ist mit Bronzestreifen verziert. Sie wurde in der Themse (England) gefunden.

Eisenschwert Eisenschwerter waren härter als Bronzeschwerter. Diese 70 cm lange Waffe wurde 1987 in einem Grab der Eisenzeit entdeckt. Solche Funde sind selten, da Eisen meist verrostet.

Spiegel Die Rückseite dieses Bronzespiegels ist reich verziert. Die Vorderseite war poliert, damit man sich darin sehen konnte.

DIE EISENZEIT ▲

Obgleich Eisen von allen Metallen am häufigsten vorkommt, wurde es erst spät verarbeitet, weil sein Schmelzpunkt höher als der von Kupfer und Zinn ist. Erst um 1550 v. Chr. fand man heraus, dass Eisen durch Erhitzen und Bearbeiten mit einem Hammer geformt werden kann. Während Bronze ein Metall der Reichen war, konnte sich Eisen jeder leisten.

ERSTE HOCHKULTUREN

Vor über 5000 Jahren entstanden an den großen Flüssen in Mesopotamien (heute Irak), Ägypten und Indien die ersten Hochkulturen. Im Süden Mesopotamiens erbauten die Sumerer die ersten Städte. In jeder Stadt herrschte ein König im Namen des dortigen Gottes. Dieses Mosaik zeigt, wie das Volk dem König der Stadt Ur huldigt.

❶ **König** Nach sumerischem Glauben wurde der König von den Göttern eingesetzt. Dieser Herrscher trägt keine Krone, doch Kleidung und Körpergröße heben ihn hervor.

❷ **Diener** Zwei Männer bedienen den König und seine Gäste. Die Körpergröße veranschaulicht ihre niedrige Stellung. Sie wohnten wohl im Palast oder in Lehmziegelhütten.

❸ **Oberschicht** Diese Männer waren Priester, Verwandte des Königs oder wohlhabende Landbesitzer. Die fein gearbeiteten Stuhlbeine sind ein Zeichen für den Luxus im Palast.

❹ **Musiker** Dieser Mann spielt eine Lyra, deren hölzerner Klangkörper mit einem Stierkopf verziert ist. Es gab zu jener Zeit auch Harfen, Lauten, Rohrflöten und Trommeln.

5 Sänger Die einzige Frau auf dem Mosaik singt zur Lyra und unterhält so die Gäste. Musik und Tanz spielten eine Schlüsselrolle bei religiösen Ritualen wie z. B. dem Erntedank.

6 Bauern Der Flussschlamm machte die heiße, trockene Gegend sehr fruchtbar. Die Bauern hoben Bewässerungskanäle aus, um Gerste, Rüben, Zwiebeln und Datteln anzubauen.

7 Fischer Die fischreichen Flüsse waren eine wichtige Nahrungsquelle. Am Indus (Indien), Nil (Ägypten) sowie an Euphrat und Tigris (Sumer) wurde mit Netzen oder Speeren gefischt.

8 Nutztiere Schafe, Ziegen, Rinder und Schweine lieferten Fleisch, Milch, Leder und Wolle. Ochsen wurden vor den Pflug gespannt und Esel als Lasttiere eingesetzt.

9 Arbeiter Der Mann trägt ein schweres, hohes Bündel auf dem Rücken. Nur mithilfe dieser hart arbeitenden Menschen konnten die mächtigen Göttertempel erbaut werden.

10 Kleidung Die Kleidung von Männern und Frauen bestand aus Woll- oder Flachsröcken, die Schaffellen ähnelten. Wohlhabende Menschen trugen auch aufwendigen Goldschmuck.

▲ STANDARTE VON UR
Das Mosaik aus blauem Lapislazuli, rotem Sandstein und weißen Muscheln wurde um 2500 v. Chr. in Ur gefertigt. Es ziert einen Holzkasten, den man in einem Königsgrab fand. Sein Zweck ist unbekannt. Diese Seite zeigt ein Fest, auf der anderen sieht man Kampfszenen.

DIE ANTIKE

Unter der Antike versteht man die Zeit des alten Griechenlands und des Römischen Reichs. Sie war von einer hoch entwickelten Kultur geprägt. Die griechischen Wissenschaftler und Künstler wirkten bahnbrechend, sie beeinflussten die Kunst, Architektur und Literatur des Römischen Reichs. In beiden Gesellschaften kamen ehrgeizige Männer oft durch militärische Macht zu Ehren.

Über Homers Leben ist wenig bekannt, doch nimmt man an, dass er blind war.

Sokrates wird als rundgesichtig und stupsnasig beschrieben.

Wie beim legendären Herakles bedeckt ein Löwenfell den Kopf.

HOMER

Im 8. Jahrhundert v. Chr. schrieb Homer zwei große Epen über den sagenhaften Krieg der Griechen gegen die Stadt Troja. Die *Ilias* erzählt die Geschichte des wichtigsten griechischen Kämpfers Achilles und die Eroberung Trojas. Die *Odyssee* schildert die Abenteuer des Helden Odysseus auf seiner Heimreise nach dem Krieg. Homers kraftvoller Erzählstil hat die Literatur durch die Jahrhunderte beeinflusst. Die Griechen selbst hielten ihn für so bedeutend, dass er einfach „Der Dichter" genannt wurde. Homers Verse wurden ursprünglich unter der Begleitung einer Lyra vorgetragen.

PYTHAGORAS

Der Philosoph, Astronom und Mathematiker Pythagoras lebte im 6. Jahrhundert v. Chr. Heute kennt man v. a. seine geometrische Arbeit, so den „Satz des Pythagoras" über rechtwinklige Dreiecke. Doch er war auch ein religiöser Lehrer. Er wollte die Geheimnisse des Kosmos ergründen und betrachtete die Mathematik und die Zahlen als Schlüssel zur tiefsten Wahrheit.

SOKRATES

Sokrates (469–399 v. Chr.) war Philosoph in Athen. Er beeinflusste das abendländische Denken so stark, dass alle Philosophen vor ihm „Vorsokratiker" genannt werden. Anders als Pythagoras und andere Vorgänger wollte Sokrates nicht den Kosmos verstehen, sondern stellte die Frage nach dem richtigen Leben. Seine Feinde klagten ihn wegen seines angeblich schlechten Einflusses auf die Jugend an. Er wurde zum Tod durch Gift verurteilt.

ALEXANDER DER GROSSE

Alexander (365–323 v. Chr.) war König von Makedonien im Norden Griechenlands. Er gilt als einer der größten Generäle und mutigsten Krieger der Welt. Er zwang die Griechen, sich unter seiner Führung zu vereinen, und eroberte ein riesiges Reich, das von Ägypten bis Nordwestindien reichte. Als er mit nur 32 Jahren starb, hatte er Weltruhm erlangt und ging als „Alexander der Große" in die Geschichte ein.

PERIKLES

Der Politiker und General Perikles (495–429 v. Chr.) war eine führende Persönlichkeit im demokratischen Stadtstaat Athen. Er ließ viele Tempel erbauen, u. a. den Parthenon, der Athene geweiht war, der Schutzgöttin der Stadt. Perikles förderte auch die Künstler und machte Athen so zum kulturellen Zentrum Griechenlands.

Julius Cäsar wollte durch nach vorn gekämmte Haare seine Halbglatze verbergen.

Wie Augustus trägt Trajan die „Bürgerkrone“ aus Eichenlaub.

Der Eichenlaubkranz als Auszeichnung für die Rettung vieler römischer Bürger

Der Ziegenledermantel garantierte den Schutz der Götter. Er ist mit der schlangenhaarigen Medusa verziert

Augustus wurde 76 Jahre alt – doch alle Statuen zeigen ihn als gut aussehenden jungen Mann.

JULIUS CÄSAR

Der Politiker, General und Schriftsteller Julius Cäsar (um 100–44 v. Chr.) ist für seine Eroberung Galliens (heute Frankreich) berühmt, die er in seinem Buch *Der Gallische Krieg* beschrieb. Er gewann den Bürgerkrieg gegen den römischen General Pompejus. Nach seinem Marsch auf Rom wurde er zum Herrscher auf Lebenszeit ernannt. Später fiel er einem Mordkomplott zum Opfer, weil er sich wie ein König benahm, was gegen die Prinzipien der römischen Republik verstieß.

KAISER AUGUSTUS

Cäsars Großneffe und Erbe Oktavian wurde erster römischer Kaiser und erhielt den Beinamen Augustus (der Erhabene). Seine Herrschaft (27 v. Chr.–14 n. Chr.) begann nach dem Sieg über seinen Gegner Mark Anton. Er regierte über 40 Jahre und brachte dem Römischen Reich nach langem Bürgerkrieg Frieden und Sicherheit.

TRAJAN

Kaiser Trajan regierte 98–117 n. Chr. Als gebürtiger Spanier war er der erste römische Herrscher, der nicht aus Italien stammte. Er war ein erfolgreicher General und seine Eroberungen im Balkan und im Gebiet des heutigen Irak brachten das Reich zur größten Ausdehnung. In Rom stellte man eine berühmte Säule zu seinen Ehren auf, die mit Szenen seiner Feldzüge verziert ist.

AGRIPPINA

Agrippina (15–59 n. Chr.), die Frau des Kaisers Claudius, war mächtig und ehrgeizig. Sie überredete ihren Mann, ihren Sohn aus einer früheren Ehe zu adoptieren. Danach soll sie Claudius vergiftet haben, um den 16-jährigen Nero auf den Thron zu bringen. Zuerst stand Nero stark unter ihrem Einfluss, doch schließlich war er ihrer Einmischung überdrüssig und ließ sie ermorden.

SULLA

Der römische General Sulla (138–78 v. Chr.) war ein skrupelloser und ehrgeiziger Mann. Der Streit mit seinem Gegenspieler General Marius war Auftakt einer Reihe blutiger Bürgerkriege, die die Römer untereinander ausfochten. Sulla marschierte als erster General mit seiner Armee gegen Rom, um die Macht zu ergreifen. Später folgte Julius Cäsar seinem Beispiel.

Die Burg war Festung und Garnison für Soldaten.

Ummauerter Weinberg

Ein Bauer bei der Aussaat: Fast alle Landarbeit wurde von Hand verrichtet.

Die Bauern hatten kaum Rechte. Ohne Einwilligung des Grundherrn durften sie weder heiraten noch das Dorf verlassen.

FEUDALISMUS

Die mittelalterliche Gesellschaft war „feudalistisch“: Die Menschen erhielten ein Stück Land, mussten dafür aber einem Grundherrn dienen. An der Spitze der Gesellschaft stand der König, er vergab Land an die Adligen. Dafür versorgten diese ihn mit Soldaten. Die unterste Schicht bestand aus unfreien Bauern, die das Land der Adligen bearbeiten mussten. Dafür erhielten sie selbst ein Stück, um sich zu ernähren.

Die reichsten Adligen wohnten in stattlichen Schlössern.

Getreideernte mit Sicheln

Adlige Damen trugen einen Kopfputz aus Leinen.

Falkner waren gut bezahlte, professionelle Jäger.

JAGD

Der Herzog von Berry war ein sehr mächtiger Mann. Er besaß viel Land und viele Schlösser. Hier sieht man eine adlige Jagdgesellschaft vor seinem Schloss Étampes. Mithilfe der Falken wurden Rebhühner, Enten, Tauben und andere Vögel erlegt. Im Mittelalter war die Jagd ein Lieblingsvergnügen der Reichen.

Das Schloss soll von Macht und Reichtum zeugen, aber auch Feinde abschrecken.

Zugbrücke

Trennwand für Turniere, bei denen sich zwei aufeinander zureitende Ritter mit Lanzen angriffen.

Das Leben der Bauern war hart. Viele Kinder wurden nicht älter als zehn.

SCHLÖSSERBAU
Im September war Traubenlese, wie hier am Fuß des Schlosses zu Saumur. Im Mittelalter baute man viele prächtige Schlösser und Kathedralen mit einfachsten Mitteln. Die Steinmetze, die die Bausteine bearbeiteten, waren sehr geschickt.

Die Kirche war Mittelpunkt des dörflichen Lebens.

Im Taubenhaus wurden Tauben gezüchtet.

Heuhaufen

In Bienenstöcken produzierter Honig wurde zum Süßen von Nahrung und für Arzneimittel verwendet.

Bauern mussten ein Zehntel ihrer Erträge dem Pfarrer abtreten.

BAUERNHAUS
Das Bild zeigt das Leben der Bauern im Winter. Meist waren die Bauernhöfe einfache Gebäude mit höchstens zwei Räumen, wo alle aßen, schliefen und zusammen wohnten. Die winzigen Fenster hatten keine Glasscheiben, denn diese waren sehr teuer.

MITTELALTER

Der Begriff „Mittelalter" bezeichnet in der europäischen Geschichte die Zeitspanne zwischen dem Untergang des Römischen Reichs im 5. Jahrhundert und dem Beginn der Neuzeit um 1500. Im Mittelalter lebten 90 Prozent der Bevölkerung auf dem Land, wo sie als arme und unfreie Bauern die Felder wohlhabender Grundherren bestellten.

STUNDENBUCH
Diese Bilder stammen aus dem „Stundenbuch", einem Gebetsbuch. Es wurde um 1410 für den französischen Herzog von Berry angefertigt und enthält Gebete für jede Tages- und Jahreszeit. Im Mittelalter waren Bücher selten und kostbar. Sie wurden von Mönchen handgeschrieben und illustriert und behandelten meist religiöse Themen.

HOCHKULTUREN IN AMERIKA

Bevor im 16. Jahrhundert europäische Eroberer in Amerika eintrafen, hatten sich dort vielschichtige und einflussreiche Kulturen ausgebildet. In Mittelamerika entstanden 250–900 n. Chr. die Königreiche der Maya mit Städten und riesigen Steintempeln. Die Maya waren bekannt für ihr mathematisches und astronomisches Wissen. Ab dem 14. Jahrhundert errichteten die Azteken ein mächtiges Reich mit Pyramiden, in denen sie ihrem Sonnengott opferten. Im 15. Jahrhundert erstreckte sich an der südamerikanischen Pazifikküste das Inkareich über 3200 km. Es war berühmt für sein Straßennetz und die befestigten Städte hoch in den Anden.

Regengott
Chac, Regengott der Maya, mit langer Nase und Fangzähnen

❶ ALLTAGSLEBEN

Die Kultur der Azteken, Inka und Maya gründete sich auf Landwirtschaft. Die Hauptnahrungsquelle war Mais, den man zu Tortillas (Maispfannkuchen) und Bier verarbeitete. Alle Landarbeiter dienten ihren Herrschern auch als Soldaten, Bauleute und Arbeiter.

❷ TÖPFERHANDWERK

Lehm wurde zu langen Wülsten ausgerollt, die man dann spiralförmig übereinanderlegte. Die so entstandenen Töpfe dienten zum Transport von Flüssigkeit und zum Kochen, aber auch als Dekoration.

Gezackte Feuersteinklinge

Messer Es gab kein Metallwerkzeug; Messer waren aus Stein.

Lange und kurze Röhren erzeugen verschiedene Töne.

❶

Musik Die Inka bliesen Melodien auf Schilfrohrflöten.

Ein Inka hinter einem spanischen Eroberer

Getränk Die Inka tranken *chicha* (Maisbier) aus bemalten Holzbechern.

Der Krug mit kegelförmigem Boden stand in einer Bodenmulde.

Diese Muster erinnern an die Korbflechtkunst der Inka.

❷

Keramik der Inka Die Inka benutzten diese Töpfe, um Mais zu tragen und zu lagern. Zum Transport zogen sie ein Seil durch die Griffe und befestigten den Krug so auf dem Rücken.

Als Hirsche verkleidete Jäger pirschen sich an.

Teller Malerei auf Geschirr bildet oft das Alltagsleben ab. Auf diesem Teller der Maya jagen Jäger mit Blasrohren Hirsche.

Mixtekenschale
Diese Schale stammt von Mixteken, südlichen Nachbarn der Azteken.

Ein blauer Kolibri aus Ton sitzt auf dem Rand.

Federngeschmücktes Jaguarfell

❸ GÖTTER

Die Azteken und Maya verehrten viele Götter und Göttinnen, deren Statuen in ihren Pyramidentempeln standen. Sie glaubten, dass die Götter für den Lauf der Sonne, den Regen und die Ernte verantwortlich seien. Die Inka betrachteten Sonne, Mond und Erde selbst als Götter. Der Sonnengott Inti war ihr Hauptgott.

❹ AUFZEICHNUNGEN

Die Azteken hatten eine Bildschrift, bei der sie Bilder für Wörter und Ideen einsetzten. Die Maya entwickelten ein komplexeres Schriftsystem, in dem die Zeichen für einzelne Laute standen. Die Inka benutzten für Aufzeichnungen eine Knotenschrift namens *quipu*, bei der sie Schnüre mit verschiedenen Knoten versahen.

❺ RITUALE

Die Völker glaubten, dass man den Göttern opfern müsse, um sich ihr Wohlwollen zu sichern. Das wertvollste Opfer war ein Menschenopfer, das in allen drei Kulturen üblich war. Die Azteken und Maya zogen in den Krieg, um Gefangene zu machen, deren Herz sie dann den Göttern opfern konnten.

❸

Chac trägt eine Kugel mit Räucherwerk für religiöse Rituale.

Gold war für die Inka der „Schweiß der Sonne".

Opfer Die Inka opferten der Sonne und der Erde goldene Figuren.

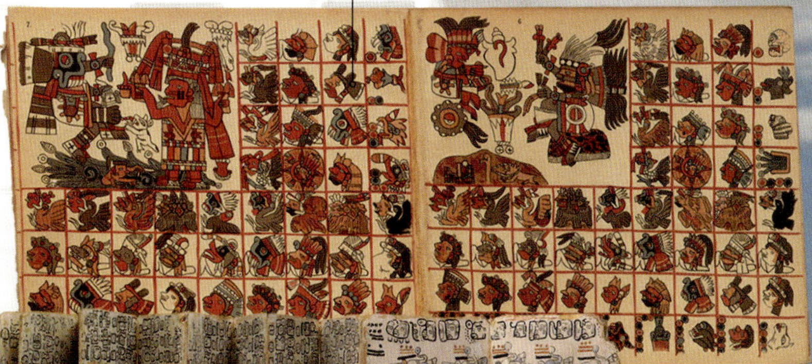

Aztekische Zeichen für verschiedene Tage

Kalender Mithilfe dieses Kalenders sagten Aztekenpriester die Zukunft voraus.

❹

Faltbuch Die Maya stellten ihre Bücher aus Feigenbaumrinde her und falteten sie wie eine Ziehharmonika.

Quipu Bei der Inkaschrift waren Farbe, Größe, Anzahl und Position der Knoten von Bedeutung.

Man rechnete auch mithilfe der Knoten.

Schild Aztekenkrieger trugen bunte Kleidung und federngeschmückte Schilde.

❺

Tezcatlipoca, aztekischer Gott des Kriegs

Urne Die Gebeine gefallener aztekischer Krieger wurden verbrannt und in Urnen begraben.

Diese Maske aus Teotihuacán (Mexiko) stammt von einer voraztekischen Kultur.

Steinmaske Solche Steinmasken wurden in Tempeln als Opfer dargebracht.

Augenförmige Verzierung auf dem Messer

Opfermesser Mit Steinmessern schnitten aztekische Priester Kriegsgefangenen das Herz heraus.

SEEFAHRT

Schiffe gibt es seit mindestens 50 000 Jahren. Die ersten Boote waren wahrscheinlich Holzflöße oder ausgehöhlte Baumstämme. Später nutzten die Menschen die Windkraft, indem sie Stoffstücke aufhängten – und so das Segel erfanden. Je mehr sich der Schiffbau verbesserte, desto weiter konnten die Seefahrer segeln. Sie gingen auf Entdeckerfahrt, Handelsreisen und auf Raubzüge.

ÄGYPTISCHES SCHIFF ▲
Dieses ägyptische Handelsschiff stammt von 2450 v. Chr. und besteht aus mit Tauen verbundenen Planken. Sein umlegbarer Mast trug ein rechteckiges Segel. Bei Gegenwind legte die Mannschaft den Mast um und ruderte.

◀ WIKINGERSCHIFF
Vom 8. bis ins 11. Jahrhundert bauten die Wikinger Langschiffe, die robust genug waren, um den stürmischen Atlantik zu besegeln, und schmal genug für enge Flüsse.

KARAVELLE ▶
Karavellen wurden im 15. Jahrhundert von den Portugiesen für Entdeckerfahrten gebaut. Mit den dreieckigen Segeln konnte man sie besser gegen den Wind steuern als Schiffe mit Vierecksegeln. Mit einer Karavelle entdeckte man auch den Seeweg um Südafrika.

◀ GALEONE
Diese englische Galeone aus dem 16. Jahrhundert war ein Kriegsschiff, wurde aber auch für Handels- und Entdeckerreisen eingesetzt. Im Rumpf befanden sich mehrere Decks mit vielen Schießscharten. In Europa nutzte man Galeonen bis ins 18. Jahrhundert.

RÖMISCHES HANDELSSCHIFF ▸

Römische Handelsschiffe hatten einen großen runden Rumpf, der viel Laderaum bot. Sie waren stabil, aber sehr langsam. Doch da die Römer das Mittelmeer von Seeräubern befreit hatten, mussten sie kaum Angriffe befürchten.

◂ ARABISCHE DAU

Seit dem 8. Jahrhundert befuhren arabische Händler und Fischer den Indischen Ozean in Dauen (arabische Segelschiffe). Mithilfe des Monsuns segelten sie von Nordafrika nach Indien, um Handel zu treiben.

CHINESISCHE DSCHUNKE ▸

Vor 2000 Jahren erfand ein Chinese das Heckruder, mit dem man leichter steuern konnte als mit früheren Steuerrudern. Chinesische Dschunken hatten bis zu neun Masten und waren die größten hölzernen Segelschiffe aller Zeiten.

KLIPPER ▸

Der Klipper, ein Handelsschiff des 19. Jahrhunderts, hatte einen langen schlanken Rumpf und eine Vielzahl von Segeln. Damit erreichte er hohe Geschwindigkeiten. Britische und US-amerikanische Klipper umrundeten auf ihren Handelsreisen die ganze Welt.

KRIEG

Kriege zwischen Stämmen oder Nationen wurden und werden um Land, Rohstoffe und Macht geführt. Mit jeder neu erfundenen Waffe und jeder neuen Verteidigungsmethode veränderten sich in der Geschichte des Kriegs auch die Kampfweisen.

❶ PFEIL UND BOGEN

Der Bogen wurde vor über 12 000 Jahren erfunden und ist somit eine der ältesten Waffen. Es gibt verschiedene Bauformen: Der Langbogen wurde oft von Fußtruppen benutzt, während dieser mongolische Kurzbogen reitend abgeschossen wurde.

❷ RÜSTUNGEN

Die frühesten Rüstungen bestanden aus Holz, Leder und Knochen. Nach der Erfindung der Schmiedekunst konnten Krieger Kettenpanzer oder Rüstungen aus Metallplatten tragen.

Mongolischer Bogenschütze Im 13. Jahrhundert eroberten mongolische Krieger von Ostasien aus ein riesiges Weltreich. Sie kämpften als Bogenschützen zu Pferd.

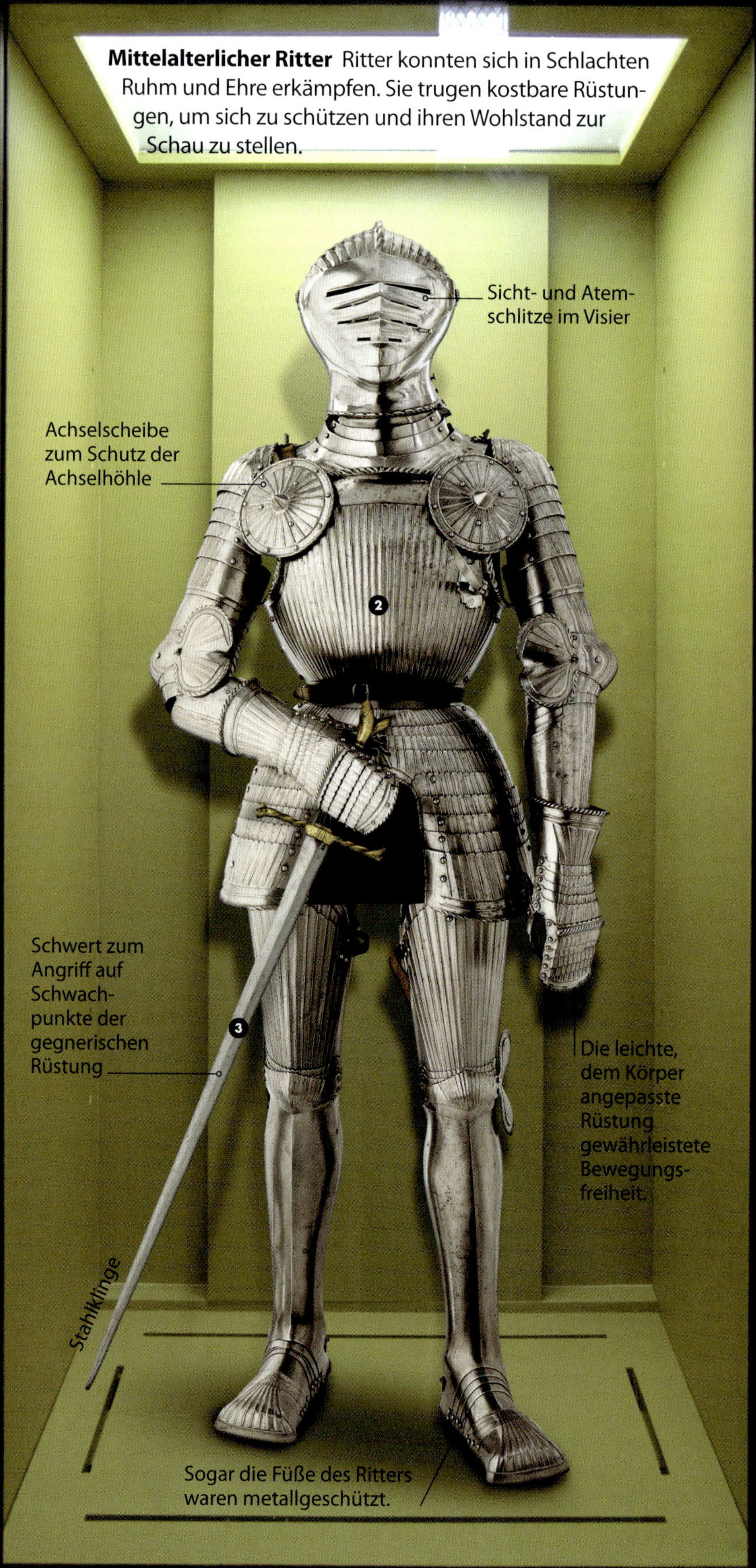

Mittelalterlicher Ritter Ritter konnten sich in Schlachten Ruhm und Ehre erkämpfen. Sie trugen kostbare Rüstungen, um sich zu schützen und ihren Wohlstand zur Schau zu stellen.

❸ SCHWERTER

Schwerter sind Waffen für den Nahkampf. Sowohl die Schwertspitze als auch die beidseitig scharfe Klinge werden beim Kämpfen eingesetzt. Ein Querstück vor dem Griff verhindert, dass die Hand des Kämpfers abrutscht, und schützt sie gleichzeitig vor dem gegnerischen Schwert.

❹ UNIFORMEN

Im Durcheinander einer Schlacht müssen die Soldaten Freund und Feind unterscheiden können. Uniformen zeigen, wer zu wem gehört, und erhöhen die Disziplin: Soldaten in gleicher Uniform halten meist besser zusammen.

❺ FEUERWAFFEN

Tragbare Schusswaffen wurden im 14. Jahrhundert erfunden. Mit ihnen konnte man den Feind aus großer Entfernung treffen. Damit ging das Zeitalter der Ritter zu Ende, deren Rüstung wenig Schutz gegen Schüsse bot.

❻ TARNKLEIDUNG

Im 20. Jahrhundert ersetzte man die farbenprächtigen Uniformen durch unauffällige Kleidung, die es Soldaten erlaubte, mit ihrer Umgebung zu „verschmelzen". Farben und Muster wie die grünen und schwarzen Streifen dieser Uniform dienen der Tarnung.

Französischer Fußsoldat In den Napoleonischen Kriegen (1803–1815) marschierten Soldaten zum Trommelschlag in Reihen. Auf ein Signal hin feuerte jeweils eine Reihe alle ihre Musketen ab.

US-Fallschirmjäger Im Zweiten Weltkrieg griffen einige Soldaten aus der Luft an. Sie sprangen an Fallschirmen aus Flugzeugen ab, um hinter den feindlichen Linien zu landen.

REVOLUTIONEN

Den politischen Umsturz einer Gesellschaft innerhalb eines kurzen Zeitraums nennt man Revolution. Dies geschieht oft gewaltsam, wenn z. B. missliebige Regierungen durch Massenaufstände oder von Einzelgruppen gestürzt werden. Revolutionäre wollen eine bessere Gesellschaft verwirklichen und mehr Freiheit und Gleichheit für die Bevölkerung erreichen. Doch meist ist es leichter, eine schlechte Regierung abzusetzen, als eine bessere aufzubauen.

▼ AMERIKANISCHE REVOLUTION

1775–1781 erhoben sich die 13 nordamerikanischen Kolonien erfolgreich gegen die Vorherrschaft des britischen Königs Georg III. In ihrer Unabhängigkeitserklärung von 1776 (unten) erklärten die amerikanischen Führer, dass „alle Menschen gleich erschaffen wurden" mit dem Recht auf „Leben, Freiheit und dem Streben nach Glückseligkeit".

IN CONGRESS, JULY 4, 1776.

The unanimous Declaration of the thirteen united States of America,

▲ FRANZÖSISCHE REVOLUTION

1789 breiteten sich die Aufstände gegen König Ludwig XVI. in ganz Frankreich aus. Die Revolutionäre forderten „Freiheit, Gleichheit, Brüderlichkeit" und stürzten den Herrscher. 1793 errichteten einige Revolutionsführer eine Schreckensherrschaft, während derer sie alle Gegner, auch den König, guillotinieren (köpfen) ließen.

◀ RUSSISCHE REVOLUTION
In der Oktoberrevolution von 1917 kam die Partei der Bolschewiken unter Wladimir Lenin an die Macht und gründete den ersten kommunistischen Staat. In ihrem „Arbeiter- und Bauernstaat" sollten Fabriken und Ländereien Eigentum aller werden.

◀ KUBANISCHE REVOLUTION
1956–1959 stürzten kubanische Rebellen unter Fidel Castro und Che Guevara (links) die korrupte Regierung des Diktators Batista. Castro verbesserte zwar die Situation vieler Armer, indem er ihnen besseren Zugang zu Bildung und medizinischen Einrichtungen verschaffte, doch seine Herrschaft entwickelte sich zu einer neuen Diktatur.

▼ KULTURREVOLUTION
1949 übernahmen die von Mao Tse-tung geführten Kommunisten in China die Macht. Da Mao befürchtete, China könne von den kommunistischen Prinzipien abweichen, rief er 1966 die „Kulturrevolution" aus. Um alte Denkweisen zu beseitigen, ließ er Gegner und Intellektuelle verfolgen und brachte das Land dem Chaos nahe.

▲ SAMTENE REVOLUTION
1989 gelang es der tschechischen Bevölkerung, die kommunistische Regierung durch Massenproteste und Generalstreiks zu stürzen. Da dies weitgehend gewaltfrei vor sich ging, spricht man von der „samtenen" Revolution. Hier tragen Demonstranten die Flagge des neuen demokratischen Tschechien.

INDUSTRIELLE REVOLUTION

Seit dem ausgehenden 18. Jahrhundert führte die Erfindung leistungsstarker Maschinen zu einer tief greifenden Veränderung der Lebens- und Arbeitswelt. Die sogenannte industrielle Revolution begann in Großbritannien und breitete sich rasch in Europa und den USA aus. Neue Apparate, die mit Wasserkraft und später mit Dampf betrieben wurden, veränderten zuerst die Textilindustrie. Für die Herstellung der Maschinen wurde mehr Eisen abgebaut, für ihren Antrieb mehr Kohle gefördert. Viele Menschen verließen das Land, um in den Fabriken zu arbeiten, und so entstanden rasch neue Städte.

◀ FABRIKEN
In riesigen Fabriken standen die neuen Produktionsmaschinen in langen Reihen. Diese Webstühle, die Baumwolle zu Stoff verarbeiteten, wurden wie andere Apparate mit Dampf betrieben. Ihr Lärm muss ohrenbetäubend gewesen sein.

Die Fabrikluft war heiß, feucht und voller Baumwollstaub.

EISENBAHN ▶
1804 baute der englische Erfinder Richard Trevithick die erste Dampflokomotive. Anfangs transportierten Lokomotiven Kohle aus Bergwerken, erst ab 1825 gab es auch Passagierzüge. Unzählige Arbeiter verlegten die neuen Gleise.

Der 1813–1814 erbaute „Puffing Billy" ist die älteste erhaltene Dampflokomotive.

Wollhemd

Wollschal

ARBEITSKLEIDUNG ▶
Fabrikbesitzer stellten gern Frauen und Kinder ein, da diese billiger und einfacher zu beaufsichtigen waren als Männer. Die Arbeiterinnen trugen schwere, haltbare Kleider, die in den neu entstandenen Textilfabriken hergestellt wurden.

Rock aus dickem, rauem Baumwollstoff (Kattun)

Strapazierfähige, mit Nägeln beschlagene Lederstiefel

▲ NEUE STÄDTE

In der Nähe von Fabriken wuchsen Dörfer fast über Nacht zu großen Städten heran. Billige Arbeiterquartiere entstanden auf engstem Raum. Der Rauch aus den Fabrikschloten verdüsterte die Luft der Industriestädte.

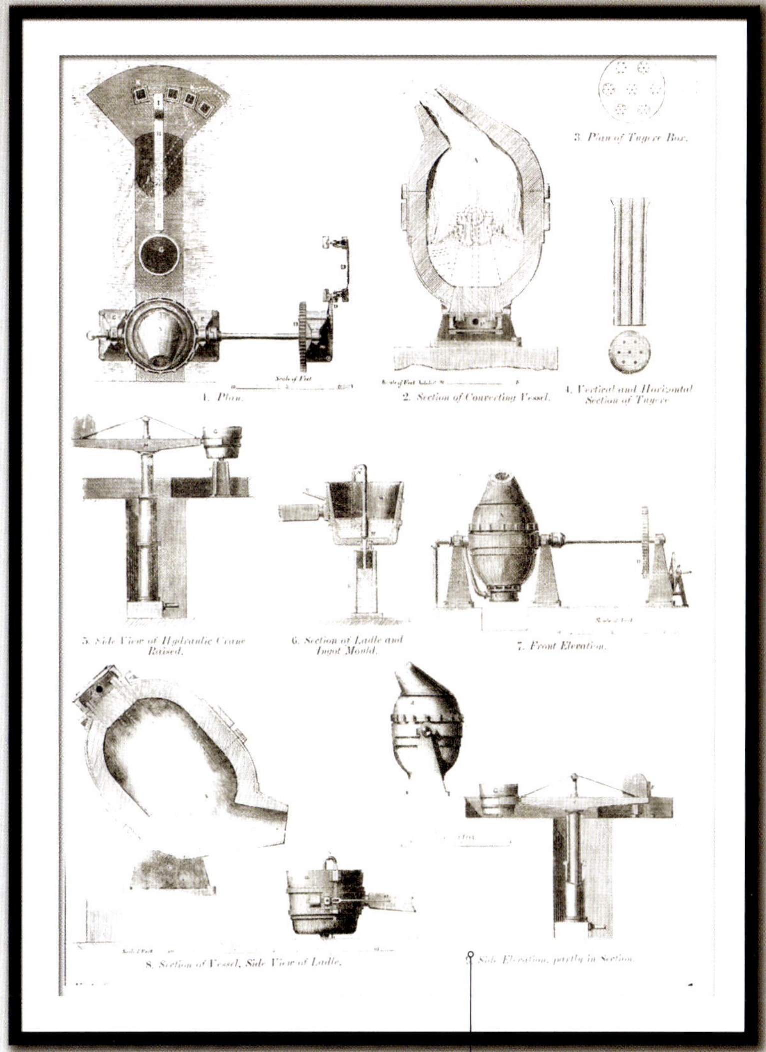

▲ ERFINDUNGEN

Durch die rasche Entwicklung neuer Apparate wurde die industrielle Revolution vorangetrieben. Die neuartigen, mit Dampfkraft betriebenen Maschinen veränderten den Bergbau, die Textilproduktion und die Metallindustrie.

Henry Bessemers Pläne für eine neue Stahlverarbeitungsmethode (1855)

▼ KRANKHEITEN

In den Industriestädten lebten die Menschen auf engstem Raum zusammen. Es gab keine Kanalisation oder Müllabfuhr und kein sauberes Trinkwasser. Krankheiten wie Cholera, Fleckfieber und Typhus rafften Tausende dahin.

Arznei zur Behandlung von Cholera

KRANKHEITEN

Wo viele Menschen auf engem Raum zusammenlebten, konnten Krankheiten sich leicht ausbreiten. Auf Schiffen wurden Beulenpest, Grippe und Cholera von Land zu Land getragen. Früher war die Behandlung vieler Krankheiten erfolglos, weil man ihre wahre Ursache nicht kannte. Heute wissen wir, dass mikroskopisch kleine Bakterien und Viren die Krankheitserreger sind.

Einige Ärzte trugen zum Schutz vor der Pest vogelähnliche Masken voller Heilkräuter.

◄ BEULENPEST
Um 1340 starben die Hälfte der europäischen Bevölkerung und viele Millionen Asiaten und Afrikaner an der Pest. Man glaubte damals, dass man sich durch das Atmen schlechter Luft infiziere. Heute weiß man, dass Flöhe Pestbakterien übertrugen.

CHOLERA ▲
Diese Gebeine aus den Pariser Katakomben stammen von Opfern der Cholera, einer Krankheit, die 1829 auf Handelsschiffen von Indien nach Europa gebracht wurde. Sie entsteht durch verunreinigtes Trinkwasser, in dem Cholerabakterien leben. Cholerakranke starben nach stundenlangem Erbrechen und Durchfall einen qualvollen Tod.

GRIPPEPANDEMIE ►
Wenn sich eine Krankheit über Länder und Kontinente hinweg ausbreitet, bezeichnet man das als Pandemie. Die schlimmste Pandemie war 1918–1920 eine weltweite Grippewelle, an der 50–100 Millionen Menschen starben. Viele Menschen trugen Gesichtsmasken, denn sie wussten, dass Grippe durch Husten und Niesen übertragen werden kann.

Wer an Pocken erkrankte, bekam schmerzhafte Pusteln, die Narben hinterließen.

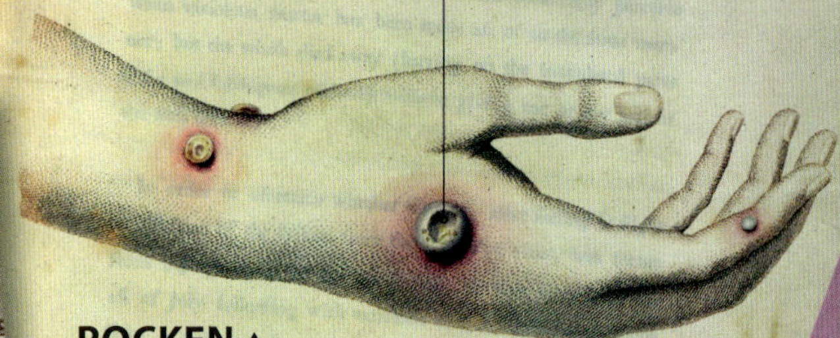

POCKEN ▲
Pocken hinterließen nicht nur Narben – an ihnen konnte man erblinden und sogar sterben. Wie bei Grippe oder Erkältung waren Viren die Krankheitserreger: winzige Parasiten, die sich nur in lebenden Zellen vermehren können. Durch die moderne Medizin wurden die Pocken ausgerottet.

◂ HYGIENE

Erst um 1860 entdeckte man, wie wichtig Hygiene ist, um Krankheiten vorzubeugen. Vor Operationen wuschen sich Ärzte früher nicht einmal die Hände. 1865 begann der englische Arzt Joseph Lister die Wunden seiner Patienten mit Karbolsäure zu reinigen. So tötete er Bakterien ab, die Entzündungen verursachten.

Diese Reklame (19. Jh.) zeigt eine Krankenschwester, die sich die Hände in Desinfektionsmittel wäscht.

BAKTERIEN ▸

Bakterien sind mikroskopische Einzeller, die Wunden infizieren und Krankheiten auslösen. 1928 entdeckte der schottische Wissenschaftler Alexander Fleming, dass ein Schimmelpilz in seinem Labor Bakterien abtötete. Er nutzte diese Entdeckung, um ein neues, antibakterielles Medikament zu entwickeln, ein Antibiotikum.

Fleming züchtete Bakterien in Petrischalen.

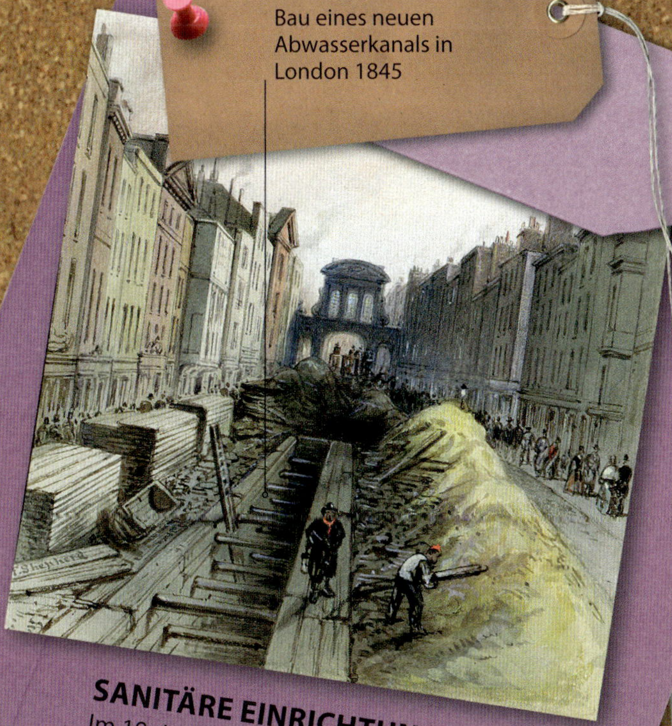

Bau eines neuen Abwasserkanals in London 1845

SANITÄRE EINRICHTUNGEN ▴

Im 19. Jahrhundert wüteten in Europa mehrere Cholerapandemien. Man konnte sie schließlich durch den Bau von Abwassersystemen eindämmen, da nun keine Bakterien mehr ins Trinkwasser gerieten. Russland erlebte 1923 den letzten Ausbruch in Europa. In Asien kommt Cholera noch heute vor, z. B. 2007 im Irak.

◂ IMPFUNG

Eine Impfung enthält eine geringe Menge Krankheitserreger, die dem Körper helfen, Antikörper gegen diese Frkrankung zu bilden. Der englische Arzt Edward Jenner erkannte, dass Leute, die Kuhpocken (eine milde Form der Pocken) hatten, keine Pocken bekamen. 1796 spritzte er dem 8-jährigen James Phipps Eiter aus Kuhpocken. Gegen eine Pockeninfektion zeigte sich Phipps später immun – so war die erste Impfung erfunden.

GELD

Bevor es Geld gab, tauschten die Menschen ihre Waren. Das Problem am Tauschgeschäft war, dass jeder nur das bekommen konnte, was der andere gerade anbot. Daher wurde das Geld als allgemeingültiges Tauschmittel erfunden, das einen bestimmten Wert darstellte, mit dem man erwerben konnte, was man wollte. Gewöhnlich stellte man Geld aus seltenen Materialien her, z. B. aus wertvollen Metallen oder prächtigen Federn. Die frühesten Schriftzeugnisse über den Geldverkehr stammen aus Mesopotamien (heute Südirak), wo vor rund 4500 Jahren mit abgewogenem Silber gezahlt wurde.

❶

❷

Golddublonen der spanischen Eroberer Mittelamerikas

Im Nordamerika des 17. und 18. Jahrhunderts zahlten britische Siedler mit Tabakblättern.

Zu verschiedenen Zeiten dienten in China, Indien und Afrika Kaurimuscheln als Geld.

Bis ins 17. Jahrhundert bezahlte man in Thailand mit Silberringen.

❶ METALLGELD

Im alten Ägypten zahlte man mit verschiedenen Metallen, deren Wert nicht von der Form, sondern vom Gewicht abhing, z. B. mit Barren, Ringen oder Brocken aus Gold, Silber und Kupfer.

❷ BLUMENSILBER

Im 18. Jahrhundert wurden in Birma (heute Myanmar) Gewichte namens „Blumensilber" als Geld verwendet: Man goss flüssiges Silber in eine Vertiefung und verzierte es mit Blüten.

❸ MÜNZBUCH

Im 16. Jahrhundert wurden Münzen regelmäßig auf Schiffsreisen mitgeführt. Um die verschiedenen Geldsorten zu erkennen, besaßen holländische Händler ein Münzenverzeichnis.

❹ FEDERGELD

Die Bewohner der pazifischen Santa-Cruz-Inseln kauften ihre Kanus mit gerollten Federn. Die hellsten und stärksten Federn waren am wertvollsten.

❺ BRONZEGELD

500 v. Chr. fertigte man in China Bronzegeld in Form von Werkzeugen und Kaurimuscheln (frühere Währung). Die unpraktischen Gebilde wurden bald durch runde Münzen mit Viereckloch ersetzt.

❻ BANKNOTEN

Papiergeld stammt aus dem China des 10. Jahrhunderts. Handschriftliche Quittungen erhielten eine so große Bedeutung, dass die Regierung Papiergeld über bestimmte Summen ausstellte.

❼ WAMPUM

Die Indianer verarbeiteten bunte Meeresschnecken zu Perlengürteln, die man *wampum* nannte. Sie wurden als Geld und zum Bekräftigen von Verträgen benutzt.

❽ STEINGELD

Die Bewohner der pazifischen Insel Yap hatten eine besonders wuchtige Währung: riesige Steinscheiben, die oft zu schwer zum Aufheben waren und bis zu 4 m Durchmesser hatten.

❾ SCHECK

Eine Alternative zu Bargeld sind Schecks, auf denen man angibt, wie viel Geld von einem Konto auf ein anderes überwiesen werden soll. Im Mittelalter stellten die Tempelritter Pilgern Schecks aus, damit sie ohne Bargeld durch Europa reisen konnten.

❿ KREDITKARTEN

Die heute fast überall benutzten Plastikkarten kamen erstmals um 1920 in den USA auf, wo man mit ihnen Benzin kaufte. Heute sind sie eine bequeme Alternative zum Bargeld.

❸

Weidenkorb als „Geldbeutel“ für Muscheln

Rote Federn wurden zu Rollen verwoben.

Japanische Barrenmünzen des 17. Jahrhunderts waren aus Gold und Silber.

Diese Banknote aus Rom wurde 1786 gedruckt.

Der eingebaute Mikrochip dient als Computer.

20. JAHRHUNDERT

Im 20. Jahrhundert änderte sich die Lebensweise der Menschen wie nie zuvor. Fernsehen, Computer, Internet und Atomkraft sind nur einige der vielen Erfindungen dieser Zeit. Das Jahrhundert begann 1903 mit dem ersten Motorflug, der nur 12 Sekunden dauerte. 1969 flogen Astronauten zum Mond.

KONFLIKTE

Im Ersten Weltkrieg (1914–1918) starben 20 Millionen Menschen, meist junge Soldaten. Den Luftangriffen des Zweiten Weltkriegs (1933–1945) waren ganze Städte ausgesetzt. Dieser Krieg forderte rund 60 Millionen Opfer, darunter viele Zivilisten. Der folgende Kalte Krieg war geprägt vom Kräftemessen zwischen den USA und der Sowjetunion.

Protest In den 60er-Jahren gab es Demonstrationen gegen den Vietnamkrieg.

UNO Die Vereinten Nationen (UNO) wurden 1945 als internationale Organisation gegründet, um Kriege zu verhindern.

Gasmasken Im Ersten Weltkrieg trugen nur Soldaten solche Masken, im Zweiten Weltkrieg auch Zivilisten.

Kalter Krieg Hammer und Sichel waren das Symbol der kommunistischen Sowjetunion, dem Rivalen der USA.

Hammer und Sichel stehen für die Einigkeit von Arbeitern und Bauern.

Kühlschrank Die Massenproduktion von Kühlschränken begann nach dem Zweiten Weltkrieg.

UNTERHALTUNG

Anfang des 20. Jahrhunderts wurde das Radio erfunden, ab 1920 gab es Rundfunksendungen. In den 30er- und 40er-Jahren war der Kinobesuch eine beliebte Freizeitbeschäftigung. In den 50er- und 60er-Jahren begann die neueste Erfindung – das Fernsehen – dem Kino Zuschauer abspenstig zu machen.

Fernseher Die ersten Fernseher waren klein und zeigten nur körnige Schwarz-Weiß-Bilder.

Kino Die Menschen strömten scharenweise ins Kino, um ihre Hollywoodidole zu sehen.

Radio In der ersten Jahrhunderthälfte saß oft die ganze Familie um das Radio.

Plattenspieler Die ersten Plattenspieler trieb man mit einer Kurbel an.

Walkman In den 80er-Jahren konnte man damit auch unterwegs Musik hören.

Aids Seit 1980 starben weltweit Millionen Menschen an der neuen, gefährlichen Krankheit Aids.

Hunger In vielen Ländern litten die Menschen Hunger.

HAUSHALT

Viele neue, arbeitssparende Haushaltsmaschinen wurden erfunden, darunter der Kühlschrank, die Gefriertruhe, die Waschmaschine und der Staubsauger. Da gefrorene Lebensmittel haltbarer sind, konnte man sie nun über weitere Strecken transportieren und größere Mengen davon einlagern. Kurz darauf kamen Fertiggerichte auf den Markt und veränderten die Essgewohnheiten vieler Menschen.

Fertiggericht Eine Mahlzeit war nun rasch zubereitet und konnte bequem vor dem Fernseher verzehrt werden.

REISEN

Neu erfundene Verkehrsmittel ermöglichten es den Menschen, leichter und weiter zu reisen. Millionen Familien kauften sich Autos, um damit auf den entstehenden Schnellstraßen zu fahren. Seit 1930 konnte man mit dem Flugzeug in wenigen Stunden Strecken zurücklegen, für die man mit dem Zug oder Schiff Tage gebraucht hätte.

Bikini Der jährliche Urlaub am Strand wurde für viele zur festen Einrichtung.

Global Neue Verkehrsmittel ermöglichten Weltreisen.

Flugreisen Viele Familien konnten sich billige Flüge zu fernen Urlaubszielen leisten.

Souvenirs Der Tourismus wurde für viele Länder zur wichtigen Einnahmequelle.

Apartheid Nelson Mandela führte erfolgreich den Kampf um die Gleichberechtigung der schwarzen Südafrikaner an.

PROBLEME

Im 20. Jahrhundert wuchs die Weltbevölkerung von 1,65 auf 6 Milliarden Menschen. Die Unterschiede zwischen armen und reichen Ländern verschärften sich. Die Diskriminierung von Frauen und der Rassismus wurden zum Thema.

Wahlen Diese Medaille erhielt eine Frau, die mit einem Hungerstreik für das Frauenwahlrecht eintrat.

ARBEIT

Zu Beginn des Jahrhunderts hatten Frauen wenig Aussicht auf eine berufliche Laufbahn. Aber ihre Rolle änderte sich und sie errangen im Lauf der Zeit mehr Rechte. Vor allem neue Kommunikationsmittel wie Computer und Internet veränderten die Arbeitswelt. Neue Technologien führten dazu, dass an den Arbeitsplätzen in den Fabriken Menschen durch Maschinen ersetzt wurden.

Frauen im Beruf Schon in den 70er-Jahren kämpften Frauen um gleiche Rechte und denselben Lohn, den Männer erhielten.

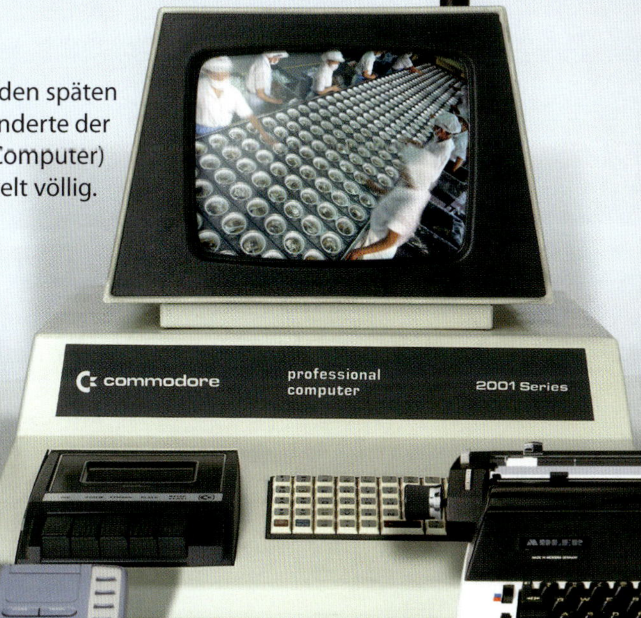

Computer Seit den späten 70er-Jahren veränderte der PC (Personal Computer) die Arbeitswelt völlig.

Schreibmaschine Bevor es den PC gab, wurde im Büro auf Schreibmaschinen geschrieben.

Telefon Das Telefon ermöglichte eine weltweite geschäftliche Kommunikation.

GEMÄLDEGALERIE
David Teniers Bild *Erzherzog Leopold Wilhelm in seiner Galerie in Brüssel* (1651) stellt eine der größten Kunstsammlungen seiner Zeit dar. Leopold Wilhelm war Statthalter der spanischen Niederlande.

Kunst und Kultur

KUNST

Manche Künstler wollen mit ihrer Kunst etwas Schönes erschaffen, andere ihre Ansicht über die Welt mitteilen. Früher standen Kunstwerke auch in engem Zusammenhang mit magischen oder religiösen Ritualen. Es gibt viele Stilrichtungen, darüber hinaus haben Künstler unterschiedlicher Kulturkreise das Bild des Menschen auf sehr verschiedene Weise dargestellt.

Früheste Kunst Diese in Österreich gefundene Frauenstatue ist 25 000 Jahre alt. Ihre Haare sind fein herausgearbeitet, doch hat sie keine Gesichtszüge.

Grabkunst Ägyptische Künstler stellten jeden Körperteil aus einem bestimmten Blickwinkel dar: Köpfe, Arme und Beine von der Seite, Augen und Körper von vorn.

Mona Lisa Für ihr rätselhaftes Lächeln ist sie auf der ganzen Welt berühmt. Das Bild wurde 1503–1507 von Leonardo da Vinci gemalt.

Königsporträt Der Deutsche Hans Holbein der Jüngere war Hofmaler bei Heinrich VII. von England. Das detailreiche Porträt zeigt Heinrichs Sohn Eduard.

Selbstporträt Der dänische Maler Rembrandt van Rijn (1606–1669) schuf 60 Selbstporträts in verschiedenen Maltechniken.

Indische Kunst Dieses Gemälde von 1770 folgt eigenen Regeln: Die Köpfe der Sportler sind im Profil, ihre Körper von vorn dargestellt.

Expressionismus In *Der Schrei* (1893) wollte der Norweger Edvard Munch einem Gefühl Ausdruck verleihen.

Neue Formen Der Spanier Pablo Picasso (1881–1973) zerlegte die Formen des menschlichen Körpers und setzte sie neu zusammen.

Art déco Die Polin Tamara de Lempicka (1898–1980) gehörte der Art-déco-Bewegung an, die dekorativ gestalten wollte.

Selbstbildnis Die Mexikanerin Frida Kahlo (1907–1954) verband Selbstporträts mit Fantasieszenen.

Terrakotta-Armee 209 v. Chr. wurden 8000 lebensgroße Krieger aus Ton im Grab des ersten chinesischen Kaisers beerdigt, um es zu schützen. Jeder Soldat ist individuell gestaltet.

Gebetbuch Im Mittelalter diente Kunst oft religiösen Zwecken. Dieses illustrierte Buch zeigt die Jungfrau Maria mit dem Jesuskind.

Afrikanische Maske Diese kunstvolle Maske wurde bei rituellen Tänzen getragen, um mit den Geistern in Verbindung zu treten.

Japanischer Holzschnitt Dieser Holzschnitt (1794) stammt von Toshusai Sharaku und zeigt den Schauspieler Otani Oniji, der einen Bösewicht spielt.

Pinselstriche Wie Rembrandt malte der Niederländer Vincent van Gogh (1853–1890) viele Selbstporträts, 30 davon in den letzten fünf Lebensjahren. Seine kräftigen Pinselstriche sind gut sichtbar.

Impressionismus Der Franzose Edgar Degas (1834–1917) gilt als Begründer des Impressionismus. Sein Ziel war es, verschiedene Lichtstimmungen und Bewegungen festzuhalten, wie auf diesem Bild.

Skulpturkurven Die Reduzierung des Körpers auf geschwungene Formen war eine Spezialität des britischen Bildhauers Henry Moore (1898–1986).

Pop-Art Andy Warhol (1928–1987) griff Motive aus der Populärkultur auf. 1962 benutzte er ein Foto der Leinwandlegende Marilyn Monroe für diesen Siebdruck.

Graffitikunst Der US-Amerikaner Keith Haring (1958–1990) begann als Graffitikünstler. Typisch sind seine Strichmännchen.

ARCHITEKTUR

Seit ältester Zeit errichteten die Menschen Bauten, um sich darin vor der Witterung zu schützen oder mit ihnen die Götter zu ehren. Heute entwerfen und gestalten Architekten vielerlei Bauwerke für die unterschiedlichsten Zwecke. Über die Jahrhunderte hat sich die Architektur zu einer Kunstform entwickelt, bei der aus hochwertigen Materialien immer gewagtere Formen geschaffen werden.

1 KOLOSSEUM
Das erste dauerhafte Amphitheater wurde 80 n. Chr. in Rom fertiggestellt. Seine Größe und Bauart sind beeindruckend. Durch 80 Tore konnten bis zu 50 000 Zuschauer strömen, um Gladiatorenkämpfe und andere öffentliche Vorführungen zu erleben.

2 STABKIRCHE BORGUND
Als im 12. Jahrhundert die Norweger zum Christentum übertraten, bauten sie Tausende schöner Holzstabkirchen entlang ihrer Handelsrouten. Oft schmückten Tierschnitzereien die Türrahmen.

3 KUNSTHAUS GRAZ
Das 2003 fertiggestellte Kunstmuseum wird auch „Freundlicher Außerirdischer" genannt. Seine blaue Acrylglashülle kann gleichzeitig als Bildschirm genutzt werden. Im Innern gibt es zwei große Ausstellungsbereiche.

4 DISNEY CONCERT HALL
Vom Entwurf bis zur Eröffnung 2003 vergingen 16 Jahre. Hier ist das Philharmonieorchester Los Angeles zu Hause. Der auffallende Bau besteht aus gebogenem Stahl. Der holzverkleidete große Konzertsaal verfügt über eine außergewöhnliche Akustik.

5 CHRYSLER BUILDING
Dieser um 1930 eingeweihte Wolkenkratzer in New York ist mit seinen 319 m der höchste Backsteinbau der Welt. Er wurde für die Autofirma Chrysler errichtet. Die Wasserspeier an den Gebäudeecken sind wie Kühlerfiguren geformt.

6 REICHSTAG
In dem Berliner Bau tagte ab 1894 das Parlament des Kaiserreichs und der Weimarer Republik. 1933 brannte er ab. Nach der Wiedervereinigung 1990 zog der Bundestag von Bonn hierher. Das Gebäude wurde innerhalb der alten Fassaden neu gestaltet.

7 GROSSE MOSCHEE
Das größte Lehmziegelgebäude der Welt, die Moschee in Djenné (Mali), stammt von 1909. Die dicken Wände sind mit weichem Lehm glatt verputzt. An den Palmholzbalken klettern jedes Frühjahr Handwerker hoch, um die Wände zu reparieren.

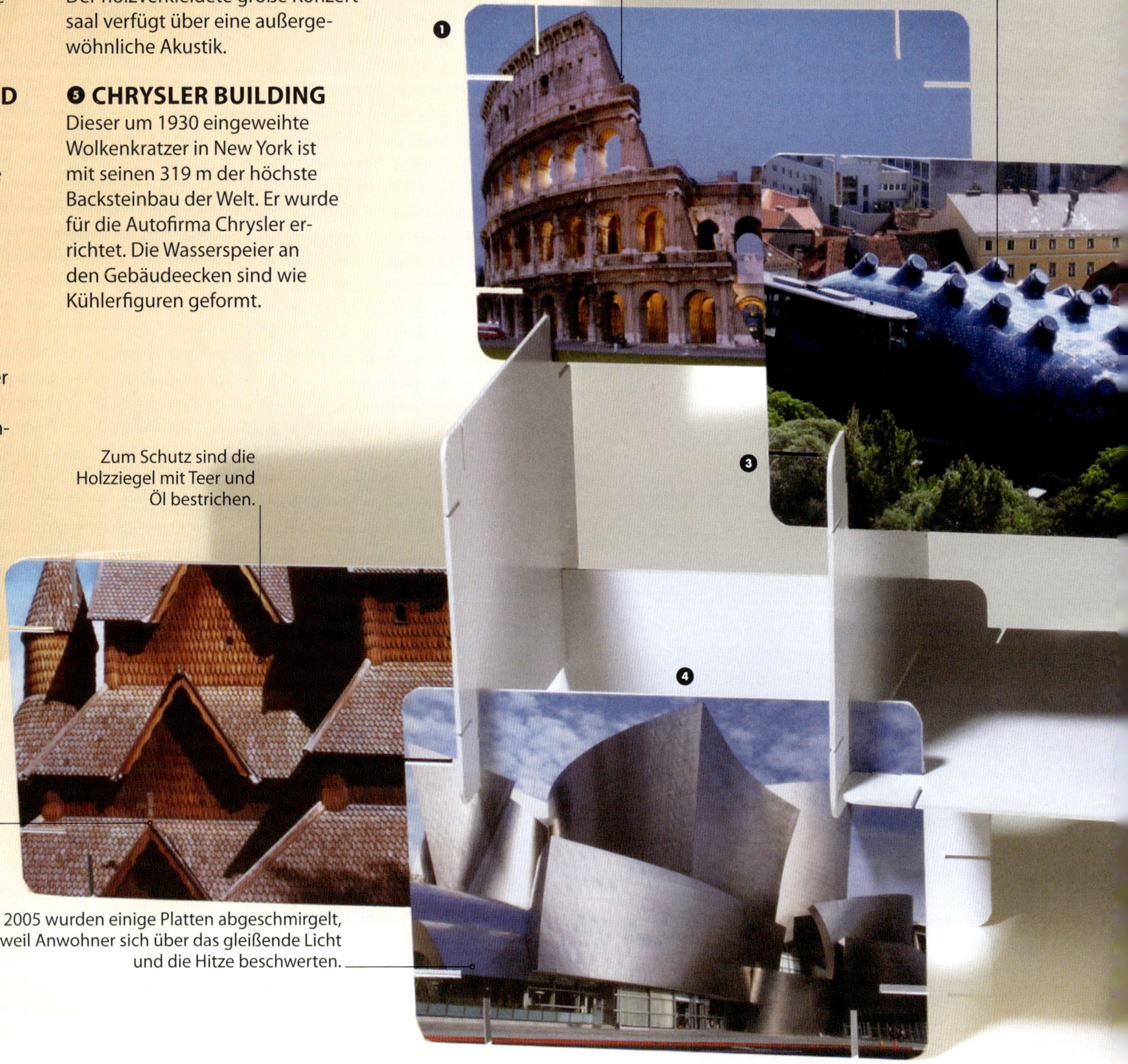

5 Die sechsgeschossige Gebäudespitze besteht aus Silberbögen mit Dreiecksfenstern.

8 BURJ AL ARAB

Dieses 321 m hohe Luxushotel in Dubai ist eines der höchsten Gebäude der Welt. Es wurde auf einer künstlichen Insel vor der Küste errichtet. Mit seinem V-förmigen Grundriss und der gebogenen Spitze erinnert es an das geblähte Segel einer Jacht.

9 PALAU DE LES ARTS

Dieses spanische Opernhaus ist Teil eines Museumskomplexes in der Nähe von Valencia. Es liegt in einem abwechslungsreichen Landschaftspark. Das Dach besteht aus zwei geschwungenen Stahlschalen, die von Beton und Keramikplatten verhüllt sind.

10 ALLIANZ-ARENA

Die Fußballarena bei München ist das einzige Stadion der Welt, das die Farbe seiner Außenhülle ändern kann. Es wurde 2005 eröffnet und fasst ca. 70 000 Zuschauer. Manche Anwohner nennen es wegen seiner ungewöhnlichen Form „Schlauchboot".

6

In der riesigen Glaskuppel führen Spiralrampen auf eine Plattform mit Ausblick über Berlin.

7

Die ovalen Spitzen der drei massiven Türme sollen an Straußeneier erinnern und symbolisieren die Reinheit.

8

Eine gewölbte Membranfläche dient als Sonnenschutz. Nachts wird sie farbig bestrahlt.

9

Das stromlinienförmige Opernhaus mit seinen schiffsartigen „Decks" gleicht einem Ozeandampfer.

10

Die ca. 3000 luftgefüllten Folienkissen der Außenhülle können in den Farben der Heimmannschaft erstrahlen.

SYMBOLE

Symbole sind Bilder, Gegenstände oder Zeichen, die für eine abstrakte Idee oder eine Vorstellung stehen – vom Feuer speienden Drachen bis zum vierblättrigen Kleeblatt. Meist sollen Symbole etwas veranschaulichen, das man eigentlich nicht sehen kann. Oft ist uns nicht bewusst, wie sehr Symbole unser tägliches Leben prägen, so z. B. Schriftzeichen und Ziffern.

RELIGION

Anhänger verschiedener Glaubensrichtungen drücken ihre religiösen Anschauungen mithilfe von Sinnbildern aus. Religiöse Symbole können viele Bedeutungen haben und unterschiedlich verwendet werden, z. B. im Gottesdienst.

Stern und Mondsichel Dies sind Symbole des Islam. Sie finden sich auf den Fahnen vieler muslimischer Staaten.

Apsaras Diese übernatürlichen Wesen sind im Hinduismus weibliche Geister.

Yin und Yang Dieses Symbol des Taoismus steht für die Harmonie im Universum.

Rad des Gesetzes Die Speichen des buddhistischen Symbols stellen den achtfachen Pfad zur Befreiung dar.

Davidstern Nach König David von Israel benannt steht er seit dem Mittelalter für das Judentum.

Kreuz Es zeigt den Gekreuzigten und erinnert Christen so an den Opfertod Jesu Christi.

Anubis Der altägyptische Gott war verantwortlich für die Mumifizierung und den Schutz der Verstorbenen.

GLÜCK

Mit Glücksbringern wollen manche Menschen sich vor Unglück schützen. Dafür verwenden sie Schmuckstücke oder Naturgegenstände. Viele Symbole gelten nur in einem bestimmten Kulturkreis als Glücksbringer – oft ist der Aberglaube jahrhundertealt.

Heiliger Christophorus Manche Christen tragen das Bildnis dieses Heiligen, der als Schutzpatron der Reisenden gilt.

Fu Dieses chinesische Glückszeichen verziert beim Frühlingsfest die Geschenke der Kinder.

Weißes Heidekraut Die schottische Glückspflanze soll auf Schlachtfeldern dort wachsen, wo kein Blut vergossen wurde.

Vierblättriger Klee Klee ist meist dreiblättrig. Findet man zufällig ein vierblättriges Exemplar, soll das Glück bringen.

Hufeisen In Europa und den USA gilt ein Hufeisen an der Haustür als Glücksbringer.

Nazar-Amulett Dieses Symbol soll gegen den bösen Blick eines neidvollen Menschen wirken.

MYTHISCHE WESEN

Diese Wesen gibt es nur in Mythen und Legenden, aber für viele Menschen haben sie eine reale symbolische Bedeutung. Es gibt Fabeltiere, Mensch-Tier-Mischwesen oder Tiere, die unglaubliche Eigenschaften besitzen.

Feuersalamander Der Feuersalamander steht für die Gerechten, die dem Höllenfeuer entronnen sind.

Zentaur In der griechischen Mythologie symbolisiert der Pferdemann die Verbindung von Instinkt und Verstand.

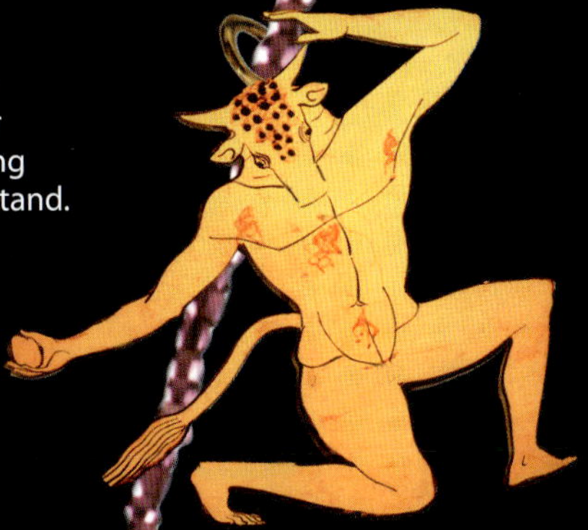

Minotaurus Diese Kreatur der griechischen Mythologie hat einen Menschenkörper und einen Stierkopf. Sie ist ein Symbol für den Konflikt zwischen Vernunft und Instinkt.

Einhorn Das legendäre Pferd mit gewundenem Horn ist in vielen Kulturen zu finden. Es symbolisiert u. a. das Gute.

Makara Ein Meereswesen aus der hinduistischen Mythologie, halb Fisch, halb Krokodil. Es steht für die Liebe.

Drache Dieses Feuer speiende Fabeltier spielt eine große Rolle in chinesischen Mythen. Es steht für Stärke.

Adler Er gilt als weiser Herrscher der Lüfte. Sein seltener Schrei wird als Vorbote eines großen Ereignisses gedeutet.

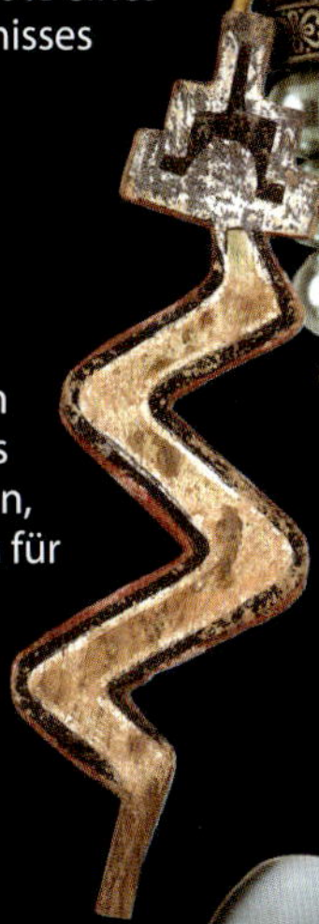

Schlange Sie ist in vielen Kulturen das Symbol des Bösen, kann aber auch für Wiedergeburt stehen.

Delfin Der Delfin ist Symbol für Freude und Liebe.

Kröte Bei den Azteken ein Symbol für Leben und Wiedergeburt, bei den Chinesen ein Sinnbild für Wohlstand

Affen Die drei Affen verkörpern das Prinzip „Nichts Böses sehen, nichts Böses hören, nichts Böses sagen".

NATUR

In vielen verschiedenen Kulturen werden bestimmte Tiere als Symbol für eine Fähigkeit angesehen, die sich auch Menschen wünschen. Solche Tierzeichen werden Totems genannt.

Eule In manchen Kulturen ist sie ein Todes-, in anderen ein Weisheitssymbol.

Karpfen In Japan und anderen Ländern Asiens gilt er als Symbol der Stärke, weil er Wasserfälle bezwingen kann.

Käfer Amulette von Skarabäen waren im alten Ägypten sehr wichtig. Sie sollten dem Träger ewiges Leben verleihen.

SPRACHE

Die meisten Menschen verständigen sich entweder mündlich oder schriftlich durch Sprache. Heute gibt es auf der Erde ungefähr 6800 verschiedene Sprachen. Früher waren es wesentlich mehr, doch viele sind ausgestorben und in Vergessenheit geraten. Die Sprachen der politisch und wirtschaftlich einflussreichsten Staaten werden von vielen Millionen gesprochen.

❶ **Chinesisch** Für über 1 Milliarde Menschen ist Chinesisch die Muttersprache. Ungefähr 880 Millionen verständigen sich auf Mandarin (Hochchinesisch), das mehrere Dialekte in Nord- und Südwestchina umfasst.

❷ **Französisch** Weltweit sprechen 350 Millionen Menschen Französisch. Es gehört zu den romanischen Sprachen, die sich aus dem Lateinischen entwickelt haben, und ist eine Amtssprache der UNO.

❸ **Hebräisch** Diese heilige Sprache des Judentums wird weltweit von 15 Millionen Menschen gesprochen. Viele religiöse Texte sind in altem Hebräisch verfasst, das vom 12.–6. Jahrhundert v. Chr. verwendet wurde.

❹ **Arabisch** Rund 246 Millionen Menschen sprechen eine arabische Sprache. Diese alte Sprachfamilie ist eng mit dem Hebräischen verwandt. Das heilige Buch des Islam, der Koran, ist arabisch geschrieben.

Im Französischen gibt es drei Akzentzeichen.

Das hebräische Alphabet hat 22 Buchstaben, die man von rechts nach links schreibt.

Das portugiesische Alphabet hat 26 Buchstaben und vier Akzentzeichen.

Arabische Texte in islamischen Manuskripten wurden oft von Kalligrafen (Schönschreibkünstlern) geschrieben.

Japanische Schrift ist oft senkrecht geschrieben.

Die chinesische Alltagsschrift hat ca. 4000 Schriftzeichen.

In diesem Hindi-Skript sind die Schriftzeichen durch Linien verbunden.

❺ Hindi In Nord- und Zentralindien spricht man Hindi. Es gibt ca. 300 Millionen Hindi-Muttersprachler und viele Inder, die Hindi als zweite Sprache erlernen.

❻ Portugiesisch Diese romanische Sprache kam im 16. und 17. Jahrhundert mit den portugiesischen Eroberern nach Südamerika. Heute wird sie weltweit von 230 Millionen Menschen gesprochen.

❼ Japanisch 130 Millionen Menschen sprechen Japanisch. Ein zentrales Element der Sprache sind zahlreiche Höflichkeitsfloskeln, mit denen man seinem Gegenüber, je nach Alter und Stellung, Respekt erweist.

❽ Spanisch Die romanische Sprache hat ihren Ursprung in Nordspanien und wird weltweit von 400 Millionen Menschen gesprochen, u. a. in Mittel- und Südamerika. In Mexiko leben heute die meisten Spanisch sprechenden Menschen.

❾ Bengalisch Die zweitwichtigste Sprache Indiens wird auch in anderen Teilen Südasiens gesprochen. Es gibt 230 Millionen Muttersprachler.

❿ Griechisch Das griechische Alphabet stammt aus dem 9. Jahrhundert v. Chr. Heute halten weltweit 25 Millionen Griechisch sprechende Menschen diese alte Sprache lebendig.

⓫ Latein Aus dieser Sprache des Römischen Reichs entwickelten sich alle romanischen Sprachen. Viele Fachbegriffe stammen aus dem Lateinischen.

⓬ Russisch Es gibt 160 Millionen Muttersprachler und viele, die Russisch als zweite Sprache erlernt haben. Außerdem ist Russisch eine der sechs Amtssprachen der UNO.

⓭ Englisch Die englische Sprache wurde durch die britische Kolonialisierung weltweit verbreitet. Heute gibt es 400 Millionen Muttersprachler. Im Internet ist Englisch die gängigste Verkehrssprache.

Im traditionellen Spanisch gibt es 28 Buchstaben.

Viele bengalische Zeichen kombinieren Mit- und Selbstlaute.

In frühen griechischen Texten fehlen die Abstände zwischen den Wörtern.

Latein ist eine tote Sprache, aber das lateinische Alphabet wird weltweit benutzt.

Im Russischen verwendet man das kyrillische Alphabet, benannt nach dem heiligen Kyrill.

Als Weltsprache wächst Englisch ständig, weil jährlich Tausende neuer Wörter hinzukommen.

LITERATUR

Schriftliche Kunstwerke nennt man Literatur. Dazu zählt die Belletristik („schöne Literatur") mit Romanen, Gedichten und Dramen, aber auch die Sachliteratur mit Fachbüchern, Tagebüchern, Briefen und Autobiografien. Die Autoren jeder literarischen Gattung nutzen ihre Vorstellungskraft und Sprache, um den Lesern Informationen, Ideen oder Gefühle näherzubringen, sie dafür zu interessieren und zu unterhalten.

▲ SACHLITERATUR

Die Sachliteratur orientiert sich an der Wirklichkeit. Autoren recherchieren sorgfältig, um ihr Thema stimmig zu beschreiben – seien es geschichtliche, politische oder private Ereignisse. Zur Sachliteratur zählen auch Biografien (Lebensbeschreibung einer Person) und Autobiografien (Beschreibung der eigenen Lebensgeschichte).

Das jüdische Mädchen Anne Frank beschreibt ihr Leben im Exil während des Zweiten Weltkriegs.

Schuld und Sühne ist ein Roman des russischen Autors Fjodor Dostojewski.

Liebesroman Diese Unterhaltungsliteratur präsentiert Liebesgeschichten mit Happy End, die in der Gegenwart oder in historischen Kulissen spielen.

Krimi Hier geht es um Verbrechen. Meist gibt es einen Detektiv, der den Fall löst und weitere Untaten verhindert.

▲ BELLETRISTIK

Ereignisse, Orte und Figuren der „schönen Literatur" stammen aus der Fantasie der Autoren. Selbst wenn eine Geschichte auf wahren Begebenheiten beruht, gibt es immer Bestandteile, die frei erfunden sind. Die Belletristik umfasst Kurzgeschichten, Romane (Erzählungen von größerem Umfang), Gedichte und Theaterstücke.

Science Fiction Mithilfe neuer wissenschaftlicher Erkenntnisse wird von den Autoren eine andere, meist zukünftige Welt entworfen.

DRAMA ▸

Wenn eine Handlung vor allem durch Dialoge dargestellt wird, spricht man von einem Drama. Es kann im Theater aufgeführt werden, als Fernseh- oder Hörspiel laufen. Die Autoren entwerfen interessante Figuren, die sie in spannende Situationen verwickeln.

Der englische Dramatiker William Shakespeare gilt als erfolgreichster Bühnenautor aller Zeiten.

Ist ein Buch erfolgreich, folgen oft weitere Fortsetzungen.

BESTSELLER

Bücher, die sich gut verkaufen und vielen Lesern bekannt sind, nennt man Bestseller. Der größte Bestseller aller Zeiten ist die Bibel – mit ca. 6 Milliarden verkauften Exemplaren. Die Worte des Vorsitzenden Mao des chinesischen Führers Mao Tse-tung verkauften sich 900 Millionen Mal. Direkt gefolgt wird es vom Koran, dem heiligen Buch des Islam, mit 800 Millionen verkauften Exemplaren. Ein wichtiger Roman ist Don Quijote von Miguel de Cervantes, der sich bislang 500 Millionen Mal verkaufte.

- Agatha Christies Krimis wurden weltweit über 2 Milliarden Mal verkauft.
- Der Bestseller unter Dramatikern ist William Shakespeare mit ca. 4 Milliarden verkauften Büchern.
- Die sieben *Harry-Potter*-Bände von J. K. Rowling verkauften sich mehr als 500 Millionen Mal.
- *Der Graf von Monte Christo* von Alexandre Dumas brachte es auf über 250 Millionen verkaufte Exemplare.
- Die Bibel wurde in mehr als 2000 Sprachen übersetzt.

▴ KINDERBÜCHER

Heute gibt es für junge Leser eine große Auswahl an Büchern. Autoren von Kinderliteratur arbeiten oft mit Illustratoren zusammen, um ihre Geschichten anschaulich zu vermitteln. Meist handeln diese von den Abenteuern einer Hauptfigur, die etwa so alt wie ihre Leser ist. Die Bücher können auch Probleme des wirklichen Lebens thematisieren, etwa Mobbing oder einen Trauerfall.

Bashō (1644–1694) ist Japans bekanntester Haiku-Dichter.

◂ GEDICHTE

Im Gegensatz zur erzählenden Prosa schreibt man Gedichte (Lyrik) in Versen. Lyriker wollen eine Stimmung, eine Idee oder ein Bild treffend vermitteln. Einige Gedichte reimen sich, andere nicht. Eine alte Form ist das japanische Haiku, das nur 17 Silben umfasst, in denen meist eine Naturstimmung ausgedrückt wird.

Illustriertes russisches Volksmärchen

◂ MÄRCHEN

In diesen magischen Geschichten müssen oft Helden schwierigste Aufgaben lösen. Märchen spielen zu einer unbestimmten Zeit in der Vergangenheit. Jede Kultur hat eigene Volksmärchen – ihre Urheber sind unbekannt. Früher wurden Märchen einem breiten Publikum erzählt, heute gibt es sie oft als Kinderbücher, die meist herrlich illustriert sind.

MASSENMEDIEN

Als Massenmedien werden die Kommunikationsmittel bezeichnet, die ein breites Publikum mit Informationen versorgen. Das kann in handgeschriebener, gesprochener, gedruckter oder digitaler Form geschehen. In der Vergangenheit führte jeder technische Fortschritt – vom Buchdruck bis zum Internet – zu einer schnelleren Verbreitung von Nachrichten. Heute eilt eine Meldung innerhalb von Sekunden um die ganze Erde.

❶ DIGITALE MEDIEN

Das Wort „digital" bezeichnet die Umwandlung von Information in Ziffernsignale, die über elektronische Medien gesendet oder gespeichert werden. Das Internet ist das wichtigste digitale Medium. Es hat den Zugang zu den Massenmedien für alle ermöglicht: Jeder kann in einem Blog oder auf einer Website seine Meinung der Öffentlichkeit mitteilen.

❷ MULTIFUNKTION

Die heutige Technik kann mehrere Funktionen in einem Gerät zusammenführen. Handys können z. B. auch zum Abspielen von Musik, als Spielkonsole, als Fotoapparat oder zum Surfen im Internet genutzt werden.

❸ FERNSEHEN

Seit der ersten Ausstrahlung um 1930 haben Fernsehsendungen immer mehr Zuschauer erreicht. Heute kann man mit DVD-Geräten nicht nur Spielfilme ansehen, sondern zwischen Hunderten von TV-Programmen wählen, sie aufzeichnen, anhalten oder zurückspulen.

❹ RADIO

1938 versetzte das Radiohörspiel *Krieg der Welten* in den USA viele Zuhörer in Schrecken, weil sie glaubten, die Erde würde tatsächlich von Außerirdischen angegriffen werden. Heute kann man auf verschiedenen Frequenzen Musik, Gespräche, Nachrichten und Hörspiele empfangen.

❺ GLOBALES NETZWERK

Die Mehrzahl der heutigen Medien ist im Besitz von einigen wenigen internationalen Firmen. Satelliten, die die Erde umkreisen, übertragen Fernsehsendungen auf der ganzen Welt.

❻ ZEITUNGEN

Tages- und Wochenzeitungen veröffentlichen Berichte, Reportagen, Interviews und Werbung. In China werden täglich 93,5 Millionen Zeitungen verkauft. Viele Zeitungen haben heute auch Onlineausgaben.

❼ ZEITSCHRIFTEN

Zeitschriften erscheinen nicht so häufig wie Zeitungen. Sie thematisieren aktuelle Ereignisse oder richten sich als Fachzeitschrift an ein bestimmtes Publikum, z. B. Filmfans.

FOTOGRAFIE

Mit der Fotografie wird die Umwelt „abgelichtet“: Das von Gegenständen zurückgeworfene Licht wird aufgefangen und von einem lichtempfindlichen Film oder einem elektronischen Bildsensor gespeichert. Seit der Erfindung der Kamera im frühen 19. Jahrhundert haben Fotografien unseren Blick auf die Welt geprägt. Sie zeigten uns die Wunder der Natur, mikroskopisch kleine Bakterien, die großen Schrecken des Kriegs, weit entfernte Galaxien oder sportliche Höchstleistungen.

Die kurze Belichtungszeit macht sogar einzelne Wassertropfen sichtbar.

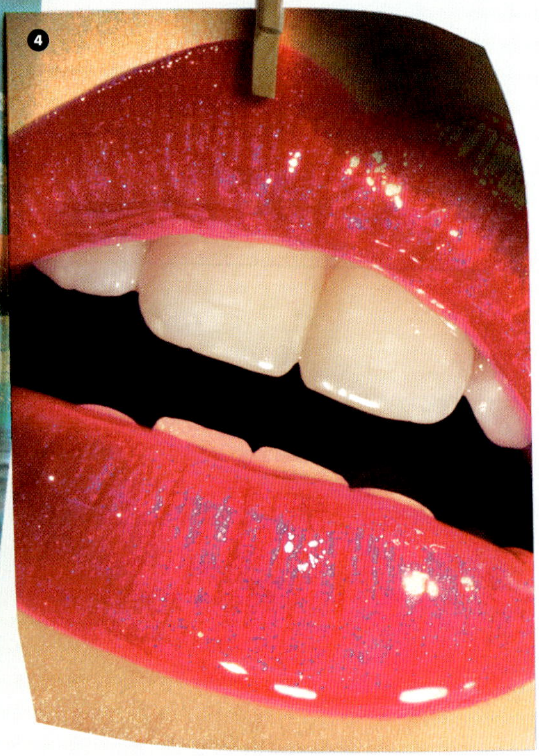

❶ BEWEGUNG

Moderne Fotoapparate haben eine hohe Auflösung und können Bruchteile von Sekunden einer Handlung festhalten. So erscheinen auch schnelle Bewegungen scharf, etwa der Torschuss eines Fußballspielers oder ein Schwimmer, der durchs Wasser sprintet.

❷ PORTRÄTS

Vor der Erfindung der Fotografie konnten sich nur reiche Leute Porträts leisten, die von Künstlern gemalt wurden. Seit dem 19. Jahrhundert zogen Menschen ihre Sonntagskleider an und gingen ins Fotostudio, um sich abbilden zu lassen. Heute findet man in den Familienalben Fotos von allen möglichen Ereignissen: von Geburtstagen und Hochzeiten, aus dem Urlaub und dem Alltag.

❸ FRÜHE KAMERAS

Die ersten, 1839 entwickelten Kameras waren große Kästen. Sie benötigten eine lange Belichtungszeit, um ihren Fotoplatten das Licht einzuprägen. Die Menschen sehen auf diesen Bildern oft verkrampft aus, weil sie sich bis zu 20 Minuten nicht bewegen durften. Mit der Zeit wurden Kameras kleiner und lichtempfindlicher.

Durch Sepia, ein braunes Pigment des Tintenfischs, werden gedruckte Fotos haltbarer.

Balgenkamera mit zusammenklappbarem Gehäuse

❹ WERBEFOTOS

Werbefotos für Plakate oder Zeitschriften werden oft retuschiert, damit die Models noch perfekter aussehen. Auf einem Werbefoto für Lippenstift können z. B. die Zähne weißer und die Lippen glänzender gemacht werden.

❺ LINSEN

Mithilfe von Linsen (gewölbte Glaskörper) bündeln Kameras das eingefangene Licht. Ein Zoomobjektiv (oben) hat mehrere Linsenelemente, die verschoben werden können, um auch weit entfernte Objekte heranzuzoomen.

❻ MAKROFOTOGRAFIE

Mit Speziallinsen kann man Nahaufnahmen von winzigen Objekten wie z. B. Fliegen machen. Eine Makrolinse bildet nur einen begrenzten Bereich scharf ab: Die Fliegenaugen sind sehr deutlich, der Körper eher verschwommen.

❼ FOTOJOURNALISMUS

Manche Journalisten wagen sich mit ihrer Kamera in Kriegs- und Krisengebiete, z. B. zu Überschwemmungen oder Waldbränden, um diese zu dokumentieren. Sie riskieren oft ihr Leben, um Fotos zurückzubringen, die einen genauen Eindruck der Situation vermitteln.

Im Studio kann der Fotograf die Lichtverhältnisse selbst einstellen.

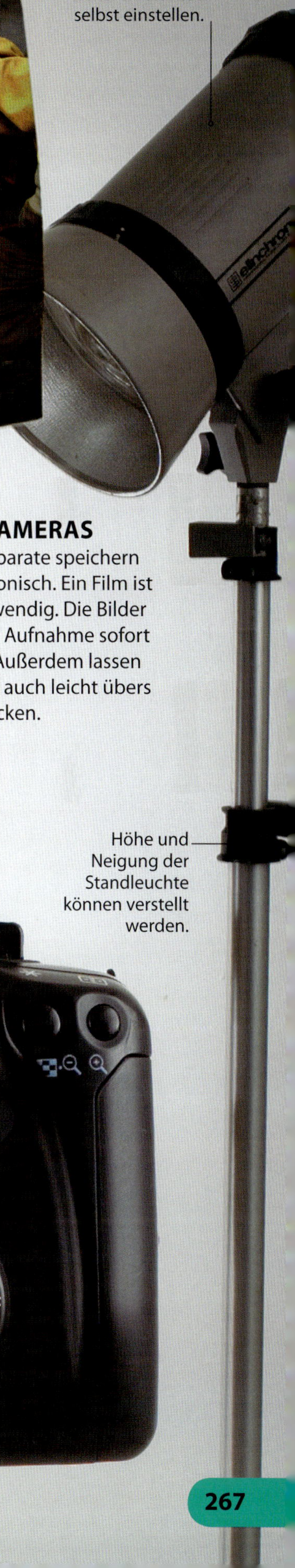

Das Hochformat ist eher untypisch für die Landschaftsfotografie, in der breite Panoramafotos überwiegen.

❾ LANDSCHAFTEN

Stimmungsvolle Landschaftsbilder sind in der Fotografie ebenso beliebt wie in der Malerei. Die besten Naturaufnahmen macht man kurz nach Sonnenaufgang oder kurz vor Sonnenuntergang, wenn die tief stehende Sonne die Landschaft in warmes Licht taucht.

❿ DIGITALKAMERAS

Heutige Fotoapparate speichern die Bilder elektronisch. Ein Film ist nicht mehr notwendig. Die Bilder stehen nach der Aufnahme sofort zur Verfügung. Außerdem lassen sich Digitalfotos auch leicht übers Internet verschicken.

Höhe und Neigung der Standleuchte können verstellt werden.

❽ FOTOAPPARATE

Die ersten Kameras arbeiteten mit Belichtungsplatten aus Metall oder Glas. 1888 wurde der Rollfilm erfunden und die Apparate wurden kleiner und billiger. Auf dem Film erschien die Aufnahme in umgekehrten Farben. Dieses „Negativ" war Vorlage für den Positivabzug.

THEATER

Die Ursprünge des Theaters liegen im alten Griechenland, wo zum Schauspiel auch Gesang und Tanz gehörten. Im Mittelalter wurden religiöse Schauspiele auf öffentlichen Plätzen aufgeführt, meist auf großen Wagen, die als Bühne dienten. Erst im 17. Jahrhundert baute man Theater mit erhöhten Bühnen, die vom Zuschauerraum durch einen Vorhang getrennt waren. In modernen Theaterbauten finden verschiedenste Aufführungen statt, vom Drama über die Pantomime bis zur Oper und zum Ballett.

1 VORBÜHNE
Die Vorbühne (Proszenium) liegt zwischen Vorhang und Orchestergraben. Oft sind ihre Seitenteile und die Decke bemalt und dienen als Rahmen für die Bühne. Der hier zu sehende bemalte Bogen wurde 1618 in Italien erfunden. Viele heutige Theater haben eine offene Bühne ohne Vorhang.

2 VORHANG
Der Vorhang besteht aus schwerem Stoff, z.B. Samt. Er schirmt die Bühne während der Umbauten vor den Blicken der Zuschauer ab. Ein feuerfester Sicherheitsvorhang verhindert, dass Feuer sich von der Bühne aus im Theater ausbreiten kann.

3 LOGE
Der Zuschauerraum ist in verschiedene Bereiche unterteilt: Es gibt die Stuhlreihen im Parkett, den ersten Rang und höher gelegene Ränge sowie Logen, die am teuersten sind, weil sie gewöhnlich den besten Blick auf die Bühne bieten.

4 SEITEN
Die Bühnenseiten sind rechts und links durch Vorbühne und Seitenkulissen verdeckt. Dort warten die Schauspieler – vom Publikum ungesehen – auf ihren nächsten Auftritt.

7 SCHAUSPIELER
Der Erfolg einer Aufführung hängt vom Können der Schauspieler ab, die mithilfe von Mimik, Stimme und Gestik ihrer Figur Leben einhauchen. Der erste Schauspieler, dessen Name uns überliefert ist, war der griechische Dichter Thespis, der im 6. Jahrhundert v. Chr. seine selbst geschriebenen Stücke auch spielte.

8 KULISSEN
Die Bühnenbildner sind für die Kulissen verantwortlich. Sie zeigen damit einen bestimmten Ort und erzeugen Atmosphäre und Raumtiefe. Vom „Schnürboden" über der Bühne können schwere Kulissen und Requisiten an Flaschenzügen hochgezogen und bei Bedarf wieder herabgelassen werden.

9 BÜHNE
Die Bühne ist die Plattform, auf der sich im Theater das Geschehen abspielt. Traditionelle Bühnen sind aus Holz und haben eine Falltür im Boden, durch die Schauspieler auftreten und verschwinden können.

❺ KOSTÜME

Für die Kleidung der Schauspieler sorgt die Kostümabteilung. Der Kostümbildner entwirft die Kleider und überwacht ihre Herstellung. Oft müssen Schauspieler in einem Stück mehrmals ihr Kostüm wechseln.

❻ ORCHESTER

Vor der Bühne ist der Orchestergraben, in dem die Musiker sitzen. Der Dirigent steht mit dem Rücken zum Publikum, um das Geschehen auf der Bühne zu verfolgen und die Musik mit Handlung, Tanz und Gesang abzustimmen.

FILME

Seit die Brüder Lumière 1895 das Publikum mit ihren „bewegten Bildern" begeisterten, entwickelte sich der Film zu einem beliebten Medium der Unterhaltung, Kunst und Meinungsbildung. Auch die heutigen Filme, mit Millionenbudgets produziert, funktionieren noch wie damals: Durch eine rasche Abfolge von Einzelbildern erzeugen sie die Illusion der Bewegung.

▼ STUMMFILM
Erst um 1930 entstanden die ersten Tonfilme. Davor wurden Dialoge und Stichworte in Zwischentiteln gezeigt und Schauspieler benutzten vor allem die Körpersprache. Klaviermusik bei den Filmvorführungen untermalte die Stimmung.

▼ WESTERN
Filme über das Leben im „Wilden Westen" faszinierten um 1950 und 1960 ein großes Publikum. Sie handeln von Cowboys, Gesetzlosen und Revolverhelden, die sich den Herausforderungen des Pionierlebens stellten.

▼ HORRORFILME
Diese Filme wollen schockieren und erschrecken. Meistens müssen die Helden das Böse in Form von Monstern, Geistern oder einem Serienkiller bekämpfen. Horrorfilme sind oft ziemlich brutal und blutrünstig.

▲ SCIENCE FICTION & FANTASY
Science-Fiction- und Fantasyfilme zeigen fantastische Zukunfts- oder Märchenwelten. Sie arbeiten mit Spezialeffekten und thematisieren z. B. unser Verhältnis zur Technik.

▲ ACTIONFILME
Diese Filme beinhalten meist eine Menge waghalsige Stunts, Verfolgungsjagden, Kämpfe und Schießereien. Ob der Filmheld nun ein Abenteurer oder Geheimagent ist: Er bringt Rettung für alle Bedrängten.

▲ TRICKFILME
Rasch hintereinander abgespielte Sequenzen von Zeichnungen (oder Plastilinmodellen) erzeugen die Illusion der Bewegung. Mit Computeranimation kann man fantastische Wesen erschaffen.

▼ BOLLYWOOD
Seit 1900 galt Hollywood als Zentrum der Filmindustrie. Heute werden mehr als 1000 Filme pro Jahr in Indien abgedreht. Viele sind farbenfrohe Musicals, die man Bollywood-Filme nennt (abgeleitet aus „Bombay“ und „Hollywood“).

▼ FILMKOMÖDIEN
Ob Slapstick oder Parodie: Humorvolle Filme waren immer beliebt. Sie präsentieren witzige Dialoge oder komische Missgeschicke und haben oft ein Happy End, selbst wenn sie sich mit eher unangenehmen Seiten des Lebens auseinandersetzen.

▼ KATASTROPHENFILM
In diesen Filmen wird die Erde von Asteroiden oder Erdbeben bedroht oder riesige Schiffe versinken. Seit 1990 ermöglicht die Computeranimation noch sensationellere Bilder und Special Effects.

▲ THRILLER
Diese Filme halten die Zuschauer durch ihre Spannung in Atem. Meist muss ein Held seinem Widersacher auf die Schliche kommen. Einige Thriller setzen auf rasante Action, andere eher auf aufreibenden Nervenkitzel.

▲ MARTIAL-ARTS-FILM
Die aus Asien stammenden Filme zeigen spektakuläre Kampfszenen unterschiedlicher Kampfsportarten. Zu den berühmtesten Stars dieses Genres gehören Bruce Lee und Jackie Chan.

▲ MUSICAL
Musicals erzählen eine Geschichte mit Tanz und Gesang. Vorlage sind oft Bühnenproduktionen. Musicalfilme aus Hollywood erlebten in den letzten Jahren einen neuen Aufschwung.

TANZ

Tänzer setzen ihre Kraft und Gelenkigkeit ein, um eine Reihe eleganter oder kraftvoller Bewegungen auszuführen – meist zu einer Musik. Getanzt wird nicht nur bei speziellen Tanzaufführungen, sondern auch bei Ritualen oder gesellschaftlichen Veranstaltungen. Die ersten Tänzer drückten ihre Verehrung für Götter und Geister aus oder erzählten mit ihren Gebärden Geschichten. Tanzaufführungen folgen oft einer Choreografie, d. h. einem einstudierten Bewegungsmuster.

Die eleganten Arm- und Beinbewegungen sorgen auch für Balance.

BALLETT ▸
Ballett ist ein Bühnentanz mit graziösen Bewegungen. Balletttänzerinnen und Balletttänzer müssen hart trainieren. Ihre Schuhspitzen sind für den Spitzentanz ausgepolstert.

◂ DISCO
Um 1970 wurden mehr und mehr Popsongs mit starken Beats unterlegt und man traf sich in Diskotheken, um darauf zu tanzen. Es gab vorgeschriebene Schrittfolgen und spontan erfundene Tänze – vielleicht inspiriert von dem Film *Saturday Night Fever*.

Der Drache ist ein Symbol für Stärke. Je länger er ist, desto mehr Glück bringt er.

Mit Bambusstöcken bewegen die Tänzer den Drachen.

CHINESISCHER DRACHENTANZ ▸
Dieser rituelle Tanz stammt aus der Zeit der Han-Dynastie (206 v. Chr.–220 n. Chr.) und gehört zum chinesischen Neujahrsfest. Die Tänzer tragen einen farbenfrohen Stoffdrachen, den sie mit ihren Stangen tanzen lassen.

BHARATANATYAM ▸
Die Tänzer in den Hindutempeln Südindiens erzählten mit bestimmten Bewegungen und Gesten die Geschichte der Götter. Daraus entwickelte sich der Tanzstil Bharatanatyam. Bei diesem Tanz hat jede Haltung eine bestimmte Bedeutung.

◂ TANGO

Dieser dramatische Paartanz entstand Mitte des 19. Jahrhunderts auf den Straßen Argentiniens und Brasiliens. Mit verschränkten Händen blicken die Tanzpartner sich an oder schauen in dieselbe Richtung. Auch die rhythmische Musik, zu der getanzt wird, heißt Tango.

CANCAN ▸

Bei diesem Tanz werden die Beine hoch in die Luft geworfen und Spagatsprünge ausgeführt. Er kam in Paris um 1830 als Paartanz auf und entwickelte sich dann zum Bühnentanz für Frauen in Varietés.

Cancan-Tänzerinnen werfen Röcke und Unterröcke hoch.

◂ STAMMESTÄNZE

Traditionelle afrikanische Tänze mit Trommelbegleitung sind wichtige Bestandteile vieler Rituale. Dazu gehören Hochzeiten und Übergangsrituale ebenso wie Trauerfeiern. Stammestänze stärken das Gemeinschaftsgefühl.

Wer die Stange berührt, scheidet aus.

LIMBO ▸

Der Limbo wurde auf den Karibischen Inseln erfunden. Die Tänzer müssen unter einer Querstange hindurchtanzen, ohne sie zu berühren. Die Stange wird so lange tiefer gelegt, bis ein Sieger feststeht.

Kastagnetten wurden erst später wegen ihrer dramatischen Wirkung hinzugenommen.

Ein Flamencokleid hat ein enges Oberteil und einen weiten Rüschenrock.

▴ FLAMENCO

Dieser leidenschaftliche Tanz- und Musikstil mit seinem kraftvollen Rhythmus stammt aus den Dörfern Andalusiens. Zur dramatischen Gitarrenmusik schnippen Tänzer und Tänzerinnen mit den Fingern und stampfen mit den Füßen.

MUSIK

Musik entsteht durch die kreative Anordnung von Tönen, die von Instrumenten oder der menschlichen Stimme erzeugt werden. Es gibt unzählige musikalische Stilrichtungen. Man kann Musik live genießen oder in verschiedenen Medien anhören, z. B. im Radio, Fernsehen oder Internet. Musiziert wird seit Menschengedenken, doch erst im 20. Jahrhundert entwickelten sich die Aufnahmetechnik und der Vertrieb von Tonträgern so, dass Musiker zu Weltstars werden konnten.

❶ DISCOMUSIK

Um 1975 lockte diese mit harten Beats unterlegte Popmusik die jungen Menschen weltweit in die Tanzlokale. Discohits stürmten die Charts und Musiker wurden berühmt. Doch um 1980 verlor die Discomusik an Beliebtheit.

❷ KLASSISCHE MUSIK

Unter klassischer Musik versteht man eine ganze Reihe von Kompositionen, die seit dem 15. Jahrhundert geschrieben und aufgeführt wurden. Es gibt Stücke für Instrumente – für große Symphonie- oder kleine Kammerorchester – sowie Chormusik und Opern. Kompositionen von Bach oder Beethoven sind Jahrhunderte nach ihrer Entstehung noch immer beliebt.

❸ MUSIKVIDEOS

Um 1980 begannen Bands zu einzelnen Songs Videos zu drehen. Die Entstehung des Musikfernsehens und das Internet verhalfen Musikvideos zu einem Boom. Die fiktive Band *Gorillaz* ist ein echtes Kind der Musikvideos: Sie wurde aus vier Comicfiguren kreiert, die 2005 als digitale Projektion „live" auftraten und so diese Kunstform auf den Kopf stellten.

❹ ELEKTRONISCHE TANZMUSIK

Eine neue Musikergeneration nutzte elektronische Instrumente wie Synthesizer und Computer, um Klänge zu produzieren. Ihre Musik füllte die Tanzflächen, und DJs, die die Songs auf ihren Plattentellern live mischten, wurden zu Stars.

1

Die an der Decke befestigte Discokugel durfte in keiner Diskothek fehlen.

2

Mithilfe einer Partitur (Notenschrift) hat der Dirigent den Überblick über alle Instrumente.

5

Das Saxofon ist ein modernes Instrument, das vor allem im Jazz eine Rolle spielt.

6

CDs sind das Standardmedium zum Speichern und Abspielen von Musik. Bis heute wurden weltweit über 200 Milliarden CDs verkauft.

Plattenspieler und Vinylplatten gehören zur Grundausstattung eines DJs.

4

3

Rap entstand, als DJs am Mikrofon ihre Musik mit Sprechgesang kommentierten.

Mit Tourneen verdienen Popstars wie Justin Timberlake das meiste Geld.

❺ JAZZ

Die traditionelle rhythmische Musik der Afroamerikaner vermischte sich um 1920 mit anderen Musiktraditionen zum Jazz.

❻ ROCKMUSIK

Um 1950 kam in den USA der Rock 'n' Roll auf, der meist mit E-Gitarre, Bass und Schlagzeug gespielt wurde. Der wilde Gesang, die einprägsamen Melodien und der harte Beat waren besonders charakteristisch. Aus dem Rock 'n' Roll entwickelte sich die bis heute beliebte Rockmusik mit verschiedensten Stilrichtungen.

❼ POPMUSIK

Pop entwickelte sich aus der Rockmusik und wendet sich an junge Zuhörer. Popsongs haben in der Regel eine einfache Struktur. Der Songtext hat viele Wiederholungen, sodass es leicht ist mitzusingen. Mit ihren Hits erreichen heutige Popstars ein internationales Publikum.

❽ RHYTHM AND BLUES

Rhythm and Blues kam um 1940 in den USA auf und wurde von Afroamerikanern hauptsächlich für ein afroamerikanisches Publikum gespielt. Heute hat sich daraus R 'n' B entwickelt, ein Stil, der mit Disco- und Tanzmusik verwandt ist.

❾ REGGAE

Dieser Musikstil entstand um 1960 auf Jamaika. Charakteristisch ist der Rhythmus mit seiner Betonung auf dem zweiten und vierten Takt. Das Tempo wird vor allem vom markanten E-Bass gehalten. Reggae steht in Verbindung mit dem Rastafari-Glauben.

❿ COUNTRYMUSIC

Diese Musik entstand in den Südstaaten der USA aus einer Mischung traditioneller Volksmusik mit Elementen des Rock 'n' Roll und anderen Stilen. Heute verkauft sich Countrymusic sehr gut, es gibt große Stars und erfolgreiche Tourneen.

Die Rockband *The Killers* verkaufte ihre ersten beiden Alben 10 Millionen Mal.

Sängerinnen wie Beyoncé gehören zu den bestbezahlten Popstars der Welt.

Die jamaikanische Musiklegende Bob Marley ist der berühmteste Reggaestar.

Die E-Gitarre gibt besonders in der Rockmusik den Ton an.

Viele Countrymusicstars kleiden sich im Cowboystil.

Hier kann man die Musik aus einem MP3-Player über Lautsprecher hören.

MP3-Player speichern Musik auf einer Festplatte.

ORCHESTER

Ein Orchester ist eine Gruppe von Musikern, die unter der Leitung eines Dirigenten musiziert. Gewöhnlich gibt es vier Abteilungen: Schlagwerk, Blechbläser, Holzbläser und Streicher. Musiker mit den gleichen Instrumenten sitzen zusammen. Der Dirigent steht vor ihnen und gibt den Takt an.

❶ SCHLAGWERK

Dazu gehören Instrumente, die beim Anschlagen einen Ton erzeugen, sowohl solche mit verschiedenen Tönen (Metallofon, Xylofon) als auch solche mit Grundton (Trommeln, Becken, Triangeln).

❷ BLECHBLÄSER

Wenn Luft durch eine Blechröhre streicht, entstehen Töne – so funktionieren z. B. Trompeten oder Waldhörner. Die Tonhöhe ändert sich durch das Drücken der Ventile.

❸ TIEFE BLÄSER

Posaunen, Bassposaunen und Tuben erzeugen sehr tiefe Klänge. Die Posaune hat einen Zug, den man zur Änderung der Tonhöhen verschieben kann. Aus der trichterförmigen Öffnung der Tuba kommen die tiefsten Töne.

❹ HOLZBLÄSER

Dazu gehören Piccolo- und Querflöten, Klarinetten, Bassklarinetten, Oboen, Englischhörner, Fagotte und Kontrafagotte. Durch ein Loch oder über ein Rohrblatt wird Luft geblasen und so der Klang erzeugt.

❺ PAUKEN

Pauken bestehen aus einem großen Kupferkessel, über den ein Balg gespannt ist, auf den mit Filzschlägeln geschlagen wird.

❻ HARFEN
Die Harfe hat einen dreieckigen Holzrahmen, auf den 47 Saiten gespannt sind. Die dünnen Saiten erzeugen höhere, die dicken Saiten tiefere Töne.

❼ VIOLINEN (GEIGEN)
Im Orchester kommen sie am häufigsten vor. Violinen sind die kleinsten Streichinstrumente. Die Musiker streichen mit einem Bogen über die vier Saiten.

❽ STREICHER
Die Streicher spielen oft die Hauptmelodie. Die meisten Musiker in einem Orchester spielen Streichinstrumente. Dazu gehören Violinen, Violen, Cellos und Kontrabässe.

❾ DIRIGENT
Der Dirigent steht auf einem Podest vor dem Orchester. Er führt die Musiker durch das Stück, indem er mit einem Stock den Takt schlägt und den Musikern ihren Einsatz anzeigt.

SPORT

Im Altertum war es überlebenswichtig, schnell laufen und weit werfen zu können – daraus entwickelten sich die Sportarten. Beim Sport ist man körperlich aktiv und führt oft Wettkämpfe nach bestimmten Regeln aus – z. B. mit Bällen.

❶ **Hurling** Dieser irische Mannschaftssport für 15 Spieler wird mit flachen Schlagstöcken und einem kleinen Ball gespielt.

❷ **American Football** Die Spieler punkten, wenn sie den ovalen Ball in die Endzone oder über die Torlinie der gegnerischen Hälfte tragen oder kicken.

❸ **Polo** Dieser Ballsport wird mit Pferden gespielt. Die Reiter treiben den Ball mit langen Schlägern aufs Tor.

❹ **Fußball** Für den weltweit beliebtesten Sport braucht man zwei Teams mit je 11 Spielern. In 90 Spielminuten versuchen diese, den Ball so oft wie möglich ins gegnerische Tor zu schießen.

❺ **Feldhockey** Zwei Teams versuchen den Spielball mit Hockeyschlägern in das Tor des Gegners zu schießen.

❻ **Kugelstoßen** Jeder Sportler muss die 7 kg schwere Metallkugel so weit wie möglich stoßen.

❼ **Gälischer Fußball** Hervorgegangen aus der altirischen Sportart *caid* ist gälischer Fußball eine Mischung aus Fußball und Rugby.

❽ **Australian Football** Die Spieler schlagen oder schießen sich den ovalen Ball gegenseitig zu. Man punktet durch Schüsse zwischen die vier Torpfosten am Ende des Spielfelds.

❾ **Jonglieren** Ein Jongleur kann mehrere Bälle gleichzeitig in der Luft halten. Profis jonglieren auch mit Messern oder Fackeln.

❿ **Lacrosse** Dieser Mannschaftssport wurde von Indianern erfunden. Ein Gummiball wird mit Netzschlägern gefangen und wenn möglich ins gegnerische Tor geworfen.

⓫ **Softball** Der Ball wird so weit wie möglich ins Feld geschlagen, um Zeit für das Ablaufen der Markierungen zu gewinnen.

⓬ **Rugby** Die Mannschaften punkten, wenn sie den ovalen Ball über die Torlinie des Gegners bringen oder über ein H-förmiges Tor schießen.

⓭ **Medizinball** Die schweren Bälle werden von Athleten zum Muskelaufbautraining benutzt.

⓮ **Baseball** Dieser Mannschaftssport ähnelt dem Softball, wird aber mit härterem Ball gespielt.

⓯ **Kricket** Ein Werfer wirft den Ball aufs Wicket (Holzstäbe), das vom Schlagmann verteidigt wird.

⓰ **Golf** Mit dem Golfschläger wird der kleine Ball weit über die Spielbahn in die Nähe eines Lochs geschlagen und dann mit möglichst wenigen Schlägen in dieses gespielt.

Ein Fußball muss einen Umfang von 68–70 cm haben.

Rugbybälle sind oval, damit man sie beim Laufen besser an den Oberkörper pressen kann.

Medizinbälle wiegen zwischen 2,5 und 7 kg.

17 Boule Beliebt in Frankreich: Spieler werfen schwere Kugeln auf das „Schweinchen“, eine kleine Zielkugel.

18 Bowls Auf gepflegtem Rasen rollen die Spieler ihre Kugeln möglichst nahe an die kleine Zielkugel heran.

19 Snooker Eine Variante des Billards: Zwei Spieler versuchen mit speziellen Spielstöcken (Queues) 15 rote und 6 andersfarbige Kugeln einzulochen.

20 Rounders (Englisches Baseball) Ein Team hat das Schlagrecht, das andere verteidigt das Feld. Gepunktet wird, wenn ein Spieler den Ball weit genug abschlägt, um alle vier Male (Bases) zu umrunden.

21 Basketball Anfangs dienten Pfirsichkisten als Körbe. Wenn ein Team einen Korbwurf schaffte, holte der Schiedsrichter mit einer Leiter den Ball zurück.

22 Netzball Es ähnelt dem Volleyball und ist als Frauen-Mannschaftssport vor allem in Australien beliebt.

23 Volleyball Zwei Mannschaften mit je sechs Spielern schlagen den Ball so über ein Netz in der Spielfeldmitte, dass er möglichst beim Gegner den Boden berührt.

24 Krocket Entstand im 14. Jh.: Französische Bauern schlugen mit Holzhämmern Holzbälle durch Tore aus gebogenen Zweigen.

25 Tennis Zwei (Einzel) oder vier Spieler (Doppel) schlagen den Ball so über ein Netz, dass der Gegner ihn nicht erreicht.

26 Poolbillard Zwei Spieler stoßen mit Queues den weißen Ball, um farbige Bälle einzulochen. Wer schließlich den verbliebenen schwarzen Ball versenkt, hat gewonnen.

27 Squash In einer Halle schmettern die Spieler mit Schlägern abwechselnd einen Gummiball gegen die Wand.

28 Beachvolleyball Dieser Sport wurde um 1920 erstmals an kalifornischen Stränden gespielt. Heute gibt es Kunstsandplätze.

29 Tischtennis Entstand im England des 19. Jh.: Esstische wurden als Minitennisfeld und Champagnerkorken als Bälle benutzt.

30 Wasserball Ein dem Handball ähnliches Ballspiel im Wasser, bei dem man versucht, mehr Tore zu erzielen als der Gegner.

31 Bowling Ähnelt dem Kegeln: Eine Kugel wird über die Bahn gerollt, um zehn Kegel zu treffen.

32 Murmeln Die Spieler werfen Glasmurmeln in ein festgelegtes Zielfeld oder auf eine Zielmurmel.

Beim Netzball ist der Ball kleiner als beim Basketball.

Beim Wasserball muss der Ball eine griffige Oberfläche haben.

Hohle Tischtennisbälle werden mit Schlägern gespielt.

Ein Beachvolleyball ist größer und weicher als ein Volleyball.

Eine Bowlingkugel hat drei Fingerlöcher zum Greifen.

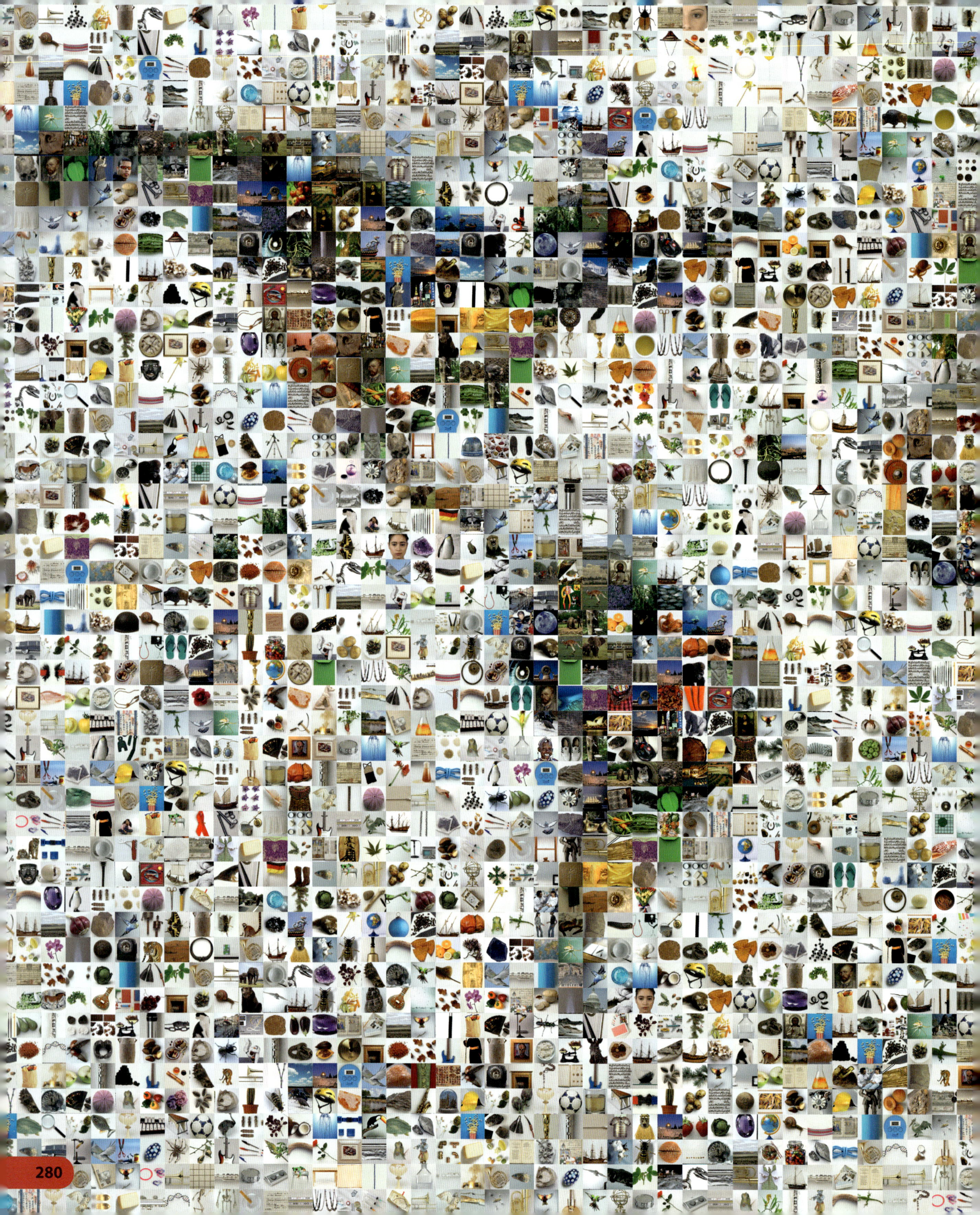

Anhang

Natur

Flechten sind zwar nur ein paar Zentimeter hoch, können aber **für sehr lange Zeit** an den kältesten Orten überleben. Manche Flechten in der Antarktis sind mehr als

4000 Jahre alt.

Sein ganzes Leben lang nimmt ein Baum **Kohlendioxid** aus der Luft auf und erzeugt damit Holz und Nährstoffe. **Stirbt der Baum**, gelangt die gleiche Menge des Gases wieder in die **Atmosphäre** zurück.

Die **größte Wasserpflanze** ist die Riesenseerose Amazoniens. Auf den **riesigen Blättern** könnte ein Kleinkind **von Blatt zu Blatt** hüpfen.

Magnolien zählen zu den ältesten Blütenpflanzen. Man fand **versteinerte** Magnolien, die ***20*** Millionen Jahre alt sind.

Kannenpflanzen sind die größten ***fleischfressenden*** Pflanzen. Ihre ***kannenförmigen*** Blüten sind für Insekten wie ***Fallgruben***, in die sie hineinfallen und von ***scharfen Säuren*** aufgelöst werden. Manche Affen schlürfen Wasser daraus.

Pilze leben von Organismen – toten und lebenden. Der Pilz ***Pilobolus*** lebt auf Kuhdung.

*Der **größte** je gefundene Pilz ist* Armillaria ostoyae *in Oregon (USA). Sein **Wurzelwerk** nimmt unter der Erde fast 10 km² ein. Er ist etwa **8500 Jahre** alt.*

Die **blauen Adern** in Käsesorten wie Gorgonzola, Roquefort oder Bergader gehen auf eingeimpfte **Edelschimmelpilze** zurück.

In einem typischen Bett leben rund ***2 Millionen*** Hausstaubmilben.

Viele Wüstenpflanzen haben **extrem lange Wurzeln**, damit sie das **Grundwasser** erreichen. Die des Mesquitebaums in Nordamerika sind bis zu

50 m lang.

Die kleinste Blütenpflanze ist die ***Zwergwasserlinse***; sie wird nur 0,6 mm lang. Etwa 25 Stück passen auf einen Fingernagel.

Vor 25 Jahren entdeckte man winziges, im Meer schwebendes **Nanoplankton**. Die Organismen sind weniger als 20 Millionstel Meter groß und die häufigsten Lebewesen im Meer.

Blattläuse kommen schon trächtig zur Welt und **bekommen nach nur 10 Tagen** die ersten Nachkommen.

Aale laichen im Meer ab. Die jungen Aale („Glasaale") wandern in die Flüsse hinein. Ein Aalweibchen legt bis zu

4 Millionen

Eier im Jahr.

Die Samen der **Seychellenpalme** sind die größten aller Pflanzen. Sie wiegen bis zu 20 kg das Stück.

*Eine **Lungenfisch**-Art kann unter **Wasser** mit Kiemen, an Land mit **Lungen** atmen.*

Das **kleinste Säugetier**, die **Hummelfledermaus**, wiegt nur 2 Gramm – **weniger** als die 1-Cent-Münze.

Ein Hauskaninchen kann **20** Junge pro Monat gebären.

Kolibris können als einzige Vögel senkrecht und rückwärts fliegen.

Bambus ist das am höchsten wachsende Gras, es wird bis zu **50 m** hoch.

Die Stoßzähne der Walrosse werden bis zu **1 m** lang.

Die **Schreie von Brüllaffen** kann man 5 km weit **hören**.

Salzwasserkrokodile weinen, um zu viel Salz aus ihrem Körper auszuscheiden – nicht weil sie traurig sind.

Haie haben den besten Geruchssinn aller Fische. Sie riechen ***ein*** Teilchen Blut in ***100 Millionen*** Teilchen Wasser.

Präriehunde hausen in verzweigten Erdhöhlen und leben in Kolonien. Eine texanische Kolonie hatte

400 Millionen Bewohner.

Ein Specht kann **20** -mal pro Sekunde picken.

Hyänen erzeugen **Salzsäure** im **Magen** und können damit **Knochen auflösen**.

Kobras töten bis zu 7000 Menschen in Indien – pro Jahr.

Eine Soldatenameise trägt das **25** -Fache ihres eigenen Gewichts.

Kraken haben **drei** Herzen – zwei pumpen Blut zu den Kiemen und eines pumpt Blut durch den Körper.

Ameisen *schlafen* nie.

Das Hautgift eines einzigen ***Pfeilgiftfrosches*** reicht, um **10 000** Mäuse zu töten.

Die **Weibchen** des **Indischen Elefanten** sind 648 Tage trächtig.

Mit bis zu 300 kg Gewicht ist der Sibirische Tiger die größte Raubkatze.

Ein Maulwurf kann einen ***100 m*** *langen Tunnel am Tag graben.*

Springschwänze sind **Insekten** und können Kälte bis zu –38 °C überleben – ihre Körperflüssigkeit enthält natürliche **Frostschutzmittel**.

Ein **Riesenkänguru** kann **8-m**-Sprünge machen.

Das **Wasserschwein** ist das größte **Nagetier** der Welt. Es wird bis zu **65 kg** schwer.

Die **Termitenkönigin** legt **2000 Eier** am Tag.

Die Milch von Walen enthält rund **50 % Fett.**

Der Blauwal ist das größte Tier, das je gelebt hat. Sein Herz wiegt sagenhafte **700 kg**.

Der chinesische **Erdbebenwarndienst** beobachtet auch **Schlangen**. Manche verlassen ihre Behausungen, kurz bevor es bebt.

In einem Elefantendunghaufen können sich **7000 Käfer** tummeln.

Männliche Buckelwale können über **20** Minuten lange Lieder „singen“. Es sind ***Werbegesänge*** an die Weibchen.

Kamele können bis zu **zwei Wochen** Durst erdulden. Wenn sie dann endlich **Wasser** finden, saufen sie **200** Liter in nur 10 Minuten.

Es sind mehr als **370 000 Käferarten** bekannt.

Monarchfalter wandern **4000 km** von Nordamerika nach Mexiko, um zu überwintern – und sie finden den Weg, **ohne ihn zu kennen**.

Die **Flügel** der Biene schlagen **250**-mal pro Sekunde.

Ein Hund kann etwa 100 verschiedene **Gesichtsausdrücke** zeigen, meist verbunden mit den **Ohren**.

Bei ***Hunden*** *dienen dem* ***Geruchssinn*** *40-mal mehr Gehirnzellen als beim Menschen.*

Kühe haben vier Mägen, um die schwer verdauliche **Grasnahrung** aufzuschließen.

Die **Stimme** eines Blauwals ist mehr als 100 km weit **im Wasser** zu hören.

Im Schlaf ist das **halbe Gehirn** der Wale und Delfine wach, damit sie **nicht ertrinken**.

Biberdämme können **300 m** lang und ***Hunderte*** von Jahren alt sein.

Spinnen tun sich mitunter zusammen, um **Riesennetze** zu spinnen. In einem texanischen Naturpark fand man ein Netz von 180 m Durchmesser. Daran hatten verschiedene Spinnenarten mitgewirkt.

Der Floh schafft mit einem einzigen Sprung **30 cm** – das ist 200-mal die eigene Körperlänge.

Der größte fliegende Vogel ist der ***Wanderalbatros***. Seine Flügelspanne misst 3,5 m, das heißt, dass ***ein Flügel*** so lang wie ein erwachsener **Mensch** groß ist.

MEHR ÜBER DAS THEMA „NATUR“ AUF DEN SEITEN 8–59.

Menschlicher Körper

Der Körper verliert in jeder Minute Tausende Hautschuppen. Während eines ganzen Lebens verliert man 20 kg davon.

Das Gehirn verliert jeden Tag **100 000** Nervenzellen.

Das Gehirn trägt etwa 2 % zum Körpergewicht bei, es nutzt aber ungefähr 20 % der Blutversorgung.

*Die Leber erfüllt mehr als **500** verschiedene Aufgaben. Sie beseitigt z. B. tote Blutkörperchen, stellt Eiweiße her oder speichert Zucker.*

Mehr als 100 Billionen Zellen besitzt der Körper. Alle 20 Sekunden sterben etwa 1 Milliarde Zellen.

Die größte Zelle ist die weibliche Eizelle.

Die kleinste Zelle ist das männliche Spermium.

Ein Schmetterling besitzt mehr Muskeln als ein Mensch.

Du verbringst ***eine halbe Stunde*** täglich mit Blinzeln.

Der linke Lungenflügel ist kleiner als der rechte, um Raum für das Herz zu belassen.

Der Magen braucht etwa 6 Stunden, um eine Mahlzeit zu verarbeiten. Der Nahrungsbrei benötigt dann weitere 6 Stunden, um den Dünndarm zu passieren.

Das Gehirn eines Erwachsenen ist **dreimal schwerer** *als das eines Babys. Ab dem 20. Lebensjahr verliert das Gehirn jährlich* **1 g** *Gewicht, weil* ***Gehirnzellen sterben***.

Jeder Zungenabdruck ist einzigartig.

Die **Augen** bleiben vom 8. Lebensjahr an gleich groß, **Nasen** und **Ohren** dagegen nicht.

Die Nasenhaare wirken wie ein Filter und entfernen Teilchen aus der Luft.

Ungefähr 40 000 Hautzellen fallen in jeder Minute ab. Abgestorbene menschliche Hautzellen bilden etwa 70 % des Hausstaubs.

In Ruhe **atmet** man etwa **alle 4 Sekunden** einmal, beim Sport dagegen in jeder Sekunde.

Wir sondern jeden Tag etwa 1 Liter Speichel in unserem Mund ab.

Winzige Bakterien tragen bis zu 3 % zum Körpergewicht bei.

Frauenherzen sind kleiner als Männerherzen. Sie schlagen ungefähr 75-mal pro Minute. Die der Männer 70-mal.

Ein Drittel aller Erwachsenen schnarcht.

Ausgestreckt ist der Dünndarm ungefähr 6 m lang.

Nahrung wird bis 6 Stunden in deinem Magen verdaut.

Der kleinste Muskel im Körper ist der Steigbügelmuskel (M. stapedius) im Mittelohr, der weniger als 2 mm lang ist.

Mehr als

600

Muskeln besitzt der menschliche Körper. Sie tragen mit 40 % zum Körpergewicht bei.

Das Blut legt jeden Tag 19 000 km zurück: eine halbe Erdumrundung.

Mit **60** verliert man etwa die Hälfte der Geschmacksknospen.

Der **Magen** erneuert ständig seine Schleimhaut, um die Innenwand zu schützen und eine Selbstverdauung zu verhindern.

Ein Mensch isst **30 Tonnen** Lebensmittel in seinem Leben – das Gewicht von **80 Pferden**.

Deinen Körper besiedeln etwa 1000 Billionen Bakterien – zehnmal so viel wie die Anzahl deiner Körperzellen.

Das lauteste Schnarchen erreichte mehr als 80 Dezibel – so laut wie ein Presslufthammer.

Auf dem menschlichen Kopf wachsen durchschnittlich 100 000 Haare. Rothaarige besitzen nur 90 000 Haare.

Ein **erwachsener Mensch** muss etwa **10 000 Kilojoule** täglich zu sich nehmen. ***Arktisforscher*** brauchen ***dreimal*** mehr, damit sie in der ***Kälte*** leben können.

Fingernägel würden ohne Schneiden 28 m lang werden. Der Nagel des Mittelfinges wächst am schnellsten, der des Daumen am langsamsten.

Menschen besitzen an ihrem Körper die gleiche Anzahl von Haaren wie Schimpansen.

Der längste jemals gemessene Bart war mehr als **5 m** lang und wuchs am Kinn des Norwegers ***Hans Langseth.***

Das größte Organ ist die Haut mit einer Fläche von 2 m² und 10 kg Gewicht.

Babys haben keine knöcherne Kniescheibe. Sie bildet sich erst zwischen 2 und 6 Jahren.

Etwa 73 % eines Babykörpers sind Wasser. Bei erwachsenen Männern sinkt der Anteil auf 60 % und bei erwachsenen Frauen auf 55 %.

Eines von **2000 Babys** wird mit einem **Zahn** geboren.

Aufrechtes Stehen verbrennt bis zu 600 Kilojoule in einer Stunde.

In deinem Leben gehst du eine Strecke, die fünfmal um den Äquator reichen würde.

Babys träumen bereits vor ihrer Geburt.

Ein normaler Mensch zwinkert 23-mal pro Minute – also 12 Millionen Mal im Jahr.

Ein Körper dunstet jeden Tag 2 Liter Gas durch Aufstoßen oder Blähungen aus.

Geburten erfolgen oft zwischen **3** und **4 Uhr** morgens.

Ein Fußpaar besitzt etwa 250 000 Schweißdrüsen. Sie können jeden Tag bis zu einem Viertel Liter Schweiß absondern.

Wenn du schläfst, verlierst du pro Stunde bis zu 42 g Gewicht.

Man kann nicht mit offenen Augen ***niesen.***

Die erste erfolgreiche Herztransplantation fand 1967 statt. Heute werden allein in den USA jeden Tag sechs Herztransplantationen durchgeführt.

Die größte Arterie, die **Aorta**, ist mit **3,5 cm** etwa so dick wie ein **Gartenschlauch**.

In der Pubertät können Jungen bis 9 cm in einem Jahr wachsen.

Kinder wachsen im Frühling schneller.

Während seines Lebens filtert ein Mensch **45 000 Liter** Urin. Damit kann man einen **Swimmingpool** füllen.

Du wirst in deinem Leben ungefähr 70 000 Liter Wasser trinken.

Eine Grippe kann durch eine der mehr als 250 Virenarten ausgelöst werden.

Beim Husten erreicht die Luft bis zu *100 km/h*.

Ein einziger Nieser kann bis zu 100 000 Viren enthalten.

Gegen Ende des Ersten Weltkriegs starben mehr Menschen an der Grippepandemie als durch Kriegshandlungen getötet wurden.

Der britische Chirurg Robert Liston amputierte ein Bein in *28 Sekunden*.

Die Lebenserwartung beträgt in Andorra bei der Geburt 83,5 Jahre – die höchste der Welt.

Der **älteste** Mensch war die Französin ***Jeanne Calment***, die **1997** im Alter von **122 Jahren** und **164 Tagen starb**.

WEITERE INFORMATIONEN ZUM MENSCHLICHEN KÖRPER AUF DEN SEITEN 60–87.

Forschung und Technik

Google verarbeitet mehr als 200 Millionen Anfragen täglich.

Das **kleinste Teilchen**, das je entdeckt wurde, ist das **Quark**. Es ist kleiner als **0,000000000000000001 m**. Das ist **so klein**, dass man es nicht sehen kann. Wir kennen es nur, weil es **Auswirkungen** auf seine **Umgebung** zeigt.

Die Zahl **Null** **wurde zuerst in Indien um 875 v. Chr. benutzt.**

Die **kleinste Gewichtseinheit** des internationalen Einheitensystems (SI) ist das **Yoctogramm**, mit dem man **subatomare Teilchen** misst. Mit der **größten Einheit**, dem **Yottagramm**, misst man **Sterne** und Planeten. Die Erde wiegt 6000 Yottagramm.

Atome *bestehen vorwiegend aus* ***leerem Raum****. Wenn ihr* ***Kern*** *eine Fliege in der Mitte eines Fußballplatzes wäre, würden die* ***Elektronen*** *um ihn wie Staubteilchen in den Tribünen* ***fliegen****.*

Ein Proton ist 1836-mal **schwerer** als ein Elektron.

Das **dichteste Element**, Osmium, **wiegt** 22,61 g/cm³.

Der stärkste Laser ist 10 Sextillionen Mal heller als die Sonne.

Thomas Babbage entwickelte seine Idee für einen ***Computer***, als er erst ***19 Jahre alt*** war.

Die Internetseite ***business.com*** kaufte Marc Ostrofsky 1999 für ***7,5 Millionen Dollar***.

Luftschiffe **schweben**, weil sie mit **Helium** gefüllt sind, das viel **leichter** als Luft ist.

Bei normalem Luftdruck und bei –78 °C verdampft **Kohlendioxid** vom **Festkörper** zum **Gas**.

Ein ***Jiffy*** ist die ***Zeiteinheit*** einer Hundertstel Sekunde.

Wenn ein **Gas kondensiert**, braucht es im Durchschnitt **1300** -mal weniger Raum.

Das **Urkilogramm** wurde 1899 aus **Platin und Iridium** hergestellt und wird in Sèvres bei Paris aufbewahrt.

Der ***Supercomputer*** *Blue Gene/L arbeitet mit einer Geschwindigkeit von* ***596 Teraflops*** *– das sind* ***596 Billionen Rechenschritte*** *pro Sekunde.*

Wolfram hat den **höchsten Schmelzpunkt** aller Metalle. Es bleibt **fest** bis zu einer **Temperatur** von **3422 °C**, dann schmilzt es.

Das ***Metall Lithium*** *ist so leicht, dass es schwimmt.*

Diamanten entstehen aus **Kohlenstoff**, der 150 km unter der Erdoberfläche **komprimiert** (zusammengepresst) wird.

Googol ist eine Bezeichnung für die Zahl 10^{100}.

Die **sechs** Arten von **Quarks** werden up, *down*, **top**, ***bottom***, **charm** und ***strange*** genannt.

1 Byte in einem **Computerspeicher** besteht aus 8 **Bits**. Eine Gruppe aus 4 Bits ist 1 *Nibble*.

Mit **Computern** wurden in den letzten **3 Jahren** mehr Daten aufgezeichnet als in der gesamten **Menschheitsgeschichte vorher**.

Wasserstoff *ist das leichteste, einfachste und am weitesten* ***verbreitete Element*** *des Universums.* ***93 %*** *aller Atome sind Wasserstoffatome.*

Durch industrielle **Verschmutzung** verursachter **saurer Regen** wurde zuerst im **19. Jahrhundert** in Mittelengland bemerkt.

Reines Wasser ist **neutral (pH = 7)**, **Regenwasser sauer** (**pH = 6**) .

Die *erste E-Mail* schickte 1971 der Amerikaner Ray Tomlinson. Seinen *Text* sandte er von einem *Computer* zum nächsten gleich daneben.

Die **Erde** besitzt die **gleiche** Menge **Wasser** wie vor **2 Milliarden Jahren**.

Schall kann **das Gehör** ab 90 Dezibel (dB) schädigen **(schwerer Verkehr)**. Man spürt erste Schmerzen, sobald Schall lauter als 130 dB ist **(Start eines Flugzeugs)**.

Geräusch *besteht aus verschiedenen* ***Frequenzen****.* ***Musiknoten*** *besitzen eine vorwiegende Frequenz. Der Ton C hat eine Frequenz von 256 Hertz.*

Die Skala, mit der man die ***Lichtstärke*** misst, benutzt die Einheit **Candela**. Sie wurde ursprünglich als die Menge Licht bestimmt, die eine Kerze (lat.: *candela*) abgibt.
Ein **Blitz** erreicht 80 Millionen Candela pro Quadratmeter.

In einem Vakuum breitet sich Licht mit **299 792 458 m** pro Sekunde aus.

An einem **sonnigen Tag** schlagen 1000 Billionen **Photonen** (Lichtteilchen) pro Sekunde auf der Fläche eines Stecknadelkopfes ein.

Eine normale **Glühlampe** *wandelt nur 5 % der elektrischen Energie* **in Licht** *um.*

Rot *ist mit etwa* ***0,7*** *Mikrometer die* ***längste*** *sichtbare* ***Wellenlänge****.*

Blaues Licht dringt tiefer in **Wasser** ein als die **Farben** längerer **Wellenlängen** wie Rot oder Grün. Deshalb **sieht** unter Wasser alles **blau** aus.

Ultraschallaufnahmen nutzen hochfrequenten Schall von 10 Millionen Hertz, um von einem Baby in der Gebärmutter **ein Bild** aufzunehmen.

Röntgen-aufnahmen zeigten, dass sich unter der Oberfläche der *Mona Lisa* von Leonardo da Vinci noch **drei weitere Bildversionen** befinden.

Den ***ersten Roboter*** schuf wohl im ***alten Griechenland*** Archytas von Tarent vor ***2500*** Jahren. Sein ***mechanischer Vogel*** wurde mit ***Dampf*** angetrieben.

Magnetbahnen werden durch **starke Magnete** angetrieben. Die erste Magnetschwebebahn fährt in **Shanghai** (China). Sie verbindet über 30,5 km den Flughafen mit dem Stadtzentrum in nur **7 Minuten und 20 Sekunden** und erreicht eine Höchstgeschwindigkeit von 431 km/h.

Das größte Flugzeug der Welt, der Airbus **A380 Superjumbo**, kann bis zu 853 Passagiere aufnehmen.

Das US-Militär besitzt **5000 Roboter** für gefährliche Arbeiten, z. B. für die ***Bombenentschärfung***.

Die ***Endgeschwindigkeit*** *eines* ***Skydivers****, der seine Gliedmaßen anzieht, beträgt* ***320 km/h****.*

Der *Taschenrechner* wurde *1966* von Texas Instruments erfunden.

Wilhelm Conrad Röntgen erhielt **1901** den ersten **Nobelpreis** für Physik für seine Entdeckung der **Röntgenstrahlen**.

Quecksilber ist als einziges Metall bei Raumtemperatur **flüssig**.

66 % des ***Wassers*** *zu Hause verbrauchen wir im* ***Badezimmer****.*

Eine ***Eisdecke*** muss mindestens ***13 cm dick*** sein, um sie zu begehen.

Mehr als zwei Drittel der Energie, die aus **fossilen Brennstoffen** gewonnen wird, geht in **Kraftwerken** verloren. Die meiste Energie wird als Abwärme **abgegeben**.

*Der Flugschreiber (****Blackbox****) eines Flugzeugs ist* ***hellorange****, sodass man ihn nach einem Unfall schnell findet. Er kann Temperaturen von mehr als 1000 °C widerstehen.*

Die ***kleinste Gitarre*** *der Welt ist nur 10 Millionstel Meter lang. Sie entstand an der Universität Cornell und erzeugt* ***Noten****, die 17 Oktaven* ***höher*** *sind als normal.*

Diamond, der Hund des Forschers Isaac Newton, stieß eine **Kerze um**, sodass ***20 Jahre*** Arbeit verbrannten.

Die erste *Sofortbildkamera schuf* ***Polaroid*** *im Jahr 1948.*

Newton zählte zu den **größten** Wissenschaftlern der Geschichte. Er erfand auch die **Katzenklappe**.

Jeden **Zauberwürfel kann man** in **26** oder weniger Schritten knacken.

WAS WISSENSCHAFTLER SONST NOCH ENTDECKT HABEN, FINDEST DU AUF DEN SEITEN 88–125.

Weltall

In klaren, **mondfreien Nächten** kann man mehr als **2500 Sterne** mit bloßem Auge sehen.

Uranus wurde 1781 und **Neptun** 1846 entdeckt.

Die Schwerkraft der **Mondoberfläche** beträgt nur **17 %** der Erdanziehungskraft. Wenn man auf der Erde 1 m hoch springt, würde man auf dem Mond 6 m hoch springen.

*Der **Mond** entfernt sich jährlich **3 cm** von der **Erde**.*

*Von der Erde aus besitzt der **Mond** scheinbar die gleiche Größe wie die **Sonne**, obwohl die Sonne **400**-mal größer als der Mond ist. Sie ist jedoch **400**-mal weiter von uns entfernt.*

Die Sonne enthält mehr als **99 %** der gesamten Masse des **Sonnensystems.**

Trägerraketen müssen eine Geschwindigkeit von **40 000 km/h** erreichen, um die Erdanziehungskraft zu überwinden. Diese Geschwindigkeit nennt man **Fluchtgeschwindigkeit**.

Die Erde ist mit einer Dichte von 5,5 g/cm³ der dichteste Planet des Sonnensystems.

Die Wolken auf der Venus enthalten Schwefelsäure. Ihre Atmosphäre besteht zu 96,5 % aus Kohlendioxid.

Jupiter hat das **1321**-Fache und ***Merkur*** das **0,05**-Fache Volumen der Erde.

Die Sonne erscheint vom Mars aus gesehen nur zwei Drittel so groß zu sein wie von der Erde aus.

*Im **Winter** bleibt der **Uranus** für **21 Erdjahre dunkel**.*

Saturn würde **schwimmen**, weil er **leichter** als Wasser ist.

Pluto war einst als **Planet** eingestuft: von seiner Entdeckung 1930 bis 2006.

Mehr als **22 500 Meteoriten** wurden auf der Erde **entdeckt** und **katalogisiert**.

Wir sehen immer die **gleiche Seite** des **Mondes**, weil er für eine Umdrehung ebenso lange braucht wie für eine Erdumkreisung: **27,3 Tage**.

Der **Zwergplanet** Ceres ist mit einem Durchmesser von **960 km** der **größte** Planetoid.

*Der größte **Vulkan** des **Sonnensystems** ist **Olympus Mons** auf dem **Mars**. Er ist **648 km** breit und **24 km** hoch.*

*Jupiter **rotiert** so schnell, dass sein Äquator **gewölbt** ist.*

Der ***Große Rote Fleck*** in der Atmosphäre des **Jupiters** ist ein **Wirbelsturm**. Er ist doppelt so groß wie die Erde und ***wütet*** dort seit **340 Jahren**.

Das **Schwarze Loch** im Zentrum der Milchstraße ist so massiv wie **3 Millionen Sonnen**.

Neptun ist der ***windigste*** Planet. Windböen erreichen Geschwindigkeiten bis zu ***2160 km/h***.

Bei einer Geschwindigkeit von 95 km/h braucht man 177 Jahre, um die **Sonne zu erreichen**.

Astronauten sind im Weltraum bis zu **5 cm größer,** weil sich ihre **Wirbelsäulen** in der **Schwerelosigkeit ausdehnen**.

__Uranus__ umrundet die Sonne in __84 Erdjahren__.

*Auf dem **Mond** gibt es keinen Wind oder Regen, sodass die **Fußabdrücke** der Astronauten **Millionen Jahre** erhalten bleiben.*

Die ***Sonne*** befindet sich in ihrer ***Lebensmitte***. Sie ***scheint*** seit ***4,6 Milliarden Jahren*** und wird das noch ***5 Milliarden Jahre tun***.

Unsere **Sonne** kreist mit einer Geschwindigkeit von **900 000 km/h** um ein **Schwarzes Loch** im Zentrum der **Milchstraße**. Sie benötigt **225 Millionen** Jahre für einen Umlauf.

Das Universum dehnt **sich** mit Lichtgeschwindigkeit aus.

*Wir sehen das **Universum** immer so, wie es in der **Vergangenheit** aussah. Das **Licht** der entfernten Sterne braucht nämlich sehr viel **Zeit**, bis es uns erreicht.*

Der Schweif des **Großen Kometen**, der **1843** an der Erde vorbeiflog, war **800 Millionen km** lang – das entspricht ungefähr der Entfernung von der Sonne zum Jupiter.

Der amerikanische Astronaut Alan Shepard stand 1971 auf dem **Mond** und spielte **Golf**.

Die **Saturnringe** entdeckte **Galileo** im Jahr **1610** mit einem seiner ***ersten Teleskope***.

Der **Enckesche Komet** besucht die Erde am häufigsten und fliegt alle **3,3 Jahre** vorbei.

Mehr als **1 Milliarde Planetoiden** im Planetoidengürtel zwischen den Umlaufbahnen von Mars und Jupiter sind größer als 2 km.

Etwa alle 50 Millionen Jahre schlägt ein 10 km großer Meteorit auf der Erde ein.

Zwei der weltweit größten **optischen Teleskope** besitzt das Mauna-Kea-Observatorium auf Hawaii. Die **Keck**-Zwillingsteleskope besitzen jeweils einen **10-m**-Spiegel.

*Der **größte Meteorit** auf der Erde ist der **Hoba West**, der in **Namibia** im südwestlichen Afrika einschlug. Er wurde 1920 entdeckt und wiegt **66 Tonnen**.*

Der **Mars** besitzt wie die Erde **Eiskappen** an den **Polen**.

*Das größte Grabensystem des Sonnensystems ist das **Valles Marineris auf dem Mars**, das sich über mehr als **4000 km** erstreckt.*

Vulkane brachen auf dem Mond zuletzt vor 3,2 Milliarden Jahren aus.

Die Raumfähre *Orion* ersetzt den Spaceshuttle im Jahr **2014**. Sie soll Astronauten zum **Mond** und später, im ersten Stadium der Mission, auch zum **Mars** bringen.

*Die **größten Sterne** sind **500-mal größer** als die **Sonne** und **100 000-mal so hell**.*

Die **hellsten** Objekte des Universums sind ***Quasare*** – weit entfernte Galaxien mit unglaublich hellen Zentren. Die Quasare, die wir sehen können, sind so weit entfernt, dass ihr Licht ***Milliarden*** Jahre bis zur Erde braucht.

Astronauten der **Internationalen Raumstation** haben **Pflanzen** im Weltraum gezüchtet. Die Techniken, die sie dafür entwickelten, werden für Marsflüge genutzt, bei denen die Astronauten ihre eigene **Nahrung** anbauen müssen.

Wenn du in jeder Sekunde einen Stern der **Milchstraße** zählst, brauchst du ungefähr **5000 Jahre**, um alle zu zählen.

Die Planeten unseres **Sonnensystems** kreisen auf einer Ebene, die sich **4,5 Milliarden km** von der Sonne aus in den Weltraum erstreckt.

Die Raumsonde ***Voyager 1*** verließ die Erde 1977 und ist heute das entfernteste Objekt der Menschen im Weltall.

*Das Licht der Sonne erreicht nach nur **8 Minuten** die Erde. Das Licht von Proxima Centauri, unserem Nachbarstern, benötigt **4,3 Jahre** bis zur Erde.*

Im Weltall hört man ***keinen Laut***, weil sich Schall im ***Vakuum*** nicht ausbreitet.

Juri Gagarins **Mutter** erfuhr von seinem **Flug ins Weltall** erst aus den Nachrichten.

Ein Spaceshuttle braucht *8 Minuten*, um seine Umlaufgeschwindigkeit von *27 000 km/h* zu erreichen.

NOCH MEHR FAKTEN UND DATEN ZUM WELTALL FINDEST DU AUF DEN SEITEN 126–151.

Erde

Da sich die Erddrehung allmählich verlangsamt, nimmt die Tageslänge zu. Vor **60 Millionen Jahren** dauerte ein **Tag** weniger als **23 Stunden**.

Der Blick vom **Strand** aufs **offene Meer** endet mit dem **5 km** entfernten **Horizont**.

Am 21. Juni jedes Jahres wird es nördlich des **Polarkreises** nachts nicht dunkel.

*Eine GPS-Satellitenmessung ergab 1999 für den **Mount Everest** nicht **8848 m**, sondern **8850 m** Höhe. Andere Messungen bestätigten die 8848 m.*

Das **Große Barriereriff** (Australien) mit einer Länge von über **2000 km** ist das längste lebende „Bauwerk" der Erde. Man sieht es aus dem All.

Im Erdmittelpunkt ist der Druck ***3 Millionen Mal*** höher als an der Erdoberfläche.

9 von 10 Vulkanen sind untermeerisch aktiv, und mehr als 1000 der 1500 aktiven Vulkane befinden sich im südlichen Pazifik.

Der kleinste Vulkan ist der ***Cuexcomate*** in Mexiko mit gerade mal ***13 m***.

Stein-kohle ist nichts anderes als 300 Millionen Jahre alte, verdichtete Pflanzenreste.

Im 20. Jahrhundert stieg die Oberflächentemperatur der Erde um 0,6 °C.

*Eine große **Gewitterwolke** enthält so viel Wasser, dass **500 000** Badewannen gefüllt werden könnten.*

Als **1883** der Vulkan Krakatau (Indonesien) explodierte, hörte man den Explosionsknall **5000 km** weit.

Nahezu 20 % des **Luftsauerstoffs** wird vom **Regenwald am Amazonas** erzeugt.

*Ein Erdbeben im Jahr **1811** ließ das Wasser des Mississippi kurz **flussaufwärts** strömen.*

Über die Hälfte der Erdoberfläche wird von mindestens 1600 m tiefem Wasser bedeckt.

Im **Regenwald** am Amazonas stehen auf ***1 Hektar*** Fläche 750 verschiedene **Baumarten**.

6 Millionen Tonnen **Gold** sind in den Ozeanen der Erde gelöst.

Der **Gelbe Fluss** in China ist der ***schlammigste*** der Erde. 2 Milliarden Tonnen Schlamm spült er jährlich flussabwärts.

Das Volumen des Pazifischen Ozeans entspricht dem des Mondes.

Ein schweres Gewicht würde mehr als eine Stunde lang absinken, bis es am Boden des **11 034** m tiefen **Challengertiefs** im Pazifik ankäme.

*Jede Sekunde treffen **100 Blitze** die Erdoberfläche.*

Frischer Schnee enthält mehr als ***90 %*** eingeschlossene Luft.

Der **heftigste** jemals gemessene Sturm wütete 1934 am **Mount Washington** (USA). Er war bis zu **372 km/h** schnell.

Die größte **Wüste** der Welt, die **Sahara**, bedeckt **ein Drittel** der Fläche **Afrikas**.

Sanddünen wandern wie Wellen über die Wüste – mit etwa 1 m pro Jahr.

*Die kälteste jemals gemessene Temperatur betrug am 21. Juli 1983 in **Wostok** (Antarktis) **–89,2 °C**.*

Die heißeste jemals gemessene Temperatur betrug am 13. Sept. 1922 in **Al Aziziyah** (Libyen) 57,7 °C.

*Die **trockenste** Gegend der Erde ist die **Atacama-wüste** in Chile. Als es **1971** einmal regnete, endete eine **400 Jahre** andauernde Trockenheit.*

Der trockenste Kontinent mit den wenigsten Niederschlägen ist die ***Antarktis***.

Meerwasser gefriert bei **–2 °C**, weil das gelöste Salz seinen Gefrierpunkt verringert.

Mit der Energie eines einzigen **Blitzes** könnte eine Stadt **1 Jahr** lang beleuchtet werden.

Grönland ist die größte Insel der Erde mit einer Fläche von 2 133 086 km². Australien ist zwar größer, gilt aber als **Kontinent**, nicht als Insel.

Die weltgrößte ***Diamantenmine*** *liegt bei Mirny in Sibirien (Russland). Das* ***525 m*** *tiefe Loch ist unten* ***1200 m*** *breit. Ein Lkw braucht 2 Stunden von unten nach oben.*

Der Spiegel des **Toten Meeres** im Tal des Jordans liegt 408 m unter dem Meeresspiegel. Nur einige extrem angepasste Algen halten es in der **Salzlake** (Salzgehalt 33 %) aus.

Der ***Amazonas*** *schüttet in jeder Sekunde die Menge von* ***2 Millionen Badewannen Wasser*** *in den Atlantik. Das ist fünfmal mehr, als der Kongo schafft, der zweitwasserreichste Strom der Erde.*

Alle 14 Achttausender gehören zum höchsten Gebirge der Erde, dem Himalaja.

Der ***kürzeste*** *Fluss der Erde ist der North Folk Roe River in Montana (USA) mit* ***18 m*** *Länge.*

An nur **5 Tagen** im Jahr **regnet es** im Mittel **nicht** am Mt. Waialeale auf Hawaii.

Die Erdatmosphäre ist **700 km** dick.

Eine **Regenwolke** besteht aus unzähligen Wasserdampftröpfchen. 2 Millionen dieser Tröpfchen bilden einen **Regentropfen**.

In Kansas City (USA) **regnete** es **1873 Frösche**, in Bournemouth (England) **1948** sogar ***Heringe***. Die Tiere waren zuvor von starken Stürmen in große Höhen mitgerissen worden.

Am Nachmittag des 31. Mai 1985 suchten **41 Tornados** die Bundesstaaten Pennsylvania und Ohio (USA) heim. **17** Menschen kamen ums Leben.

3 Sekunden zwischen dem Sehen des **Blitzes** und dem Hören des **Donners** entsprechen **1 km** bis zum Blitzeinschlag.

Beim Ausbruch des **Mt. Saint Helens** (USA) am 18. Mai 1980 brauste eine **Schlammlawine** mit **400 km/h** zu Tal.

Jedes Jahr verbrennen in Australien Bäume und Büsche in **15 000 Buschfeuern**. Manche Pflanzen brauchen das Feuer zur Vermehrung.

Die ***Härte*** *von Mineralen wird mit der* ***Mohsskala*** *angegeben: weicher* ***Talk = 1*** *bis harter* ***Diamant = 10****.*

Die **ältesten Gesteine** im **Grand Canyon** sind mehr als **2 Milliarden** Jahre alt.

Der größte Meteroritenkrater mit 300 km Durchmesser liegt bei Vredefort (Südafrika). Er entstand durch einen 10 km großen Meteoriteneinschlag vor 2 Milliarden Jahren.

In den letzten 10 000 Jahren haben die Menschen **80** Prozent der weltweiten Waldflächen **gerodet**.

Die **Ausbreitung** der Wüsten nimmt jedes Jahr um 100 000 km² zu und lässt die Ackerflächen im gleichen Ausmaß schrumpfen.

Keine zwei ***Schneeflocken*** gleichen sich – aber sie haben immer ***sechs Seiten***.

Die Holdernessküste in Ostengland wird von der Nordsee um 1,5 m im Jahr abgetragen.

Über **30 %** der **Treibhausgase** Neuseelands sind Methan und stammen aus dem **Verdauungstrakt** von 45 Millionen **Schafen** und 10 Millionen **Rindern**.

7 % der **Ozeane** sind mit **Meereis** bedeckt.

Mensch und Gesellschaft

Die **Vatikanstadt** ist keine Stadt, sondern ein Staat – wenngleich er nur **50 Fußballplätze** groß ist und nur **821 Einwohner** hat.

Nigeria ist mit über **100 Millionen** Menschen das bevölkerungsreichste Land Afrikas, während der **Sudan** mit **2 505 800 km²** der größte Flächenstaat ist.

***Uganda** hat die **jüngste** Bevölkerung der Welt, denn mehr als die Hälfte der Bewohner sind Kinder **unter 14 Jahren**.*

Singapur ist ebenso Stadt wie Staat und das einzige UN-Mitglied ausschließlich mit Stadtbewohnern.

China und Indien sind beide Milliardenvölker. An dritter Stelle folgen die USA mit knapp 300 Millionen Einwohnern.

*Die Stadt **Istanbul** (Türkei) liegt auf **zwei Kontinenten** – Europa und Asien.*

Damaskus (Syrien) ist die **älteste Stadt** der Welt. Sie wird seit etwa 10 000 Jahren bewohnt.

*Vor der Besiedlung **Neuseelands** durch die Menschen gab es dort **keine Säugetiere**, jedoch **flügellose Vögel** wie die **Kiwis**.*

Die Ziegel der traditionellen **Rundhäuser** in Ruanda werden mit **Kuhdung** vermörtelt.

Erst nachdem man **Trojas Ruinen** nach 1873 gefunden hatte, war die Stadt kein **Mythos** mehr.

Der **Burj Dubai** ist derzeit mit 206 Stockwerken und einer Höhe von **818 m** das **höchste Bauwerk** der Welt. Noch höhere Türme sind in Planung.

*Es gibt zurzeit **194 Länder** auf der **Erde**.*

*Mit den **Steinen** der **Cheopspyramide** (Ägypten) könnte man Frankreich ummauern.*

Fußballweltmeister wurden bisher nur Länder aus **Europa** oder **Südamerika**.

Tischtennis ist mit mehr als **40 Millionen** Mitgliedern (vor allem Chinesen) die mitgliederstärkste **Sportart** der Welt.

Geschätzte **3,9** Milliarden Zuschauer haben die **Olympischen Spiele 2004** in Athen im Fernsehen angeschaut.

Die Flagge **Nepals** ist als einzige Flagge nicht rechteckig, sondern besteht aus **zwei Dreiecken** übereinander.

*Die **Mongolei** ist das am **dünnsten besiedelte** Land der Erde – nur 1,7 Menschen leben auf 1 km².*

WalMart, ein amerikanisches Handelsunternehmen, ist mit **1,9 Millionen** Angestellten der **größte Arbeitgeber** der Welt.

Frankreich ist mit über **75 Millionen** Touristen im Jahr das **meistbesuchte** Land der Welt.

Zwischen 1800 und 2000 wuchs die Erdbevölkerung von **1 Milliarde auf 6 Milliarden** Menschen an.

Um 27 n. Chr. hatte **Rom** als **erste** Stadt **1 Million** Einwohner.

*Im Jahr 2008 lebten zum ersten Mal **mehr Menschen in Städten** als auf dem Land.*

Die USA haben 50 **Bundesstaaten**; als letzter Staat kam 1959 ***Hawaii*** dazu.

Tokio ist die ***größte Metropole*** der Welt und zählt mit allen Vororten etwa ***35 Millionen*** Einwohner.

In **58** Ländern ist Englisch die Amtssprache.

Rund **110 000 Inuit** (Eskimo) leben verstreut in **Kanada**, **Alaska** und **Grönland**.

Etwa *6000 verschiedene Sprachen* werden weltweit gesprochen, ungefähr die Hälfte davon von nur weniger als *10 000 Menschen.*

Die erste Karte der „Neuen Welt“ **Amerika** zeichnete 1507 der deutsche Kartograf Martin Waldseemüller.

Weniger als 100 Menschen sprechen **Wotisch**, eine Sprache in Nordwestrussland.

Indonesien kennt 583 verschiedene Sprachen.

Das meiste Fleisch essen die *Argentinier*.

Im Rahmen der **Hadsch**, der alljährlichen islamischen Pilgerreise nach **Mekka** (Saudi-Arabien), finden sich **2 Millionen** Gläubige ein.

Die **älteste** bekannte **Karte** ist auf einer Tontafel in **Babylon** (heute Irak) entdeckt worden. Sie zeigt das damalige **Euphrat-Gebiet** (2500 v. Chr.).

Islands Althing ist das *älteste Parlament* der Welt. Es geht auf das Jahr 930 n. Chr. zurück.

*Der erste in der **Antarktis** auf die Welt gekommene Mensch ist der 1978 geborene Emilio M. Palma.*

Im **Sommer** leben etwa 4000 Menschen, vorwiegend **Forscher**, in der **Antarktis**. Im Winter sind es nur noch 1000.

Über ***1 Milliarde*** Menschen haben nicht genug zu ***essen***.

In **absolutistischen Monarchien** wird die Macht des Herrschers **vererbt**. Nur noch **Brunei**, **Oman** und **Saudi-Arabien** haben diese Regierungsform.

*Die **Transsibirische Eisenbahn** (Transsib) verbindet die Hauptstadt **Moskau** mit **Wladiwostok** (Ostsibirien) am Pazifik. Die Strecke ist **9288 km** lang und führt durch **acht Zeitzonen** – alle in **Russland**.*

Inzwischen gibt es auf der Erde mehr als **20 Metropolen** mit jeweils über **10 Millionen** Einwohnern.

Die breiteste Prachtstraße der Welt ist die Avenida 9 de Julio in **Buenos Aires** (Argentinien). Sie hat **12** parallele Fahrstreifen.

Neuseeland führte als erstes Land 1893 das Wahlrecht für Frauen ein.

Zu ***jeder*** Tageszeit befinden sich in den USA rund ***60 000*** Flugpassagiere ***in der Luft***.

*Auf der Erde werden etwa **1 Milliarde Fahrräder** bewegt, allein in **China 400 Millionen**.*

3 Millionen Menschen ernähren sich von der *Küstenfischerei.*

Indien wird vermutlich 2030 die meisten Einwohner haben – mehr als China.

Russland als größter Flächenstaat ist fast doppelt so groß wie der zweitgrößte – Kanada.

Die Vereinten Nationen wurden **1945** von **51 Ländern** gegründet. Heute sind sie auf **192** angewachsen. Zuletzt trat ihnen 2006 Montenegro bei.

In **China** leben neben den Han-Chinesen **55 ethnische Gruppen** (Völker).

In Schweden wurde schon 1956 das erste Mobilfunknetz eingeweiht.

Die **meisten** Starts und Landungen hat der Flughafen von **Atlanta** (USA). Mehr als **88** Millionen Passagiere benutzen ihn jedes Jahr.

Die Hälfte der Menschheit isst regelmäßig Insekten. Rund 1500 Arten stehen auf dem Speiseplan.

*Der **Karneval von Río** in Brasilien ist mit über **2 Millionen** begeisterten Karnevalisten die weltweit größte Freiluftparty. Die zweitgrößte ist der **Notting Hill Carnival** in London.*

Aus **China** kommen **80 %** aller **Spielzeugwaren.**

ALLES ÜBER LÄNDER UND MENSCHEN FINDEST DU AUF DEN SEITEN 190–225.

Geschichte

Um **3100 v. Chr.** wurde in **Mesopotamien** (heute Irak) eine frühe Schrift erfunden, die **Keilschrift**: Man ritzte mit Griffeln Zeichen in Tontafeln.

Menschen besiedelten ***Australien*** etwa ***10 000*** Jahre früher als Europa.

Mit nur **6 Jahren** wurde **2275 v. Chr.** Pepi II. **ägyptischer König**. Er soll bis zu seinem **100. Geburtstag** regiert haben.

*Die **Dienstzeit** eines **römischen Legionärs** betrug mindestens **25 Jahre**.*

Die ***erste*** Herrscherin der Geschichte war ***Königin Meritneith***, die um ***3000 v. Chr. in Ägypten*** regierte.

Das **Römische Reich** erreichte seine größte Ausdehnung **117 n. Chr.**, als es sich von Britannien im Nordwesten bis zum Persischen Golf im Südosten erstreckte.

***Aus dem* römischen Rechtssystem *entstanden die* Gesetze *in* Europa *und* Lateinamerika.**

72 v. Chr. war der Gladiator **Spartakus** Anführer eines Aufstands von über **100 000 Sklaven** gegen die **römische Armee**.

*Der **islamische Kalender** beginnt **622 n. Chr.** Er rechnet nach Mondjahren, die kürzer als Sonnenjahre sind.*

Der ***Wikinger Erik der Rote*** gab um ***1000 n. Chr.*** der Insel ***Grönland*** (dänisch „Grünland") ihren Namen.

Vor ca. 2000 Jahren war die sogenannte ***Seidenstraße*** eine wichtige Handelsroute zwischen ***China***, ***Europa*** und ***Afrika***.

Im 14. Jahrhundert reiste der arabische Forscher **Ibn Battuta** **117 000 km** weit durch **alle islamischen Länder** seiner Zeit.

Bei einer Volkszählung 1086 in **England** wurden **10 %** der Bevölkerung als **Sklaven** aufgeführt.

*Polynesische Segler überquerten vor **1000 Jahren** den Pazifik mithilfe von Stabkarten.*

1519 hatte die **aztekische Hauptstadt *Tenochtitlán*** eine **viertel Million** Einwohner – fünfmal so viel wie das damalige London.

*Von **270 Expeditionsmitgliedern**, die mit **Ferdinand Magellan** 1519 in Lissabon eine Weltumseglung starteten, kamen nur **18** zurück. Magellan starb auf der Reise.*

Die Azteken benutzten Kakaobohnen als Zahlungsmittel.

Die englische Entdeckerin **Mary Kingsley** bestieg 1895 auf eigene Faust den ***Kamerunberg*** in Afrika.

Dem **alten China** verdanken wir die sogenannten ***„vier großen Erfindungen"***: das *Papier*, den *Kompass*, den *Buchdruck* und das *Schwarzpulver*.

*Von 1760–1840 wurden in **England 7000 km Wasserwege** angelegt, um die Waren der neuen Fabriken durchs Land zu transportieren.*

Für die **Inka** war Gold der **„Schweiß der Sonne"** und Silber die **„Tränen des Monds"**.

*Die erste englischsprachige **Kolonie** in **Nordamerika** wurde **1585** in Roanoke (North Carolina) gegründet. Sie überdauerte nur 1 Jahr.*

Simbabwe verdankt seinen Namen der **steinernen Stadt** Groß-Simbabwe im südlichen Afrika, von der heute nur noch **Ruinen** erhalten sind.

Das **Inkareich** umfasste **900 000 km²**. 1532 wurde es von dem Spanier Francisco Pizarro mit nur 168 Mann erobert.

Die ersten Menschen kamen vor etwa **20 000 Jahren** über eine Landbrücke zwischen **Sibirien** und **Alaska** nach Nordamerika.

1867 verkaufte Russland den USA **Alaska** für **7,2 Millionen Dollar.**

1877 schenkte Frankreich den USA die **Freiheitsstatue** zum 100. Geburtstag der ***amerikanischen Unabhängigkeitserklärung***.

Mit seiner **Verfassung** aus dem **13. Jahrhundert** gilt der kleine europäische Staat **San Marino** als älteste Republik der Welt.

Nach der ***industriellen Revolution*** *arbeiteten in England* ***Kinder*** *ab 5 Jahren oft* ***16 Stunden am Tag*** *in Fabriken und Minen.*

Seit **660 v. Chr.** gibt es in **Japan Könige**, bis heute waren es insgesamt **125 Herrscher**.

Von ***1848–1855*** *zogen 300 000 Menschen im* ***Goldrausch*** *nach Kalifornien (USA), um Gold zu suchen.*

1900 lebte **ein Viertel der Weltbevölkerung** unter **britischer Herrschaft**.

Der derzeit am längsten amtierende Herrscher ist König Bhumibol von Thailand. Er bestieg den Thron 1946.

Im ***Zweiten Weltkrieg*** *starben ca.* ***13 Millionen russische Soldaten****, mehr als in allen anderen Ländern zusammen. Über* ***1 Million*** *fiel bei der Belagerung von* ***Stalingrad****.*

Der **Hundertjährige Krieg** zwischen **Frankreich** und **England** dauerte in Wirklichkeit ***116*** Jahre (1337–1453).

Vor einem Jahrhundert war **Äthiopien** das einzige **afrikanische Land**, das nicht von einer europäischen Kolonialmacht beherrscht wurde. Heute ist Afrika **ganz unabhängig**.

Friedrich I., seit 1155 **deutsch-römischer Kaiser**, erhielt wegen seines roten Bartes den italienischen Beinamen **Barbarossa**.

Im 13. Jahrhundert waren **Konstantinopel** und **Bagdad** mit je ca. **1 Million** Einwohner die größten Städte der Welt.

Die ersten Passagiere der Luftfahrt waren ein **Hammel**, eine **Ente** und ein **Hahn**: Sie **flogen** 1783 im **Heißluftballon** der Brüder Montgolfier.

Die Gerichtsversammlung der ***Germanen*** *hieß* ***Thing****.*

Im ***Mittelalter*** *wurden sogar Tiere vor* ***europäischen Gerichtshöfen*** *angeklagt. Ein* ***Heuschreckenschwarm*** *wurde in Abwesenheit für die Vertilgung der Ernte* ***verurteilt****.*

Während der ***Französischen Revolution*** wurden 1793–1794 unter der neunmonatigen **„Terrorherrschaft"** mindestens **17 000** Menschen hingerichtet.

Der ***Große Brand*** von London setzte **1666** der ***Großen Pest*** ein Ende, weil die verseuchten Viertel niederbrannten.

1347 *brach in Sizilien (Süditalien) die Pest aus. 3 Jahre später hatte der* ***Schwarze Tod*** *sich 3500 km weiter* ***bis zur Arktis*** *ausgebreitet.*

Von den ***7 Weltwundern*** der Antike haben nur die *Pyramiden von Giseh* überdauert.

Der Palast Ghamdan in der jemenitischen Stadt Sanaa stammte aus dem **3. Jahrhundert** und war wohl die erste Burg der Welt.

Der älteste Plan eines ***Kräutergartens*** findet sich auf dem ***St. Galler*** Klosterplan aus dem ***9. Jahrhundert***.

Die **Chinesische Mauer** wurde zum Schutz der Nordgrenze errichtet. Sie ist **6500 km** lang.

MEHR EINZELHEITEN ÜBER DAS LEBEN IN FRÜHEREN ZEITALTERN FINDEST DU AUF DEN SEITEN 226–251.

Kunst und Kultur

Die ersten **Wohnblocks** wurden im 1. Jahrhundert v. Chr. in **Rom** gebaut.

*Im 12. Jahrhundert wurden in **Äthiopien** bei Labilela **elf Kirchen** aus massivem Fels gemeißelt. Die Fertigstellung dauerte **24** Jahre.*

Als **erstes Hochhaus** gilt das **1885** in Chicago (USA) errichtete ***zehnstöckige*** **Home Insurance Building**.

In den **Circus Maximus** im alten Rom passten ***250 000*** Zuschauer – ein Viertel der Stadtbevölkerung.

Nachdem Alma Cummings 1923 **27 Stunden** lang ohne Pause getanzt hatte, kam in den USA der **Marathontanz** in Mode.

Nach einer Aufführung der Verdi-Oper **Otello** *1991 in Wien bekam der spanische Startenor* ***Placido Domingo*** *einen* ***Applaus*** *von* ***1 Stunde*** *und* ***20 Minuten.***

Der in Irland geborene James Devine ist schnellster **Stepptänzer** der Welt. 1998 machte er in Sydney (Australien) ***38 Steppschritte pro Sekunde***.

Im alten Griechenland gab es nur Freilufttheater. Das größte fasste 10 000 Zuschauer.

Agatha Christies Kriminalstück **Die Mausefalle** *wird im Londoner West End seit 1952 aufgeführt – bisher über* ***23 000****-mal.*

Die ***„wirbelnden Derwische“***, Anhänger des Sufismus, vollführen ihren ***Wirbeltanz*** als religiöses **Meditationsritual.**

*Das **Ballspielfeld** der Maya in Chichén Itzá hat eine so gute Akustik, dass man hören kann, wenn **150 m** entfernt, am anderen Spielfeldrand, jemand **flüstert**.*

1000 Elefanten transportierten **Marmor** und Edelsteine zum Bau des **Tadsch Mahal** im indischen Agra.

2005 gab es in China 39 425 Kinoleinwände, mehr als in jedem anderen Land.

Die ***Geschichte vom Prinzen Genji***, geschrieben von der Japanerin **Murasaki Shikibu** um **1000 n. Chr.**, gilt als erster moderner Roman.

*Durchschnittlich hat jeder **65-jährige** US-Amerikaner 9 Lebensjahre vor dem Fernseher verbracht.*

Der ***teuerste Film*** aller Zeiten war 1968 das russische Epos ***Krieg und Frieden***, dessen Produktion ***560 Millionen Dollar*** kostete.

Das **Kartenspiel** stammt aus **Persien** und **Indien**, wo im ***12. Jahrhundert*** ein Spiel 48 Karten umfasste.

Das größte Kino der Welt ist das **acht Stockwerke** hohe **IMAX** in Sydney (Australien).

Durchschnittlich ist ein **Hollywoodfilm** in ***acht Wochen*** abgedreht. Für den Schnitt und die Special Effects benötigt man noch Monate.

Der Roman **Auf der Suche nach der verlorenen Zeit** *des Franzosen Marcel Proust enthält knapp 1,5 Millionen Wörter.*

Im Film ***Gandhi*** spielten **294 560 Komparsen**.

Die ***Harry-Potter***-Bücher von J. K. Rowling wurden in **60** Sprachen übersetzt.

Das indische Epos *Mahabharata* ist viermal länger als die Bibel.

Der **erste Lichttechniker** am Filmset heißt ***„Best Boy“***, auch wenn es eine Frau ist.

Die **größte Bibliothek** der Welt ist mit **30 Millionen Büchern** die *Library of Congress* in Washington D. C. (USA).

*Die meisten **Bücher** schrieb die südafrikanische Schriftstellerin **Mary Faulkner**: insgesamt **904**.*

Die **Asterix**-Comics der Franzosen *René Goscinny* und *Albert Uderzo* verkauften sich weltweit 320 Millionen Mal.

Dem englischen Autor ***William Shakespeare*** (1564–1616) wird die Erfindung von **1700** neuen Wörtern zugeschrieben.

Den **Codex Leicester**, ein Notizbuch des ***Leonardo da Vinci***, erwarb der Millionär ***Bill Gates*** 1994 für **29 Millionen Dollar**.

1990 wurde das ***Bildnis des Dr. Gachet*** des niederländischen Malers **Vincent van Gogh** für 49 Mio. Dollar verkauft. Als er lebte, konnte er von seiner Kunst nicht leben.

Der italienische Künstler **Michelangelo** *bemalte* **5 Jahre lang** *(1536–1541) die Wände der* **Sixtinischen Kapelle** *in Rom mit Bibelszenen.*

1872 dirigierte der österreichische Komponist **Johann Strauß** in Boston (USA) ein Orchester mit **987 Musikern** und einen Chor mit **19 000 Sängern**.

Das langsamste Musiktempo heißt **larghissimo** *(italienisch: äußerst langsam), das schnellste* **prestissimo** *(äußerst schnell).*

Das erste lichtbeständige **Foto** wurde **1826** vom **französischen Erfinder** *Joseph Niépce* aufgenommen. Es benötigte 8 Stunden Belichtungszeit.

Ungefähr 1,5 Milliarden Zuschauer verfolgten **1985** *das Wohlfahrtskonzert* **Live Aid** *im TV.*

Die Wandbilder von Tieren in der Chauvet-Höhle (Frankreich) sind 32 000 Jahre alt.

Die **größte sitzende Buddhastatue** der Welt befindet sich in China. Sie ist 71 m hoch und stammt aus dem 8. Jahrhundert.

Das erste für die Öffentlichkeit zugängliche Museum waren 1591 die **Uffizien** in Florenz (Italien).

Im Dezember 2006 waren die ***Niederlande*** *das erste Land, das ein analoges* ***TV****-Signal* ***abstellte*** *und die Zuschauer zwang, Digitalempfänger zu benutzen.*

Das deutsche Unternehmen Blüthner stellte um 1930 einen **Stutzflügel** aus **Aluminium** und **Schweinsleder** her, der mit **180 kg** leicht genug war, um in einem **Zeppelin** mitzufliegen.

Die tiefste Stimmlage in der Oper wird ***Bass***, die höchste ***Sopran*** genannt.

Das schnellste Ballspiel der Welt heißt **Pelota** *und wird im Baskenland (Nordspanien und Südfrankreich) gespielt. Der Ball kann ein Tempo von* **300 km/h** *erreichen.*

Das bestverkaufte Album aller Zeiten ist ***Thriller*** von US-Popstar Michael Jackson. Es verkaufte sich rund 59 Millionen Mal.

Ein **Pantomime** ist ein Schauspieler, der sich ohne zu sprechen ausdrückt.

Die erste ***CD*** *wurde 1982 auf den Markt gebracht.*

Das Mailänder Opernhaus *La Scala* hat *3600* Sitzplätze.

Der **Fußballsport** *kam* **1873** *nach Deutschland. Als Wettkampfsport stand er in Widerspruch zu den Idealen der Turnvereine, wurde anfangs als* **„Lümmelei"** *verspottet und fast überall verboten.*

Heute kann man online weltweit mehr als 2000 verschiedene Fernsehkanäle empfangen.

Der bestbezahlte Sportler des **21. Jahrhunderts** ist mit **100 Mio.** Dollar pro Jahr ***Tiger Woods***.

Die älteste **Wettkampfsportart** ist die **Leichtathletik**, die schon vor **5000 Jahren** im alten Griechenland betrieben wurde.

Der in Seattle ansässige US-Künstler ***No Clue*** gilt als **schnellster Rapper** der Welt. Am 15. Januar 2005 rappte er **723** verschiedene Silben in **41,27 Sekunden**.

Walt Disney wurde für ***64 Oscars*** nominiert und gewann ***26*** – mehr als je ein anderer.

Auf den **20** Etappenstrecken der ***Tour de France*** stehen in der Regel ca. **15 Millionen** Zuschauer.

Am 31. Dezember 1994 spielte der britische Popsänger **Rod Stewart** *vor rund* **3 500 000** *Zuhörern ein Silvesterkonzert am* **Strand der Copacabana** *in Río de Janeiro (Brasilien).*

Der **Marathon** ist ein Lauf über **42,195 km**. Das entspricht der Strecke, die der griechische Krieger ***Pheidippides*** zurücklegte, als er 490 v. Chr. von Marathon nach Athen rannte, um den Sieg über die Perser zu verkünden.

Der englische **Wortschatz** umfasst mehr Wörter (ca. **500 000**) als der deutsche (ca. **200 000**), weil Englisch in vielen Ländern Amtssprache ist.

MEHR INFORMATIONEN ÜBER KUNST UND KULTUR FINDEST DU AUF DEN SEITEN 252–279.

Fette Seitenzahlen verweisen auf Haupteinträge.

Register

E

F

G

Dank und Bildnachweis

Dorling Kindersley dankt Ben Hung für DTP-Assistenz, Adam Shorrock für Bildbearbeitungsassistenz, Caroline Gates für die Leihgabe der gestrickten Körperorgane, David Donkin für Technik-Modelle, Nikid für digitale Grafiken, Tall Tree für den Anhang, Jackie Brind für das Register, Nigel Sapp und der Zahnprothesenabteilung vom Moorfields Eye Hospital, Jamie Owen und dem Natural History Museum, Dr. Tony Irwin, Kurator für Naturgeschichte am Norwich Castle Museum, William Edwards und dem Gordon Museum, Guys Hospital, Sean Rogg für die frdl. Genehmigung zum Abdruck der Wasser-Installation, Hanh Thi Luc für Ausstattungsassistenz; Zygmunt Podhorodecki für die Wespen und Bienen, Pia-Henrike Böttger, Cladia Vasconcellos und dem Riley's Snooker Club in Walthamstow für die Ausstattung.

Der Verlag dankt den folgenden Personen und Institutionen für die freundliche Genehmigung zum Abdruck von Fotos:

(Abkürzungen: o = oben, go = ganz oben, u = unten, gu = ganz unten, m = Mitte, l = links, r = rechts, Hg = Hintergrund)

The Advertising Archives: 247gol, 250-251gom; **akg-images:** 262gor; Johann Brandste 104go; **Alamy Images:** AA World Travel Library 192ml; ArkReligion.com 258mr; Auscape International 202ml; Bill Bachmann 197gol; J.R. Bale 106-107m; David Barnes 182ml; Brett Baunton 184ul; Pat Behnke 194ml; blickwinkel 53u; Oote Boe Photography 240ml, 240mr (Schaukästen), 241ml, 241mr; Tibor Bogna 163mr; Paul Chauncey 197ul; CW Motorsport Images 105gor; David Noton Photography 163mr; Kathy deWitt 215go; Dennis Frates 196-197; David Hosking 183ul; Interfoto 201gom; Sean Justice 224-225m; Kim Karpeles 112-113m; James Kubrick 242-243m; Iain Masterton 271um; Eric Nathan 192-193m (Hg); Gavin Newman 182um; Ron Niebrugge 162mr; Nordic Photos 44-45m; M. Timothy O'Keefe 37mr; Pictorial Press Ltd. 271ur; Christopher Pillitz 212gor; Helene Rogers 202-203m; Alex Segre 270-271m; Jeff Smith 145r; vario images GmbH & Co.KG 120ur; Visual Arts Library 226-227m; David Wall 180mro, 203mr; Andrew Woodley 223mr; World Religions Photo Library 258ur; **Andy Rouse Wildlife Photography:** Andy Rouse 8-9m; **The Art Archive:** Marco Polo Gallery, Paris / A. Dagli Orti 254mr; Museo del Prado, Madrid / A. Dagli Orti 254mr; National Gallery of Art, Washington 254ml; São Paulo Art Museum / G. Dagli Orti 255mr; Tate Gallery, London / Eileen Tweedy / © DACS 2008 254ul; **the-blueprints.com:** Onno van Braam 122ul, 122gol, 122-123u, 122-123m, 122-123go, 123ur, 123gor; **The Bridgeman Art Library:** Bibliotheque Nationale, Paris, France, Archives Charmet 246gor; British Library 255ml; The Chambers Gallery, London/Private Collection 243ul; City of Westminster Archive Centre, London 242ur; Musee Conde, Chantilly, France/Girandon 260mro (Hebräisch); English School/Private Collection 245gor; Guildhall Library, City of London/Shepherd, Fred 247ul; The Estate of Keith Haring / Deichtorhallen, Hamburg / Wolfgang Neeb 255ur; Louvre, Paris, France, Giraudon 233ur; Moscow Museum of the Revolution 242-243gom; National Portrait Gallery, London, E. Seeman 124ml; Peter Newark American Pictures/Private Collection 216ml; Peter Newark American Pictures/Private Collection 216m, 217m, 217mr, 217gol; Skelton, William/Bibliotheque de la Faculté de Médecine, Paris, France, Archives Charmet 246ur; Vatican Museums and Gallery, Vatican City, Italy 233gol; Victoria and Albert Museum, London 234u, 234go, 235u, 235go; **British Library:** 262ml, 262-263um; **The Trustees of the British Museum:** 229r; **Bryan and Cherry Alexander Photography:** articphoto/Troels Jacobson 204ur; **Corbis:** 199ur; Peter Adams/zefa 257mr; London Aerial Photo Library 222u; Albright-Knox Art Gallery / © DACS 2008 254ur; Theo Allofs 198ul, 204-205m; Mario Anzuoni/Reuters 275m; Apple Handout/epa 119ur; The Art Archive 125um, 233m, 233gor; Yann Arthus-Bertrand/ 203gor; Asian Art & Archaeology, Inc. 263ur; Simon Baker 202-203gom; Beateworks/David Papazian 213m; Nathan Benn 199gol; Bettmann 124m, 125m, 160go, 216gom, 216gol, 216mr/2 (Truman-Objekte), 216gor/3 (Harrison-Objekte), 217mlo, 217gor/2 (Roosevelt-Objekte), 217gom/3 (McKinley-Objekte), 247gor; Jonathan Blair 144-145m; Gene Blevins 151mlo; Christophe Bolsvieux 182gor; Nic Bothma 203gol; Georgina Bowater 257ul; Gary Braasch 181gol (l); Tom Brakefield 31gol, 55ml; Burstein Collection / The Munch Museum / The Munch-Ellingsen Group / © DACS 2008 254ul; Christie's Images / © DACS 2008 254ur; Ashley Cooper 166-167m (Hg); Richard Cummins 233mr; Tim Davis 39ul; Michael DeYoung 179ur; DLILLC 192gor; Momatluk-Eastcott 204um; epa 161ml; epa/Jon Hrusa 251mlu; epa/Larry W. Smith 177ul; epa/Marcelo Sayao 188m; epa/Valdrin Xhemaj 190-191m; Eurasia Press/Steven Vidler 197gor; Macduff Everton 195gom; Warren Faidley 176ml; Michael & Patricia Fogden 34-35m; David J. & Janice L. Frent Collection 217um, 217ml/2 (Eisenhower-Objekte); Paulo Fridman 223ml; The Gallery Collection 252-253m; Lynn Goldsmith 275mlu; Michael Goulding 267gor; Darrell Gulin 178ml; Robert Harding World Imagery/Occidor Ltd. 179gor; Rune Hellestad 201mru; Chris Hellier 246ml; Jon Hicks 223gol, 257gol; Fritz Hoffman 251mu; Robbie Jack 201mr; Peter Johnson 205gor; Wolfgang Kaehler 225ul; Ed Kashi 192gol; Karen Kasmauski 223ul; Brooks Kraft 217ur; Kurt Krieger 256um; Owaki - Kulla 178mr; Frans Lanting 181ur, 198ml; Danny Lehman 255gol; Charles & Josette Lenars 256ul; Liu Liqun 181ul; Araldo de Luca 232ul, 232m, 232gol; Joe Macdonald 39mru; Jamed Marshall 180mr, 198mlu; Leo Mason 200gol; George McCarthy 39gol; Gideon Mendel 121gor; Minden Pictures/Michael & Patricia Fogden 178ul; Momatiuk - Eastcott 180gol; NASA 177mr, 181gor; Eric Nguyen 176gor; Nightlight/zefa 176um; James Noble 110ul; Kazuyoshi Nomachi 192gom (Sanddüne), 222mr; Richard Nowitz 182ur; Charles O'Rear 192ur; Miyoko Oyashiki 120mr; Paul Hardy 28-29m, 257ml; PoodlesRock 160ml; Jim Reed 176gol; Reuters 160u, 189mr, 200gom (Radfahrer); Reuters/Jim Ruymen 274-275gom; Quentin Rhoton 183go; Lynda Richardson 53go; Galen Rowell 204gol; Pete Saloutos 178-179gom; Kevin Schafer 37ul; Joseph Sohm; Visions of America 215ul; Paul Souders 38mu; George Steinmetz 205gol; David Stoeklein 192mru; STScI/NASA 126-127m, 128gom; Jim Sugar 124-125um, 158-159m; Paul J. Sutton 266gom; Swim Ink 2, LLC 270gol; Gustavo Tomsich 201m; Peter Turnley 243ur; TWPhoto 161go; Ultimate Chase/Mike Theiss 177ml; Alessandro Della Valle/Keystone 257um; Francesco Venturi 259ml; Visions of America/Joseph Sohm 242ul; Philip Wallick 176ur; Michele Westmorland 52go; Nik Wheeler 188ml; Dennis Whitehead 188-189m; Haruyoshi Yamaguchi 120ul; Yann Arthus-Bertrand 152-153m; zefa/Frank Krahmer 54ul; **DK Images:** Academy of Motion Picture Arts and Sciences 197gol; Angus Beare Collection 55mr; Archaeological Receipts Fund (TAP) 222ml; Australian Museum, Sydney 224gor; Birmingham Buddhist Vihara 195ur; British Howson/Chas Howson 248u; British Library/Laurence Pordes 255gom; British Museum 230-231m, 236mlu, 236mr, 237gol, 249um, 249ur, 259ml, 259mru, 259gor; British Museum/Chas Howson 248ur, 248m, 248ml, 248gol, 249m, 249mr, 249mro, 249ml, 249mr, 249mru; British Museum/Museum of Mankind 202mo; British Museum/Museum of Mankind/Kate Warren 249ul, 249gor; The British Museum 232gor; Cecil Williamson Collection/Alex Wilson 192-193c (Trommel); IFREMER, Paris/Tina Chambers 171gol; Charlestown Shipwreck and Heritage Centre, Cornwall/Alex Wilson 249gol; Conaculta-Inah-Mex. Authorisierte Reproduktion des Instituto Nacional de Antropologia e Historia 236u, 236ur, 236ml, 236-237u, 236-237go, 237um, 237ul, 237ur, 237mu, 237mru; Crown copyright/Gary Ombler 214m; David Edge/Geoff Dann 241ul; (c) Crown copyright Material mit frdl. Genehmigung durch Controller HMSO und Queen's Printer for Scotland 214m; Dinosaur State Park, Connecticut 173ul; Eden Camp Museum 250gom; Linda Esposito 192gom (Massai); Football Museum, Preston 260-261 (Fußballposter); Glasgow Museums 255gor; Gordon Museum/Guy's, King's and St. Thomas' School of Medicine 76mr; Rowan Greenwood Collection 204gor; Henry Moore Foundation (mit frdl. Genehmigung der Henry Moore Foundation) 255ul; Jamie Marshall Collection 243gor (Flaggendetail), 258ml; Kröller-Müller Museum 255m (Van Gogh); Lindsey Stock Collection 55gor; Museum of London 260-261m, 261mr; National Maritime Museum, London/James Stevenson and Tina Chambers 239ur, 239mr; National Maritime Museum, London/Tina Chambers 154-155um, 238ul; Judith Miller / Cooper Owen / © DACS 2008 255um; Judith Miller/Bibliophion 263mlo; Judith Miller/JYP Tribal Art 202gom; Judith Miller/Lyon and Turnbull Ltd. 154-155; Judith Miller/Nigel Wright Collection 259mr; Moorfields Eye Hospital, London 82-83m; Musée du Louvre 254ml (Mona Lisa); National Maritime Museum, London/James Stevenson 125ul; Natural History Museum, London 172um, 172mro, 173go, 254gom; Vincent Oliver 214ur; Liberto Perugi/Museum für Naturgeschichte der Universität Florenz, Zoologische Abteilung 'La Specola' 66m, 66mr, 67m, 67mr; Pitts Rivers Museum, University of Oxford/Dave King 249mlo; Rough Guides 223ur; Courtesy Science Museum, London 244-245m; Science Museum, London 251um; Scottish United Services Museum, Edinburgh Castle/National Museums of Scotland/Geoff Dann 241ml, 241gom; South West Shopfittings Ltd. 212-213m; The Science Museum, London/John Lepine 245um; Wallace Collection/Geoff Dann 240mr; Wallis and Wallis/Judith Miller 275ur (Stiefel); Jerry Young 55ur; Michel Zabe 259go; **FLPA:** Nigel Cattlin 151um; Mike Lane 46-47gom; Minden Pictures/Gerry Ellis 202m; Minden Pictures/Jim Brandenburg 163um; Minden Pictures/Suzi Eszterhas 51ul; Sunset 267gom; **Galaxy Picture Library:** 133gol, 142mu, 142ml, 142gom, 142gor, 142-143u, 142-143m, 143ur, 143m, 143mro, 143gom; **Getty Images:** 121mr, 151m, 189ur, 244gom, 250gor; AFP 150gom, 198gol, 214mro; AFP/Martin Bernetti 215mlu; Steve Bonini 135m; Bridgeman Art Library 215ur; S. Brimberg & C. Coulson 163ml; Peter Dazeley 274-275m (Hg); David De Lossy 62-63m; Phil Degginger 200mlu; DigitalGLobe 161u, 161mr; Dave Hogan 274ul; altrendo images 195gol; Frank Micelotta 275ml; National Geographic/Gordon Wiltsie 163m; Dana Neely 125mr; Bob O'Connor 274-275go; Panoramic Images 178gol; Petrified Collection 251ml; Andy Ryan 176-177m; Time & Life Pictures/Nat Farbman 160mr; Time & Life Pictures/Terry Ashe 216um, 216ul, 216ur, 217ul; Time Life Pictures 246u; Untitled X-Ray/Nick Veasey 65mo, 65mu; **Hutchison Library:** J. Wright 224gom; **Courtesy Intel Corporation Ltd:** 88-89m; **iStockphoto.com:** 274um; Linda Bucklin 76-77m; Marc Dietrich 214mru; Eileen Hart 141l; Shaun Lowe 224ml; Gytis Mikulicius 224mlu; James Steidl 215mlo; **The Kobal Collection:** Dreamworks/LLC 270ur; Universal 271ul; Warner Bros/DC Comics 270um; **Leeds Library and Information Services, McKenna Collection:** 245gom; **Lumigenic Media / Marc Shargel:** Marc Shargel 37ur; **Duccio Malagamba:** 257ur; **Ian McKechnie:** 183mr; **Museum Of London:** 251ul; **NASA:** 90gol, 104go, 121, 128mu, 129gor, 130-131ml, 132ul, 132m, 132ml, 132mro, 132mru, 132go, 133um, 133ur, 133mu, 133ml, 133mru, 133gom, 133gor, 136-137m, 146go, 146-147gom, 147ur, 147ml, 147mru, 147gor, 147gor, 151mro; **National Geographic Image Collection:** David Liittschwager 22-23m; **Natural Visions:** Soames Summerhays 37mlu; **naturepl.com:** Juan Manuel Borrero 52ur; John Cancalosi 52r; Jim Clare 52l; Hans Christoph Kappel 37mlo; Kim Taylor 52m; **NHPA / Photoshot:** Bryan & Cherry Alexander 50-51m; Linda Pitkin 30gom; Andy Rouse 197mru; T.Kitchen & V.Hurst 39gor; **Photographers Direct:** Chris Stock 274mr; **Photolibrary:** Gerard Soury 37mru; **PunchStock:** Stockbyte 64m; **reggie.net:** Reggie Thompson 183ur; **Courtesy of Renault:** 106m, 107l, 107r; **Richard Revels:** 37mo, 37gor; **Rex Features:** 20th Century Fox/Everett 271gor; Peter Brooker 215mu; **rogersmushrooms.com:** Roger Phillips 18-19m; **The Ronald Grant Archive:** 270ul, 270mr, 270gom, 271gom; **Science & Society Picture Library:** Science Museum 119m; Science Museum, London 119gor, 119gor; **Science Photo Library:** Prof. P. Motta 78-79go; 63um, 124mr; Agstockusa/B.W. Hoffman 10-11m; Anatomical Travelogue 75ul; Andrew Lambert Photography 90ul, 90ml, 90mr, 91ur; Julian Baum 105m; Chris Bjornberg 112l; Martin Bond 178-179um; British Antarctic Survey 204-205um; BSIP, Cavallini James 109ml; BSIP/Kretz Technik 81ul; Jean-Claude Revy, A. Carion 144go; Jean-Claude Revy, A. Carion, ISM 145gor; Lynette Cook 129u; Kevin Curtis 72-73; Custom Medical Stock Photo/Richard Rawlins 80gor; Charles D.Winters 91ml; Edelman 80um, 80ul, 80ur, 81gom, 81gol; Eurelios/Karim Agabi 204gom; Eye of Science 31gor, 60-61m, 62ur; Mark Garlick 128-129go, 129l; Genesis Films/Neil Bromhall 81gor; Pascal Goetgheluck 120gor; Steve Gschmeissner 62ul, 67mlu, 67gol, 74gor; Gustoimages 112ml; Innerspace Imaging 70-71m; Mehau Kulyk 64-65u, 64-65go, 105ur; Veronique Leplat 112mr; Living Art Enterprises 64-65m; Living Art Enterprises, LCC 64ul, 64gor, 65mro; Jerry Lodriguss 144l; George Mattei 65ur; David McCarthy 63ul; Will McIntyre 189ml; Professors P.M. Motta, P.M. Andrews, K.R. Porter & J. Vial 63m, 67mlo; Mount Stromlo and Siding Spring Observatories 132um; Dr Yorgos Nikas 80ml; Susumu Nishinaga 63gol; NOAA 113l; David Nunuk 146l; Sam Ogden 120m, 121ul; Alfred Pasieka 64ml; Publiphoto Diffusion, P.G. Adam 112r; Victor de Schwanberg 113m, 128l; Volker Steger 120mru; Andrew Syred 75gol, 82-83u; Richard Wehr 74ur; F.S. Westmorland 113r; Charles D. Winter 91mr; **SeaPics.com:** 188mr; **Sony Pictures:** SLB 271gol; **South American Pictures:** Tony Morrison 224-225u; **Still Pictures:** Norman Benton 162m; **SuperStock:** Carmel Studios 197mro; **TopFoto.co.uk:** A©Photri 247ur; 233ul; **Transport for London:** 07/1010/LS 208mlu

Weitere Informationen unter:
www.dk-images.com